Die Besteuerung ehrenamtlicher Tätigkeit im Umsatzsteuerrecht

**Europäische Hochschulschriften**

European University Studies

Publications Universitaires Européennes

| | |
|---|---|
| Reihe II | **Rechtswissenschaft** |
| Series II | Law |
| Série II | Droit |

Band/Volume **5779**

Panagiotis Dodos

# Die Besteuerung ehrenamtlicher Tätigkeit im Umsatzsteuerrecht

PL ACADEMIC RESEARCH

**Bibliografische Information der Deutschen Nationalbibliothek**
Die Deutsche Nationalbibliothek verzeichnet diese Publikation in der Deutschen Nationalbibliografie; detaillierte bibliografische Daten sind im Internet über http://dnb.d-nb.de abrufbar.

Zugl.: Köln, Univ., Diss., 2014

D 38
ISSN 0531-7312
ISBN 978-3-631-66184-0 (Print)
E-ISBN 978-3-653-05848-2 (E-Book)
DOI 10.3726/978-3-653-05848-2


PL Academic Research ist ein Imprint der Peter Lang GmbH.
Peter Lang – Frankfurt am Main · Bern · Bruxelles · New York · Oxford · Warszawa · Wien



Diese Publikation wurde begutachtet.

www.peterlang.com

Für Frideriki, Madlen, Astrid und Lizzy

# Vorwort

Die vorliegende Arbeit wurde im Wintersemester 2014/2015 von der Universität zu Köln als Doktorarbeit angenommen. Sie hat den Stand Dezember 2014, wobei danach erschienene Literatur und Rechtsprechung vereinzelt berücksichtigt wurde.

Ich möchte mich zunächst ganz herzlich bei meiner Doktormutter, Frau Professor Dr. Johanna Hey, für die Anregung zur Erstellung dieser Forschungsarbeit und die vorbildliche Betreuung bedanken. Mein Dank gilt ferner Herrn Prof. Dr. Stephan Eilers für die Erstellung des Zweitgutachtens. Meinen Arbeitskollegen, Herrn Dr. Walter Niemman, Herrn Dr. Sebastian Geringhoff und Frau Anette Seibert, bin ich für die wertvollen Gespräche und Anregungen zu besonderem Dank verpflichtet.

Köln, 05.07.2015 Panagiotis Dodos

# Inhaltsverzeichnis

**Literaturverzeichnis** ........ XIX

**A. Einleitung** ........ 1

I. Einführung und Gang der Untersuchung ........ 1

II. Allgemeiner Überblick über die Regelung des § 4 Nr. 26 UStG ........ 5

**B. Vorgaben zur Mehrwertbesteuerung ehrenamtlicher Tätigkeit durch die 6. MwSt-RL und die MwStSystRL** ........ 9

I. Mangelnde explizite Vorgaben des Richtlinientextes der 6. MwSt-RL und der MwStSystRL zur mehrwertsteuerlichen Behandlung ehrenamtlicher Tätigkeiten ........ 9

1. Steuerbefreiungen nach der 6. MwSt-RL und der MwStSystRL ........ 9

a) Harmonisierung der Mehrwertsteuer im Binnenmarkt durch Richtlinien ........ 9

b) Enumerativ-abschließende Aufzählung zulässiger Steuerbefreiungen ........ 12

2. Keine ausdrückliche Umsatzsteuerbefreiung der ehrenamtlichen Tätigkeit im Richtlinientext der 6. MwSt-RL und der MwStSystRL ........ 14

II. Bedeutung der Protokollerklärung zu Art. 4 der 6. MwSt-RL für die mehrwertsteuerliche Behandlung ehrenamtlicher Tätigkeit ........ 16

1. Materiell-rechtliche Wirkung von Protokollerklärungen ........ 16

a) Praktische Bedeutung und Vorkommen von Protokollerklärungen zu Sekundärrechtsakten ........ 17

aa) Abgrenzung zu Protokollerklärungen zu Primärrechtsakten ........ 17

bb) Anlass zur Abgabe von Protokollerklärungen zu Sekundärrechtsakten in der europäischen Normsetzungspraxis ........ 20

b) Einordnung von Protokollerklärungen als atypische Rechtsakte/Handlungen im Sinne von Art. 288 AEUV ....... 22
c) Verfahrensweise des Zustandekommens und der Publikation von Protokollerklärungen ....... 23
aa) Historischer Überblick über das Verfahren des Zustandekommens von Protokollerklärungen und ihrer Publikation ....... 23
(1) Rechtslage bis zum Erlass der 6. MwSt-RL im Jahr 1977 ....... 23
(2) Rechtsentwicklung nach 1977 ....... 26
bb) Gegenwärtige Rechtslage ....... 28
d) Systematisierung der Protokollerklärungen zu mehrwertsteuerlichen Sekundärrechtsakten ....... 29
aa) Richtlinien als überwiegender Bezugspunkt mehrwertsteuerlicher Protokollerklärungen ....... 30
bb) Unterscheidung nach der Autorenschaft ....... 30
cc) Inhaltliche Heterogenität mehrwertsteuerlicher Protokollerklärungen ....... 32
dd) Von Deutschland abgegebene Protokollerklärungen ....... 36
ee) Zusammenfassung und Zwischenergebnis ....... 37
e) Materiell-rechtliche Bedeutung und Wirkung von Protokollerklärungen ....... 37
aa) Normenhierarchischer Rang von Protokollerklärungen als atypische Rechtsakte/Handlungen im Sinne von Art. 288 AEUV ....... 37
bb) Auslegungsrelevanz von Protokollerklärungen ....... 38
(1) Grundsätze der Auslegung des EU-Rechts ....... 39
(aa) Auslegungsmonopol des EuGH ....... 39
(bb) Keine Geltung völkerrechtlicher Auslegungsregeln ....... 40
(cc) Auslegungsmethodik des EuGH ....... 40
(α) Wortlautinterpretation – Autonome Begriffsauslegung ....... 40
(β) Systematische Interpretation ....... 42
(γ) Historische Interpretation/Wille des Normgebers ....... 43
(δ) Rechtsvergleichende Interpretation ....... 45
(ε) Teleologische Interpretation ....... 45

(2) Begrenzte Bedeutung von Protokollerklärungen als subjektiv-historische Erkenntnisquelle ........................ 46
(aa) Auffassung des EuGH ........................ 46
(bb) Meinungsspektrum in der Literatur ........................ 48
(cc) Stellungnahme zur Bedeutung von Protokollerklärungen im Rahmen der historischen Auslegung mehrwertsteuerlicher Unionsrechtsakte ......... 50
cc) Auslegung von Protokollerklärungen ........................ 55
2. Protokollerklärung zu Art. 4 der 6. MwSt-RL als Ermächtigungsgrundlage für die Steuerbefreiung ehrenamtlicher Tätigkeit nach § 4 Nr. 26 UStG ........................ 56
a) Der Begriff der ehrenamtlichen Tätigkeit nach der Protokollerklärung zu Art. 4 der 6. MwSt-RL ............ 56
aa) Zur Notwendigkeit der gemeinschaftsautonomen Auslegung des Begriffs der „ehrenamtlichen Tätigkeit“ ....... 56
bb) Allgemeiner Sprachgebrauch hinsichtlich einer „ehrenamtlichen Tätigkeit“ in den verschiedenen Sprachen der EU-Gesetzgebung ........................ 57
(1) Ehrenamt und ehrenamtliche Tätigkeit nach deutschem Begriffsverständnis ........................ 58
(2) Vergleich mit anderen Amtssprachen der EU ........................ 60
cc) Der Begriff der „ehrenamtlichen Tätigkeit“ in der Rechtsprechung des EuGH ........................ 61
dd) Zwischenergebnis zum Bedeutungsgehalt des Begriffs der ehrenamtlichen Tätigkeit im europäischen Mehrwertsteuerrecht ........................ 65
b) Ermächtigung der Mitgliedstaaten zur Behandlung von ehrenamtlich Tätigen als Nicht-Steuerpflichtige als Regelungsinhalt der Protokollerklärung zu Art. 4 der 6. MwSt-RL ........................ 65
aa) Der ehrenamtlich Tätige als Steuerpflichtiger nach Art. 4 der 6. MwSt-RL ........................ 66
bb) Rückausnahme durch die Protokollerklärung ........................ 74
cc) Widerspruch der Protokollerklärung zu Art. 4 der 6. MwSt-RL ........................ 77

c) Umsetzung der Protokollerklärung durch eine Steuerbefreiung anstelle einer Behandlung als nicht-steuerbare Tätigkeit ..... 78

3. Rechtsfolgen des Verstoßes des § 4 Nr. 26 UStG gegen Richtlinienrecht ..... 84

a) Anwendungsvorrang der MwStSystRL hinsichtlich der ehrenamtlichen Tätigkeit ..... 84

aa) Grundprinzipien der Geltung und Wirkungsweise des Anwendungsvorrangs hinsichtlich nationaler Umsatzsteuerbefreiungen ..... 84

(1) Unionskonformität nationaler Umsatzsteuerbefreiungen ..... 86

(2) Unmittelbare Wirkung der Mehrwertsteuerbefreiungen der MwStSystRL ..... 87

bb) Unmittelbare Wirkung von Art. 1 Abs. 2 MwStSystRL bei richtlinienwidriger nationaler Steuerbefreiung nach § 4 Nr. 26 UStG ..... 88

cc) Vertikale und horizontale unmittelbare Wirkung hinsichtlich der Umsatzbesteuerung ehrenamtlicher Tätigkeit ..... 89

(1) Berufungsrecht des Leistenden und des Leistungsempfängers im Vertikalverhältnis gegenüber dem Staat ..... 90

(2) Berufungsrecht im Horizontalverhältnis zwischen den am Leistungsaustausch Beteiligten ..... 92

dd) Einschränkung des Berufungsrechtes auf Grund des Bereicherungseinwandes bzw. mangelnder Beschwer im Falle versteckt abgewälzter Umsatzsteuer ..... 94

b) Auswirkungen der Protokollerklärung auf ein mögliches Vertragsverletzungsverfahren wegen Verstoßes von § 4 Nr. 26 UStG gegen die MwStSystRL ..... 96

aa) Untersuchung der Möglichkeit der Einleitung eines Vertragsverletzungsverfahrens durch die Kommission ..... 97

(1) Entschließungsermessen der Kommission ..... 97

(2) Einschränkung des Entschließungsermessens aus Gründen des Vertrauensschutzes ..... 98

bb) Untersuchung der Möglichkeit der Einleitung eines Vertragsverletzungsverfahrens durch einen Mitgliedstaat ..... 101
c) Die Steuerbefreiung ehrenamtlicher Tätigkeit nach § 4 Nr. 26 UStG als unerlaubte Beihilfe nach Artikel 107 ff. AEUV ..... 101
aa) Anwendbarkeit der Beihilfevorschriften auf europäische und rein nationale Mehrwertsteuerbefreiungen ..... 102
bb) Qualifikation der Steuerbefreiung ehrenamtlicher Tätigkeit als Beihilfe im Sinne des Artikel 107 Abs. 1 AEUV ..... 103
(1) Verschaffung eines wirtschaftlichen Vorteils ohne marktübliche Gegenleistung aus staatlichen Mitteln ..... 103
(2) Selektivität der Maßnahme ..... 106
(3) Beeinträchtigung des Handels zwischen den Mitgliedstaaten und Rückausnahme für De-minimis-Beihilfen ..... 106
cc) Zusammenfassung der beihilferechtlichen Überprüfung ..... 108

**C. Die Umsatzsteuerbefreiung ehrenamtlicher Tätigkeit nach § 4 Nr. 26 UStG ..... 109**

I. Einleitung ..... 109

II. Systematik, Zweck und Wirkungsweise der Umsatzsteuerbefreiungen des deutschen Umsatzsteuerrechtes ..... 110
1. Systematisierung der Steuerbefreiungen des UStG ..... 110
a) Differenzierung nach dem Zweck ..... 111
aa) Steuerbefreiungen zur Vermeidung der Doppelbesteuerung ..... 111
bb) Steuerbefreiungen mit sozialpolitischen Zielen ..... 112
cc) Steuerbefreiungen aus Vereinfachungsgründen ..... 112
dd) Steuerbefreiungen mit heterogenen Zielen ..... 112
ee) Auswirkung der Unterscheidung auf den Vorsteuerabzug ..... 113

b) Unterscheidung zwischen subjektiven und objektiven Steuerbefreiungen ... 113
c) Differenzierung nach Umsatz- und Empfängerbezug ... 116
d) Differenzierung nach der Möglichkeit zum Vorsteuerabzug ... 116
aa) Unechte Steuerbefreiungen ... 116
(1) Endstufenbefreiungen ... 117
(2) Zwischenstufenbefreiungen ... 118
bb) Echte Steuerbefreiungen ... 118
e) Differenzierung nach der Verzichtsmöglichkeit ... 119
aa) Verzicht nach § 9 UStG ... 119
bb) „Faktischer" Verzicht ... 119
2. Auslegung der Normen des nationalen Umsatzsteuerrechts ... 121
a) Einleitung ... 121
b) Auslegung anhand der nationalen (klassischen) Auslegungsgrundsätze ... 121
c) Auslegung des UStG anhand EU-spezifischer Auslegungsgrundsätze ... 121
aa) Pflicht zur richtlinienkonformen Auslegung ... 121
bb) Spezifische Auslegungsgrundsätze des Europarechts ... 123
(1) Grundsätzlicher Gleichlauf mit den nationalen Auslegungsgrundsätzen ... 123
(2) Besonderheiten bei der praktischen Auslegung durch den EuGH im Bereich des Mehrwertsteuerrechts ... 124
(α) Auslegung anhand des „Neutralitätsprinzips" ... 124
(β) Verbrauchsteuerteleologische Auslegung ... 125
3. Auslegung von Mehrwertsteuerbefreiungen ... 126
III. Bestimmung der Teleologie und Wirkungsweise des § 4 Nr. 26 UStG ... 128
1. Entstehung und historische Entwicklung der Umsatzsteuerbefreiung ehrenamtlicher Tätigkeit des § 4 Nr. 26 UStG ... 128

a) Historie und ideengeschichtliche Tradition ehrenamtlicher Tätigkeit in Deutschland ... 128
b) Gesetzgebungshistorie ... 129
c) Verhältnis zur Umsatzsteuerharmonisierung auf EU-Ebene ... 133
d) Änderungen der Verwaltungsrichtlinien ... 135
2. Überkommene interessengeleitete Auffassung des historischen Gesetzgebers ... 138
a) Intendierte Steuerbefreiung von Abgeordnetenbezügen ... 138
b) Obsolete Vorstellung des historischen Gesetzgebers auf Grund der Nichtsteuerbarkeit von Mandatstätigkeiten ... 139
3. Gegenwärtige Auffassungen von der Teleologie der Steuerbefreiung der ehrenamtlichen Tätigkeit ... 141
a) Begünstigung der ehrenamtlichen Tätigkeit ... 141
b) Entlastung des ehrenamtlich Tätigen von umsatzsteuerlichen (formellen) Pflichten ... 141
4. Kritik an den geltenden Auffassungen zur Teleologie der Umsatzsteuerbefreiung ehrenamtlicher Tätigkeit nach § 4 Nr. 26 UStG ... 142
a) Keine Entlastung des ehrenamtlich Tätigen von der Umsatzsteuer ... 142
b) Undifferenzierte Entlastungswirkung der von § 4 Nr. 26 UStG umfassten Leistungsempfänger ... 144
aa) Untersuchung der Wirkung des § 4 Nr. 26 Buchst. a UStG ... 144
bb) Untersuchung der Wirkung des § 4 Nr. 26 Buchst. b UStG ... 147
c) Weitgehende Befreiung des ehrenamtlich Tätigen von formellen Pflichten ... 149
5. § 4 Nr. 26 UStG als verfehlte und in der Praxis entbehrliche Sonderregelung für ehrenamtlich tätige Kleinunternehmer ... 152

IV. Methodik der Auslegung des Begriffs der ehrenamtlichen Tätigkeit im Sinne von § 4 Nr. 26 UStG ... 156
1. Überblick über die dreistufige Prüfungsreihenfolge zur Qualifikation einer Tätigkeit als Ehrenamtlicher ... 156
a) Prüfungsreihenfolge nach Auffassung der Rechtsprechung des BFH ... 156
b) Auffassung der Finanzverwaltung und der Literatur ... 158
2. Erste Stufe: Bestimmung einer Tätigkeit als „ehrenamtlich" kraft gesetzlicher Definition ... 159
a) Auffassung der Rechtsprechung und der Literatur ... 159
b) Auffassung der Finanzverwaltung ... 160
c) Kritik an der Auffassung des BFH von der Maßgeblichkeit einer gesetzlichen, aber nicht umsatzsteuerrechtlichen Definition einer Tätigkeit als ehrenamtlich ... 161
3. Zweite Stufe: Auslegung des Begriffes der „ehrenamtlichen Tätigkeit" nach dem allgemeinen Sprachgebrauch ... 165
a) Allgemeiner Sprachgebrauch des Begriffes der „ehrenamtlichen Tätigkeit" nach der Rechtsprechung des BFH ... 165
b) Verhältnis der Wortlautauslegung nach deutschem Sprachverständnis zur gemeinschaftsautonomen Auslegung des Begriffes der „ehrenamtlichen Tätigkeit" nach der Rechtsprechung des EuGH zur 6. MwSt-RL ... 167
4. Dritte Stufe: Der materielle Begriffsinhalt der Ehrenamtlichkeit ... 170
a) Auffassung des BFH vom materiellen Begriffsinhalt der Ehrenamtlichkeit ... 170
aa) Materieller Begriffsinhalt der Ehrenamtlichkeit nach § 4 Nr. 26 Buchst. a UStG ... 171
bb) Modifizierter materieller Begriffsinhalt der Ehrenamtlichkeit nach § 4 Nr. 26 Buchst. a UStG ... 172
b) Ableitung des materiellen Begriffsinhaltes aus dem öffentlichen Recht und dem Sozialversicherungsrecht ... 173

aa) Der Begriff der ehrenamtlichen Tätigkeit im öffentlichen Recht 173
(1) Rechtsstellung des ehrenamtlich Tätigen 175
(2) Tätigkeit im Rahmen eines Verwaltungsverfahrens 177
(3) Nebenberufliche Ausübung der ehrenamtlichen Tätigkeit 178
(4) Unentgeltlichkeit 178
(5) Freiwilligkeit 181
bb) Ehrenamtliche Tätigkeit im Sozialversicherungsrecht 181
cc) Kritik an der Differenzierung des BFH zwischen Wortlautauslegung und materiellem Begriffsinhalt der Ehrenamtlichkeit 185
c) Vergleich des Begriffs der Ehrenamtlichkeit mit dem Begriff der Richtlinie 187

V. Untersuchung der einzelnen Merkmale einer ehrenamtlichen Tätigkeit nach § 4 Nr. 26 UStG 187
1. Ausübung der ehrenamtlichen Tätigkeit durch eine natürliche/juristische Person oder Personenvereinigung 188
2. Die ehrenamtliche Tätigkeit als ausschließlich sonstige Leistung 192
3. Das Kriterium der Nebentätigkeit 194
a) Ausübung der ehrenamtlichen Tätigkeit außerhalb einer haupt-/nebenberuflichen Tätigkeit 194
b) Begrenzter zeitlicher Umfang der ehrenamtlichen Tätigkeit 200
c) Einschränkende Auslegung des § 4 Nr. 26 UStG – Nichtanwendung für im Übrigen bereits Steuerpflichtige 202
4. Fehlen eines eigennützigen Erwerbsstrebens und Unentgeltlichkeit der ehrenamtlichen Tätigkeit 205
a) Das Fehlen eines eigennützigen Erwerbsstrebens als kardinale Voraussetzung einer ehrenamtlichen Tätigkeit 205

b) Notwendigkeit der einheitlichen Auslegung des Merkmals der ehrenamtlichen Tätigkeit und des eigennützigen Erwerbsstrebens in beiden Alternativen des § 4 Nr. 26 UStG ..... 207
c) Höhe des umsatzsteuerlichen Entgeltes ..... 211
aa) Auslagenersatz ..... 211
bb) Entschädigung für Verdienstausfall ..... 212
d) Rechtsfolgen eines über einen Auslagenersatz oder eine angemessene Entschädigung für Zeitversäumnis hinausgehenden Entgeltes ..... 215
5. Der Bestellungsakt in ein Ehrenamt ..... 216
6. Differenzierung nach Leistungsempfängern ..... 218
a) Leistungen gegenüber einer juristischen Person des öffentlichen Rechts nach § 4 Nr. 26 Buchst. a UStG ..... 218
aa) Juristische Personen des öffentlichen Rechts ..... 218
bb) Keine Beschränkung auf inländische juristische Personen des öffentlichen Rechts ..... 223
cc) Ausübung „für" eine juristische Personen des öffentlichen Rechts ..... 223
b) Leistungen gegenüber sonstigen fremdnützigen Einrichtungen nach § 4 Nr. 26 Buchst. b UStG ..... 223
aa) Bestimmung einer fremdnützigen Einrichtung nach § 4 Nr. 26 Buchst. b UStG ..... 223
bb) Einzelfälle ehrenamtlicher Tätigkeit nach § 4 Nr. 26 Buchst. b UStG ..... 226

**D. Zusammenfassung der wesentlichen Ergebnisse und abschließender Reformvorschlag** ..... 229

# Literaturverzeichnis

*Anweiler,* Jochen: Die Auslegungsmethoden des Gerichtshofs der Europäischen Gemein-schaften, Frankfurt 1997 (zit.: *Anweiler,* Die Auslegungsmethoden des Gerichtshofs der Europäischen Gemeinschaften).

*Ascheid,* Rainer/*Preis,* Ulrich/*Schmidt,* Ingrid (Hrsg.): Kündigungsrecht, Großkommentar zum gesamten Recht der Beendigung von Arbeitsverhältnissen, 4. Auflage, München 2012, (zit.: *Bearbeiter,* in: Ascheid/Preis/Schmidt, Kündigungsrecht).

*Bader,* Johann/*Ronellenfitsch,* Michael (Hrsg.): Verwaltungsverfahrensgesetz, Online-Kommentar, Stand: 27 Ergänzungslieferung (1.4.2015), München (zit.: *Bearbeiter,* in: Bader/Ronellenfitsch, Beck-OK VwVfG).

*Becker,* Stefanie: Aktuelle Fragestellung zur Umsatzbesteuerung der öffentlichen Hand, BB 2012, 2154.

*Becker,* Stefanie: Grundstücksveräußerung durch Landwirt als wirtschaftliche Tätigkeit, SteuK 2012, 37.

*von Beckerath,* Erwin (Hrsg. u.a.): Handwörterbuch der Sozialwissenschaften, Band 3, Göttingen 1961 (zit.: *Bearbeiter,* in: *von Beckerath,* Handwörterbuch der Sozialwissenschaften, Band III, 1961).

*Bergmann,* Jan (Hrsg.): Handlexikon der Europäischen Union, 5. Auflage, Baden-Baden 2015 (zit.: *Bearbeiter,* in: Bergmann, Handlexikon der Europäischen Union).

*Bierhoff,* Hans-Werner (Hrsg. u.a.): Gemeinschaftswerk der Evangelischen Publizistik, Öffentlichkeitsarbeit für Nonprofit-Organisationen, Frankfurt a.M. 2014 (zit: *Bierhoff,* in: Gemeinschaftswerk der Evangelischen Publizistik, Öffentlichkeitsarbeit für Nonprofit-Organisationen).

*Birnkraut,* Gesa: Ehrenamt in kulturellen Institutionen im Vergleich zwischen den USA und Deutschland, Dissertation (elektronische Veröffentlichung) Hamburg 2003 (zit.: *Birnkraut,* Ehrenamt in kulturellen Institutionen im Vergleich zwischen den USA und Deutschland).

*Birkenfeld,* Wolfram/*Wäger,* Christoph (Hrsg.): Das große Umsatzsteuerhandbuch, Loseblattsammlung, Stand: 67. Ergänzungslieferung (März 2015), Köln (zit.: *Bearbeiter,* in: Birkenfeld/Wäger, Umsatzsteuer-Handbuch).

*Bleckmann,* Albert: Zu den Auslegungsmethoden des Europäischen Gerichtshofs, NJW 1982, 1177.

*von Bogdandy,* Armin: Europäischer Protektionismus im Medienbereich, EuZW 1992, 9.

*Borchardt*, Klaus-Dieter: Der Grundsatz des Vertrauensschutzes im Europäischen Gemeinschaftsrecht, Dissertation, Kehl am Rhein 1988 (zit.: *Borchardt*, Der Grundsatz des Vertrauensschutzes im Europäischen Gemeinschaftsrecht).

*Brockhaus,* Enzyklopädie in 24 Bänden – Band 6, 19. Auflage, Mannheim 1988 (zit.: *Brockhaus,* Enzyklopädie in 24 Bänden – Bd. 6).

*Buerstedde*, Sigismund: Der Ministerrat im konstitutionellen System der Europäischen Gemeinschaften, Bruges 1964 (zit.: *Buerstedde*, Der Ministerrat im konstitutionellen System der Europäischen Gemeinschaften).

*Bundesministeriums für Familie, Senioren, Frauen und Jugend*: Erster Engagementbericht – Für eine Kultur der Mitverantwortung Bericht der Sachverständigenkommission und Stellungnahme der Bundesregierung (zit.: *BMfSFJ*, Erster Engagementbericht – Für eine Kultur der Verantwortung, BT-Drucks. 17/10580).

*Bunjes*, Johann/*Geist*, Reinhold (Hrsg.): Umsatzsteuergesetz, Kommentar, 14. Auflage, München 2015 (zit.: *Bearbeiter*, in: Bunjes/Geist, UStG).

*Bunjes*, Johann/*Geist*, Reinhold (Hrsg.): Umsatzsteuergesetz, Kommentar, 11. Auflage, München 2012 (zit.: *Bearbeiter*, in: Bunjes/Geist (11. Aufl. 2012), UStG).

*Calliess*, Christian/*Ruffert*, Matthias (Hrsg.): EUV/AEUV, Kommentar, 4. Auflage, München 2011 (zit.: *Bearbeiter*, in: Calliess/Ruffert, EUV/AEUV).

*Caritasverband für das Erzbistum Berlin e.V.*: Leitlinien für ein freiwilliges und ehrenamtliches Engagement, http://www.dicvberlin.caritas.de/43263.html, zuletzt abgerufen am 30.04.2014.

*Collins* Dictionary, 9. Auflage, Glasgow 2007 (zit.: *Collins*, Dictionary).

*Cordewener*, Axel: Juristische Auslegungsmethoden im Europäischen Mehrwertsteuerrecht, UR 2006, 673.

*Dagtoglou*, Prodromos: Die Beteiligung Privater an Verwaltungsaufgaben, DÖV 1970, 532.

*van Dale* Groot Woordenbouk van de Nederlandse Tall, Groot Woordenboek van de Nederlandse Taal, Utrecht/Antwerpen 2005 (zit.: *van Dale Groot Woordenbouk van de Nederlandse Tall*).

*Dauner-Lieb*, Barbara/*Langen*, Werner (Hrsg.): BGB Schuldrecht, Kommentar, Band 2, 3. Auflage, Baden-Baden 2015 (zit.: *Bearbeiter*, in: Dauner-Lieb/Langen, BGB Schuldrecht, Bd. 2).

*Desens*, Marc/ *Hummel*, David: Umsatzsteuerdefinitivbelastung bei Körperschaften des öffentlichen Recht, StuW 2012, 225.

*Dickopp*, Friedrich: Umsatzsteuerbefreiung bestimmter dem Gemeinwohl dienender Tätigkeiten nach § 4 UStG und Gemeinschaftsrecht, UR 2007, 553.

*Dreher*, Meinhard: Transparenz und Publizität bei Ratsentscheidungen, EuZW 1996, 487.

*Dreher*, Meinhard: Ratsprotokollerklärungen, nationale und europäische Publizität und die Umsetzung von EG-Richtlinien, EuZW 1994, 743.

*Duden*, Das große Wörterbuch der deutschen Sprache, Bd. 2, 3. Auflage, Mannheim 1999 (zit. *Duden*, Das große Wörterbuch der deutschen Sprache, Bd. 2).

*Duden*, Das Synonymworterbuch, Ein Wörterbuch sinnverwandter Wörter, 5. Auflage, Mannheim 2010 (zit. *Duden*, Synonymwörterbuch).

*Dziadkowski*, Dieter: Sinn und Widersinn von Steuerbefreiungen im Mehrwertsteuersystem, UR 2006, 87.

*Enquete-Komission* des Deutschen Bundestages: Bericht über „Zukunft des Bürgerschaftlichen Engagements", BT-Drucksache 14/8900, Bonn 2002 (zit.: *Enquete-Komission*, Bericht über „Zukunft des Bürgerschaftlichen Engagements", BT-Drucksache 14/8900).

*Everling*, Ulricht: Richterliche Rechtsfortbildung in der Europäischen Gemeinschaft, JZ 2000, 217.

*Fehling*, Michael/*Kastner*, Berthold/*Störmer*, Rainer (Hrsg.): Verwaltungsrecht, Kommentar, 3. Auflage, Baden-Baden 2013 (zit.: *Bearbeiter*, in: Fehling/Kastner/Störmer, Verwaltungsrecht).

*Felix*, Dagmar: Einheit der Rechtsordnung – Zur verfassungsrechtlichen Relevanz einer juristischen Argumentationsfigur, Habilitationsschrift, Tübingen 1998.

*Fiebig*, Stefan/Gallner, Inken/Mestwerdt, Wilhelm/Nägele, Stefan (Hrsg.): Kündigungsschutzrecht, Handkommentar, 4. Auflage, Baden-Baden 2012.

*Fischer*, Peter: Anmerkung zu BFH, Urteil vom 19.10.2012 V R 31/11, jurisPR-SteuerR 47/2012 Anm. 5.

*Foerster*, German/*Jäde*, Henning (Hrsg.): PdK Verwaltungsverfahrensgesetz, Band A 15 Bund (zit.: *Bearbeiter*, in Foerster/Jäde, Praxis der Kommunalverwaltung).

*Foerster*, Max: Richtlinienwirkung im Horizontalverhältnis?, EuR 2012, 190.

*Frenz*, Walter: Handbuch Europarecht, Band 5, Heidelberg 2010 (zit.: *Frenz*, Handbuch Europarecht, Bd. 5).

*Frick*, Karl Alois: Einkommensteuerliche Steuervergünstigungen und Beihilfeverbot nach dem EG-Vertrag, Dissertation, Frankfurt am Main 2009 (zit.: *Frick*, Einkommensteuerliche Steuervergünstigungen und Beihilfeverbot nach dem EG-Vertrag).

*Frink*, Julia: Der Ausschluss des Vorsteuerabzugs bei der Ausführung steuerfreier Umsätze im Umsatzsteuerrecht, Dissertation, Regensburg 2002 (zit.: *Frink*, Der Ausschluss des Vorsteuerabzugs).

*Gablers,* Wirtschaftslexikon, 15. Auflage, München 2000 (zit. *Gablers*, Wirtschaftslexikon).

*Geiger*, Rudolf/*Khan* Daniel-Erasmus/*Kotzur*, Markus (Hrsg.): EUV/AEUV, Kommentar, 5. Auflage, München 2010 (zit.: *Bearbeiter*, in: Geiger/Khan/Kotzur, EUV/AEUV).

*GHK*: Volunteering in the European Union, Final Report, Brüssel 2010 (zit.: *GHK*, Volunteering in the European Union, Final Report).

*Gosch*, Dietmar: KStG, Körperschaftsteuergesetz, 2. Auflage, München 2009 (zit.: *Bearbeiter*, in: Gosch, KStG).

*Grabitz*, Eberhard/*Hilf*, Meinhard/*Nettesheim*, Martin (Hrsg.): Das Recht der Europäischen Union, Kommentar, Loseblattsammlung, Stand: 55. Ergänzungslieferung (Januar 2015), München (zit.: *Bearbeiter*, in: Grabitz/Hilf/Nettesheim, Das Recht der Europäischen Union).

*Graf von Kielmansegg,* Sebastian: Tücken im Dreieck- Die individualbelastende Richtlinienwirkung im Unionsrecht, EuR 2014, 30.

*Grande* Dizionario della Lingua Italiana, Bd. 5, 21. Auflage, Milano 2002 (zit.: *Grande Dizionario della Lingua Italiana*, Bd. 5).

*Groeben*, Hans von der/*Schwarze*, Jürgen (Hrsg.): Vertrag über die Europäische Union und Vertrag zur Gründung der Europäischen Gemeinschaft, Kommentar, 6. Auflage, Baden-Baden 2004 (zit.: *Bearbeiter*, in: Groeben/Schwarze, EUV/EGV).

*Häberle*, Peter: Grundrechtsgeltung und Grundrechtsinterpretation im Verfassungsstaat, JZ 1989, 913.

*Hailbronner,* Kay: Die Unionsbürgerschaft und das Ende rationaler Jurisprudenz durch den EuGH?, NJW 2004, 2185.

*Harnier*, Gabriel: Die Bedeutung von rechtsaktbegleitenden Erklärungen im Sekundären Gemeinschaftsrecht, Dissertation, Baden-Baden 2000 (zit.: *Harnier*, Die Bedeutung von rechtsaktbegleitenden Erklärungen im sekundären Gemeinschaftsrecht).

*Hartmann*, Alfred/*Metzenmacher*, Wilhelm (Hrsg.): Umsatzsteuergesetz, Kommentar, Loseblattsammlung, Köln 2011 (zit: *Bearbeiter*, in: Hartmann/Metzenmacher, UStG).

*Hecker*, Bernd: Strafbare Produktwerbung im Lichte des Gemeinschaftsrechts: Europäisierung des deutschen Täuschungsschutzstrafrechts am Beispiel des Lebensmittel-, Wettbewerbs- und Betrugsstrafrechts, Dissertation, Tübingen

2001 (zit.: *Hecker*, Strafbare Produktwerbung im Lichte des Gemeinschaftsrechts).

*Heidner*, Hans Hermann: Wirkungsweise von EG-Richtlinien im deutschen Steuerrecht, Wie kommt die 6. EG-Richtlinie ins deutsche Umsatzsteuerrecht?, UR 2003, 69.

*Heidner*, Hans Hermann: Richtlinienkonforme Auslegung von Befreiungsvorschriften im Umsatzsteuerrecht, UR 2006, 74.

*Heintzen*, Markus: Die umsatzsteuerrechtliche Organschaft bei Organisationsprivatisierungen in der öffentlichen Verwaltung, DStR 1999, 1799.

*Helios*, Marcus: Indirekte Steuern als Gegenstand des EG-Beihilfenrechts, EWS 2005, 208.

*Herdegen*, Matthias: Auslegende Erklärungen von Gemeinschaftsorganen und Mitgliedstaaten zu EG-Rechtsakten, ZHR 155 (1991), 52.

*Herrmann*, Christoph: Richtlinienumsetzung durch die Rechtsprechung, Schriften zum europäischen Recht, Band 98, Dissertation, Berlin 2003 (zit.: *Herrmann*, Richtlinienumsetzung durch die Rechtsprechung)

*Hirsch*, Günter: ECLR Das Rechtsgespräch im europäischen Gerichtshof, ZGR 2002, 1.

*Hoffsümmer*, Phillip: Steuerbefreiungen für Inlandsumsätze (§ 4 Nrn. 8 bis 28 UStG): Eine systematische Betrachtung unter besonderer Berücksichtigung europäischer und nationaler Prüfungsmaßstäbe, Dissertation, Frankfurt 2009 (zit.: *Hoffsümmer*, Steuerbefreiungen).

*Huschens*, Ferdinand, Unternehmereigenschaft halböffentlicher Einrichtungen, UVR 2010, 61.

*Husmann*, Manfred: Die Richtlinien der Europäischen Union, NZS 2010, 655.

*Hüttemann*, Rainer/ Schauhoff, Stephan: Umsatzsteuerbefreiung für soziale Dienstleistungen was erlaubt das europäische Mehrwertsteuerrecht? MwStR 2013, 426.

*Ismer*, Roland/*Keyser*, Anne-Katherina: Umsatzbesteuerung der öffentlichen Hand, UR 2011, 81.

*Jansen*, Bela: Vorgaben des europäischen Beihilferechts für das nationale Steuerrecht, Dissertation, Baden-Baden 2003 (zit.: *Jansen*, Vorgaben des europäischen Beihilferechts für das nationale Steuerrecht).

*Jarass*, Hans: Grundfragen der innerstaatlichen Bedeutung des EG-Rechts, Köln 1994 (zit.: *Jarass*, Grundfragen der innerstaatlichen Bedeutung des EG-Rechts).

*Jarass*, Hans/*Beljin*, Sasa: Die Bedeutung von Vorrang und Durchführung des EG-Rechts für die nationale Rechtsetzung und Rechtsanwendung, NVwZ 2004, 1.

*Karl*, Joachim: Zur Rechtswirkung von Protokollerklärungen in der Europäischen Gemeinschaft, JZ 1991, 593.

*Kirchhof*, Paul: Steuerumgehung und Auslegungsmethoden, StuW 1983, 173.

*Kirchhof*, Paul: Die Kunst der Steuergesetzgebung, NJW 1987, 3217.

*Klein*, Franz: Abgabenordnung, AO, Kommentar, 12. Auflage, München 2014 (zit.: *Bearbeiter*, in: Klein, AO).

*Koenig*, Christian/ *Busch*, Martin: Gemeinschaftsrechtliche Anforderungen an eine Umsatzsteuerbefreiung für Postdienstleistungen (§ 4 Nr. 11b UStG), EWS 2009, 510.

*Koenig*, Ulrich (Hrsg.): Abgabenordnung, Kommentar, 3. Auflage, München 2014 (zit.: *Bearbeiter*, in: Koenig, AO).

*Kopp*, Ferdinand/*Ramsauer*, Ulrich: Verwaltungsverfahrensgesetz: VwVfG, Kommentar, 15. Auflage, München 2014 (zit.: *Kopp/Ramsauer*, VwVfG).

*Korn*, Klaus: Unternehmereigenschaft beim Verkauf von Gegenständen über „ebay", SteuK 2012, 257.

*KPMG,* Vat In The Public Sector And Exemptions In The Public Interest, Kopenhagen 2011 (zit.: *KPMG,* Vat In The Public Sector And Exemptions In The Public Interest).

*Krauskopf*, Dieter u.a. (Begr.): Soziale Krankenversicherung, Pflegeversicherung, Kommentar, Loseblattsammlung, 2 Ordner, 87. Ergänzungslieferung (Februar 2015), München (zit.: *Bearbeiter*, in: Krauskopf, Soziale Krankenversicherung, Pflegeversicherung).

*Kreikebohm*, Ralf: SGB IV, Sozialgesetzbuch, Gemeinsame Vorschriften für die Sozialversicherung, Kommentar, 2. Auflage, München 2014.

*Kruis,* Tobias: Der Anwendungsvorrang des EU-Rechts in Theorie und Praxis, Dissertation, Tübingen 2013.

*Kühne*, Andreas: Das Ehrenamt, Norderstedt 2011 (zit.: *Kühne*, Das Ehrenamt).

*Küffner*, Thomas/ *Stöcker*, Ernst-Erhard/ *Zugmaier*, Oliver (Hrsg.): Umsatzsteuer Kommentar, Loseblatt, 3 Bände, 116. Ergänzungslieferung (März 2015) Herne (zit.: *Bearbeiter*, in: Küffner/Stöcker/Zugmaier, UStG.).

*Küffner*, Thomas: Vermögensverwaltung in Form langfristiger Vermietung unbeweglichen Vermögens durch eine Einrichtung des öffentlichen Rechts als dieser im Rahmen der öffentlichen Gewalt obliegende Tätigkeit, UR 2009, 492.

*Küttner*, Wolfdieter (Begr.)/*Röller*, Jürgen (Hrsg.): Personalbuch 2015, 22. Auflage, München 2015 (zit.: *Bearbeiter*, in: Küttner, Personalbuch 2013).

*Kunkel*, Peter-Christian: Sozialgesetzbuch VIII, 5. Auflage, Baden-Baden 2014 (zit.: *Bearbeiter*, in: Kunkel, Sozialgesetzbuch VIII).

*Kurz*, Karl: Der Fiskuns und das Ehrenamt, in: Handelsbilanzen und Steuerbilanzen: Festschrift zum 70. Geburtstag von Prof. Dr. h.c. Heinrich Beisse, Düsseldorf 1997, S. 315 (zit.: *Kurz*, in: FS-Beisse, Der Fiskus und das Ehrenamt).

*Kutscher*, Hans: Abschied vom Gerichtshof der Europäischen Gemeinschaften, EuR 1981, 392.

*Langenscheidts Großwörterbuch Italienisch*, Berlin 1987 (zit.: *Langenscheidts Großwörterbuch Italienisch*).

*Le Grand Robert de la Langue Français*, 2. Auflage 2011 (zit.: *Le Grand Robert de la Langue Français*)

*Larenz*, Karl: Methodenlehre der Rechtswissenschaft, verkürzte Studienausgabe, 2. Auflage, Heidelberg 1992 (zit.: *Larenz*, Methodenlehre der Rechtswissenschaft, 2.Aufl. (1992)).

*Leisner*, Walter: Die subjektiv-historische Auslegung des Gemeinschaftsrechts Der Wille des Gesetzgebers in der Judikatur des EuGH, EuR 2007, 689.

*Lembke*, Otto: Ausfuhrnachweis für Umsatzsteuerzwecke im Rahmen des IT-Verfahrens „ALTLAS-Ausfuhr", SteuK 2010, 449.

*Lewen*, Martina: Die rechtliche Bedeutung von Protokollerklärungen zu ausgewählten Rechtsakten des sekundären Gemeinschaftsrechts, E-Dissertation der UHH, http://ediss.sub.uni-hamburg.de/volltexte/2003/1062/ (zit.: *Lewen*, Die rechtliche Bedeutung von Protokollerklärungen zu ausgewählten Rechtsakten des sekundären Gemeinschaftsrechts).

*Linn*, Alexander: Die Anwendung des Beihilfeverbots im Unternehmenssteuerrecht, IStR 2008, 601.

*Lippross*, Otto Gerd: Umsatzsteuer, Grüne Reihe Band 11, 23. Auflage, Achim bei Bremen 2012 (zit.: *Lippross*, Umsatzsteuer)

*Lohse*, Christian: Neutralitätsgrundsatz im Umsatz-/ Mehrwertsteuerrecht, UR 2004, 582

*Lohse*, Christian: Sprachenvielfalt und einheitliche Rechtsanwendung in der EG, UR 2002, 393.

*Lubitz*, Manfred: Die Steuerbefreiungen kultur- und bildungspolitischer Art im System des Umsatzsteuerrechts, Dissertation, Köln 1975 (zit.: *Lubitz*, Die Steuerbefreiungen kultur- und bildungspolitischer Art).

*Lüdemann*, Peter: EG-Recht und nationales Steuerrecht, BB 1992, 1606.

*Lutter*, Marcus: Die Auslegung angeglichenen Rechts, JZ 1992, 593.

*Maurer*, Hartmut: Alllgemeines Verwaltungsrecht, 18. Auflage, München 2011 (zit.: *Maurer*, Allgemeines Verwaltungsrecht).

*Maunz*, Theodor/*Düring*, Günter (Hrsg.): Grundgesetz, Loseblatt-Kommentar, 73. Auflage, München 2015 (zit.: *Bearbeiter*, in: Maunz/Düring, GG).

*Mestmäcker*, Ernst-Joachim/*Schweitzer*, Heike (Hrsg.): Europäisches Wettbewerbsrecht, 3. Auflage, München 2014 (zit. *Bearbeiter*, in: Mestmäcker/Schweitzer, Europäisches Wettbewerbsrecht).

*Meurer*, Thomas: Das Ehrenamt und die Umsatzsteuer, UStB 2012, 322.

*Meyer*, Berthold: Tätigkeit des Präsidenten des Vorstandes eines Vereins gegenüber dem Verein kann umsatzsteuerpflichtig sein, EFG 2006, 1023.

*Mörsdorf*, Oliver: Unmittelbare Anwendung von EG-Richtlinien zwischen Privaten in der Rechtsprechung des EuGH, EuR 2009, 219.

*Müller-Graff*, Peter-Christian: Die horizontale Direktwirkung der Grundfreiheiten, EuR 2014, 3.

*Müller-Glöge*, Rudi/*Preis*, Ulrich/*Schmidt*, Ingrid (Hrsg.): Erfurter Kommentar zum Arbeitsrecht, 15. Auflage, München 2015 (zit.: *Bearbeiter*, in: Müller-Glöge/Preis/Schmidt, ErfK).

*Mutschler*, Bernd/*Schmidt-De Caluwe*, Reimund/ *Coseriu*, Pablo (Hrsg.): Sozialgesetzbuch III, Arbeitsförderung, Großkommentar, 5. Auflage, Baden-Baden 2013, (zitiert: *Bearbeiter*, in: Mutschler/Schmidt-de Caluwe/Coseriu, SGB III).

*Nicolaysen,* Gert: Europarecht I, Die Europäische Integrationsverfassung, 2. Auflage, Baden-Baden 2002 (zit.: *Nicolaysen,* Europarecht I).

*Nieskens*, Hans: Aktuelles zur EuGH-Rechtsprechung, UR 2004, 441.

*Nieuwenhuis,* Helmut: Grundsatz der Neutralität der Umsatzsteuer in der Rechtsprechung des EuGH, UR 2013, 663.

*Obermair*, Stefan: Abgrenzung selbständiger zu nicht selbständiger Tätigkeit im Umsatzsteuerrecht, UR 2007, 921.

*Offerhaus*, Klaus/*Söhn*, Hartmut/*Lange*, Hans-Friedrich (Hrsg.): Umsatzsteuer, Kommentar, Loseblattsammlung, Stand: 275. Ergänzungslieferung (Dezember 2014), Stuttgart (zit.: *Bearbeiter*, in: Offerhaus/Söhn/Lange, UStG).

*Pechstein*, Matthias: Die Bedeutung von Protokollerklärungen zu Rechtsakten der EG, EuR 1990, 249.

*Pechstein*, Matthias: EU-Prozessrecht, 4. Auflage, Tübingen 2011 (zit.: *Pechstein*, EU-Prozessrecht).

*Pfefferle*, Jörg/*Renz*, Matthias: Berufsbetreuerleistungen – Ende einer neverending-story, NWB 2013, 4119.

*Plückebaum*, Konrad/*Malitzky*, Heinz/ *Widmann*, Werner (Hrsg.): Umsatzsteuergesetz, Kommentar, Loseblattsammlung, 10. Auflage (März 2006), Köln (u.a.) (zit.: *Bearbeiter*, in: Plückebaum/Malitzky/Widmann, UStG).

*Popitz,* Johannes/*Kloß*, Richard/*Grabower*, Rolf (Hrsg.): Kommentar zum Umsatzsteuergesetz in der Fassung vom 8. Mai 1926, 3. Auflage, Berlin 1928 (zitiert: *Popitz/Kloß/Grabower*, UStG 3. Aufl. 1928).

*Rau*, Günter/*Dürrwächter*, Erich/*Flick*, Hans/*Geist*, Reinhold (Hrsg.): Umsatzsteuergesetz, Kommentar, Loseblattsammlung, Stand: 161. Ergänzungslieferung (März 2015), Köln (zit.: *Bearbeiter*, in: Rau/Dürrwächter, UStG).

*Rau*, Günter/*Dürrwächter*, Erich/*Flick*, Hans/*Geist*, Reinhold (Hrsg.): Umsatzsteuergesetz, Kommentar, Loseblattsammlung, Stand: 17. Ergänzungslieferung (September 1973), Köln (zit.: *Bearbeiter*, in: Rau/Dürrwächter (Lfg. 17 Sept. 1973), UStG).

*Reiß*, Wolfram/*Kraeusel*, Jörg/*Langer*, Michael (Hrsg.): Umsatzsteuergesetz mit Nebenbestimmungen Gemeinschaftsrecht, Kommentar, Loseblattsammlung, Stand: 120. Ergänzungslieferung (Juni 2015), Bonn (zit.: *Bearbeiter*, in: Reiß/Kraeusel/Langer, UStG).

*Reiß*, Wolfram: Null-Steuersatz für Finanzdienstleistungen, UR 2003, 209.

*Reiß*, Wolfram: Die nicht ordnungsgemäße Umsetzung von EG-Steuerrichtlinien und ihre Folgen, StuW 1994, 323.

*Rengeling*, Hans-Werner/*Middeke*, Andreas/*Gellermann*, Martin (Hrsg.): Handbuch des Rechtsschutzes in der Europäischen Union, 3. Auflage, München 2014 (zit.: *Bearbeiter*, in: Rengeling/Middeke/Gellermann, Handbuch des Rechtsschutzes in der Europäischen Union).

*Roder*, Thomas: Die horizontale Wirkung nicht umgesetzter EG-Richtlinien, Dissertation, München 2008 (zit.: *Roder*, Die horizontale Wirkung nicht umgesetzter EG-Richtlinien).

*Rosenthal*, Michael: Der Grundsatz der steuerlichen Neutralität in der aktuellen Entscheidung des EuGH vom 15.11.2012, DStR 2013, 443.

*Ruppe*, Hans/*Achatz*, Markus (Hrsg.): Umsatzsteuergesetz, Kommentar, 4. Auflage, Wien 2011 (zit.: *Ruppe/Achatz*, Umsatzsteuergesetz).

*Schauhoff*, Stephan (Hrsg.): Handbuch der Gemeinnützigkeit, 3. Auflage, München 2010 (zit.: *Bearbeiter*, in: Schauhoff, Handbuch der Gemeinnützigkeit).

*Schenk*, Alan/*Oldman*, Oliver (Hrsg.): Value Added Tax: A Comparative Approach, New York 2007 (zit.: *Schenk/Oldman*, Value Added Tax: A Comparative Approach).

*Schmidt*, Arnold: Die Steuerbefreiung der ehrenamtlichen Tätigkeit nach § 4 Nr. 26 UStG, UR 1968, 259.

*Schmidt-Trenz*, Hans-Jörg/*Stober*, Rolf: Jahrbuch Recht und Ökonomik des Dritten Sektors 2011/2012 (RÖDS), Baden-Baden 2012, (zit.: *Blankart/Gehrmann*, Der Dritte Sektor in der Europäischen Union: Die Daseinsvorsorge aus ökonomischer Sicht).

*Schmitz*, Martin/*Erdbrügger*, Bastian: Reform der Umsatzbesteuerung des öffentlichen und gemeinnützigen Sektors, DStR 2011, 1157.

*Schön*, Wolfgang: Gemeinschaftskonforme Auslegung und Fortbildung des nationalen Steuerrechts – unter Einschluss des Vorlageverfahrens nach Art. 177 EGV, DSJG (19) 1996, 167.

*Schön*, Wolfgang: Die Auslegung des europäischen Steuerrechts – Das harmonisierte Steuerrecht zwischen nationalem Zivilrecht und europäischem Gemeinschaftsrecht, Köln 1993 (zit.: *Schön*, Die Auslegung des europäischen Steuerrechts).

*Schönfeld*, Wolfgang/*Plenker*, Jürgen: Lexikon für das Lohnbüro 2014, 56. Auflage, 2014 (zit.: *Schönfeld/Plenker*, Lexikon für das Lohnbüro).

*Schroeder*, Werner: Die Auslegung des EU-Rechts, JuS 2004, 180.

*Schulze*, Reiner/*Zuleeg*, Manfred/*Kadelbach*, Stefan (Hrsg.): Europarecht, Kommentar, 3. Auflage, Baden-Baden 2015 (zit.: *Bearbeiter*, in: Schulze/Zuleeg/Kadelbach, Europarecht).

*Schwarze*, Jürgen/*Becker*, Ulrich/*Hatje*, Armin/*Schoo*, Johann (Hrsg.): EU-Kommentar, 3. Auflage, Baden-Baden 2012 (zit.: *Bearbeiter*, in: Schwarze/Becker/Hatje/Schoo, EU-Kommentar).

*Seer*, Roman: Resümee [zur Tagung „Umsatzsteuer im Europäischen Binnenmarkt], DStJG 32 (2009), 497.

*Seer*, Roman/*Klemke*, Sina: Abgrenzung des Betriebes gewerblicher Art vom Hoheitsbetrieb, BB 2010, 2015.

*Sölch*, Otto/*Ringleb*, Karl (Begr.): Umsatzsteuergesetz, Kommentar, Loseblattsammlung, Stand: 74. Ergänzungslieferung (April 2015), München (zit.: *Bearbeiter*, in: Sölch/Ringleb, UStG).

*Sölch*, Otto/*Ringleb*, Karl (Begr.): Umsatzsteuergesetz, Kommentar, Loseblattsammlung, 57. Auflage, München 2007 (zit.: *Bearbeiter*, in: Sölch/Ringleb, UStG (57. Aufl. 2007).

*Söhn*, Hartmut: Die Harmonisierung der Umsatzsteuern in der Europäischen Gemeinschaft, StuW 1976, 1.

*Söhn*, Hartmut: Die Umsatzsteuer als Verkehrsteuer und/oder Verbrauchsteuer StuW 1975, 1.

*Söhn*, Hartmut: Abgeordnetenbezüge und Umsatzsteuer, UR 1978, 161.

*Stadie*, Holger: Umsatzsteuergesetz, Kommentar, 3. Auflage, Köln 2015 (zit.: *Stadie*, UStG).

*Stadie*, Holger: Befreiungen und Ermäßigungen – Chaos, System oder Konglomerat? DStJG 32 (2009), 143.

*Stelkens*, Paul/*Bonk*, Heinz/*Sachs*, Michael (Hrsg.): Verwaltungsverfahrensgesetz, Kommentar, 8. Auflage, München 2014 (zit.: *Bearbeiter*, in: Stelkens/Bonk/Sachs, VwVfG).

*Stober*, Rolf: Der Ehrenbeamte in Verfassung und Verwaltung, Habilitationsschrift, Königstein, Athenäum 1981 (zit.: *Stober*, Der Ehrenbeamte in der Verfassung und Verwaltung).

*Streinz*, Rudolf/*Kruis*, Tobias/*Michl*, Walther (Hrsg.): EUV/AEUV, Kommentar, 2. Auflage, München 2011 (zit.: *Bearbeiter*, in: Streinz, EUV/AEUV).

*Tehler*, Hermann-Josef: Die Regelung des Kleinunternehmers im System der Mehrwertsteuer (§ 19 Abs. 1 und 3 UStG) – eine steuersystematische und verfassungsrechtliche Untersuchung, SuW 1983, 232.

*Terhechte*, Philip, Verwaltungsrecht der Europäischen Union, Baden-Baden 2011 (zit: *Bearbeiter*, in: Terhechte, Verwaltungsrecht der Europäischen Union).

*The Oxford English Dictionary*, 2. Auflage, Band 19, Clarendon Press, Oxford 1989 (zit.: *The Oxford English Dictionary)*.

*Thiele*, Alexander: Europäisches Prozessrecht, München 2007 (zit.: *Thiele*, Prozessrecht).

*Tipke*, Klaus/*Lang*, Joachim (Hrsg.): Steuerrecht, 22. Auflage, Köln 2015 (zit.: *Bearbeiter*, in: Tipke/Lang, Steuerrecht).

*Tipke*, Klaus/*Lang*, Joachim (Hrsg.): Steuerrecht, 20. Auflage, Köln 2010 (zit.: *Bearbeiter*, in: Tipke/Lang, Steuerrecht (20. Auf.)).

Tipke, Klaus, Die Steuerrechtsordnung, Band 1, Wissenschaftsorganisatorische, systematische und grundrechtlich-rechtsstaatliche Grundlagen, 2. Auflage, Köln 2000 (zit.: *Tipke*, Steuerrechtsordnung, Bd. I).

*Valentin*, Achim: Anmerkungen zu FG Saarland, Urteil vom 05.12.2002 – 1 K 381/02, EFG 2003, 270.

*Vereinte Nationen*, Resolution vom 17.12.1985 – A/RES/40/212, 120. Plenarsitzung.

*Versteyl*, Ludger Anselm: Verfassungsrechtliche Aspekte des Abgeordnetengehalts, DÖV 1972, 774–777.

*Viegener*, Johannes: Die französische Mehrwertsteuer und ihre Tendenzen im Hinblick auf die Harmonisierung der Umsatzsteuern in den EG-Mitgliedstaaten, UR 1990, 329.

*Vogel*, Alfred/*Schwarz*, Bernhard/u.a. (Hrsg.): Kommentar zum Umsatzsteuergesetz (UStG), Loseblattsammlung, Stand 170. Ergänzungslieferung (September 2013), Freiburg im Breisgau (zit.: *Bearbeiter*, in: Vogel/Schwarz, UStG).

*Wachweger*, Dieter: 6. Richtlinie zur Harmonisierung der Umsatzsteuern in den Europäischen Gemeinschaften, Bonn 1977 (zit.: *Wachweger*, 6. Richtlinie zur Harmonisierung der Umsatzsteuern in den Europäischen Gemeinschaften).

*Wagner*, Rose: Community Networks in den USA: Von der Counterculture zum Mainstream, Hamburg 1998 (zit.: *Wagner*, Community Networks in den USA).

*Weber*, Christian: Neue Nachweispflichten bei der Umsatzsteuerbefreiung für innergemeinschaftliche Lieferungen, MwStR 2013, 145.

*Weiler*, Frank: Grammatikalische Auslegung des vielsprachigen Unionsrechts, ZEuP 2010, 861.

*Weimann*, Rüdiger/*Lang*, Fritz: Umsatzsteuer – national und international, 4. Auflage, Stuttgart 2015 (zit.: *Bearbeiter*, in: Weimann/Lang, Umsatzsteuer).

*Weimann*, Rüdiger: Dienstleistungen an jPöR nach der neuen EU-DVO: B2C- oder B2B-Leistung?, UStB 2012, 57.

*Weiss*, Eberhard: Einschränkung des Unternehmerbegriffs – Organwalter einer KöR, UR 1983, 53.

*Weymüller*, Rainer (Hrsg.): Beck'scher Online-Kommenar Umsatszsteuergesetz, (Stand: 6. Online-Edition, Juni 2015), München (zit.: *Bearbeiter*, in: Beck-OK, UStG).

*Widmann*, Werner: Beschränkung auf Teilentgelte schließt die wirtschaftliche Tätigkeit der öffentlichen Hand nicht aus, UR 2010, 221.

*Wikipedia*, Eintrag: Ehrenamt, http://de.wikipedia.org/wiki/Ehrenamt.

*Wolter* Handwörterbuch Deutsch-Niederländisch, 5. Auflage, Berlin u.a. 1997 (zit.: *Wolter* Handwörterbuch Deutsch-Niederländisch).

*Zuleeg*, Manfred, Die Auslegung des Europäischen Gemeinschaftsrechts, EuR 1969, 97.

Hinsichtlich der Abkürzungen wird verwiesen auf:

| | |
|---|---|
| *Kirchner*, Hildebert | Abkürzungsverzeichnis der<br>7. Auflage 2013 Rechtssprache |

# A. Einleitung

## I. Einführung und Gang der Untersuchung

„*Wer an den Dingen der Stadt keinen Anteil nimmt, ist kein stiller, sondern ein schlechter Bürger*“ konstatierte bereits im fünften Jahrhundert vor Christus der Athener Politiker und Staatsmann Perikles.[1] Darin brachte er das seit der Antike und grds. bis heute bestehende Grundverständnis zum Ausdruck, dass die ehrenamtliche Tätigkeit bzw. das bürgerschaftliche Engagement zur honorigen Tätigkeit bzw. zum Pflichtprogramm eines jeden Bürgers gehört.[2]

In der heutigen Zeit wird der Begriff der ehrenamtlichen Tätigkeit zunehmend gleichbedeutend mit den Begriffen „Ehrenamt“, „Freiwilligenarbeit“, „bürgerschaftliches Engagement“ und „Dienst an der Allgemeinheit“ verwendet, wobei sich die Begrifflichkeiten definitorisch nicht streng voneinander unterscheiden lassen.[3] Am weitesten ist nach dem gegenwärtigen Sprachgebrauch wohl der Begriff des „bürgerschaftlichen Engagements“, der einen Ober- bzw. Sammelbegriff für die vorstehenden Begriffe darstellt, zu verstehen.[4] Bürgerschaftliches Engagement zeichnet sich durch das Merkmal der Freiwilligkeit, das Nicht-Gerichtet-Sein auf materiellen Gewinn, der Gemeinwohlorientiertheit und der Tatsache aus, dass es sich im öffentlichen Raum befindet bzw. stattfindet und in der Regel gemeinschaftlich/kooperativ ausgeübt wird.[5]

Ehrenamtliches bzw. bürgerschaftliches Engagement nach dem oben genannten Verständnis hat für die bestehende soziale Infrastruktur Deutschlands und Europas eine entscheidende Bedeutung. Viele der karitativen bzw. mildtätigen Einrichtungen sind auf ehrenamtlich tätige Mitarbeiter angewiesen, da sie ohne

---

1 Der Satz wird dem Athener Politiker Perikles (500–429 v. Chr.) zugeschrieben; zur Geschichte des Ehrenamtes vgl. *Kühne*, Das Ehrenamt, S. 19 ff.

2 Vgl. *Enquete-Kommission,* Bericht über „Zukunft des Bürgerschaftlichen Engagements“, BT-Drucks. 14/8900, S. 2 ff.

3 Zum Wandel des Sprachverständnisses vgl. *Enquete-Kommission,* Bericht über „Zukunft des bürgerschaftlichen Engagements“, BT-Drucks. 14/8900, S. 32; *Wikipedia*, Eintrag: Ehrenamt, http://de.wikipedia.org/wiki/Ehrenamt, zuletzt abgerufen am 30.04.2014; *Schindler*, in: Kunkel, SGB VIII, § 73 Rn. 2.

4 Vgl. *Enquete-Kommission,* Bericht über „Zukunft des Bürgerschaftlichen Engagements“, BT-Drucks. 14/8900, S. 32.

5 *Enquete-Kommission,* Bericht über Zukunft des Bürgerschaftlichen Engagements“, BT-Drucks. 14/8900, S. 38 ff.; vgl. auch *BMfSFJ*, Erster Engagementbericht – Für eine Kultur der Verantwortung, BT-Drucks. 17/10580, S. 56.

deren Unterstützung nicht mehr die bestehende Kostenlast bewältigen könnten und in ihrer wirtschaftlichen Existenz gefährdet wären.[6] Nach statistischen Erhebungen sind in Europa ca. 92 bis 94 Mio. Erwachsene bürgerschaftlich engagiert, was ca. 22 bis 23% der Europäer über 15 Jahren entspricht.[7] Der Anteil liegt in Deutschland, in dem sich mehr als ein Drittel der Bevölkerung ehrenamtlich engagiert, damit über dem europäischen Durchschnitt.[8] Im internationalen Vergleich rangieren an erster Stelle des bürgerschaftlichen Engagements die USA, wo die Freiwilligenarbeit eine lange Tradition in der Geschichte und eine tiefe Verankerung in dem Selbstbild der US-Bürger hat.[9] Aber auch in Deutschland blickt das ehrenamtliche bzw. bürgerschaftliche Engagement auf eine lange Ideengeschichte und Tradition zurück.[10]

Ungeachtet ihrer konkreten rechtlichen Ausgestaltung sind die Motive für ein freiwilliges Engagement heteronom.[11] Im Vordergrund dürfte das Bedürfnis der Bürger zur gesellschaftlichen Mitgestaltung, der Wunsch, über das Berufsleben hinausgehende soziale Kontakte zu knüpfen sowie der Wunsch nach sozialer Einbindung stehen. Auch können genuin altruistische Motive in der Vielfalt der bestehenden Motive eine beherrschende Rolle einnehmen.[12]

Die Bedeutung der ehrenamtlichen Tätigkeit bzw. des bürgerschaftlichen Engagements hat dazu geführt, dass die Politik ehrenamtlich Tätige durch verschiedene gesellschaftspolitische Ereignisse würdigt. So wurde z.B. das Jahr 2011

---

6 Zum wirtschaftlichen Wert der Freiwilliegenarbeit, der in Deutschland bei 1 bis 2% des BIP ausmachen soll, vgl. die Analyse in *GHK*, Volunteering in the European Union, Final Report, S. 11.

7 *GHK*, Volunteering in the European Union, Final Report, S. 7.

8 Vgl. zum Anteil der ehrenamtlich tätigen Bevölkerung in den verschiedenen Mitgliedsländern der EU, *GHK*, Volunteering in the European Union, Final Report, S. 7 ff.

9 Vgl. zur Bedeutung der ehernamtlichen Tätigkeit in den USA *Wagner*, Community Networks in den USA, S. 21 ff.; *Birnkraut*, Ehrenamt in kulturellen Institutionen im Vergleich zwischen den USA und Deutschland, S. 94 ff.

10 Vgl. *Enquete-Kommission,* Bericht über „Zukunft des Bürgerschaftlichen Engagements", BT-Drucks. 14/8900, S. 40 ff.

11 *Bierhoff*, in: Gemeinschaftswerk der Evangelischen Publizisitk, Öffentlichkeitsarbeit für Nonprofit-Organisationen, Organisation und Kommunikation in Nonprofit-Einrichtungen, S. 427, 448 f.

12 Vgl. zu den unterschiedlichen Motiven ehrenamtlicher Tätigkeit auch die Zusammenstellung in Vgl. *Enquete-Kommission,* Bericht über „Zukunft des Bürgerschaftlichen Engagements", BT-Drucks. 14/8900, S. 51 ff.

zum Europäischen Jahr der Freiwilligentätigkeit erklärt.[13] Seit 1986 wird zudem der von der UN eingeführte Internationale Tag des Ehrenamtes („International Volunteer Day for Economic and Social Developement, IVD“) jährlich am fünften Dezember gefeiert,[14] anlässlich dessen in Deutschland auch der Verdienstorden der Bundesrepublik Deutschland für „außerordentliches bürgerschaftliches Engagement“ vergeben wird. Das Spektrum der gewürdigten Leistungen reicht vom Naturschutz bis hin zum Einsatz gegen Rechtsradikalismus.[15]

Neben der politischen und gesellschaftlichen Anerkennung ehrenamtlicher Tätigkeit hat auch der Gesetzgeber verschiedene – im Einzelnen noch darzustellende – Regelungen geschaffen, die zu einer auch steuerlichen Begünstigung bürgerschaftlichen bzw. ehrenamtlichen Engagements führen sollen. Neben verschiedenen Vorschriften im Arbeits- und Sozialrecht existieren auch im Steuerrecht verschiedene Bestimmungen, die u.a. eine Anerkennung bzw. Förderung ehrenamtlicher Tätigkeiten bezwecken.

Neben entsprechenden Vorschriften im EStG, die ehrenamtliche Tätigkeiten umfassen, sieht das deutsche Umsatzsteuerrecht in § 4 Nr. 26 UStG explizit eine Steuerbefreiung für „ehrenamtliche Tätigkeit“ vor. § 4 Nr. 26 UStG ist zudem die einzige Bestimmung des deutschen Steuerrechts, in der der Terminus „ehrenamtlich“ verwendet wird.

§ 4 Nr. 26 UStG bestimmt, ob und unter welchen Voraussetzungen Umsätze, die aus einer ehrenamtlich ausgeübten Tätigkeit herrühren, umsatzsteuerbefreit sind. Diese Vorschrift, die den Gegenstand der vorliegenden Untersuchung darstellt, ist bereits seit ihrer Einführung unter anderem infolge ihrer textlichen Kürze und der Verwendung unbestimmter Rechtsbegriffe sowohl in ihrem Anwendungsbereich als auch in ihrem Sinn/Zweck äußerst umstritten.[16] Trotz und teilweise auch auf Grund einer Vielzahl von Rechtsprechung und zahlreichen Verfügungen seitens der Finanzverwaltung bleibt der Anwendungsbereich dieser Steuerbefreiungsvorschrift in vielen Fragen unklar. Infolge der Harmonisierung

---

13 Siehe http://ec.europa.eu/archives/volunteering/index.html, zuletzt abgerufen am 30.04.2014.

14 Siehe *Vereinte Nationen*, Resolution vom 17.12.1985 – A/RES/40/212, 120. Plenarsitzung; vgl. http://www.un.org/en/events/volunteerday/, zuletzt abgerufen am 30.04.2014.

15 *BMfSFJ*, Erster Engagementbericht – Für eine Kultur der Verantwortung, BT-Drucks. 17/10580, S. 69 ff.

16 *Heinrichshofen*, in: Rau/Dürrwächter, UStG, § 4 Nr. 26 UStG; vgl. zu den Anwendungsfragen insbesondere: *Stadie*, UStG, § 4 Nr. 26 UStG Rn. 8 ff.; *Schmidt*, UR 1968, 259, 260.

des Binnenmarktes im Hinblick auf die Mehrwertsteuer stellt sich zudem seit der 6. MwSt-RL[17] die Frage, ob die Vorschrift des § 4 Nr. 26 UStG überhaupt mit dem europäischen Mehrwertsteuerrecht vereinbar ist.[18]

Gegenstand dieser Arbeit ist die Behandlung ehrenamtlicher Tätigkeit im deutschen und europäisch harmonisierten Umsatzsteuerrecht. Dies betrifft sowohl die Frage ihrer Umsatzsteuerbarkeit als auch ihrer Umsatzsteuerbefreiung nach Maßgabe des § 4 Nr. 26 UStG.

Noch im Rahmen dieser Einleitung werden mittels eines kurzen Überblicks die wesentlichen Grundzüge der Umsatzbesteuerung ehrenamtlicher Tätigkeit nach dem deutschen Umsatzsteuerrecht auf der Grundlage der Auffassung der Rechtsprechung und der Finanzverwaltung zunächst rein deskriptiv dargestellt. Diese kurze Darstellung soll allein einen Überblick über die Umsatzbesteuerung ehrenamtlicher Tätigkeit im deutschen Umsatzsteuerrecht verschaffen, um damit zugleich einen Anknüpfungspunkt für die anschließend noch eingehend zu untersuchenden Problemstellungen zu bieten.

Auf Grund der weitgehenden Harmonisierung des europäischen Mehrwertsteuerrechts auf Ebene der EU kann das nationale Umsatzsteuerrecht jedoch nicht ohne Rückgriff auf zumindest die grundlegenden Prinzipien des europäischen Mehrwersteuerrechts ausgelegt und angewendet werden. Da dies nach der hier vertretenen Auffassung grds. für sämtliche Bestimmungen des nationalen Umsatzsteuerrechts gilt, d.h. insbesondere auch für solche Bestimmungen, die in einem (vom nationalen Gesetzgeber nicht beabsichtigten) Widerspruch zum europäischen Mehrwertsteuerrecht stehen, sind für Zwecke der Untersuchung der gegenwärtigen und zur Herausarbeitung der zutreffenden Besteuerung ehrenamtlicher Tätigkeit im deutschen Umsatzsteuerrecht zunächst die Vorgaben des europäischen Mehrwertsteuerrechts hinsichtlich der Mehrwertbesteuerung ehrenamtlicher Tätigkeit zu untersuchen und darzustellen.

Hierbei wird neben dem Versuch einer mehrwertsteuerlichen Definition ehrenamtlicher Tätigkeit vor allem auf die Frage eingegangen werden, welche Vorgaben das europäische Mehrwertsteuerrecht hinsichtlich der mitgliedstaatlichen Umsatzbesteuerung ehrenamtlicher Tätigkeiten macht. Dabei steht im Fokus der Untersuchung, ob eine Erklärung zu Protokoll einer Ratstagung eines mehrwertsteuerlichen Sekundärrechtsaktes als Ermächtigungsgrundlage für

---

17 Richtlinie 77/388/EG des Rates vom 17.05.1977 zur Harmonisierung der Rechtsvorschriften der Mitgliedstaaten über die umsatzsteuern – gemeinsames Mehrwertsteuersystem: einheitliche steuerliche Bemessungsgrundlage, ABl L 145 vom 13.06.1977, S. 1.

18 Vgl. zur Problematik *Kulmsee*, in: Reiß/Kraeusel/Langer, UStG, § 4 Nr. 26 Rn. 9 m.w.N.

den nationalen Gesetzgeber zur Steuerbefreiung ehrenamtlicher Tätigkeit dienen kann.

Nachdem die Vorgaben des europäischen Mehrwertsteuerrechts herausgearbeitet wurden, soll, an die einleitende Darstellung der gegenwärtigen Umsatzbesteuerung ehrenamtlicher Tätigkeit anknüpfend, diese analysiert und auf ihre Vereinbarkeit mit den Vorgaben des europäischen Mehrwertsteuerrechts überprüft werden. Die Konsequenzen der europäischen mehrwertsteuerlichen Harmonisierung auf die Umsatzbesteuerung ehrenamtlicher Tätigkeit nach § 4 Nr. 26 UStG werden dargestellt und die Widersprüche zur gegenwärtigen Rechtslage und Anwendung der Vorschrift herausgearbeitet.

Die Arbeit enthält schließlich eine Zusammenfassung der wesentlichen Ergebnisse der Untersuchung und mündet in den Vorschlag, die Umsatzbesteuerung ehrenamtlicher Tätigkeit als im Ergebnis systemwidrige und auch praktisch verzichtbare, verfehlte spezielle Kleinunternehmerregelung abzuschaffen.

## II. Allgemeiner Überblick über die Regelung des § 4 Nr. 26 UStG

Ohne die ausführliche Darstellung des Anwendungsbereichs und die Analyse der Umsatzbesteuerung ehrenamtlicher Tätigkeit vorweg zu nehmen, soll die Vorschrift des § 4 Nr. 26 UStG für Zwecke der nachfolgenden Untersuchung bereits hier kurz dargestellt werden. Dabei wird noch nicht auf die im Einzelnen bestehenden strittigen Punkte und Fragestellungen eingegangen. Die nachfolgende kurze Darstellung beschränkt sich vielmehr auf eine knappe Zusammenfassung der in Rechtsprechung und Literatur vorherrschenden Auffassung zum Anwendungsbereich der Vorschrift.

Nach § 4 Nr. 26 UStG ist eine steuerbare Tätigkeit steuerbefreit, sofern es sich dabei um eine sog. „ehrenamtliche Tätigkeit" handelt. Als „ehrenamtlich" ist nach überwiegender Auffassung im Anschluss an die Rspr. des BFH eine Tätigkeit zu bewerten, die in einem Gesetz als solche bezeichnet wird, die der allgemeine Sprachgebrauch als ehrenamtlich versteht oder die vom materiellen Begriff der Ehrenamtlichkeit umfasst wird.[19] Nach dem allgemeinen Sprachgebrauch soll ehrenamtlich tätig werden, wer außerhalb seines Haupterwerbs oder -berufes uneigennützig einer Tätigkeit nachgeht, die im allgemeinen Interesse liegt, wobei

19 *BFH*, Urteil vom 20.08.2009 – V R 32/08, BFHE 227, 207, 211 = BStBl. II 2010, 88, 90; *Heidner*, in: Bunjes/Geist, UStG, § 4 Nr. 26 Rn. 2.

diese nicht hauptberuflich ausgeübt wird.[20] Der materielle Begriff der Ehrenamtlichkeit ist nach Auffassung des BFH unter Rückgriff auf den Kern der – in ihrer rechtsstaatlichen Ausprägung vielfältigen – Rechtsbegriffe „Ehrenamt“ und (inhaltlich weiter gefasst) „ehrenamtliche Tätigkeit“ zu bestimmen, wie er sich vor allem unter dem Blickwinkel der Beteiligung von Bürgern an dem öffentlichen Gemeinwesen, insbesondere im Bereich der kommunalen und sozialversicherungsrechtlichen Selbstverwaltung sowie in der Justiz, geformt habe.[21]

§ 4 Nr. 26 UStG differenziert im Hinblick auf die Umsatzsteuerbefreiung von ehrenamtlicher Tätigkeit zwischen verschiedenen Leistungsempfängern. Sofern die ehrenamtliche Tätigkeit gegenüber einer juristischen Person des öffentlichen Rechts nach § 4 Nr. 26 Buchst. a UStG erbracht wird, ist die Vergütung für eine ehrenamtliche Tätigkeit ohne weitere Voraussetzungen steuerfrei.[22] Voraussetzung ist nach h. M., dass die Tätigkeit für den öffentlich-rechtlichen Bereich der juristischen Person des öffentlichen Rechts ausgeübt wird, also nicht gegenüber einem Betrieb gewerblicher Art.[23]

Die ehrenamtlichen Tätigkeiten, die nicht gegenüber einer juristischen Person des öffentlichen Rechts erbracht werden und daher auch nicht unter § 4 Nr. 26 Buchst. a UStG fallen, sind nach § 4 Nr. 26 Buchst. b UStG nur dann steuerbefreit, wenn das Entgelt für die ehrenamtliche Tätigkeit in Auslagenersatz und einer angemessenen Entschädigung für Zeitversäumnis besteht.[24] Unter diese Alternative fallen insbesondere ehrenamtliche Tätigkeiten gegenüber gemeinnützigen Einrichtungen, wobei die Gemeinnützigkeit des Leistungsempfängers nicht Voraussetzung für die Anwendung des § 4 Nr. 26 Buchst. b) UStG sein soll.[25] Rechtsprechung und Literatur haben sich bisher schwerpunktmäßig mit Rechtsfragen im Zusammenhang mit § 4 Nr. 26 Buchst. b UStG befassen müssen. Während im Anwendungsbereich des § 4 Nr. 26 Buchst. a UStG vorwiegend

---

20 BFH, *Urteil* vom 14.5.2008 – XI R 70/07, BFHE 221, 517, 523 = BStBl. II 2008, 912, 915; *Kulmsee*, in: Reiß/Kraeusel/Langer, UStG, § 4 Nr. 26 Rn 18.

21 BFH, *Urteil* vom 16.12.1987 – X R 7/82, BFHE 152, 182, 186 = BStBl. II 1988, 384, 386; BFH, *Urteil* vom 04.05.1994 – XI R 86/92, BFHE 174, 573, 574 = BStBl. II 1994, 773, 774.

22 BFH, *Urteil* vom 04.04.1974 – V R 70/73, BFHE 112, 425, 428 = BStBl. II 1974, 528, 529.

23 BFH, *Urteil* vom 04.04.1974 – V R 70/73, BFHE 112, 425, 428 = BStBl. II 1974, 528, 529; *Heinrichshofen*, in: Rau/Dürrwächter, UStG, § 4 Nr. 26 Rn. 102; Abschn. 4.26.1 Abs. 2 Satz 1 UStAE.

24 *Heidner*, in: Bunjes/Geist, UStG, § 4 Nr. 26 Rn. 4.

25 BFH, *Urteil* vom 04.05.1994 – XI R 86/92, BFHE 174, 573, 575 = BStBl. II 1994, 773, 775.

Abgrenzungsprobleme hinsichtlich des Hoheitsbetriebes und einem Betrieb gewerblicher Art einer juristischen Person des öffentlichen Rechtes bestehen, wirft § 4 Nr. 26 Buchst. b UStG eine Fülle von Einzelfragen auf. Insbesondere mussten sich Rechtsprechung und Finanzverwaltung mit der Frage nach der Angemessenheit des Entgelts beschäftigen.[26] Der Anwendungsbereich des § 4 Nr. 26 Buchst. b UStG ist daher stark kasuistisch geprägt und von zahlreichen BMF-Schreiben und OFD-Verfügungen begleitet.[27] Daraus resultiert ein Zustand gewisser Rechtsunsicherheit hinsichtlich der umsatzsteuerlichen Behandlung ehrenamtlicher Tätigkeit, der weder von der Finanzverwaltung noch von den Steuerpflichtigen und ihren Beratern als befriedigend empfunden werden kann.

Die Europarechtskonformität des § 4 Nr. 26 UStG ist in der Literatur äußerst umstritten, da eine Steuerbefreiung ehrenamtlicher Tätigkeiten nicht im Richtlinientext der 6. MwSt-RL vorgesehen ist, sondern vielmehr nur eine Protokollerklärung zu Art. 4 der 6. MwSt-RL eine Aussage zur Mehrwertbesteuerung ehrenamtlicher Tätigkeiten macht.[28] Auch der BFH hat jüngst explizit die Frage aufgeworfen, ob die Umsatzsteuerbefreiung ehrenamtlicher Tätigkeit den Vorgaben der 6. MwSt-RL bzw. der MwStSystRL entspricht und damit zugleich ihre Europarechtskonformität bezweifelt.[29] In dem zu entscheidenden Rechtsstreit konnte der BFH die Frage jedoch im Ergebnis mangels Entscheidungserheblichkeit offen lassen, führte dessen ungeachtet jedoch im Obiter Dictum der Entscheidung ausdrücklich erhebliche Zweifel an der Europarechtskonformität der Vorschrift an.[30]

---

26 Vgl. hierzu *Hünnekens*, in: Küffner/Stöcker/Zugmaier, UStG, § 4 Nr. 26 Rn. 19 ff.

27 Vgl. die Zusammenstellung bei *Heinrichshofen*, in Rau/Dürrwächter, UStG, § 4 Nr. 26.

28 Die Richtlinienkonformität lehnen ab: *Heidner*, in: Bunjes/Geist, UStG, § 4 Nr. 26 Rn. 1 („*fraglich und in der Literatur umstritten*"); *Heinrichshofen*, in: Rau/Dürrwächter, UStG, § 4 Nr. 26 Rn. 33; *Huschens*, in Vogel/Schwarz, UStG, § 4 Nr. 26 Rn. 6 („*mehr als fraglich*"); *Kulmsee*, in: Reiß/Kraeusel/Langer, UStG, § 4 Nr. 26 Rn. 11 („*ob die Protokollerklärung zur Beibehaltung der Steuerbefreiung berechtigt, ist aber fraglich*"); *Oelmaier*, in: Sölch/Ringleb, UStG, § 4 Nr. 26 Rn. 4; demgegenüber die Richtlinienkonformität bejahend: *Handzik*, in Offerhaus/Söhn/Lange, UStG, § 4 Nr. 26 Rn. 5; *Hünnekens*, in: Hartmann/Metzenmacher, UStG, § 4 Nr. 26 Rn. 4; Hünnekens, in: Küffner/Stöcker/Zugmaier, UStG, § 4 Nr. 26 Rn. 6; *Plückebaum/Malitzky/Widmann*, UStG, § 4 Nr. 26 Rn. 1; wohl auch *Stadie*, UStG, § 4 Nr. 26 Rn. 1; *Wachweger*, 6. Richtlinie zur Harmonisierung der Umsatzsteuern in den Europäischen Gemeinschaften, S. 27 und Anmerkung zu Art. 4 Abs. 2 bis 3 der 6. Richtlinie S. 81.

29 BFH, *Urteil* vom 19.04.2012 – V R 31/11, BFH/NV 2012, 1831, 1833 mit Anmerkung *Fischer*, jurisPR-SteuerR 47/2012 Anm. 5.

30 BFH, *Urteil* vom 19.04.2012 – V R 31/11, BFH/NV 2012, 1831, 1833.

# B. Vorgaben zur Mehrwertbesteuerung ehrenamtlicher Tätigkeit durch die 6. MwSt-RL und die MwStSystRL

## I. Mangelnde explizite Vorgaben des Richtlinientextes der 6. MwSt-RL und der MwStSystRL zur mehrwertsteuerlichen Behandlung ehrenamtlicher Tätigkeiten

### 1. Steuerbefreiungen nach der 6. MwSt-RL und der MwStSystRL

#### *a) Harmonisierung der Mehrwertsteuer im Binnenmarkt durch Richtlinien*

Die Harmonisierung der Mehrwertsteuer im europäischen Binnenmarkt vollzog sich überwiegend über EU-Richtlinien.[31] Richtlinien dienen hauptsächlich dem Ziel der Rechtsangleichung durch Harmonisierung der nationalen Rechtsordnungen.[32] Im Gegensatz zu Verordnungen zielen sie nach Art. 288 AEUV nicht darauf ab, in den jeweiligen mitgliedstaatlichen Rechtsordnungen unmittelbar geltendes Recht zu schaffen, sondern sind vielmehr Bestandteil eines zweistufigen Rechtsetzungsprozesses.[33] Richtlinien sind Unionsrechtsakte nach Art. 288 AEUV, die sich an einen oder mehrere Mitgliedstaaten als Adressaten richten und diesen verpflichten, die Richtlinie auszuführen.[34] Dabei muss sich eine Richtlinie nicht zwingend an alle Mitgliedstaaten richten, sondern es ist vielmehr den zuständigen Unionsorganen freigestellt, Richtlinien zu erlassen, die sich nur an einen oder mehrere Mitgliedstaaten richten oder auch zu bestimmen, dass einzelne Vorgaben der Richtlinien durch bestimmte Mitgliedstaaten der EU

---

31 Grundlage für die Harmonisierung auf Ebene der EU sind Art. 113 AEUV (ex-Art. 93 AEUV); vgl. zur Harmonisierung der Umsatzsteuer den Überblick bei *Waldhoff*, in: Calliess/Ruffert, EUV/AEUV, Art. 113 AEUV Rn. 13 ff. und *Langer*, in: Reiß/Kraeusel/Langer, UStG, Einführung MwStSystRL Rn. 1 ff. jeweils m.w.N.

32 *Schroeder*, in: Streinz, EUV/AEUV, Art. 288 AEUV Rn. 69.

33 *Nettesheim*, in: Grabitz/Hilf/Nettesheim, Das Recht der Europäischen Union, Art. 288 AEUV Rn. 104; zur Wirkung von Verordnungen siehe: *Schroeder*, in: Streinz, EUV/AEUV, Art. 288 AEUV Rn. 52–65; zur Abgrenzung von anderen Handlungsformen siehe auch *Husmann*, NZS 2010, 655, 655 ff.

34 *Grupp*, in: Bergmann, Handlexikon der Europäischen Union, Stichwort: „Richtlinien"; *Nettesheim*, in: Grabitz/Hilf/Nettesheim, Das Recht der Europäischen Union, Art. 288 AEUV Rn. 109.

nicht umgesetzt werden müssen.[35] Der Richtliniengeber verfügt hinsichtlich der Regelungsintensität der Richtlinie über umfangreiche Kompetenzen nach den Grundsätzen der unbegrenzten sachlichen und qualitativen Regelungszuständigkeit, sodass es dem Richtliniengeber insbesondere freisteht, die Regelungs- und Detailtiefe der umzusetzenden Vorgaben zu bestimmen.[36] Aus dem Prinzip der Funktionsfähigkeit der Union folgt zudem, dass dabei auch sehr detaillierte Vorgaben in einer Richtlinie zulässig sind, und zwar auch solche, die den herzustellenden nationalen Rechtszustand absolut bestimmt bezeichnen.[37]

Die Mitgliedstaaten sind verpflichtet, einen richtlinienkonformen, hinreichend bestimmten, klaren und transparenten Rechtszustand im nationalen Recht herzustellen bzw. beizubehalten, indem sie hiervon abweichendes innerstaatliches Recht beseitigen, modifizieren oder richtlinienkonformes nationales Recht neu schaffen.[38] Dabei verbleibt den Mitgliedsstaaten die Möglichkeit, die konkrete Formulierung des nationalen Umsetzungsaktes frei zu wählen, vorausgesetzt, dass die Rechtsgehalte der Richtlinie sich im nationalen Recht inhaltsgleich wiederfinden.[39] Insbesondere steht es dem nationalen Gesetzgeber dabei frei, an den nationalen Traditionen und Begrifflichkeiten seiner Rechtsordnung festzuhalten.[40] Auch bereits bestehende nationale Vorschriften sind in Übereinstimmung mit den Richtlinienvorgaben, d.h. richtlinienkonform, zu interpretieren.[41]

---

35 *Nettesheim*, in: Grabitz/Hilf/Nettesheim, Das Recht der Europäischen Union, Art. 288 AEUV, Rn. 110; *Schroeder*, in: Streinz, EUV/AEUV, Art. 288 AEUV Rn. 74.

36 *Nettesheim*, in: Grabitz/Hilf/Nettesheim, Das Recht der Europäischen Union, Art. 288 AEUV, Rn. 113 m.w.N. insbesondere auch zu den Grenzen der Kompetenz des Richtliniengebers.

37 *Nettesheim*, in: Grabitz/Hilf/Nettesheim, Das Recht der Europäischen Union, Art. 288 AEUV, Rn. 113; *Schroeder*, in: Streinz, EUV/AEUV, Art. 288 AEUV Rn. 69.

38 EuGH, *Urteil* vom 30.05.1991 – Rs. C-361/88 (Kommission/Deutschland) Slg. I 1991, 2567 Rn. 15; EuGH, *Urteil* vom 28.05.1998 – Rs. C-298/97 (Kommission/Spanien) Slg. I 1989, 3301 Rn. 14 f.; *Nettesheim*, in: Grabitz/Hilf/Nettesheim, Das Recht der Europäischen Union, Art. 288 AEUV, Rn. 104; *Ruffert*, in: Callies/Ruffert, EUV/AEUV, Art. 288 AEUV Rn. 26 ff.

39 EuGH, *Urteil* vom 28.02.1991 – Rs. C-360/87 (Kommission/Italien) Slg. I 1991, 791 Rn. 7; EuGH, *Urteil* vom 09.09.1999 – Rs. C-217/97 (Kommission/Deutschland) Slg. I 1999, 5087 Rn. 31–32.

40 *Nettesheim*, in: Grabitz/Hilf/Nettesheim, Das Recht der Europäischen Union, Art. 288 AEUV Rn. 120.

41 *Jarass*, Grundfragen der innerstaatlichen Bedeutung des EG-Rechts, S. 92 ff.; *Hecker*, Strafbare Produktwerbung im Lichte des Gemeinschaftsrechts, S. 205. Dies stellt

Nach dem Wortlaut des Art. 288 Abs. 3 AEUV ist eine Richtlinie für jeden Mitgliedsstaat, an den sie gerichtet ist, hinsichtlich des zu erreichenden Ziels verbindlich, wobei den innerstaatlichen Stellen die Wahl der Form und der Mittel der Umsetzung überlassen ist. Da die Richtlinie den Rechtszustand vorgibt, der von den Mitgliedstaaten herzustellen bzw. beizubehalten ist, nimmt sie entgegen dem Wortlaut des Art. 288 Abs. 3 AEUV auch mittelbar Einfluss auf die von den Mitgliedstaaten zum Zwecke der Richtlinienumsetzung zu ergreifenden „Mittel", sodass die Mitgliedstaaten nur dann über die Befugnis verfügen, Spielräume bei der Umsetzung der Richtlinie wahrzunehmen, sofern ihnen dies die Richtlinie ausdrücklich gestattet.[42] Auch der EuGH hat die nach dem Wortlaut des Art. 288 Abs. 4 AEUV gegebene Wahlfreiheit der Mittel insoweit präzisiert, als er in einer Entscheidung ausführte, „dass die Mitgliedstaaten verpflichtet sind, innerhalb der ihnen nach Art. 189 [EWGV] belassenen Entscheidungsfreiheit die Formen und Mittel zu wählen, die sich zur Gewährleistung der praktischen Wirksamkeit (effet utile) der Richtlinien unter Berücksichtigung des mit ihnen verfolgten Zwecks am besten eignen".[43]

Der konkrete Umsetzungsauftrag richtet sich dabei nach dem Bestimmtheitsgrad der jeweiligen Richtlinienvorschrift.[44] Nach dem Grundsatz der Kongruenz von Richtlinienbestimmung und nationaler Umsetzungsbestimmung kann die nationale Rechtsvorschrift desto offener und unbestimmter ausgestaltet werden, je offener und unbestimmter die Richtlinienbestimmung gefasst ist.[45] Generell muss aber sichergestellt sein, dass das nationale Recht als Umsetzung der Richtlinie im Hinblick auf seine Spezifität mit den Vorgaben der Richtlinie

---

auch gängige Praxis des BFH dar, der ausführt, dass der deutsche Gesetzgeber seiner Umsetzungsverpflichtung dadurch versucht hat zu genügen, dass er die bisherigen Steuerbefreiungen, die bereits vor Erlass der 6. MwSt-RL bestanden beibehalten hat. Auch diese Vorschriften können nach der Rechtsprechung des BFH Gegenstand einer richtlinienkonformen Auslegung sein, vgl. nur BFH, *Urteil* vom 21.03.2007 – V R 28/04, BFHE 217, 59, 63 = BStBl. II 2010, 999, 1001.

42 *Nettesheim*, in: Grabitz/Hilf/Nettesheim, Das Recht der Europäsichen Union, Art. 288 AEUV Rn. 112.

43 EuGH, *Urteil* vom 08.04.1976 – Rs. C-48/75 (Royer) Slg. I 1976, 497 Rn. 69 und 73; vgl. *Ruffert*, in: Calliess/Ruffert, EUV/AEUV, Art. 288 Rn. 26, *Nettesheim*, in: Grabitz/Hilf/Nettesheim, Das Recht der Europäischen Union, Art. 288 AEUV Rn. 112.

44 *Jarass*, Grundfragen der innerstaatlichen Bedeutung des EG-Rechts, S. 54; siehe *Ruffert*, in: Calliess/Ruffert, EUV/AEUV, Art. 288 AEUV Rn. 35 m.w.N.

45 *Nettesheim*, in: Grabitz/Hilf/Nettesheim, Das Recht der Europäischen Union, Art. 288 AEUV Rn. 120.

übereinstimmt.[46] Sofern in einer Richtlinie unbestimmte Rechtsbegriffe verwendet werden, kann durch die Richtlinie nicht verlangt werden, dass die nationale Rechtsvorschrift in ihrer semantischen Bestimmtheit darüber hinausgeht, was im Wortlaut der Richtlinienbestimmung selbst angelegt ist, sodass gerade die wörtliche Übernahme der Richtlinienbestimmung die unbedenklichste Form der Umsetzung einer Richtlinie darstellt.[47] Die Umsetzung unbestimmter Rechtsbegriffe hat aber im Zusammenspiel mit dem Grundsatz der unionsrechtskonformen Auslegung zu erfolgen, da die Bedeutungsgrenze eines unbestimmten Rechtsbegriffes zugleich die Grenze der möglichen Auslegungen darstellt, sodass dem nationalen Gesetzgeber in den Grenzen des Bedeutungsgehaltes des von der Richtlinie verwendeten und u. U. wörtlich ins nationale Recht übernommenen unbestimmten Rechtsbegriffes ein eigenständiges Umsetzungsermessen verbleibt.[48]

### *b) Enumerativ-abschließende Aufzählung zulässiger Steuerbefreiungen*

Für die Umsetzungsverpflichtung des nationalen Gesetzgebers hinsichtlich der Vorgaben der 6. MwSt-RL bzw. der MwStSystRL zu den Mehrwertsteuerbefreiungen gelten die oben angestellten Ausführungen entsprechend.

Die umfassende Harmonisierung der nationalen umsatzsteuerrechtlichen Vorschriften erfolgte erstmals durch die 6. MwSt-RL aus dem Jahr 1977. Die im Jahr 1967 in Kraft getretene 2. EG-Richtlinie sah in Art. 10 Abs. 3 noch das Recht eines jeden Mitgliedstaates vor, die von ihm für erforderlich gehaltenen Mehrwertsteuerbefreiungen festzuschreiben.[49] Eine derart pauschale und weitreichende Ermächtigung der Mitgliedstaaten der EU zur Beibehaltung bereits bestehender und zur Normierung neuer Mehrwertsteuerbefreiungen ist in der 6. MwSt-RL vom 17.05.1977 nicht mehr enthalten. Vielmehr wurden die Steuerbefreiungen in den Art. 13 bis 16 der 6. MwSt-RL[50] enumerativ und damit, wie der

---

46 *Schroeder*, in Streinz, EUV/AEUV, Art. 288 AEUV Rn. 93.

47 *Nettesheim*, in: Grabitz/Hilf/Nettesheim, Das Recht der Europäischen Union, Art. 288 AEUV Rn. 120.

48 Zutreffend *Nettesheim*, in: Grabitz/Hilf/Nettesheim, Das Recht der Europäischen Union, Art. 288 AEUV Rn. 135; vgl. auch *Ruffert*, in: Calliess/Ruffert, EUV/AEUV, Art. 288 AEUV Rn. 35; *Schroeder*, in Streinz, EUV/AEUV, Art. 288 AEUV Rn. 92.

49 Umsatzsteuer-RL 67/228/EWG vom 11.04.1967, ABl. 1967 Nr. 71/1303.

50 Regelungen zur Mehrwertsteuerbefreiung enthalten die Art. 13 *bis* 16; Art. 27 Abs. 1; Art. 28 Abs. 3 Buchst. a i. V. m. Anhang E Nr. 2 und 15, Buchst. b i. V. m. Anhang F Nr. 5, 7 und 16; Art. 28c; Art. 28k.

EuGH in seiner Rechtsprechung mehrfach betont hat, abschließend aufgezählt.[51] Auch die MwStSystRL vom 28.02.2006 enthält, als konsolidierte Fassung der vorangehenden Mehrwertsteuerrichtlinien, ebenfalls keine pauschale Ermächtigung der Mitgliedstaaten zur Beibehaltung bestehender oder zur Normierung neuer Mehrwertsteuerbefreiungen. Wie bei der 6. MwSt-RL ist auch hier der Katalog der zulässigen Steuerbefreiungen (in den Art. 131 ff. MwStSystRL)[52] abschließend aufgezählt, sodass die Mitgliedstaaten über den in der MwStSystRL enthaltenen Katalog hinaus keine weiteren Umsatzsteuerbefreiungen einführen bzw. beibehalten dürfen.[53]

Der nationale Gesetzgeber ist mithin verpflichtet, diejenigen Mehrwertsteuerbefreiungen, die in der MwStSystRL zwingend vorgesehen sind, in nationales Recht umzusetzen. Sofern Umsatzsteuerbefreiungen im nationalen Recht vorgesehen sind, für die keine Ermächtigung in der (6. MwSt-RL) MwStSystRL besteht, d.h. solche, die nicht in der MwStSystRL aufgeführt sind, sind diese aus dem nationalen Recht zu entfernen. Sofern die MwStSystRL einem Mitgliedstaat ein Wahlrecht hinsichtlich der Einführung einer Umsatzsteuerbefreiung einräumt, steht es dem nationalen Gesetzgeber im Rahmen des ihm gewährten Umsetzungsermessens frei, ob er eine entsprechende Umsatzsteuerbefreiung in seiner jeweils nationalen Rechtsordnung einführen bzw. beibehalten will.[54] Entscheidet sich ein Mitgliedstaat für die Einführung/Beibehaltung einer Umsatzsteuerbefreiung, so kann dies nur in den Grenzen des von der MwStSystRL vorgegebenen Umsetzungsermessens erfolgen. Sofern der Mitgliedstaat von der in der (6. MwSt-RL) MwStSystRL vorgesehenen Möglichkeit der Steuerbefreiung eines Umsatzes Gebrauch macht, kann die Umsatzsteuerbefreiung nur in Übereinstimmung mit den Vorgaben der MwStSystRL, d.h. in richtlinienkonformer Weise erfolgen.

---

51 EuGH, *Urteil* vom 20.06.2002 – Rs. C-287/00 (Kommission ./. Deutschland) Slg. I 2002, 5811 Rn. 45; EuGH, *Urteil* vom 20.11.2003 – Rs. C-307/01 (Peter d´Ambrumenil) Slg. I 2003, 13989 Rn. 54; siehe auch *Langer*, in Reiß/Kraeusel/Langer, UStG, Art. 13 6. EG-RL Rn. 2.

52 Regelungen zur Mehrwertsteuerbefreiung enthalten die Art. 37 Abs. 3 Unterabs. 2, Art. 131 bis 166, Art. 212, Art. 282 ff., Art. 346 f., Art. 370 i.V.m. Anhang X Teil A; Art. 371 i.V.m. Anhang X Teil B, Art. 374, Art. 391.

53 EuGH, *Urteil* vom 21.03.2013 – Rs. C-91/12 (Skatteverket/PFC Clinic AB) DStR 2013, 757, 758 f.; *Hoffsümmer*, Steuerbefreiungen, S. 5.

54 Vgl. die Mitgliedstaatenwahlrechte nach Art. 133 MwStSystRL, hierzu *Hüttemann/ Schauhoff*, MwStR 2014, 426, 429 ff.

Entsprechend dem Harmonisierungskonzept der europäischen Mehrwertsteuer sind die Vorgaben der Art. 131 ff. MwStSystRL im Hinblick auf die tatbestandlichen Voraussetzungen der dort enthaltenen Mehrwertsteuerbefreiungen sehr detailliert, sodass den einzelnen Mitgliedstaaten in der Umsetzung dieser Steuerbefreiungen kaum noch ein eigener Gestaltungsspielraum verbleibt.[55] Dies soll auch der grundlegenden Konzeption des harmonisierten Mehrwertsteuerrechts entsprechen, wonach die Mehrwertsteuerbefreiungen als Ausnahmen vom allgemeinen Grundsatz, dass jede gegen Entgelt erbrachte Dienstleistung eines Steuerpflichtigen der Umsatzsteuer unterliegt, grundsätzlich eng auszulegende Ausnahmevorschriften darstellen.[56]

Ergänzend sehen die Art. 370 und 331 MwStSystRL eng begrenzte Ausnahmen für die Staaten vor (zu denen auch die Bundesrepublik Deutschland gehört), die bereits am 01.01.1978 Mitglieder der Gemeinschaft waren. Diese dürfen die im Anhang X der MwStSystRL aufgeführten Umsätze weiterhin als steuerpflichtig oder als steuerfrei behandeln, sofern ihre jeweils nationalen Umsatzsteuerrechtsordnungen eine entsprechende Behandlung bereits zum 01.01.1978 vorsahen. Nach Art. 393 Abs. 1 MwStSystRL wird jedoch dem Rat der Europäischen Union das Recht zugestanden, die in Anhang X der MwStSystRL enthaltenen Ausnahmen abzuschaffen.[57]

## 2. Keine ausdrückliche Umsatzsteuerbefreiung der ehrenamtlichen Tätigkeit im Richtlinientext der 6. MwSt-RL und der MwStSystRL

Weder die MwStSystRL noch die 6. MwSt-RL enthalten eine ausdrückliche und spezifische Vorgabe hinsichtlich der umsatzsteuerlichen Behandlung ehrenamtlicher Tätigkeit. Insbesondere enthalten die Richtlinientexte keine Bestimmung, wonach eine ehrenamtliche Tätigkeit (i. S. d. § 4 Nr. 26 UStG) generell mehrwertsteuerbefreit ist oder den einzelnen Mitgliedstaaten in der EU das Recht eingeräumt wird, eine ehrenamtliche Tätigkeit umsatzsteuerfrei zu stellen. Dies ist auch allgemeiner Konsens in der Rechtsprechung und Literatur.[58] Nicht auszuschließen ist allerdings, dass eine Tätigkeit, die im konkreten Fall ehrenamtlich im Sinne des § 4 Nr. 26 UStG ausgeübt wird, im Einzelfall unter eine in der MwStSystRL vorgesehene Mehrwertsteuerbefreiung fällt. Ungeachtet dessen

55 *Hoffsümmer*, Steuerbefreiungen, S. 5.

56 EuGH, *Urteil* vom 19.07.2012 – Rs. C-44/11 (Deutsche Bank AG), DStR 2012, 1601, 1606 Rn. 42; *Treiber*, in: Sölch/Ringleb, UStG, § 4 Rn. 16.

57 Siehe hierzu *Langer*, in Reiß/Kraeusel/Langer, UStG, Art. 28 6. EG-RL Rn. 21.

58 Vgl. nur *Weymüller*, in: Sölch/Ringleb, UStG (57. Aufl. 2007) § 4 Nr. 26 Rn. 3.

fehlt es an einer generellen Mehrwertsteuerbefreiung, wie sie in § 4 Nr. 26 UStG vorgesehen ist.

In Art. 133 Buchst. b MwStSystRL (entspricht Art. 13 A Abs. 2 Buchst. a der 6. MwSt-RL) wird allerdings der Begriff „ehrenamtlich" zur näheren Bestimmung und Qualifikation einer bestimmten Tätigkeit verwendet. Nach dieser Richtlinienbestimmung können die Mitgliedstaaten Befreiungen für Einrichtungen, die keine des öffentlichen Rechts sind, unter bestimmten Bedingungen vorsehen. Voraussetzung hierfür ist unter anderem, dass die Leitung und Verwaltung dieser Einrichtungen „im Wesentlichen ehrenamtlich durch Personen erfolgen, die weder selbst noch über zwischengeschaltete Personen ein unmittelbares oder mittelbares Interesse an den Ergebnissen der betreffenden Tätigkeiten haben". Die in der MwStSystRL und in der 6. MwSt-RL gleichlautende Bestimmung enthält keine Definition oder typologische Umschreibung der darin angesprochenen ehrenamtlichen Tätigkeit. Auch enthält sie keine Regelung zur Besteuerung eines Aufwendungsersatzes oder einer Vergütung, welches die Ehrenamtlichen für ihre Tätigkeit vereinnahmen.

Unter Berücksichtigung des Wortlauts der 6. MwSt-RL und der MwStSystRL, nach dem gerade keine Mehrwertsteuerbefreiung für ehrenamtliche Tätigkeiten vorgesehen ist, wird vielfach die Auffassung vertreten, dass der deutsche Gesetzgeber mit § 4 Nr. 26 UStG vom Gemeinschaftsrecht abgewichen ist, sodass § 4 Nr. 26 UStG richtlinienwidrig sei.[59] Auch der BFH sieht die Richtlinienkonformität des § 4 Nr. 26 UStG kritisch. Er äußerte erhebliche Zweifel daran, ob die Steuerbefreiung des § 4 Nr. 26 UStG im Einklang mit der 6. MwSt-RL steht, da gegen eine Richtlinienkonformität insbesondere das Gebot der „engen Auslegung" der Befreiungstatbestände spräche.[60]

---

59 Die Richtlinienkonformität lehnen ab: *Heidner*, in: Bunjes/Geist, UStG, § 4 Nr. 26 Rn. 1 („*fraglich und in der Literatur umstritten*"); *Heinrichshofen*, in: Rau/Dürrwächter, UStG, § 4 Nr. 26 Rn. 33; *Huschens*, in Vogel/Schwarz, UStG, § 4 Nr. 26 Rn. 6 („*mehr als fraglich*"); *Kulmsee*, in: Reiß/Kraeusel/Langer, UStG, § 4 Nr. 26 Rn. 11 („*ob die Protokollerklärung zur Beibehaltung der Steuerbefreiung berechtigt, ist aber fraglich*"); *Oelmaier*, in: Sölch/Ringleb, UStG, § 4 Nr. 26 Rn. 4.

60 BFH, *Urteil* vom 19.04.2012 - VR 31/11, BFH/NV 2012, 1831, 1833.

## II. Bedeutung der Protokollerklärung zu Art. 4 der 6. MwSt-RL für die mehrwertsteuerliche Behandlung ehrenamtlicher Tätigkeit

Ungeachtet der mangelnden expliziten Vorgaben der MwStSystRL hinsichtlich der Steuerbefreiung und auch generell der mehrwertsteuerlichen Behandlung ehrenamtlicher Tätigkeit sind ein Teil der Literatur und offenbar auch die Finanzverwaltung der Auffassung, dass sich die Richtlinienkonformität des § 4 Nr. 26 UStG aus einer gemeinsamen Protokollerklärung des Rates und der Kommission zu Art. 4 der 6. MwSt-RL ergebe.[61] Über den bloßen Verweis auf die Protokollerklärung findet sich jedoch überwiegend keine dogmatische Begründung. Z. T. wird jedoch ausdrücklich angeführt, dass die vorbenannte Protokollerklärung die „Ermächtigungsgrundlage" für den nationalen Gesetzgeber darstelle, die Vorschrift des § 4 Nr. 26 UStG beizubehalten.[62] Zur Frage der Richtlinienkonformität hatte sich der BFH in der bereits angeführten Entscheidung nur andeutungsweise geäußert, dabei jedoch zu erkennen gegeben, dass er diese Frage eher verneinend beurteilen würde.[63] Die Finanzverwaltung hat zu dieser Problemstellung bisher nicht ausdrücklich Stellung genommen. Auch das BMF-Schreiben vom 27.03.2013[64] enthält keinen Hinweis auf die Problemlage, eine eventuell vorzunehmende richtlinienkonforme Auslegung oder einen Anwendungsvorrang der MwStSystRL.

### 1. Materiell-rechtliche Wirkung von Protokollerklärungen

Protokollerklärungen zu Rechtsakten der EU sind teilweise bereits Gegenstand von Untersuchungen im europarechtlichen Schrifttum geworden.[65] Im Fokus

---

61 *Handzik,* in Offerhaus/Söhn/Lange, UStG, § 4 Nr. 26 Rn. 5; *Hünnekens,* in: Hartmann/Metzenmacher, UStG, § 4 Nr. 26 Rn. 4; Hünnekens, in: Küffner/Stöcker/Zugmaier, UStG, § 4 Nr. 26 Rn. 6; *Plückebaum/Malitzky/Widmann,* UStG, § 4 Nr. 26 Rn. 1; wohl auch *Stadie,* UStG, § 4 Nr. 26 Rn. 1; *Wachweger,* 6. Richtlinie zur Harmonisierung der Umsatzsteuern in den Europäischen Gemeinschaften, S. 27 und Anmerkung zu Art. 4 Abs. 2 bis 3 der 6. Richtlinie S. 81; Wachweger war bei den Beratungen zur 6. MwSt-RL der deutsche Vertreter; ausdrücklich offen lassend noch BFH, *Urteil* vom 20.08.2009 – V R 32/08, BFHE 227, 207, 211 f. = BStBl. II 2010, 88, 90.

62 *Handzick* in: Offerhaus/Söhn/Lange, UStG, § 4 Nr. 26 Rn 5.

63 BFH, *Urteil* vom 19.04.2012 – V R 31/11, BFH/NV 2012, 1831, 1833.

64 BMF, *Schreiben* vom 27.03.2003, IV B 3 – S 7185/09/10001 – 04, BStBl. I 2013, 452.

65 Vgl. *Harnier,* Die Bedeutung von rechtsbegleitenden Erklärungen im sekundären Gemeinschaftsrecht, S. 20 ff.; *Lewen,* Die rechtliche Bedeutung von Protokollerklärungen zu ausgewählten Rechtsakten des sekundären Gemeinschaftsrechts, S. 10 ff.

der Betrachtung stehen dabei allerdings Protokollerklärungen, die zu anderen EU-Rechtsakten als zu mehrwertsteuerlichen Richtlinien ergangen sind. Auch der EuGH hat sich in einigen Entscheidungen zur rechtlichen Wirkung von Protokollerklärungen geäußert, darunter auch zu Protokollerklärungen, die zu mehrwertsteuerlichen Richtlinien ergangen sind.[66]

Gerade mehrwertsteuerliche Richtlinien (z. T. auch Verordnungen) werden von einer Vielzahl von Protokollerklärungen begleitet, welche jedoch in ihrer Mehrzahl nicht amtlich veröffentlicht sind. Vielmehr sind Protokollerklärungen zu mehrwertsteuerlichen Sekundärrechtsakten in den einschlägigen Kommentaren zu den betreffenden Artikeln der 6. MwSt-RL bzw. der MwStSyStRL abgedruckt.[67] Ganz überwiegend werden sie jedoch nur am Rande gestreift.[68]

### *a) Praktische Bedeutung und Vorkommen von Protokollerklärungen zu Sekundärrechtsakten*

Die rechtliche Wirkung von Protokollerklärungen hängt entscheidend davon ab, ob sie zu Primär- oder Sekundärrechtsakten der EU abgegeben werden. Obgleich im vorliegenden Fall lediglich die Protokollerklärung zu Art. 4 der 6. MwSt-RL und damit eine Protokollerklärung zu einem Sekundärrechtsakt untersucht wird, soll nachfolgend zum Zwecke der Abgrenzung kurz auch auf die Bedeutung von Protokollerklärungen zu Primärrechtsakten eingegangen werden.

#### *aa) Abgrenzung zu Protokollerklärungen zu Primärrechtsakten*

Protokollerklärungen die zu Primärrechtsakten, d.h. zu den Primärverträgen der EU, abgegeben werden, haben sowohl eine erhebliche praktische als auch rechtliche Bedeutung.[69] In der Praxis treten Protokollerklärungen zu Primärrechtsakten häufig dann auf, wenn es zu einer Änderung der Primärverträge oder zum Beitritt neuer Mitgliedstaaten kommt, sodass ihre Anzahl in der Vergangenheit stetig zugenommen hat.[70] Aus der konsolidierten und amtlich veröffentlichten

---

66 Z.B. EuGH, *Urteil* vom 08.06.2000, Rs. C-375/98 (Epson Europe) Slg. I 2000, 4243 Rn. 26.

67 Siehe z.B. Reiß/Kraeusel/Langer, UStG, Bd. 3; Rau/Dürrwächter, UStG, Bd. 7 und 8.

68 Siehe z.B. *Stadie*, UStG, Vorbem. Rn. 60; *Wachweger*, 6. Richtlinie zur Harmonisierung der Umsatzsteuern in den Europäischen Gemeinschaften, S. 7.

69 Vgl. *Kokott,* in: Streinz, EUV/AEUV, Art. 51 EUV Rn. 1 ff.

70 *Frenz*, Handbuch Europarecht, Bd. 5, Rn. 1633; *Dörr*, in: Grabitz/Hilf/Nettesheim, Das Recht der Europäischen Union, Art. 51 EUV Rn. 2.

Fassung der EU-Verträge von 2010 geht hervor, dass insgesamt 37 Protokolle und zwei Anhänge zum AEUV existieren.[71]

Nach Art. 51 EUV sind Protokolle und Anhänge der Verträge als Nebenurkunden selbst Bestandteil der Verträge, wobei es den Mitgliedstaaten im Rahmen ihrer völkerrechtlichen Dispositionsfreiheit nach Opportunitätsgesichtspunkten freisteht, welche Regelungen sie in den eigentlichen Vertragstext aufnehmen und welche in Protokollen enthalten sein sollen.[72] Voraussetzung dafür, dass ein Protokoll Bestandteil des Primärvertrages wird, ist, dass alle Mitgliedstaaten dem jeweiligen Protokoll zugestimmt haben.[73] Damit gehören Protokolle als dezentrale, jedoch integrale Bestandteile und völkerrechtsverbindliche Nebenurkunden des Vertrages gleichfalls zum primären Unionsrecht und besitzen den gleichen Rang in der Normenhierarchie wie die Primärrechtsvorschrift selbst.[74] Für Protokollerklärungen gelten mithin dieselben Auslegungs-, Abänderungs- und Anwendungsregeln wie auch für den Vertrag selbst.[75] Ein Verstoß gegen ein Protokoll zu einem Primärvertrag ist mithin wie eine Vertragsverletzung zu behandeln.[76] Daher müssen auch die nationalen Gerichte, sofern Fragen zur Auslegung der Protokolle auftreten, diese Fragen nach Art. 267 AEUV dem EuGH vorlegen.[77]

Der Regelungsgegenstand von Protokollerklärungen zu Primärrechtsakten ist sehr heterogen.[78] Aus ihnen ist oftmals der Wille der Mitgliedstaaten zu

---

71 ABl. 2010 C 83/201-328 bzw. 329-334; siehe hierzu: *Dörr*, in: Grabitz/Hilf/Nettesheim, Das Recht der Europäischen Union, Art. 51 EUV Rn. 9; *Schmalenbach*, in: Calliess/Ruffert, EUV/AEUV, Art. 51 EUV Rn. 1, 2 und 4.

72 *Dörr*, in: Grabitz/Hilf/Nettesheim, Das Recht der Europäischen Union, Art. 51 EUV Rn. 1 und 2; *Kokott*, in: Streinz, EUV/AEUV, Art. 51 EUV Rn. 3; *Schmalenbach*, in: Calliess/Ruffert, EUV/AEUV, Art. 51 EUV Rn. 3; Das Völkerrecht selbst enthält zwar keine Definition des Begriffs „Protokoll". Ein völkerrechtlicher Vertrag kann aufgrund der völkerrechtlichen Vertragsfreiheit der Parteien – wie sich aus Art. 2 Abs. 1 Buchst. a WVK ergibt – auch aus mehreren zusammenhängenden Urkunden bestehen, vgl. hierzu *Dörr*, in: Grabitz/Hilf/Nettesheim, Das Recht der Europäischen Union, Art. 51 EUV Rn. 4.

73 *Schmalenbach*, in: Calliess/Ruffert, EUV/AEUV, Art. 51 EUV Rn. 3.

74 *Becker*, in: Schwarze/Becker/Hatje/Schoo, EU-Kommentar, Art. 51 AEUV Rn. 5; *Dörr*, in: Grabitz/Hilf/Nettesheim, Das Recht der Europäischen Union, Art. 51 EUV Rn. 4–8; *Kokott*, in: Streinz, EUV/AEUV, Art. 51 EUV Rn. 5.

75 *Weller*, in: Bergmann, Handlexikon der Europäischen Union, Stichwort: „Protokolle/ Erklärungen (als Anhänge zu Verträgen)".

76 *Kokott*, in: Streinz, EUV/AEUV, Art. 51 EUV Rn. 5.

77 *Kokott*, in: Streinz, EUV/AEUV, Art. 51 EUV Rn. 5.

78 *Kokott*, in: Streinz, EUV/AEUV, Art. 51 EUV Rn. 4; vgl. die Systematisierung von *Dörr*, in: Grabitz/Hilf/Nettesheim, Das Recht der Europäischen Union, Art. 51 EUV, Rn. 10 ff.,

erkennen, die zukünftige Entwicklung des Unionsrechts – oft in Reaktion auf eine (zu erwartende) Rechtsprechung des EuGH – zu beeinflussen und dieser eine bestimmte Richtung zu geben.[79] In Protokollerklärungen werden vor allem Verfahrensregeln und Satzungen aus dem Vertragstext ausgelagert und eine materiell-rechtliche Konkretisierung bzw. autoritative Interpretation des Primärvertrages vorgenommen.[80] In diesem Zusammenhang ist auch die Gruppe von Protokollerklärungen zu erwähnen, in denen den einzelnen EU-Mitgliedstaaten das Recht eingeräumt wird, dauerhaft von den Vorgaben des Unionsrechts abzuweichen, sodass der Grundsatz der einheitlichen Geltung und Wirkung des Unionsrechts durchbrochen wird.[81] Dies ist rechtlich unproblematisch, da die Vertragsparteien zur Disposition über den Vertragsinhalt berechtigt sind.[82]

Von den Protokollen im oben genannten Sinne zu unterscheiden sind gemeinsame und einseitige Erklärungen, die von einzelnen Vertragsparteien im Zusammenhang mit einem Vertragsschluss oder einer Vertragsänderung abgegeben und von den übrigen Parteien als Begleitdokument akzeptiert werden.[83] Sie sind keine Vertragsbestandteile im Sinne des Art. 51 EUV, können aber nach Art. 31 Abs. 2 Buchst. b WVK als Urkunden für die Interpretation des EUV/AEUV und der Protokolle herangezogen werden.[84] Auch wenn eine Erklärung einseitig abgegeben wurde, so stellte der EuGH zur Begründung ihrer Heranziehung zum Zwecke der Auslegung maßgeblich auf den Umstand ab, dass die

---

hiernach ist entsprechend der Funktion zu unterscheiden in Organisation der Union, verfahrensrechtliche Ausgestaltung, materiell-rechtliche Konkretisierungen, autoritative Interpretation, Abweichungen vom acquis unionaire und Übergangsregelungen.

79 *Dörr*, in: Grabitz/Hilf/Nettesheim, Das Recht der Europäischen Union, Art. 51 EUV, Rn. 13.

80 *Schmalenbach*, in: Calliess/Ruffert, EUV/AEUV, Art. 51 EUV Rn. 3.

81 *Dörr*, in: Grabitz/Hilf/Nettesheim, Das Recht der Europäischen Union, Art. 51 EUV Rn. 14; *Schmalenbach*, in: Calliess/Ruffert, EUV/AEUV, Art. 51 EUV Rn. 3; *Kokott*, in: Streinz, EUV/AEUV, Art. 51 EUV Rn. 3.

82 *Dörr*, in: Grabitz/Hilf/Nettesheim, Das Recht der Europäischen Union, Art. 51 EUV Rn. 13–14.

83 *Dörr*, in: Grabitz/Hilf/Nettesheim, Das Recht der Europäischen Union, Art. 51 EUV, Rn. 5.

84 EuGH, *Urteil* vom 20.02.2001 – Rs. C-192/99 (Kaur) Slg. I 2001, 1237 Rn. 23; EuGH, *Urteil* vom 02.03.2010 – Rs. C-135/08 (Rottmann) Slg. I 2010, 1467 Rn. 40; *Dörr*, in: Grabitz/Hilf/Nettesheim, Das Recht der Europäischen Union, Art. 51 EUV, Rn. 5; *Kokott*, in: Streinz, EUV/AEUV, Art. 51 EUV Rn. 6; *Schmalenbach*, in: Calliess/Ruffert, EUV/AEUV, Art. 51 EUV Rn. 5.

anderen Vertragsparteien vom Inhalt der Erklärung umfassende Kenntnis hatten und die Vertragsbedingungen auf dieser Grundlage festgelegt wurden.[85]

#### *bb) Anlass zur Abgabe von Protokollerklärungen zu Sekundärrechtsakten in der europäischen Normsetzungspraxis*

Von den Protokollerklärungen zu Primärrechtsakten zu unterscheiden sind die hier untersuchten Protokollerklärungen, die zu Sekundärrechtsakten abgegeben werden.

Dem Erlass eines Sekundärrechtsaktes gehen häufig komplexe und langjährige Verhandlungen im Rahmen des Normsetzungsprozesses zwischen den einzelnen Mitgliedstaaten der EU, dem Rat, der Kommission und dem Europäischen Parlament voraus.[86] Teilweise können die erheblichen Probleme bei den Verhandlungen nur dadurch überwunden und eine Einigung auf einen bestimmten Wortlaut des Sekundärrechtsaktes erzielt werden, dass den einzelnen Verhandlungspartnern die Möglichkeit eröffnet wird, eine Protokollerklärung zum Rechtsakt abzugeben.[87] Protokollerklärungen werden als zusätzliches Verhandlungsinstrument unter anderem dazu genutzt, einzelnen oder mehreren Verhandlungsbeteiligten die Möglichkeit zu eröffnen, ihre Ansichten zur Auslegung und/oder Anwendung des Sekundärrechtsaktes Ausdruck zu verleihen, was einer Einigung auf einen bestimmten Normtext förderlich ist.[88] Protokollerklärungen werden daher auch als „Schmiermittel" der Verhandlungen bezeichnet.[89] Gerade Protokollerklärungen, die zu Richtlinien abgegeben werden, haben in der Praxis eine erhebliche Bedeutung.[90]

Gerade im europäischen Mehrwertsteuerrecht haben Protokollerklärungen eine ganz gewichtige praktische Bedeutung.[91] Dies lässt sich bereits daraus ableiten, dass zu der überwiegenden Anzahl der Artikel der MwStSystRL Erklärungen zum Ratsprotokoll abgegeben wurden. Die weit überwiegende Anzahl von Protokollerklärungen wurde dabei zu mehrwertsteuerlichen (Änderungs-)Richtlinien

85 EuGH, *Urteil* vom 20.02.2001 – Rs. C-192/99 (Kaur) Slg. I 2001, 1237 Rn. 23.
86 *Harnier*, Die Bedeutung von rechtsaktbegleitenden Erklärungen im sekundären Gemeinschaftsrecht, S. 21 f.
87 *Pechstein*, EuR 1990, 249, 249.
88 *Harnier*, Die Bedeutung von rechtsaktbegleitenden Erklärungen im sekundären Gemeinschaftsrecht, S. 21 f.
89 *Pechstein*, EuR 1990, 249, 249.
90 *Frenz*, Handbuch Europarecht, Bd. 5, Rn. 1635 ff.; *Karl*, JZ 1991, 593, 594.
91 *Pechstein*, EuR 1990, 249, 249.

abgegeben. Nur vereinzelt finden sich Protokollerklärungen zu Verordnungen.[92] Die Ursache dafür, dass die überwiegende Anzahl von Protokollerklärungen im europäischen Mehrwertsteuerrecht zu Richtlinien und nicht zu Verordnungen abgegeben wurde, liegt darin, dass sich die mehrwertsteuerliche Harmonisierung des Binnenmarktes überwiegend mittels Richtliniengesetzgebung vollzog.

Auch im Bereich des Mehrwertsteuerrechts dienen Protokollerklärungen hauptsächlich dazu, die Kompromissfindung im Rahmen des Rechtssetzungsprozesses zu fördern. Beispielhaft kann hier die Protokollerklärung der Bundesrepublik Deutschland in der Ratstagung vom 15.03.2011 zur MwSt-DVO angeführt werden. Darin erklärt Deutschland nochmals ausdrücklich seine Zustimmung zur MwSt-DVO, betont dabei jedoch, dass es seine erheblichen Bedenken zur Erzielung eines Gesamtkompromisses zurückgestellt hat. Zudem hebt Deutschland hervor, dass es sich durch die Regelung des Art. 22 der MwSt-DVO nicht daran gehindert sieht, auf die Mehrwertsteuer-Identifikationsnummer als maßgebliches Kriterium zur Bestimmung des Ortes der Dienstleistungen abzustellen.[93]

Ihrem Inhalt nach enthalten Protokollerklärungen regelmäßig eine Kommentierung des bestehenden europäischen Rechts und spiegeln dabei in erster Linie die Vorstellungen der Beteiligten am Normsetzungsverfahren über die Auslegung und Anwendung eines bestimmten Rechtsaktes wieder.[94] Regelmäßig beinhalten Protokollerklärungen auch politische Absichtserklärungen, Zusagen eines Beteiligten des Normsetzungsverfahrens oder Auslegungshinweise, die im Zuge der Beratung eines Rechtsaktes abgegeben werden, um dessen Verabschiedung gerade zu ermöglichen.[95] Oftmals geben Sie eine Verständigung der Beteiligten über die zukünftige Verfahrensweise wieder und dienen daher der Koordination des Normsetzungsprozesses. Dies zeigt sich auch bei den Protokollerklärungen zu mehrwertsteuerlichen Richtlinien, bei denen häufig eine Abstimmung

---

92 Veröffentlicht sind Protokollerklärungen zur Änderungsverordnung 792/2002 in der Ratstagung am 07.05.2002 und zur VO Nr. 1798/2003 in der Ratstagung am 07.10.2003, jeweils abgedruckt bei *Lohse*, in: Rau/Dürrwächter, UStG, Art. 26c der 6. MwSt-RL, sowie Protokollerklärungen zur MwSt-DVO in der Ratstagung vom 15.03.2011, abgedruckt in *Lohse*, in: Rau/Dürrwächter, UStG, Art. 44 MwStSystRL.

93 Protokollerklärung der Bundesrepublik Deutschlands zur MwSt-DVO in der Ratstagung vom 15.03.2011, abgedruckt in *Lohse*, in: Rau/Dürrwächter, UStG, Art. 44 MwStSystRL.

94 *Frenz*, Handbuch Europarecht, Bd. 5, Rn. 1632; *Obwexer/Hummer*, in: Streinz, EUV/AEUV, Art. 238 AEUV Rn. 61; *Karl*, JZ 1991, 593, 593.

95 *Obwexer/Hummer*, in: Streinz, EUV/AEUV, Art. 238 AEUV Rn. 61.

zwischen der Kommission und den Mitgliedstaaten im Hinblick auf zukünftige Gesetzgebungsinitiativen zu verzeichnen ist.[96]

### *b) Einordnung von Protokollerklärungen als atypische Rechtsakte/ Handlungen im Sinne von Art. 288 AEUV*

Im Gegensatz zu Protokollerklärungen zu Primärrechtsverträgen besteht für Protokollerklärungen zu Sekundärrechtsakten keine ausdrückliche Vorschrift des EUV oder des AEUV. Auch in den Sekundärrechtsakten selbst finden Protokollerklärungen keine Erwähnung.[97]

Immerhin enthält die GO-Rat Hinweise auf ihre Existenz und beinhaltet Vorgaben hinsichtlich ihrer Publikation bzw. Zugänglichkeit für die Öffentlichkeit (vgl. Art. 7 Abs. 4 GO-Rat). Auch die GO-Rat trifft hingegen keine Aussage zur Rechtsqualität von Protokollerklärungen zu Sekundärrechtsakten.

Art. 288 AEUV enthält eine zusammenfassende Beschreibung der im Unionsrecht wichtigsten Handlungsformen, welche auch als Rechtshandlungen bzw. als Rechtsakte bezeichnet werden.[98] Diese Aufzählung hat keinen abschließenden Charakter, sondern es bestehen vielmehr weitere – in Art. 288 AEUV nicht genannte – Handlungsformen der Union.[99] Zu diesen weiteren Handlungsformen zählen u.a. Entschließungen, Mitteilungen, Leitlinien, Erklärungen (auch Protokollerklärungen) etc.[100] Einige dieser Handlungen können im Einzelfall Rechtswirkungen entfalten, wenn sich nicht aus ihrer Formulierung ergibt, dass sie lediglich politische Absichtserklärungen darstellen.[101] EU-Handlungsformen

---

96 Beispielhaft kann hier die Protokollerklärung zur Änderungsrichtlinie 92/77/EWG in der Ratstagung vom 19.10.1992 genannt werden, die Art. 12 der 6. MwSt-RL betrifft: *„Die Kommission wird zusammen mit Irland die besonderen Umstände in Irland weiter evaluieren und in dem vorerwähnten Zusammenhang wird sie zu gegebener Zeit geeignete Maßnahmen vorschlagen, damit diesen besonderen Umständen Rechnung getragen wird. Die Kommission erkennt an, dass solche Maßnahmen Anfang 1993 zur Anwendung gelangen müssen.“*; *Langer*, in Reiß/Kraeusel/Langer, UStG, Einführung zum EU-Umsatzsteuerrecht, Allgemeine Protokollerklärungen, 3. Zur Richtlinie 92/77/EWG.

97 *Harnier*, Die Bedeutung von rechtsaktbegleitenden Erklärungen im sekundären Gemeinschaftsrecht, S. 24 und 37.

98 *Schroeder*, in: Streinz, EUV/AEUV, Art. 288 AEUV Rn. 1.

99 *Kotzur*, in: Geiger/Khan/Kotzur, EUV/AEUV, Art. 288 Rn. 27; *Ruffert*, in: Calliess/ Ruffert, EUV/AEUV, Art. 288 AEUV Rn. 1.

100 *Schroeder*, in: Streinz, EUV/AEUV, Art. 288 AEUV Rn. 2.

101 Vgl. EuGH, *Urteil* vom 31.03.1971, Rs. C-22/70 (Kommission/Rat) Slg. I 1971, 263 Rn. 38 und 42; *Schroeder*, in: Streinz, EUV/AEUV, Art. 288 AEUV Rn. 1.

können daher sowohl als Gesetzgebungsakte als auch als Rechtshandlungen ohne Gesetzgebungscharakter ergehen.[102]

Auf Grund der Tatsache, dass Protokollerklärungen zu Sekundärrechtsakten zwar nicht in den Primärverträgen explizit als Handlungsform aufgeführt sind, sie aber in der GO-Rat Erwähnung finden und ihre Abgabe auch eine gängige Praxis des EU-Gesetzgebungsverfahrens darstellt, werden Protokollerklärungen als „atypische Rechtsakte/Handlungen" des EU-Rechts bezeichnet.[103] Die Einordnung bzw. Qualifikation als atypische Rechtsakte/Handlungen ist zunächst lediglich begrifflicher Natur. Hiervon zu trennen ist die Frage, welche Rechtswirkungen Protokollerklärungen zukommen, worauf noch im Anschluss an eine erste, vorwiegend deskriptive Darstellung des Vorkommens von Protokollerklärungen gesondert eingegangen wird.

### *c) Verfahrensweise des Zustandekommens und der Publikation von Protokollerklärungen*

Nach Art. 240 Abs. 3 Hs. 2 AEUV gibt sich der Rat der Europäischen Union mit einfacher Mehrheit eine Geschäftsordnung. Die GO-Rat enthält allgemeine Vorgaben zum Zustandekommen des Ratsprotokolls bzw. dessen Genehmigung (u.a. in Art. 13 GO-Rat).

#### *aa) Historischer Überblick über das Verfahren des Zustandekommens von Protokollerklärungen und ihrer Publikation*

Da die hier eingehend zu untersuchende Protokollerklärung zu Art. 4 der 6. MwSt-RL in der Ratstagung vom 17.05.1977 abgegeben wurde, ist es insoweit auch erforderlich, einen historischen Rückblick auf die zum damaligen Zeitpunkt geltende Rechts- und Veröffentlichungslage zu werfen.[104]

#### (1) Rechtslage bis zum Erlass der 6. MwSt-RL im Jahr 1977

Ursprünglich hatten sich die Räte der drei Europäischen Gemeinschaften vorläufige Geschäftsordnungen gegeben, welche am 18.03.1958 erlassen, aber nicht

---

102 *Gärditz* in: Rengeling/Middeke/Gallermann, Handbuch des Rechtsschutzes in der Europäischen Union, § 24 Rn. 56 („*überwiegend keine Verbindlichkeit*"); *Schroeder*, in: Streinz, EUV/AEUV, Art. 288 AEUV Rn. 8.

103 *Schroeder*, in: Streinz, EUV/AEUV, Art. 288 AEUV Rn. 34.

104 Eine ausführliche Darstellung der historischen Entwicklung findet sich bei *Lewen*, Die rechtliche Bedeutung von Protokollerklärungen zu ausgewählten Rechtsakten des sekundären Gemeinschaftsrechts, S. 166 ff.

amtlich veröffentlicht wurden.[105] Diese enthielten keine Regelungen hinsichtlich solcher Erklärungen, die zu Protokoll der Sitzung gegeben wurden. Nach Art. 3 Buchst. a der vorläufigen Geschäftsordnung des Rates der EWG waren die Sitzungen des Ministerrates nicht öffentlich, es sei denn, dass der Rat etwas anderes beschloss. Ferner bestimmte Art. 7 der vorläufigen Geschäftsordnung des Rates der EWG, dass über jede Sitzung eine Niederschrift anzufertigen war, die nach Billigung durch den Rat vom Präsidenten und vom Generalsekretär zu unterzeichnen war. Art. 18 der vorläufigen Geschäftsordnung des Rates der EWG bestimmte im Sinne einer allgemeinen Geheimhaltungspflicht, dass die Beratungen des Rates dem Beratungsgeheimnis unterlagen, es sei denn, dass der Rat anders entscheidet und er die Vorlage einer Abschrift oder eines Auszuges seiner Beratungsniederschriften vor Gericht genehmigen kann. Darüber hinaus bestimmte Art. 15 Abs. 3 der vorläufigen Geschäftsordnung des Rates der EWG, dass die zu veröffentlichenden Beschlüsse des Rates im Amtsblatt der Gemeinschaften veröffentlicht werden. Die vorläufigen Geschäftsordnungen wurden schließlich durch eine einheitliche Geschäftsordnung vom 24.07.1979 ersetzt.[106]

Die hier zu untersuchende Protokollerklärung zu Art. 4 der 6. MwSt-RL wurde bei der Ratstagung am 17.05.1977 vom Rat und der Kommission gemeinsam und damit zu einem Zeitpunkt abgegeben, als noch die vorläufige Geschäftsordnung des Rates der EWG galt. Für die Publikation der Protokollerklärung bedurfte es daher eines entsprechenden Beschlusses des Rates, wobei die vorläufige Geschäftsordnung des Rates keine näheren Angaben zum erforderlichen Stimmenquorum enthielt. Auf Grund der Geheimhaltungspflicht und der Herrschaft des Rates über das Verfahren wird man jedoch davon ausgehen müssen, dass ein einstimmiger Beschluss des Rates erforderlich war.[107] Dies gilt sowohl für Erklärungen des Rates zum Ratsprotokoll als auch für solche, die die Kommission (ggf. gemeinsam mit dem Rat) und lediglich einzelne Ratsmitglieder

---

105 Vgl. *Hix*, in: Schwarze/Becker/Hatje/Schoo, EU-Kommentar, Art. 240 AEUV Rn. 18; *Ziegenhorn*, in: Grabitz/Hilf/Nettesheim, Das Recht der Europäischen Union, Art. 240 AEUV, Rn. 44; die vorläufigen Geschäftsordnungen sind abgedruckt in *Buerstedde*, Ministerrat, S. 240 ff. und 243 ff.

106 Geschäftsordnung vom Rat am 24.07.1979 aufgrund des Art. 5 des Vertrages vom 08.04.1965 zur Einsetzung eines gemeinsamen Rates und einer gemeinsamen Kommission der Europäischen Gemeinschaften erlassen, ABl. 1979 L 268/1; vgl. zur Genese der Geschäftsordnung des Rates *Ziegenhorn*, in: Grabitz/Hilf/Nettesheim, Das Recht der Europäischen Union, Art. 240 AEUV Rn. 44.

107 So auch: *Harnier*, Die Bedeutung von rechtsaktbegleitenden Erklärungen im sekundären Gemeinschaftsrecht, S. 47.

(Mitgliedstaaten) zu Protokoll der Ratstagung abgegeben haben. Weder die Kommission, die, obgleich sie an der Arbeit des Rates mitwirkt, nicht Teil des Rates ist, noch die einzelnen Ratsmitglieder haben ein eigenes Dispositionsrecht über die abgegebenen Protokollerklärungen.[108]

Ungeachtet der alleinigen Entscheidungsbefugnis des Rates über die Veröffentlichung von Protokollerklärungen wurden Protokollerklärungen auf nationaler Ebene, in Publikationen, in Gesetzesbegründungen etc. durch die einzelnen Mitgliedstaaten oder die Fachliteratur veröffentlicht.[109] Auch die Bundesregierung hat Protokollerklärungen im Bundestag bzw. in dessen Ausschüssen veröffentlicht, wenn dies zweckmäßig erschien.[110] Dieses Vorgehen wurde offenbar durch die EG geduldet, obgleich die öffentliche Zugänglichmachung von Protokollerklärungen des Rates überhaupt nur dann erfolgen durfte, wenn ein dahingehender Beschluss des Rates vorlag. Sofern nämlich kein entsprechender Ratsbeschluss vorlag, stellte die Veröffentlichung eine Verletzung der Geheimhaltungspflicht dar.[111]

Entsprechend den oben beschriebenen Vorgaben der vorläufigen Geschäftsordnung wurde die hier untersuchte Protokollerklärung zu Art. 4 der 6. MwSt-RL nicht amtlich durch den Rat (im Amtsblatt) veröffentlicht. Auch liegt, soweit ersichtlich, kein Beschluss des Rates vor, wonach die Nichtöffentlichkeit der Ratssitzung aufgehoben ist und das entsprechende Ratsprotokoll bzw. die Protokollerklärung allgemein öffentlich zugänglich ist. Dementsprechend wurde die hier untersuchte Protokollerklärung zu Art. 4 der 6. MwSt-RL nicht amtlich, sondern, soweit ersichtlich, im umsatzsteuerlichen Schrifttum veröffentlicht. Die wohl erste Veröffentlichung erfolgte durch den Vertreter Deutschlands bei den

---

108 *Harnier*, Die Bedeutung von rechtsaktbegleitenden Erklärungen im sekundären Gemeinschaftsrecht, S. 46; siehe zur unilateralen Veröffentlichung von Protokollerklärungen vor und nach dem Kodex 95 auch *Dreher*, EuZW 1994, 743, 747; *Dreher*, EuZW 1996, 487, 490; Art. 3 Buchst. b der vorläufigen Geschäftsordnung des Rates sah denn auch vor, dass die Kommission zur Teilnahme an den Beratungen des Rates eingeladen ist, dass die Rat jedoch beschließen könne, in Abwesenheit der Kommission zu beraten.

109 *Harnier*, Die Bedeutung von rechtsaktbegleitenden Erklärungen im sekundären Gemeinschaftsrecht, S. 47.

110 *Harnier*, Die Bedeutung von rechtsaktbegleitenden Erklärungen im sekundären Gemeinschaftsrecht, S. 47.

111 *Harnier*, Die Bedeutung von rechtsaktbegleitenden Erklärungen im sekundären Gemeinschaftsrecht, S. 48.

Verhandlungen im Rat.[112] Bis heute ist die Protokollerklärung nicht amtlich veröffentlicht, sondern in den einschlägigen umsatzsteuerrechtlichen Kommentaren abgedruckt. Sofern – wovon auszugehen ist – kein entsprechender Beschluss des Rates vorlag, erfolgte die Veröffentlichung der Protokollerklärung unter Verletzung der Geheimhaltungspflicht. Die rechtliche Wirkung der Verletzung der Geheimhaltung soll im nachfolgenden Kapitel im Zusammenhang mit den Rechtswirkungen von Protokollerklärungen erörtert werden.

(2) Rechtsentwicklung nach 1977

Anders als die vorläufige Geschäftsordnung des Ministerrates enthält Art. 2 Abs. 6 und Art. 7 Abs. 1 3. Spiegelstrich der GO-Rat i.d.F. vom 24.07.1979 einen Hinweis auf die Existenz von Protokollerklärungen zu den Ratsprotokollen. Über diesen Hinweis hinaus wurde in dieser Fassung der GO-Rat jedoch nicht weiter geregelt, nach welchem Verfahren die Protokollerklärungen zustande kommen und ob sie – insbesondere im Amtsblatt – veröffentlicht werden sollen. Vielmehr unterlagen die Beratungen des Rates nach Art. 18 der GO-Rat i. d. F. vom 24.07.1979 grundsätzlich dem Beratungsgeheimnis, wobei es dem Rat freistand, hiervon abweichende Entscheidungen zu treffen.[113] Entsprechende Ausnahmebeschlüsse sind hinsichtlich Protokollerklärungen jedoch nicht bekannt.[114] Auch dem EuGH war eine Einsichtnahme in die Ratsbeschlüsse weiterhin nur dann möglich, wenn eine ausdrückliche Genehmigung des Rates vorlag.[115]

Auch nach der erneuten Novellierung der Geschäftsordnung im Jahr 1993[116] waren die Ratstagungen grundsätzlich nicht öffentlich (vgl. Art. 4 Abs. 1 GO-Rat), und der Inhalt der Beratungen unterlag der Geheimhaltung (Art. 5 Abs. 2 GO-Rat).[117] Sofern jedoch ausnahmsweise eine Veröffentlichung beschlossen wurde, so fand diese jeweils im Amtsblatt der EG statt, und zwar, je nach Charakter

---

112 *Wachweger*, 6. Richtlinie zur Harmonisierung der Umsatzsteuern in den Europäischen Gemeinschaften, S. 7.

113 *Lewen*, Die rechtliche Bedeutung von Protokollerklärungen zu ausgewählten Rechtsakten des sekundären Gemeinschaftsrechts, S. 166–167.

114 *Lewen*, Die rechtliche Bedeutung von Protokollerklärungen zu ausgewählten Rechtsakten des sekundären Gemeinschaftsrechts, S. 167.

115 *Lewen*, Die rechtliche Bedeutung von Protokollerklärungen zu ausgewählten Rechtsakten des sekundären Gemeinschaftsrechts, S. 167.

116 Beschluss 93/662/ EG des Rates vom 06.12.1993 zur Festlegung seiner Geschäftsordnung, ABl. Nr. L 304 vom 10.12.1993, S. 1 ff.

117 Siehe hierzu *Lewen*, Die rechtliche Bedeutung von Protokollerklärungen zu ausgewählten Rechtsakten des sekundären Gemeinschaftsrechts, S. 174.

der Erklärung, unter der Sektion L oder C.[118] Hierzu bedurfte es allerdings eines einstimmigen Ratsbeschlusses. In Art. 7 Abs. 1 der GO-Rat i. d. F. von 1993 war jedoch geregelt, dass die Abstimmungsprotokolle grds. veröffentlicht werden, sofern der Rat als Gesetzgeber tätig wurde. Obgleich, wie Art. 9 Abs. 1 3. Spiegelstrich klarstellte, eine Veröffentlichung von in das Protokoll aufgenommenen sonstigen Erklärungen grundsätzlich nicht erfolgte, ist die Novellierung der Geschäftsordnung als wesentlicher Schritt zur Verbesserung der Transparenz des Entscheidungsverfahrens zu werten.[119] Dennoch blieb der Rat hinsichtlich der Publikation der Protokollerklärung auch weiterhin Herr des Verfahrens.[120] In der Praxis wurden Protokollerklärungen dann auch ganz überwiegend nicht im Amtsblatt der EU veröffentlicht.

Einen bedeutenden Schritt der Gemeinschaft in Richtung einer größeren Transparenz ihrer Gesetzgebung stellte der Kodex 95 dar.[121] Zwar war er der erste Versuch des Rates, allgemein geltende Grundsätze hinsichtlich der Transparenz und der Zugänglichkeit des Ratsprotokolls und damit der Protokollerklärungen aufzustellen, er enthielt aber keine zwingende Publikationspflicht, sondern lediglich eine Verpflichtung des Rates, die Publikation von Protokollerklärungen zu prüfen und – unter bestimmten Voraussetzungen, insbesondere nach Abwägung mit den Geheimhaltungsinteressen – zu beschließen.[122] In der Praxis wurden Protokollerklärungen erst nach Antrag dem Antragsteller gegenüber mitgeteilt, wobei Antragsteller in der Praxis regelmäßig Journalisten waren.[123]

Erst die GO-Rat i. d. F. von 1999[124] enthält in Art. 7 Abs. 1 die Bestimmung, dass, soweit der Rat als Gesetzgeber tätig wird, die Erklärungen zum Ratsprotokoll

118 *Harnier*, Die Bedeutung von rechtsaktbegleitenden Erklärungen im sekundären Gemeinschaftsrecht, S. 40.

119 So auch *Lewen*, Die rechtliche Bedeutung von Protokollerklärungen zu ausgewählten Rechtsakten des sekundären Gemeinschaftsrechts, S. 174–175.

120 *Dreher*, EuZW 1994, 743, 745.

121 Verhaltenskodex vom 02.10.1995, Dok. 10204/95 (Presse 271), S. 15–18; vgl. hierzu *Lewen*, Die rechtliche Bedeutung von Protokollerklärungen zu ausgewählten Rechtsakten des sekundären Gemeinschaftsrechts, S. 184 ff.

122 *Harnier*, Die Bedeutung von rechtsaktbegleitenden Erklärungen im sekundären Gemeinschaftsrecht, S. 38 f.

123 *Harnier*, Die Bedeutung von rechtsaktbegleitenden Erklärungen im sekundären Gemeinschaftsrecht, S. 40–41.

124 Beschluss 1999/385/EG, EGKS, Euratom des Rates der Europäischen Union vom 31.03.1999 zur Festlegung seiner Geschäftsordnung, ABl. Nr. L 147 vom 12.06.1999, S. 13 ff.

veröffentlicht werden. Die Veröffentlichung im Amtsblatt erfolgte jedoch nur, sofern ein ausdrücklicher und einstimmiger Beschluss des Rates vorlag.[125]

*bb) Gegenwärtige Rechtslage*

Die zurzeit geltende GO-Rat, die die Änderungen durch den Vertrag von Lissabon berücksichtigt, wurde am 01.12.2009 verabschiedet.[126] Darin ist das Verfahren hinsichtlich des Zustandekommens von Protokollerklärungen geregelt. Über jede Tagung des Rates wird ein Protokoll geführt, welches nach Art. 13 Abs. 1 Unterabs. 2 GO-Rat nach Billigung durch den Generalsekretär oder durch einen von ihm delegierten Generaldirektor unterzeichnet wird. Dabei wird der Entwurf der Protokolle vom Generalsekretariat innerhalb von 15 Tagen nach der Ratssitzung erstellt und dem Rat oder dem AStV zur Genehmigung vorgelegt (Art. 13 Abs. 2 GO-Rat). Jedes Ratsmitglied sowie die Kommission kann vor der Genehmigung beantragen, dass darin ein bestimmter Punkt ausführlicher behandelt wird (Art. 13 Abs. 3 GO-Rat). Die Genehmigung des Protokolls erfolgt dabei zumeist als sog. A-Punkt. Das genehmigte Protokoll wird schließlich vom Vorsitz und vom Generalsekretariat unterzeichnet und danach den Regierungen der Mitgliedstaaten übermittelt. Besonderheiten gelten dabei für die Protokolle über den Teil „Beratungen über Gesetzgebungsakte“. Diese sind gleichzeitig mit der Übermittlung an die Regierungen der Mitgliedstaaten auch an die nationalen Parlamente zu übermitteln (Art. 13 Abs. 4 GO-Rat).

Über das öffentliche Register der Ratsdokumente werden die genehmigten Protokolle veröffentlicht (Art. 7 Abs. 4 GO-Rat). Dabei wird differenziert zwischen Protokollen über die Annahme von Rechtsakten und Protokollen im Allgemeinen. Auf der Internetseite des Rates sind die Protokollerklärungen seit dem Jahr 1999 veröffentlicht.[127] Das öffentliche Dokumentenregister des Rates wird seit dem 01.01.1999 geführt. Es enthält Hinweise auf die Dokumente des Rates, die mithilfe eines automatischen Archivierungssystems in das Register aufgenommen werden.[128] Sofern der Rat bestimmte Rechtsakte ohne

---

125 *Harnier*, Die Bedeutung von rechtsaktbegleitenden Erklärungen im sekundären Gemeinschaftsrecht, S. 50.

126 Verordnung des Rates vom 01.12.2009 zur Änderung seiner Geschäftsordnung (2009/937/EU), ABl. L 325 vom 11.12.2009, S. 35 ff.

127 http://www.consilium.europa.eu/documents/legislative-transparency/council-minutes?lang=de, zuletzt abgerufen am 30.04.2013.

128 http://www.consilium.europa.eu/documents/access-to-council-documents-public-register?lang=de, zuletzt abgerufen am 30.04.2013.

Gesetzescharakter im Sinne des Artikels 8 Absatz 1 seiner Geschäftsordnung erlässt, erfolgt die Veröffentlichung nach Art. 9 Abs. 1 GO-Rat.

Hinsichtlich der Aufnahme einer Erklärung in das Protokoll des Rates fehlen jedoch weiterhin konkrete Vorgaben zum Verfahren. Insbesondere ist nicht bestimmt, welches Stimmenquorum für die Aufnahme einer Erklärung in das Protokoll erforderlich ist und welche Abstimmungsmodalitäten gelten.[129] Die Erklärungen werden vielmehr ohne spätere Überprüfbarkeit der näheren Umstände ihrer Abgabe in das Protokoll aufgenommen.[130] Insbesondere ist in den Fällen der auf Grund von Mehrheitsbeschluss abgegebenen Erklärung aus dem Protokoll nicht erkennbar, mit welcher Mehrheit eine Erklärung aufgenommen wurde.[131]

### *d) Systematisierung der Protokollerklärungen zu mehrwertsteuerlichen Sekundärrechtsakten*

Zur Bestimmung der Wirkung der hier zu untersuchenden Protokollerklärungen zu Art. 4 der 6. MwSt-RL ist es zunächst erforderlich, in einem kurzen Überblick eine Systematisierung der Protokollerklärungen zu EU-Sekundärrechtsakten vorzunehmen.

Es ist davon auszugehen, dass Protokollerklärungen zu mehrwertsteuerlichen Sekundärrechtsakten überwiegend von den einzelnen Mitgliedstaaten (z. B. den Ministerien) veröffentlicht bzw. öffentlich zugänglich gemacht wurden. Daher ist es auf Grundlage der in den Kommentaren abgedruckten Protokollerklärungen schwer zu beurteilen, ob diese die zu den Ratstagungen abgegebenen Protokollerklärungen vollständig wiedergeben. Aufgrund der mangelnden Veröffentlichung und der nur selektiven Zugänglichmachung von Protokollerklärungen durch die einzelnen Mitgliedsstaaten drängt sich vielmehr die Vermutung auf, dass eine Reihe von Protokollerklärungen nicht der Öffentlichkeit zugänglich gemacht wurde. Man wird zudem davon ausgehen müssen, dass die Protokollerklärungen

---

129 *Lewen*, Die rechtliche Bedeutung von Protokollerklärungen zu ausgewählten Rechtsakten des sekundären Gemeinschaftsrechts, S. 23.

130 Hierauf verweist zu Recht *Lewen*, Die rechtliche Bedeutung von Protokollerklärungen zu ausgewählten Rechtsakten des sekundären Gemeinschaftsrechts, S. 23, der als Beispiel den Fall in EuGH, *Urteil* vom 07.02.1979 – Rs. C-18/76 (Deutschland/Kommission) Slg. I 1979, 343 anführt. In diesem Verfahren war sich die Kommission als Beteiligte der Ratssitzung nicht mehr sicher, ob tatsächlich eine Protokollerklärung Deutschlands oder ein bloßer Vorschlag im AStV vorlag.

131 *Lewen*, Die rechtliche Bedeutung von Protokollerklärungen zu ausgewählten Rechtsakten des sekundären Gemeinschaftsrechts, S. 23–24.

durch die Mitgliedstaaten selektiv veröffentlicht wurden. Ein Mitgliedstaat wird nämlich kein Interesse daran haben, eine Protokollerklärung eines Mitgliedstaates zu veröffentlichen, die seiner Rechtsauffassung nicht entspricht.

Daher muss stets berücksichtigt werden, dass zum Zwecke der nachfolgenden Systematisierung nur solche Protokollerklärungen herangezogen werden konnten, die öffentlich zugänglich sind. Auch die nachstehende Systematisierung muss daher naturgemäß lückenhaft sein.

Aus der Fülle der Protokollerklärungen zu mehrwertsteuerlichen Sekundärrechtsakten lässt sich jedoch klar erkennen, dass Protokollerklärungen auch im Bereich des harmonisierten Mehrwertsteuerrechts eine bedeutende Rolle im Rahmen des Normsetzungsprozesses spielen und auch hier ersichtlich dazu eingesetzt werden, einen Kompromiss der Beteiligten herbeizuführen.[132]

Protokollerklärungen sind grundsätzlich nach ihrem Inhalt, ihrer Autorenschaft und dem begleitenden Rechtsakt zu unterscheiden.

### *aa) Richtlinien als überwiegender Bezugspunkt mehrwertsteuerlicher Protokollerklärungen*

Protokollerklärungen sind zunächst nach dem begleitenden Rechtsakt zu unterscheiden. Protokollerklärungen können zu Verordnungen, Richtlinien oder Entscheidungen abgegeben werden.[133] Im Hinblick auf den konkreten Rechtsetzungsakt ist zu konstatieren, dass die weit überwiegende Anzahl der Erklärungen zu Protokoll des Rates mehrwertsteuerliche Richtlinien betreffen. Die Ursache hierfür liegt darin, dass sich die Harmonisierung des Binnenmarktes im Bereich der Mehrwertsteuer vornehmlich mittels Richtlinien vollzog. Verordnungen, auch wenn sie eine ganz erhebliche Bedeutung haben, sind in ihrer Anzahl jedenfalls geringer als mehrwertsteuerliche Richtlinien.

### *bb) Unterscheidung nach der Autorenschaft*

Protokollerklärungen werden von den am Rechtsetzungsakt Beteiligten abgegeben, darunter vor allem vom Rat, der Kommission und einem bzw. mehreren Mitgliedstaaten der EU gemeinsam. Besonders häufig kommen in der

---

132 Dies zeigt sich deutlich an der Protokollerklärung der Bundesrepublik Deutschland in der Ratstagung vom 15.03.2011 zur MwSt-DVO, worin Deutschland hervorhebt, dass es dem Verordnungsvorschlag nur unter Zurückstellung „erheblicher Bedenken“ zustimmt, abgedruckt in *Lohse*, in: Rau/Dürrwächter, Art. 44 MwStSystRL.

133 *Harnier*, Die Bedeutung von rechtsaktbegleitenden Erklärungen im sekundären Gemeinschaftsrecht, S. 27.

EU-Gesetzgebungspraxis, gerade im Bereich der Mehrwertsteuer, Erklärungen des Rates, der Kommission oder gemeinsame Erklärungen von Rat und Kommission vor. Schließlich ist auch die Abgabe einer Erklärung zum Ratsprotokoll durch das Europäische Parlament möglich.[134]

Die Einteilung der mehrwertsteuerlichen Protokollerklärungen im Hinblick auf ihre Autorenschaft gestaltet sich jedoch bisweilen als schwierig, da sich aus den einzelnen Protokollerklärungen nicht immer eindeutig ergibt, wer die entsprechende Erklärung zu Protokoll gegeben hat, d.h. die Aufnahme der entsprechenden Erklärungen zu Protokoll beantragt hat. Die verwendeten Formulierungen in den Protokollerklärungen sind oftmals nicht eindeutig und geben nur einen Hinweis auf den Abgebenden.[135] Insbesondere ist nicht stets erkennbar, ob eine Identität zwischen dem die Erklärung Abgebenden und demjenigen besteht, der beantragt hat, dass die Erklärung zu Protokoll der Ratstagung genommen wird. Dies ist vor allem dadurch bedingt, dass die Protokollerklärungen selbst keine Hinweise zum verfahrensrechtlichen Zustandekommen (insbesondere zu den erforderlichen Mehrheitsverhältnissen) enthalten.

Eine eventuelle Divergenz des Erklärenden der Protokollerklärung und des die Aufnahme zu Protokoll Beantragenden ist jedoch für die rechtliche Beurteilung der Protokollerklärung nicht weiter von Bedeutung. In einem Unterlassen eines

---

134 Siehe hierzu *Harnier*, Die Bedeutung von rechtsaktbegleitenden Erklärungen im sekundären Gemeinschaftsrecht, S. 27 ff.

135 Aus dem Wortlaut der entsprechenden Protokollerklärungen ist ersichtlich, dass ein Beteiligter des Rechtsetzungsprozesses eine Erklärung zu Protokoll gegeben hat, wenn z. B. die Begriffe „erklären“ oder „vermerken“ verwendet werden. Beispielhaft kann hier die Protokollerklärung des Rates und der Kommission zur 6. MwSt-RL bei der Ratstagung am 17.05.1977 betreffend Art. 22 der 6. MwSt-RL genannt werden, in der es heißt: *„Der Rat und die Kommission erklären, dass ein Mitgliedsstaat, der nur einen einzelnen Satz anwendet, dem Steuerpflichtigen gestatten kann, auf der Rechnung nur den Preis mit dem Vermerk „einschließlich Steuer“ oder „von der Mehrwertsteuer befreit“ anzugeben“*. Weitaus weniger deutlich ist hingegen die ebenfalls bei der Ratstagung am 17.05.1977 der 6. MwSt-RL abgegebene Protokollerklärung mit dem Wortlaut: *„Der Rat kommt überein, dass die Anpassungen der einzelstaatlichen Rechtsvorschriften, die notwendig sind, damit dieser Artikel Anwendung finden kann, das Bestreben berücksichtigen, die administrativen buchhalterischen Verpflichtungen der Steuerpflichtigen zu begrenzen“*, abgedruckt in *Lohse*, in: Rau/Dürrwächter, Art. 22 der 6. MwSt-RL. Bei dieser Protokollerklärung drängt sich zwar die Vermutung auf, dass diese vom Rat abgegeben wurde. Dies ist jedoch nicht eindeutig, da eine entsprechende Erklärung des Rates zwar vorliegen kann, jedoch auch ein anderer Beteiligter des Rechtsetzungsprozesses die Aufnahme dieser Erklärung des Rates zu Protokoll beantragt haben kann.

Widerspruchs bzw. in der nicht erfolgten Protokollierung eines solchen wird man grundsätzlich eine Genehmigung bzw. ein Einverständnis in die Aufnahme der entsprechenden Erklärung zu Protokoll der Ratstagung sehen können. Auch hier zeigt sich wieder, dass Protokollerklärungen von einzelnen Beteiligten des Normsetzungsprozesses dazu benutzt werden können, eine bestimmte Auffassung von der Anwendung der Mehrwertsteuerbestimmung mittels Protokollerklärungen zu unterstützen oder zu festigen. Durch gezielte Anträge auf Protokollierung bestimmter Äußerungen lassen sich im Rahmen des Normsetzungsprozesses geäußerte Auffassungen schriftlich fixieren und hierdurch einer potenziell höheren Gewichtung zuführen, was u. U. ein verzerrtes Bild über das Spektrum der im Rahmen der Beratungen geäußerten Auffassungen geben kann.

Im Hinblick auf die Autorenschaft mehrwertsteuerlicher Prototokollerklärungen lässt sich auf der Grundlage der veröffentlichten Protokollerklärungen konstatieren, dass die Erklärungen zum Protokoll der Ratstagung überwiegend vom Rat und der Kommission gemeinsam abgegeben wurden. Die übrigen Protokollerklärungen wurden vorwiegend entweder nur vom Rat oder nur von der Kommission abgegeben. Gelegentlich werden auch Protokollerklärungen von einzelnen Mitgliedstaaten abgegeben, oft als gemeinsame Protokollerklärungen mit der Kommission.

### *cc) Inhaltliche Heterogenität mehrwertsteuerlicher Protokollerklärungen*

In inhaltlicher Hinsicht lassen sich Protokollerklärungen zu Sekundärrechtsakten generell wie folgt unterscheiden:

Einige Protokollerklärungen ergänzen den Sekundärrechtstext in der Weise, dass sie Spezifikationen zu Tatbestandsmerkmalen enthalten, die im Sekundärrechtsakt in eher allgemeiner Form enthalten sind.[136] Andere Protokollerklärungen haben einen auslegenden Inhalt und drücken das interpretative Verständnis eines oder mehrerer am Rechtsetzungsakt Beteiligten vom Norminhalt und seiner Anwendung aus.[137] In der Praxis existieren zudem häufig Protokollerklärungen, die dem Wortlaut der sie begleitenden Norm zuwiderlaufen bzw. widersprechen.[138]

---

136 *Harnier*, Die Bedeutung von rechtsaktbegleitenden Erklärungen im sekundären Gemeinschaftsrecht, S. 32–33; *Lewen*, Die rechtliche Bedeutung von Protokollerklärungen zu ausgewählten Rechtsakten des sekundären Gemeinschaftsrechts, S. 11.

137 *Harnier*, Die Bedeutung von rechtsaktbegleitenden Erklärungen im sekundären Gemeinschaftsrecht, S. 33.

138 *Harnier*, Die Bedeutung von rechtsaktbegleitenden Erklärungen im sekundären Gemeinschaftsrecht, S. 32; *Lewen*, Die rechtliche Bedeutung von Protokollerklärungen zu ausgewählten Rechtsakten des sekundären Gemeinschaftsrechts, S. 16–17.

Das gängigste Beispiel ist insoweit die gemeinsame Protokollerklärung des Rates und der Kommission zu Art. 11 der Fernseher-Richtlinie (Richtlinie Nr. 89/552/EWG vom 17.10.1989).[139] Protokollerklärungen können auch einen ermächtigenden Charakter aufweisen und vorsehen, dass die Mitgliedstaaten eine den Vorgaben des Sekundärrechtsaktes widersprechende bzw. abweichende Praxis oder Umsetzung vornehmen können.[140] Mit diesen Protokollerklärungen soll die nach dem Wortlaut des Sekundärrechtsaktes gegebene Verbindlichkeit aufgehoben werden.[141] Daneben existieren noch Protokollerklärungen, die allgemeine Absichtserklärungen oder Tatsachenfeststellungen enthalten.[142] Eine Vielzahl von Protokollerklärungen lässt sich nicht den oben beschriebenen Kategorien zuordnen. In den Protokollerklärungen dieser heterogenen Gruppe werden von den Autoren vor allem sonstige Ansichten, Beobachtungen und Feststellungen geäußert.[143]

Die zu mehrwertsteuerlichen Sekundärrechtsakten ergangenen Protokollerklärungen weisen in inhaltlicher Hinsicht ein ganz heterogenes Bild auf. Die überwiegende Anzahl der veröffentlichten Protokollerklärungen beinhaltet Konkretisierungen bzw. Auslegungen der Richtlinienbestimmungen. Die große Anzahl normkonkretisierender bzw. -auslegender Protokollerklärungen ist wohl dem Umstand geschuldet, dass zum Zwecke der mehrwertsteuerlichen Harmonisierung des Binnenmarktes in sprachlicher Hinsicht die national tradierten steuerrechtlichen Begriffsverständnisse durch eine einheitliche Terminologie ersetzt werden müssen und hierdurch ein ganz erheblicher Auslegungsbedarf entsteht.[144] Solche normkonkretisierenden bzw. -auslegenden Protokollerklärungen stellen ihrerseits ganz überwiegend gemeinsame Protokollerklärungen des Rates und der Kommission dar.[145] Dabei ist jedoch zu berücksichtigen, dass die

---

139 Siehe hierzu BVerfG, *Urteil* vom 23.03.1995 – 2 BvG 1.89 – BVerGE 92, 203 ff.; siehe hierzu auch *Pechstein*, EuR 1990, 249, 260.

140 *Lewen*, Die rechtliche Bedeutung von Protokollerklärungen zu ausgewählten Rechtsakten des sekundären Gemeinschaftsrechts, S. 17.

141 *Lewen*, Die rechtliche Bedeutung von Protokollerklärungen zu ausgewählten Rechtsakten des sekundären Gemeinschaftsrechts, S. 18.

142 *Harnier*, Die Bedeutung von rechtsaktbegleitenden Erklärungen im sekundären Gemeinschaftsrecht, S. 34 ff.

143 *Harnier*, Die Bedeutung von rechtsaktbegleitenden Erklärungen im sekundären Gemeinschaftsrecht, S. 35.

144 Vgl. zur Auswirkung der Sprachenvielfalt auf die Rechtsanwendung des europäischen Mehrwertsteuerrechts *Lohse*, UR 2002, 393, 395 ff.

145 Beispielhaft kann hier die Protokollerklärung des Rates und der Kommission zur 6. MwSt-RL bei der Ratstagung am 17.05.1977 betreffend Art. 4 der 6. MwSt-RL

Abgrenzung zwischen einer nur auslegenden Protokollerklärung und einer Protokollerklärung, die einen einseitigen Vorbehalt bzw. einen Dispens gegenüber einem oder mehreren Mitgliedsstaaten beinhaltet, im Einzelfall nur mit erheblichen Schwierigkeiten vorgenommen werden kann. So erfordert es eine vertiefte Auseinandersetzung mit der jeweiligen Regelungsmaterie, um im Einzelfall bestimmen zu können, ob die Protokollerklärung sich noch in den Grenzen der Wortlautauslegung befindet oder diese überschreitet.[146] Nur die wenigsten Protokollerklärungen lassen sich aufgrund einer Abweichung vom Wortlaut eindeutig als Vorbehalte zugunsten einzelner Mitgliedstaaten werten.[147] Vereinzelt bestehen auch Protokollerklärungen, die nicht Auslegungen bzw. Klarstellungen von Begriffen des Mehrwertsteuerrechts enthalten, sondern vielmehr auf andere Protokollerklärungen Bezug nehmen und diese interpretieren.[148]

---

genannt werden, die lautet: *„Der Rat und die Kommission präzisieren, dass in der englischen Fassung dieses Absatzes das Wort „supply" Folgendes bedeutet: „Lieferung eines Gegenstandes im Sinne von Artikel 5 Abs. 3 dieser Richtlinie"*, abgedruckt in *Lohse*, in: Rau/Dürrwächter, UStG, Art. 4 der 6. MwSt-RL.

146 Dies wird an folgendem Beispiel einer Protokollerklärung des Rates und der Kommission vom 17.05.1977 betreffend Art. 4 der 6. MwSt-RL deutlich, in der es heißt: *„Der Rat und die Kommission erklären, dass dort, wo der Begriff „Einrichtung des öffentlichen Rechts" unbekannt ist, dieser Begriff diejenigen Einrichtungen bezeichnet, die den von diesem Ausdruck in den anderen Mitgliedsstaaten erfassten Einrichtung entsprechen."*, abgedruckt in *Lohse*, in: Rau/Dürrwächter, UStG, Art. 4 der 6. MwSt-RL.

147 Hier kann z. B. die gemeinsame Protokollerklärung des Rates und der Kommission die in der Ratstagung am 17.05.1977 zur Richtlinie 77/388/EWG betreffend Art. 22 der 6. MwSt-RL abgegeben wurde, genannt werden: *„Der Rat und die Kommission erklären, dass ein Mitgliedsstaat, der nur einen einzigen Satz anwendet, den Steuerpflichtigen gestatten kann, auf der Rechnung nur den Preis mit dem Vermerk „einschließlich Steuer" oder „von der Mehrwertsteuer befreit" anzugeben."*, abgedruckt in *Lohse*, in: Rau/Dürrwächter, UStG, Art. 22 der 6. MwSt-RL. Die Abweichung liegt hier darin, dass nach den Vorgaben des Art. 22 der 6. MwSt-RL zwingend der Mehrwertsteuersatz in der Rechnung anzugeben ist.

148 Ein Beispiel hierfür ist die Protokollerklärung zur Änderungsrichtlinie 199/59/EG vom 17.06.1999 betreffend Art. 9 der 6. MwSt-RL, die von Spanien abgegeben wurde: *„Die spanische Delegation ist der Auffassung, dass die Erklärung für das Protokoll über die Tagung des Rates, auf der die „Richtlinie 1999/59/EG des Rates zur Änderung der Richtlinie 77/388/EWG im Hinblick auf das für Telekommunikationsdienstleistungen anwendbare Mehrwertsteuersystem" angenommen wird, in dem Sinne auszulegen ist, dass der Rat die Kommission ersucht, im Rahmen der Regelung des für Telekommunikationsdienstleistungen geltenden Mehrwertsteuersystems einen Richtlinienvorschlag zu dem auf Rundfunk- und Fernsehübertragungen anwendbaren Mehrwertsteuersystem*

Im Zusammenhang mit den normkonkretisierenden bzw. -auslegenden Protokollerklärungen sind auch die Protokollerklärungen zu erwähnen, die auf Ergebnisse des Mehrwertsteuerausschuss verweisen.[149]

Neben allgemeinen Erwägungen und Absichtserklärungen werden in Protokollerklärungen überwiegend Einzel- und Detailfragen zu den mehrwertsteuerrechtlichen Vorgaben des Sekundärrechtsaktes behandelt. Gegenstand dieser Detailfragen sind dann wiederum häufig Sonderbestimmungen der jeweiligen Mitgliedstaaten. Diesbezüglich werden, insbesondere im Rahmen von Neuerungen, gewisse Übergangsfristen bzw. Vorgaben hinsichtlich der Vereinbarkeit der bestehenden Rechtslage mit den Neuerungen der Richtlinienbestimmungen in den Protokollerklärungen angesprochen.[150]

---

*vorzuschlagen, was nicht bedeuten würde, dass damit dem konkreten Inhalt des genannten Vorschlags oder dem Standpunkt vorgegriffen wird, die die Länder zum Vorschlag einnehmen werden"*, abgedruckt in *Lohse*, in: Rau/Dürrwächter, UStG, Art. 9 der 6. MwSt-RL.

149 So die gemeinsame Protokollerklärung des Rates und der Kommission vom 14.12.1992 zur Änderungsrichtlinie 92/11/EWG betreffend Art. 15 der 6. MwSt-RL: *„Der Rat und die Kommission erklären, dass die förmlichen Anwendungsbedingungen für die Steuerbefreiung nach Artikel 15 Nummer 10 Gegenstand einer Prüfung erforderlichenfalls einer gemeinsamen Ausrichtung im Rahmen des beratenden Ausschusses für die Mehrwertsteuer sein werden"*, *Lohse*, in: Rau/Dürrwächter, UStG, Art. 15 der 6. MwSt-RL. Bei dem Mehrwertsteuerausschuss handelt es sich um ein Expertengremium auf EU-Ebene, an dem die verschiedenen Mitgliedstaaten der EU beteiligt sind und welches unverbindliche Leitlinien veröffentlicht (Art. 398 MwStSystRL). Gegenstand dieser Leitlinien sind regelmäßig Anwendungsprobleme, die sich durch eine unterschiedliche nationalstaatliche Auslegung und dementsprechend Anwendung der Regelungen des harmonisierten Mehrwertsteuerrechts ergeben. Obgleich die Leitlinien des Mehrwertsteuerausschusses unverbindlich sind, ist ihre praktische Bedeutung erheblich. Die Inhalte der Leitlinien des Mehrwertsteuerausschusses werden regelmäßig durch die Finanzverwaltung zur Grundlage entsprechender BMF-Schreiben gemacht. Auch enthalten die Leitlinien Hinweise darauf, mit welcher Stimmenmehrheit die vom Mehrwertsteuerausschuss getroffenen Beschlüsse gefasst wurden. Vgl. zum Umgang mit den Leitlinien des Mehrwertsteuerausschusses BMF, *Schreiben* vom 03.01.2014 – IV D 1 – S 7072/13/10005, BStBl. I 2014, 67.

150 So z. B. die gemeinsame Protokollerklärung des Rates und der Kommission zur Änderungsrichtlinie 92/77/EWG in der Ratstagung vom 19.10.1992 betreffend Art. 12 der 6. MwSt-RL: *„Der Rat und die Kommission erklären, dass Belgien, Spanien und Portugal ihre jeweilige Sonderregelung betreffend Kraftfahrzeuge für Behinderte im Rahmen ihrer diesbezüglichen Sozialpolitik beibehalten dürfen."*, *Lohse*, in: Rau/Dürrwächter, UStG, Art. 12 der 6. MwSt-RL.

Eine weitere große Gruppe stellen Protokollerklärungen dar, die Verständigungen zur Verfahrensweise bzw. einseitige Zusagen, insbesondere im Hinblick auf Prüfungs- und Überarbeitungsaufträge der Kommission, beinhalten. Schließlich existieren Protokollerklärungen, die Absichtserklärungen, Wünsche, Aufforderungen bzw. sonstige Kenntnisnahmen oder Feststellungen beinhalten. Soweit Protokollerklärungen Aufforderungen zu bestimmten Gesetzgebungsinitiativen enthalten, z.B. zur Unterbreitung eines Regelungsvorschlages zu Reihengeschäften,[151] richten sie sich überwiegend an die Kommission. Wie aus der zuletzt genannten Protokollerklärung ersichtlich wird, sind nicht nur länderspezifische Spezialfragen Gegenstand von Protokollerklärungen.

#### *dd) Von Deutschland abgegebene Protokollerklärungen*

Auch die Bundesrepublik Deutschland hat eine Reihe von Protokollerklärungen zu mehrwertsteuerlichen Sekundärrechtsakten abgegeben. Diese beziehen sich zum Teil auf die historische Territorialstruktur Deutschlands und auf die Besonderheiten betreffend die Gebiete Jungholz und Mittelberg.[152] Deutlich wird vor allem an der Protokollerklärung Deutschlands zur Änderungsrichtlinie 1999/85/EG vom 22.10.1999,[153] dass Protokollerklärungen insbesondere als ein innenpolitisches Mittel zur Rechtfertigung bzw. zum Ausdruck von bestimmten Erwartungen genutzt wurden. Die Bundesrepublik Deutschland hat aber auch Protokollerklärungen zu wesentlichen materiellen umsatzsteuerrechtlichen Rechtsfragen abgegeben.[154]

---

151 So z. B. die Protokollerklärung des Rates in der Sitzung vom 20.03.1995 zur Änderungsrichtlinie 95/7/EG betreffend Art. 16 der 6. MwSt-RL: „*Der Rat ersucht die Kommission, ihm entsprechend der sich für sie aus Artikel 3 der Richtlinie 92/111/EWG ergebenden Verpflichtung einer Regelung für alle Reihengeschäfte vorzuschlagen, über die der Rat bis spätestens 31. Dezember 1996 entscheidet.*“, *Lohse*, in: Rau/Dürrwächter, UStG, Art. 16 der 6. MwSt-RL; Ungeachtet der Aufforderung der Kommission, gibt es bis zum heutigen Tag – mit Ausnahme der Regelungen zu innergemeinschaftlichen Dreiecksgeschäften – keine einheitlichen Vorgaben im harmonisierten Mehrwertsteuerrecht zu Reihengeschäften.

152 Siehe die Protokollerklärungen Deutschlands bei der Ratstagung am 17.05.1977 zur 6. MwSt-RL sowie die Protokollerklärungen Deutschlands zu Art. 1 Nr. 1 der Änderungsrichtlinie 91/680/EWG vom 16.12.1991.

153 Diese lautet: „*Die deutsche Delegation stimmt der Richtlinie in der Erwartung zu, dass sie restriktiv angewandt wird*“, abgedruckt bei *Langer*, in: Reiß/Kraeusel/Langer, UStG, Art. 106–130 MwStSystRL.

154 So z.B. die Protokollerklärung in der Ratstagung am 15.3.2011 zur MwSt-DVO: „*Deutschland stimmt dem Verordnungsvorschlag unter Zurückstellung erheblicher*

### ee) *Zusammenfassung und Zwischenergebnis*

Auf der Grundlage der öffentlich zugänglichen Protokollerklärungen ist festzuhalten, dass auch Protokollerklärungen zu mehrwertsteuerlichen Sekundärrechtsakten in inhaltlicher Hinsicht ein ganz heterogenes Bild aufweisen. Ebenso wie Protokollerklärungen zu anderen (d.h. nicht mehrwertsteuerlichen) EU-Rechtsakten stellen sie ein Instrument dar, um im Rahmen der Verhandlungen im Rat den eigenen Partikularinteressen Ausdruck zu verleihen. Sie betreffen ganz überwiegend Einzelsachverhalte und beziehen sich auf die Auslegung bzw. das Begriffsverständnis des entsprechenden Rechtsaktes oder enthalten Aufforderungen/Wünsche bzw. Verfahrensabstimmungen.

Im Hinblick auf auslegende bzw. normkonkretisierende Protokollerklärungen ist zu berücksichtigen, dass insoweit aus der jeweiligen Bestimmung nicht (stets) eindeutig hervorgeht – jedenfalls ihrem Wortlaut nach –, ob die entsprechende Protokollerklärung über die reine Auslegung hinausgeht und einen einseitigen Dispens für einen Mitgliedstaat von der Anwendung der mehrwertsteuerlichen Rechtsvorschrift beinhaltet. Umso wichtiger ist es daher zu bestimmen, welche materiell-rechtliche Bedeutung und Wirkung den Protokollerklärungen zukommt.

## e) *Materiell-rechtliche Bedeutung und Wirkung von Protokollerklärungen*

### aa) *Normenhierarchischer Rang von Protokollerklärungen als atypische Rechtsakte/Handlungen im Sinne von Art. 288 AEUV*

Wie bereits an anderer Stelle ausgeführt, stellen Protokollerklärungen nach gängiger Rechtsauffassung „atypische Rechtsakte/Handlungen" im Sinne von Art. 288 AEUV dar. Für die Beurteilung ihrer rechtlichen Wirkung ist jedoch nicht die Begrifflichkeit entscheidend, sondern in einem ersten Schritt, in welchem normenhierarchischen Verhältnis Protokollerklärungen zum begleitenden Rechtsakt stehen.

Art. 288 AEUV selbst trifft keine Aussage über das normenhierarchische Verhältnis der einzelnen Rechtshandlungen zueinander.[155] Nach zutreffender Auffassung stehen Rechtshandlungen, die der Konkretisierung von Sekundärrecht

*Bedenken im Rahmen eines Gesamtkompromisses zu. Dabei versteht Deutschland insbesondere die Regelung in Artikel 22 der Verordnung so, dass sie einen Mitgliedstaat nicht daran hindert, auf die Mehrwertsteuer-Identifikationsnummer als maßgebliches Kriterium zur Bestimmung des Ortes der Dienstleistungen abzustellen.*", *Lohse*, in: Rau/Dürrwächter, UStG, Art. 44 MwStSystRL.

155 *Schroeder*, in: Streinz, EUV/AEUV, Art. 288 AEUV Rn. 24.

dienen, im Rang unter den Bestimmungen des Rechtsaktes, von dem sie abgeleitet sind.[156] Protokollerklärungen stehen damit in der Normenhierarchie unter den Sekundärrechtsnormen, die sie begleiten. Dies bedeutet zugleich, dass Protokollerklärungen zu Sekundärrechtsakten – anders als Protokollerklärungen zu Primärrechtsakten – nicht Bestandteil der Sekundärrechtsakte selbst sind.[157]

Aus dem normenhierarchischen Verhältnis von Protokollerklärungen zu Sekundärrechtsakten ist zunächst der Schluss zu ziehen, dass Protokollerklärungen nicht im Widerspruch zum entsprechenden Sekundärrechtsakt stehen dürfen. Insbesondere sind Protokollerklärungen keine völkerrechtlichen Vorbehalte, die es den Mitgliedstaaten erlauben, einseitig von den Vorgaben des Sekundärrechtsaktes abzuweichen und damit den Umsetzungsauftrag einer Richtlinie außer Kraft zu setzen.[158] Unabhängig von der Autorenschaft von Protokollerklärungen können sie daher keine vom Normgehalt des Sekundärrechtsaktes abweichende Vertragspraxis der Mitgliedstaaten begründen oder rechtfertigen.[159]

Diese Auffassung wird im Ergebnis auch vom EuGH vertreten, wonach Protokollerklärungen dann nicht bei der Auslegung von Sekundärrechtsakten zu berücksichtigen sind, wenn sie diesen widersprechen.[160] Zutreffenderweise muss man generell konstatieren, dass Protokollerklärungen im Falle des Widerspruches zum Sekundärrechtsakt nicht nur keine Auslegungsrelevanz, sondern ihnen auch generell keine eigenständige materiell-rechtliche Rechtswirkung zukommt.[161]

#### *bb) Auslegungsrelevanz von Protokollerklärungen*

Da Protokollerklärungen keine Vorbehalte gegenüber dem Sekundärrechtsakt darstellen und von der Normenhierarchie unter dem Rechtsakt liegen, den sie begleiten, ist ihre Bedeutung auf die eines möglichen Auslegungsmittels des Sekundärrechtsaktes beschränkt.[162] Dabei ist deutlich zwischen der Frage zu

---

156 EuGH, *Urteil* vom 10.03.1971 – Rs. C-38/70 (Deutsche Tradax) Slg. I 1971, 145 Rn. 10; *Urteil* vom 02.03.1999 – Rs. C-179/97 (Spanien/Kommission) Slg. I 1999, 1251 Rn. 20; *Schroeder*, in: Streinz, EUV/AEUV, Art. 288 AEUV Rn. 24.

157 *Mayer*, in: Grabitz/Hilf/Nettesheim, Das Recht der Europäischen Union, Art. 19 EUV Rn. 67.

158 *Frenz*, Handbuch Europarecht, Bd. 5, Rn. 1660; *Harnier*, Die Bedeutung von rechtsbegleitenden Erklärungen im sekundären Gemeinschaftsrecht, S. 142.

159 *Frenz*, Handbuch Europarecht, Bd. 5, Rn. 1647 f.

160 EuGH, *Urteil* vom 26.02.1991 – Rs. C-292/89 (Antonissen) Slg. I 1991, 745 Rn. 18.

161 *Frenz*, Handbuch Europarecht, Bd. 5, Rn. 1648.

162 *Herdegen*, ZHR 1955 (1991), 52 ff.

differenzieren, welche Relevanz Protokollerklärungen hinsichtlich der Auslegung des sie begleitenden Rechtsaktes zukommt und der Frage, wie Protokollerklärungen selbst ausgelegt werden.

Um die rechtliche Wirkungsweise von Protokollerklärungen zutreffend zu beurteilen, sollen im Folgenden kurz die allgemeinen Grundsätze des EuGH bei der Auslegung des EU-Rechts dargestellt werden. Daran anschließend soll untersucht werden, welche Rolle Protokollerklärungen bei der Auslegung spielen.

### (1) Grundsätze der Auslegung des EU-Rechts

#### (aa) Auslegungsmonopol des EuGH

In der Rechtsprechung des EuGH und der europarechtlichen Literatur wurden eigenständige Grundsätze der Auslegung des EU-Rechts entwickelt, die von der klassischen juristischen Auslegungsmethodik zwar nicht grundsätzlich abweichen, sich jedoch durch eine hiervon unterschiedliche Gewichtung der verschiedenen Auslegungsmethoden abheben.[163] Dies liegt darin begründet, dass das EU-Recht bestimmte Eigenheiten aufweist, die zu besonderen Schwierigkeiten bei seiner Auslegung führen.[164]

Dem EuGH ist nach Art. 292 EGV die ausschließliche und autoritative Zuständigkeit für die Auslegung des EU-Rechts zugewiesen.[165] Andere Einrichtungen wie nationale Behörden oder Gerichte sind nach der Rechtsprechung des EuGH nicht zur verbindlichen Auslegung des EU-Rechts berechtigt, sondern haben dieses lediglich anzuwenden.[166] Das Auslegungsmonopol des EuGH hat dazu geführt, dass auch die Auslegungsregeln bzw. die Auslegungsmethodik des EU-Rechts maßgeblich durch die Rechtsprechung des EuGH geprägt sind.[167]

---

163 *Anweiler*, Die Auslegungsmethoden des Gerichtshofs der Europäischen Gemeinschaften; *Mestmäcker/Schweitzer*, Europäisches Wettbewerbsrecht, § 4 Rn. 45 ff.; *Micklitz*, in: Grabitz/Hilf/Nettesheim, Das Recht der Europäischen Union, Vor A2. Richlinien 85/577/EWG und 97/7/EG – Systematischer Teil, Rn. 32; *Wegener*, in: Calliess/Ruffert, EUV/AEUV, Art. 19 EUV Rn. 12; *Hirsch*, ZGR 2002, 1, 9 ff.; *Lutter*, JZ 1992, 593, 598 ff.

164 EuGH, *Urteil* vom 06.10.1982 – Rs. C-283/81 (CILFIT) Slg. I 1982, 3415 Rn. 17; vgl. die Zusammenfassung der methodischen Probleme bei der Auslegung des EU-Rechts bei *Schroeder*, JuS 2004, 180, 184.

165 *Middeke*, in Rengeling/Middeke/Gellermann, Handbuch des Rechtsschutzes in der Europäischen Union, § 10 Rn. 27–28; *Wegener*, in: Calliess/Ruffert, EUV/AEUV, Art. 19 EUV Rn. 12; *Pechstein*, EuR 1990, 249, 251.

166 *Wegener*, in: Callies/Ruffert, EUV/AEUV, Art. 344 AEUV Rn. 3.

167 Vgl. hierzu *Everling*, JZ 2000, 217 ff.

### (bb) Keine Geltung völkerrechtlicher Auslegungsregeln

In Abgrenzung zum Völkerrecht bejaht der EuGH den autonomen Charakter des EU-Rechts als „neue Rechtsordnung des Völkerrechts".[168] Zuweilen spricht der EuGH auch von einer „eigene[n] Rechtsordnung".[169] Vor dem Hintergrund des autonomen Charakters des EU-Rechts sind die spezifisch völkerrechtlichen Auslegungsregeln nicht zu beachten. Insbesondere ist bei der Auslegung des EU-Rechts die Auslegungsregel, wonach im Zweifel die staatliche Souveränität zu respektieren ist, nicht anzuwenden.[170] Im Unterschied zu Art. 31 III lit. b WVK kann es insbesondere zu keiner authentischen Interpretation des EU-Rechts durch eine übereinstimmende Praxis der EU-Organe oder der Gesamtheit der Mitgliedstaaten kommen.[171] Vielmehr sind die Einrichtungen der EU und die Mitgliedstaaten selbst an die Primärverträge gebunden, deren Einhaltung auch vor dem EuGH durchgesetzt werden kann.[172]

### (cc) Auslegungsmethodik des EuGH

#### (α) Wortlautinterpretation – Autonome Begriffsauslegung

Die Wortlautinterpretation ist (wie auch im nationalen Recht) Ausgangspunkt jeder Auslegung des EU-Rechts.[173] Die Auslegung nach dem Wortlaut einer Vorschrift stellt die Erforschung des Sinngehalts eines jeden Wortes in seinem grammatikalischen Zusammenhang nach seinem gewöhnlichen Sprachgebrauch dar.[174] Hinsichtlich der Bedeutung der Wortlautinterpretation als Auslegungsmethode hat der EuGH ausdrücklich darauf hingewiesen, dass er sich bei der Auslegung von Vorschriften des EU-Rechts „nicht mit einer wörtlichen

---

168 EuGH, *Urteil* vom 05.02.1963 – Rs. C-26/62 (van Gend & Loos) Slg. I 1963, 1, 25.

169 EuGH, *Urteil* vom 15.07.1964 – Rs. C-6/64 (Costa) Slg. I 1964, 1251, 1269; Dörr, in: Grabitz/Hilf/Nettesheim, Das Recht der Europäischen Union, Art. 47 EUV Rn. 77.

170 *Schwarze*, in: Schwarze/Becker/Hatje/Schoo, EU-Kommentar, Art. 19 EUV Rn. 36; *Mayer*, in: Grabitz/Hilf/Nettesheim, Das Recht der Europäischen Union, Art. 19 EUV Rn. 68; *Mestmäcker/Schweitzer*, Europäisches Wettbewerbsrecht, § 4 Rn. 46; *Zuleeg*, EuR 1969, 97, 106.

171 *Schwartz*, in: von der Groeben/Schwarze, EUV/EGV, Art. 310 EGV Rn. 12.

172 *Mayer*, in: Grabitz/Hilf/Nettesheim, Das Recht der Europäischen Union, Art. 19 EUV Rn. 67 f.

173 *Wegener*, in: Callies/Ruffert, EUV/AEUV, Art. 19 Rn. 12; *Schroeder*, JuS 2004, 180, 182.

174 *Larenz*, Methodenlehre der Rechtswissenschaft, 2. Aufl. (1992), S. 305 ff.; *Schroeder*, JuS 2004, 180, 182.

Auslegung begnügen“ kann.[175] Die Wortlautinterpretation dient dem EuGH lediglich als Ausgangspunkt für eine weitergehende Interpretation bzw. als Absicherung eines bereits mithilfe anderer Auslegungsmethoden – insbesondere der teleologischen Auslegungsmethode – gefundenen Ergebnisses.[176] So finden sich in der Judikatur des EuGH Beispiele dafür, dass der EuGH, der oben genannten Vorgehensweise folgend, aufgrund von teleologischen und systematischen Erwägungen eine Auslegung entgegen dem Wortlaut der Norm vorgenommen hat.[177]

Die im Vergleich zu den nationalen Auslegungsgrundsätzen geringe Bedeutung der Wortlautinterpretation in der Rechtsprechung des EuGH hat ihre Ursache in der Mehrsprachigkeit des EU-Rechts.[178] Sowohl die Primärverträge als auch die Sekundärrechtsakte liegen in den verschiedenen und jeweils gleichrangigen und verbindlichen Sprachfassungen vor, sodass eine Wortlautinterpretation im EU-Recht immer auch sprachvergleichend ist.[179] Dabei weichen die verschiedenen Sprachfassungen, insbesondere im Bereich des sekundären Gemeinschaftsrechts, zuweilen erheblich voneinander ab.[180] Diese hermeneutischen Abweichungen gehen dabei nur teilweise auf Übersetzungsfehler im eigentlichen Sinne zurück; vielmehr spiegeln sich in den Abweichungen mitunter im Rechtsetzungsverfahren nicht ausgeräumte Differenzen wider.[181] Durch die

---

175 EuGH, *Urteil* vom 16.12.1960 – Rs. C-6/60 (Humblet) Slg. I 1960, 1125, 1194.

176 *Schroeder*, JuS 2004, 180, 182.

177 Vgl. EuGH, *Urteil* vom 23.04.1986, Rs. C-294/83 (Les Verts) Slg. I 1986, 1339 Rn. 23; siehe auch *Schroeder*, JuS 2004, 180, 182.

178 *Micklitz*, in: Grabitz/Hilf/Nettesheim, Das Recht der Europäischen Union, Vor A 2. Richtlinien 85/577/EWG und 97/7/EG – Systematischer Teil, Rn. 33; *Wegener*, in: Callies/Ruffert, EUV/AEUV, Art. 19 Rn. 12; *Schroeder*, JuS 2004, 180, 185; vgl. diesbezüglich auch *Weiler*, ZEuP 2010, 861 ff.

179 *Wegener*, in: Callies/Ruffert, EUV/AEUV, Art. 19 Rn. 12; der Nutzen dieser Sprachvergleichung wird sich zumeist jedoch in der Ermittlung offensichtlicher Widersprüche und Übersetzungsfehler, vgl. hierzu insbesondere *Micklitz*, in: Grabitz/Hilf, Das Recht der Europäischen Union, Vor A 2. Richtlinien 85/577/EWG und 97/7/EG – Systematischer Teil, Rn. 33.

180 *Wegener*, in: Callies/Ruffert, EUV/AEUV, Art. 19 Rn. 12.

181 *Wegener*, in: Callies/Ruffert, EUV/AEUV, Art. 19 Rn. 12 der auf das Bespiel der in den Verfassungsvertrag übernommenen Präambel der Charta der Grundrechte der Union verweist. Darin wird lediglich in der deutschen Sprachfassung von einem „geistig-religiösen“ Erbe gesprochen, wohingegen in den anderen Sprachfassungen ein ausdrücklicher Hinweis auf die Religion fehlt und stattdessen auf ein moralisches Erbe verwiesen wird.

entsprechende Abschlussredaktion wird zuweilen versucht, ein bestimmtes Begriffsverständnis des Sekundärrechtsaktes zu etablieren.[182]

Auch vor dem Hintergrund, dass juristische Begriffe ihre Bedeutung vor allem aus dem jeweiligen Rechtssystem ableiten, ist auch nach der Rechtsprechung des EuGH bei der Interpretation einer Norm des EU-Rechts zunächst ein etwaiger spezifischer Sprachgebrauch des EU-Rechts maßgeblich.[183] Nach der Rechtsprechung des EuGH sind Begriffe des EU-Rechts grundsätzlich autonom auszulegen, was auch durch die nationalen Gerichte zu beachten ist.[184] Ansonsten wäre jeder Mitgliedstaat in der Lage, den Anwendungsumfang der EU-Rechtsnorm eigenständig und abweichend von den übrigen Mitgliedstaaten zu bestimmen. Ausnahmsweise kommt eine Orientierung des Begriffsverständnisses einer EU-Rechtsnorm an den entsprechenden Begriffen des nationalen Rechts in Betracht, wenn die betreffende Vorschrift ausdrücklich auf das nationale Recht verweist.[185]

Der mögliche Wortsinn einer Vorschrift bildet die Grenze zwischen Auslegung und Rechtsfortbildung, sodass die Überschreitung der Wortlautgrenze zum Zwecke der Lückenfüllung eine rechtfertigungsbedürftige Lückenfüllung darstellt.[186] Der EuGH folgt der französischen Methodenlehre, wonach sowohl der Vorgang der Auslegung unbestimmter Rechtsbegriffe als auch die Schließung von Regelungslücken und die Ergänzung des bestehenden Rechts durch Neuschöpfung einheitlich unter dem Begriff der „interprétation" subsummiert werden.[187]

#### (β) Systematische Interpretation

Die systematische Interpretation einer Norm bedeutet, ihre Stellung im Normkontext bzw. im Zusammenhang mit der Struktur des Gesetzestextes zu untersuchen.[188] Die systematische Interpretation von Normen wird regelmäßig vom EuGH

---

182 *Wegener*, in: Callies/Ruffert, EUV/AEUV, Art. 19 Rn. 12.

183 *Wegener*, in: Callies/Ruffert, EUV/AEUV, Art. 19 Rn. 12; *Schroeder*, JuS 2004, 180, 185.

184 EuGH, *Urteil* vom 12.11.1998 – Rs. C-149/97 (The Institute of the Motor Industry/Commissioners of Customs & Excise) Slg. I 1998, 7035 Rn. 16; siehe hierzu *Micklitz*, in: Grabitz/Hilf/Nettesheim, Das Recht der Europäischen Union, Vor A 2. Richtlinien 85/577/EWG und 97/7/EG – Systematischer Teil, Rn. 32; *Wegener*, in: Callies/Ruffert, EUV/AEUV, Art. 19 Rn. 12.

185 *Schroeder*, JuS 2004, 180, 182.

186 *Larenz*, Methodenlehre der Rechtswissenschaft, 2. Aufl. (1992), S. 299 ff.

187 *Schroeder*, JuS 2004, 180, 184.

188 *Schroeder*, JuS 2004, 180, 182.

verwendet und weicht kaum von der nach nationalem Recht bekannten Methodik ab.[189] Die systematische Auslegung wendet der EuGH z.B. an, wenn er eine primärrechtskonforme Auslegung des Sekundärrechts vornimmt.[190] Aber der systematischen Auslegung kommt – gegenüber der teleologischen Auslegung – kein entscheidender Stellenwert zu, wenngleich sie gegenüber der Wortlautauslegung eine gesteigerte Bedeutung in der Rechtsprechungspraxis des EuGH genießt.[191]

(γ) Historische Interpretation/Wille des Normgebers

In der Rechtsprechung des EuGH wird der historischen Auslegung, d.h. der Auslegung einer Norm anhand des Willens des historischen Normgebers,[192] nur ein sehr begrenzter Stellenwert zugebilligt.[193] Darin unterscheidet sich die Auslegungspraxis des EuGH von der nationalen Methodik der Auslegung durch die deutsche Rechtsprechung.[194] Im Ergebnis zieht der EuGH die Entstehungsgeschichte einer Vorschrift im Sinne einer Hilfsbegründung lediglich als Auslegungshilfe heran.[195]

Die zurückhaltende Anwendung der historischen Auslegungsmethode durch den EuGH hat ihre Ursache in der praktischen Schwierigkeit und zuweilen Vergeblichkeit der Erforschung des subjektiven Willens des historischen EU-Gesetzgebers.[196] Dies liegt im EU-Recht im besonderen Kompromiss- und Verhandlungscharakter des Rechtsetzungsverfahrens in der EU begründet. Denn im Zuge des Rechtsetzungsverfahrens werden seitens der maßgeblich beteiligten Gemeinschaftsorgane und der Mitgliedstaaten häufig gegenläufige

---

189 *Wegener*, in: Callies/Ruffert, EUV/AEUV, Art. 19 Rn. 14; vgl. die aufgeführten Beispiele bei *Schroeder*, JuS 2004, 180, 183.

190 *Wegener*, in: Callies/Ruffert, EUV/AEUV, Art. 19 Rn. 14; vgl. *Hailbronner*, NJW 2004, 2185, 2185 ff.

191 *Schroeder*, JuS 2004, 180, 182 ff.; Beispielhaft kann für die im Einzelfall geringe Bedeutung der systematischen Auslegung im EU-Recht die Rechtsprechung des EuGH zur unmittelbaren Wirkung von Richtlinien aufgeführt werden. Gerade hier spricht der systematische Vergleich zu Verordnungen dagegen eine unmittelbare Wirkung von Richtlinien anzuerkennen. Den EuGH hindert dieses systematische Argument hingegen nicht.

192 Vgl. hierzu *Larenz*, Methodenlehre der Rechtswissenschaft, 2. Aufl. (1992), 216 ff.

193 *Wegener*, in: Callies/Ruffert, EUV/AEUV, Art. 19 Rn. 13; *Schroeder*, JuS 2004, 180, 183; kritisch zur Rspr. des EuGH und zur überwiegend vertretenen Auffassung im europarechtlichen Schrifttum insbesondere *Leisner*, EuR 2007, 689, 689 ff.

194 *Schroeder*, JuS 2004, 180, 183.

195 *Lutter*, JZ 1992, 593, 599 m.w.N.

196 *Schwarze*, in: Schwarze/Becker/Hatje/Schoo, EU-Kommentar, Art. 19 EUV Rn. 37.

Stellungnahmen/Erklärungen abgegeben, die die Auseinandersetzungen zwischen den am Verhandlungsprozess Beteiligten widerspiegeln und die Ermittlung eines einheitlichen historischen Willens der im Normsetzungsprozess Beteiligten erschweren.[197]

Grundsätzlich können verschiedene Materialien Aufschluss über die Vorstellungen der am Normsetzungsprozess Beteiligten geben, wozu u.a. Stellungnahmen und einseitige Erklärungen der am Rechtsetzungsprozess Beteiligten zählen.[198] Die ursprüngliche Konzeption und die im Laufe des Verfahrens verworfenen Rechtsetzungsinitiativen lassen sich zudem aus den Vorschlägen der Kommission, ihren Änderungen und den dazugehörigen Begründungserwägungen ablesen.[199] Oftmals werden bereits bestehende nationale Regelungen als Modelle für EU-Rechtsetzungsvorhaben verwendet.[200] Vor diesem Hintergrund kann auch die Eruierung des jeweiligen nationalen Rechts zur Ermittlung der Vorstellungen des EU-Gesetzgebers beitragen.[201] Dabei kann jedoch die nationalstaatliche Auslegung der im Zuge einer solchen Rechtsetzung verwendeten Begrifflichkeit nicht einfach übernommen werden. Denn es kann nicht einfach unterstellt werden, dass im Zuge des konsensualen Rechtsetzungsverfahrens das nationale hermeneutische Verständnis einfach auf EU-Ebene übernommen wurde. Vielmehr erfahren die entsprechenden Begrifflichkeiten im Zuge des Rechtsetzungsverfahrens eine Europäisierung und sind daher entsprechend der Rechtsprechung des EuGH gemeinschaftsautonom auszulegen.[202]

Bei der Auslegung des Sekundärrechts sollen nach dem EuGH ebenfalls grundsätzlich keine Dokumente außerhalb des Rechtsaktes selbst zur Auslegung berücksichtigt bzw. nur solche Materialien zum Zwecke der Interpretation herangezogen werden, die im fraglichen Rechtsakt als Erwägungsgrund einen Ausdruck gefunden haben.[203]

---

197 *Wegener*, in: Callies/Ruffert, EUV/AEUV, Art. 19 Rn. 13.

198 *Wegener*, in: Callies/Ruffert, EUV/AEUV, Art. 19 Rn. 13.

199 Hierauf stellt auch maßgeblich ab *Micklitz*, in: Grabitz/Hilf, Das Recht der Europäischen Union, Vor A 2. Richtlinien 85/577/EWG und 97/7/EG – Systematischer Teil, Rn. 32.

200 *Wegener*, in: Callies/Ruffert, EUV/AEUV, Art. 19 Rn. 13.

201 So auch *Mayer*, in: Grabitz/Hilf/Nettesheim, Das Recht der Europäischen Union, Art. 19 EUV Rn. 66; *Wegener*, in: Callies/Ruffert, EUV/AEUV, Art. 19 Rn. 13.

202 *Wegener*, in: Callies/Ruffert, EUV/AEUV, Art. 19 Rn. 13.

203 EuGH, *Urteil* vom 27.06.2006 – Rs. C-540/03 (Parlament/Rat) Slg. I 2006, 5769 Rn. 48 ff.; Vgl. *Schwarze*, in: Schwarze/Becker/Hatje/Schoo, Art. 19 EUV Rn. 37; *Schroeder*, JuS 2004, 180, 183.

Sofern allerdings die Gesetzgebungsmaterialien verfügbar sind, kann die historische Analyse der Genese einer Vorschrift das Verständnis für die vom Gemeinschaftsnormgeber verfolgte Zielsetzung erhöhen.[204] Insbesondere durch die oben angeführte öffentliche Zugänglichkeit der Gesetzesmaterialien dürfte, ungeachtet der bereits angeführten grundsätzlichen Bedenken gegen die historische Interpretation, die Bedeutung der historischen Auslegungsmethode zunehmen.[205]

(δ) Rechtsvergleichende Interpretation

Als ergänzende Auslegungsmethode kommt der Rechtsvergleichung ein erhebliches Gewicht zu.[206] Aus Art. 220 EGV leitet der EuGH seine Befugnis ab, allgemeine Rechtsgrundsätze zu entdecken bzw. zu konkretisieren, sodass etwaige Lücken im EU-Recht durch die Anwendung allgemeiner Rechtsgrundsätze aufgrund einer „wertenden Rechtsvergleichung" geschlossen werden können.[207]

(ε) Teleologische Interpretation

Die teleologische Interpretation stellt im Ergebnis die maßgebliche Auslegungsmethode zur Interpretation des EU-Rechts dar.[208] Als teleologische Auslegung bezeichnet man die Interpretation von Normen entsprechend ihrem Sinn und Zweck.[209] Die Bedeutung der teleologischen Auslegung ergibt sich am

---

204 Beispielhaft sei hier die Fernsehrichtlinie zu nennen, bei der die Entwicklungsgeschichte aus den zugänglichen Informationen ersichtlich ist und Rückschlüsse auf die Systematik der Richtlinie erlaubt, hierzu insbesondere *Micklitz*, in: Grabitz/Hilf/Nettesheim, Das Recht der Europäischen Union, Vor A 2. Richtlinien 85/577/EWG und 97/7/EG – Systematischer Teil, Rn. 32.

205 *Mayer*, in: Grabitz/Hilf/Nettesheim, Das Recht der Europäischen Union, Art. 19 EUV Rn. 66; *Micklitz*, in: Grabitz/Hilf/Nettesheim, Das Recht der Europäischen Union, Vor A 2. Richtlinien 85/577/EWG und 97/7/EG – Systematischer Teil, Rn. 32.

206 Siehe z.B. EuGH, Urteil vom 05.03.1996 – verb. Rs. C-46/93 und C-48/93 (Brasserie du pecheur) Slg. I 1996, 1029 Rn. 29 ff. *Häberle*, JZ 1989, 913, 913 ff. *Schroeder*, JuS 2004, 180, 183.

207 *Middeke*, in Rengeling/Middeke/Gellermann, Handbuch des Rechtsschutzes in der Europäischen Union, § 10 Rn. 28; *Wegener*, in: Callies/Ruffert, EUV/AEUV, Art. 19 Rn. 16.

208 *Schwarze*, in: Schwarze/Becker/Hatje/Schoo, EU-Kommentar, Art. 19 EUV Rn. 36 f.; vgl. *Kutscher*, EuR 1981, 392, 400 ff.

209 Siehe hierzu *Larenz*, Methodenlehre der Rechtswissenschaft, 2. Aufl. (1992), S. 301 ff.

deutlichsten aus der nach Priorität gegliederten Auflistung[210] des EuGH, wonach er sich bei Auslegung des Gemeinschaftsrechts „vom Geist der Vorschriften, von ihrer Systematik und von ihrem Wortlaut“ leiten lässt.[211]

Die herausragende Bedeutung der teleologischen Auslegungsmethode hängt maßgeblich mit der Schwäche der Wortlautinterpretation und der historischen Auslegungsmethode zusammen.[212] Hinzu kommt, dass die im EU-Recht verwendeten Rechtsbegriffe funktionsspezifisch der europäischen Harmonisierung dienen und sich damit bereits grundsätzlich in ihrer Zielrichtung von den nationalen Rechtsordnungen unterscheiden.[213]

Im Hinblick auf die o. g. Funktionalität des EU-Rechts muss jede Vorschrift des EU-Rechts vor dem Hintergrund des Regelungszieles interpretiert werden, um diesem Regelungsziel praktische Wirksamkeit im Sinne einer möglichst effektiven Geltung zukommen zu lassen (sog. „effet utile“).[214]

#### (2) Begrenzte Bedeutung von Protokollerklärungen als subjektiv-historische Erkenntnisquelle

##### (aa) Auffassung des EuGH

Nach ständiger Rechtsprechung des EuGH,[215] die von der überwiegenden Auffassung in der Literatur grundsätzlich mitgetragen wird,[216] stellen Protokollerklärungen – als atypische Rechtsakte des Europarechts – Auslegungshilfen dar, die unter bestimmten Voraussetzungen im Rahmen der historischen Auslegung zu berücksichtigen sind.

---

210 *Schroeder*, JuS 2004, 180, 183.

211 EuGH, *Urteil* vom 05.02.1963 – Rs. C-26/62 (van Gend & Loos) Slg. I 1963, 1, 24.

212 *Wegener*, in: Callies/Ruffert, EUV/AEUV, Art. 19 Rn. 15; siehe zu den Problemen einer Wortlautauslegung *Weiler*, ZEuP 2010, 861, 862 ff.

213 *Schroeder*, JuS 2004, 180, 185.

214 *Mestmäcker/Schweitzer*, Europäisches Wettbewerbsrecht, § 4 Rn. 46; *Schroeder*, JuS 2004, 180, 185.

215 Vgl. nur EuGH, *Urteil* vom 23.02.1988 – Rs. 429/85 (Gefahrstoffe) Slg. 1988, 843 Rn. 8 f.; EuGH, *Urteil* vom 21.01.1992 – Rs. C-310/90 (Egle) Slg. I 1992, 177 Rn. 12; EuGH, *Urteil* vom 13.02.1996 – verb. Rs. C-197/94 und C-252/94 (Bautiaa) Slg. I 1996, 505 Rn. 51; EuGH, *Urteil* vom 26.02.1991 – Rs. C-292/89 (Antonissen) Slg. I 1991, 745 Rn. 18; EuGH, *Urteil* vom 17.10.1996 – verb. Rs. C-283/94, C-291/94, C-283/94 (Denkavit) Slg. I 1996, 5063 Rn. 29; vgl. auch *Herdegen*, ZHR 155 (1991), 52 ff. m.w.N.

216 Vgl. den Überblick über die Literaturmeinungen bei *Harnier*, Die Bedeutung von rechtsaktbegleitenden Erklärungen im sekundären Gemeinschaftsrecht, S. 19 ff.

Protokollerklärungen werden vom EuGH insbesondere zur Auslegung des Sekundärrechts – vor allem von Richtlinien – herangezogen.[217] Der Rückgriff auf Protokollerklärungen soll jedoch nach der ständigen Rechtsprechung des EuGH nur dann zulässig sein, wenn die Protokollerklärung im Wortlaut der fraglichen Bestimmung ihren Ausdruck gefunden hat, mithin eine Stütze im Wortlaut des Sekundärrechtsaktes selbst hat.[218] Die in der Protokollerklärung enthaltene Interpretation der Norm muss mithin eine Stütze im Wortlaut des Sekundärrechtsaktes finden.

Nach Auffassung des EuGH können daher Protokollerklärungen, die dem Wortlaut der Sekundärrechtsnorm (z. B. einer Richtlinie) widersprechen, nicht zur Auslegung dieser Norm herangezogen werden und damit im Ergebnis auch keine rechtliche Bedeutung bzw. Wirkung entfalten.[219] Insbesondere ermächtigen sie die einzelnen Mitgliedstaaten nicht, die Richtlinienbestimmung nicht bzw. abweichend von den Richtlinienvorgaben in nationales Recht umzusetzen.[220] Der EuGH begründet seine Auffassung mit den Erfordernissen des Grundsatzes der Rechtssicherheit, wonach es erforderlich ist, dass sich die Einzelnen auf den Inhalt der Richtlinienvorgabe verlassen können.[221]

Betrachtet man die Rechtsprechungspraxis des EuGH, so fällt auf, dass der EuGH Protokollerklärungen grundsätzlich nur zur Unterstützung eines bereits aufgrund von systematischen und insbesondere teleologischen Erwägungen gefundenen Auslegungsergebnisses verwendet.[222] Soweit ersichtlich existiert kein Judikat des EuGH, in dem die Auslegung einer Norm allein oder entscheidend auf die Heranziehung einer Protokollerklärung gestützt wurde.

---

217 EuGH, *Urteil* vom 26.02.1991 – Rs. C-292/89 (Antonissen) Slg. I 1991, 745 Rn. 18; vgl. den Fall bei BVerfG, *Urteil* vom 22.03.1995 – 2 BvG 1.89, BVerfGE 92, 203, 213 ff.; *Frenz*, Handbuch Europarecht, Bd 5, Rn 1642; *Harnier*, Die Bedeutung von rechtsaktbegleitenden Erklärungen im sekundären Gemeinschaftsrecht, S. 54 ff. m. w. N.

218 EuGH, *Urteil* vom 26.02.1991 – Rs. C-292/89 (Antonissen) Slg. I 1991, 745 Rn. 18; EuGH, *Urteil* vom 08.06.2000 – Rs. C-375/98 – (Epson Europe) – Slg. I 2000, 4243 Rn. 26.

219 EuGH, *Urteil* vom 26.02.1991 – Rs. C-292/89 (Antonissen) Slg. I 1991, 745 Rn. 18; BVerfG, *Urteil* vom 22.03.1995 – 2 BvG 1.89, BVerfGE 92, 203, 236 ff.; *Frenz*, Handbuch Europarecht, Bd. 5, Rn. 1642; *Harnier*, Die Bedeutung von rechtsaktbegleitenden Erklärungen im sekundären Gemeinschaftsrecht, S. 54 ff.

220 Vgl. nur EuGH, *Urteil* vom 23.02.1988 – Rs. 429/85 (Gefahrstoffe) Slg. 1988, 843 Rn. 8 f.; *Frenz*, Handbuch Europarecht, Bd. 5, Rn. 1642.

221 EuGH, *Urteil* vom 13.02.1996 – verb. Rs. C-197/94 und C-252/94 (Bautiaa) Slg. I 1996, 505 Rn. 51.

222 Siehe z. B. EuGH, *Urteil* vom 21.01.1992 – Rs. C-310/90 (Egle) Slg. I 1992, 177 Rn. 12.

Das Europäische Parlament hat die Praxis von Protokollerklärungen abgelehnt und führt hierzu aus, dass die entsprechenden Aussagen vielmehr Eingang in den eigentlichen Text der Norm finden sollten.[223]

### (bb) Meinungsspektrum in der Literatur

Das Schrifttum zur rechtlichen Wirkung von Protokollerklärungen weist ein breites Spektrum auf. Eine eingehende Analyse der hierzu im Schrifttum veröffentlichten Auffassungen, die sich oft nur in Nuancen unterscheiden, würde den Rahmen dieser Arbeit überschreiten.[224] Aus diesem Grund sollen im Folgenden nur die wesentlichen Grundströmungen in der Literatur dargestellt werden, sofern sie für die hier relevanten Fragestellungen im Zusammenhang mit der rechtlichen Wirkung der Protokollerklärung zu Art. 4 der 6. MwSt-RL erforderlich sind.

Die überwiegende Literatur stimmt grds. mit der Auffassung des EuGH überein, wonach Protokollerklärungen als Auslegungshilfe herangezogen werden können, wobei die dafür aufgestellten Voraussetzungen gegenüber dem EuGH deutlich strenger sind.[225] Die Anforderungen, die seitens der Literatur an die Berücksichtigungsfähigkeit von Protokollerklärungen gestellt werden, betreffen ihre Veröffentlichung, ihr verfahrensrechtliches Zustandekommen, ihre Autorenschaft bis hin zu ihrem Inhalt. Sie werden im Folgenden kurz und zusammenfassend dargestellt.

Ein beachtlicher Teil des Schrifttums differenziert zwischen veröffentlichten und unveröffentlichten Protokollerklärungen. Zum Teil wird dabei die Auffassung vertreten, unveröffentlichte Protokollerklärungen seien generell nicht zur Auslegung von EU-Rechtsakten heranzuziehen, sodass sie mithin auch keine rechtliche Wirkung entfalten können.[226] Zur Begründung wird überwiegend auf

---

223 Protokollerklärung zur interinstitutionellen Vereinbarung vom 22.12.1998, ABl. 1999 C 73/1 (4).

224 An dieser Stelle wird daher auf die das hierzu bestehende Meinungsspektrum in der Literatur wiedergebende Monographien verwiesen: *Harnier*, Die Bedeutung von rechtsbegleitenden Erklärungen im sekundären Gemeinschaftsrecht, S. 54 ff.; *Lewen*, Die rechtliche Bedeutung von Protokollerklärungen zu ausgewählten Rechtsakten des sekundären Gemeinschaftsrechts, S. 20 ff.

225 Z. B. *Lutter*, JZ 1992, 593, 600; *Pechstein*, EuR 1990, 249, 254–256.

226 *Pernice/Mayer*, in: Grabitz/Hilf/Nettesheim, EU, Art. 220 Rn. 53; *Wegener*, in: Calliess/Ruffert, EUV/AEUV, Art. 19 EUV Rn. 13; *Lutter*, JZ 1992, 593, 600; siehe auch die Argumentation des Generalanwaltes La Pergola, Schlussanträge zu EuGH, Urteil vom 15.01.1998 – Rs. C-321/96 (Mecklenburg) Slg. I 1998, 3809 Rn. 18 ff.

die mangelnde Zugänglichkeit verwiesen.[227] Die Berücksichtigung von unveröffentlichten (jedenfalls nicht offiziell veröffentlichten) bzw. für den Einzelnen nicht ohne weiteres zugänglichen Protokollerklärungen würde gegen das Rechtsstaatsprinzip verstoßen, da der Einzelne nicht die Möglichkeit hätte, von diesen interpretativen Protokollerklärungen Kenntnis zu nehmen.[228] Eine Rückausnahme von diesem Grundsatz wird teilweise dann erwogen, wenn die Protokollerklärung für den einzelnen Bürger zu einer vorteilhaften Auslegung führt bzw. die Protokollerklärungen nur das Verhältnis der Gemeinschaftsorgane untereinander betreffen.[229] Entsprechendes gelte auch bei Richtlinien.[230] Mit zunehmender Transparenz des Normsetzungsprozesses entfalle jedoch in der Praxis der Grund für die prinzipielle Nichtberücksichtigung von Protokollerklärungen.[231] Es wird daher erwartet, dass Protokollerklärungen zunehmend eine gewichtigere Rolle bei der Auslegung des EU-Rechts einnehmen werden.[232]

Demgegenüber sollen nach einer anderen Auffassung Protokollerklärungen grundsätzlich auch ohne (offizielle) Veröffentlichung im Rahmen einer historischen Auslegung prinzipiell berücksichtigt werden können. Insbesondere führe allein die mangelnde Veröffentlichung nicht dazu, dass ihnen im Rahmen der historischen Auslegung von vornherein nur geringe Bedeutung zukäme, da es keinen Grundsatz gebe, wonach Materialien nur dann zur Auslegung heranzuziehen seien, wenn sie zuvor (offiziell) veröffentlicht wurden.[233] Protokollerklärungen komme aber im Vergleich zu den Begründungserwägungen nur eine eingeschränkte Bedeutung im Rahmen der Ermittlung des gesetzgeberischen Willens zu.[234] Auch nach dieser Auffassung sind Protokollerklärungen jedoch dann nicht zur Auslegung heranzuziehen, wenn ihr Inhalt gegen den Rechtsakt verstößt, den sie begleiten.[235] Diese Auffassung stimmt mit der oben beschriebenen Rechtsprechung des EuGH im Ergebnis überein, wobei auch nach der Rechtsprechung des EuGH die vorangegangene

227 *Lutter*, JZ 1992, 593, 600.
228 *Lutter*, JZ 1992, 593, 600; *Pechstein*, EuR 1990, 249, 254–256.
229 *Frenz*, Handbuch Europarecht, Bd. 5, Rn. 1637–1641.
230 *Frenz*, Handbuch Europarecht, Bd. 5, 1637–1641; *Harnier*, Die Bedeutung von rechtsaktbegleitenden Erklärungen im sekundären Gemeinschaftsrecht, S. 86 ff.
231 *Schroeder*, JuS 2006, 180, 183.
232 *Schroeder*, JuS 2006, 180, 183.
233 *Leisner*, EuR 2007, 689, 696.
234 *Leisner*, EuR 2007, 689, 703.
235 *Leisner*, EuR 2007, 689, 700 ff.

Veröffentlichung einer Protokollerklärung nicht verlangt wird, um sie für Auslegungszwecke zu berücksichtigen.

Teilweise wird für die Berücksichtigung von Protokollerklärungen als Auslegungshilfe in verfahrensrechtlicher Hinsicht gefordert, dass diese mit dem gleichen Stimmenquorum zu Protokoll gegeben wurden, welches auch für den Erlass der Richtlinie erforderlich ist.[236]

Schließlich wird die Zulässigkeit der Heranziehung von Protokollerklärungen zu Auslegungszwecken auch von der Autorenschaft abhängig gemacht.[237] So sollen nach zum Teil vertretener Auffassung Protokollerklärungen grds. nur dann zur Auslegung herangezogen werden können, wenn und soweit sie vom jeweiligen Gesetzgebungsorgan abgegeben wurden.[238] Den Protokollerklärungen des Rates als eigentliche Gesetzgebungsorgan soll daher größeres Gewicht zukommen als denen der Kommission.[239]

(cc) Stellungnahme zur Bedeutung von Protokollerklärungen im Rahmen der historischen Auslegung mehrwertsteuerlicher Unionsrechtsakte

Grundsätzlich ist der in der Rechtsprechung des EuGH und der teilweise in der Literatur vertretenen Auffassung zuzustimmen, wonach Protokollerklärungen als Materialien der Gesetzgebungsgeschichte im Rahmen der historischen Auslegung der entsprechenden EU-Norm prinzipiell berücksichtigungsfähig sind. Dies gilt insbesondere für solche Protokollerklärungen, die eine nähere Begriffsbestimmung der in der Richtlinie verwendeten Begriffe bzw. eine bestimmte Auslegung bzw. Auffassung hinsichtlich des Inhalts der Richtlinie wiedergeben. Protokollerklärungen anderen Inhalts, insbesondere Absichtserklärungen und allgemeine Feststellungen, wird eine solche Bedeutung hingegen nicht zukommen. Diese haben grds. lediglich eine politische Bedeutung.

Uneingeschränkt zuzustimmen ist der gemeinhin vertretenen Auffassung, wonach Protokollerklärungen keine Vorbehaltswirkung gegenüber EU-Rechtsnormen entfalten, da es sich bei dem Europarecht gegenüber dem Völkerrecht um eine eigenständige Rechtsordnung handelt, sodass Anleihen beim Völkerrecht grundsätzlich nicht zulässig sind.[240] Gegen eine solche Vorbehaltswirkung

236 *Lutter*, JZ 1992, 593, 600; *Pechstein*, EuR 1990, 249, 253.

237 Vgl. *Lutter*, JZ 1992, 593, 600.

238 *Pechstein*, EuR 1990, 249, 253–254.

239 *Lutter*, JZ 1992, 593, 600; im Einzelnen ist hier vieles umstritten, insbesondere was die Berücksichtigungsfähigkeit von Protokollerklärungen der Kommission angeht, vgl. hierzu *Pechstein*, EuR 1990, 249, 253.

240 *Pechstein*, EuR 1990, 249, 250.

spricht vor allem, dass Protokollerklärungen nicht den gleichen Rang haben wie die Sekundärrechtsnorm, zu der sie abgegeben wurden. Sie als (völkerrechtliche) Vorbehalte einzustufen, wäre mit der europarechtlichen Gesetzgebungskompetenz nicht vereinbar und würde den einzelnen Beteiligten des Normsetzungsverfahrens die Möglichkeit eröffnen, die Verbindlichkeit von Sekundärrecht durch einseitige Erklärungen (für sich und damit einseitig) aufzuheben.[241] Dies gilt insbesondere für den Fall, dass die Protokollerklärungen von den Mitgliedstaaten oder der Kommission abgegeben wurden, da diese keine Legislativorgane sind. Soweit Protokollerklärungen vom Rat abgegeben werden, bei dem es sich um das maßgebliche Gesetzgebungsorgan für das Sekundärrecht handelt und das ein Gremium, bestehend aus den verschiedenen Mitgliedstaaten, darstellt, fehlt es ohnehin an dem für einen völkerrechtlichen Vorbehalt konstitutiven Merkmal der „Einseitigkeit".[242]

Protokollerklärungen können daher auch nicht dem EuGH eine verbindliche Auslegung des EU-Rechts vorgeben, da es im Kompetenzbereich des EuGH liegt, die Normen des EU-Rechts auszulegen und zu diesem Zweck ggf. auf Protokollerklärungen als Auslegungshilfen zurückzugreifen.[243] Protokollerklärungen kommt mithin keine „authentische Auslegungswirkung" zu.[244]

Insbesondere wäre es dem Richtliniengeber unbenommen gewesen, anstelle einer Protokollerklärung das von ihm gewünschte Auslegungsergebnis durch eine entsprechende Redaktion der Richtlinie selbst zu normieren. Offensichtlich, und dies muss bei der Zuhilfenahme von Protokollerklärungen zu Auslegungszwecken stets berücksichtigt werden, gab es zwischen den im Rechtsetzungsprozess Beteiligten keinen hinreichenden Konsens darüber, den Inhalt der Protokollerklärung ausdrücklich in die Richtlinie aufzunehmen. Hieraus wird zwar nicht generell der Schluss gezogen werden können, dass der Inhalt der Protokollerklärung der Richtlinie widerspricht, da die redaktionelle Aufnahme des Inhalts der Protokollerklärung auch schlicht daran scheitern konnte, dass sie den Beteiligten als nicht hinreichend wichtig erschien. Es kann daher nicht stets

241 Vgl. EuGH, *Urteil* vom 15.04.1986 – Rs. C-237/84 (Kommission/Belgien) Slg. 1988, 1247 Rn. 17; *Harnier*, Die Bedeutung von rechtsaktbegleitenden Erklärungen im sekundären Gemeinschaftsrecht, S. 55 ff.

242 *Harnier*, Die Bedeutung von rechtsaktbegleitenden Erklärungen im sekundären Gemeinschaftsrecht, S. 55 ff.; *Bleckmann*, NJW 1982, 1177, 1179.

243 *Frenz*, Handbuch Europarecht, Bd. 5, Rn. 1645; *v. Bogdandy*, EuZW 1992, 9, 13.

244 Vgl. EuGH, *Urteil* vom 15.04.1986 – Rs. C-237/84 (Kommission/Belgien) Slg. 1988, 1247 Rn. 17; *Pechstein* EuR 1990, 249, 252; *Herdegen* ZHR 155 (1991), 52, 56; *Frenz*, Handbuch Europarecht, Bd. 5, Rn. 1645.

von einem mangelnden Konsens ausgegangen werden. Zurückhaltung in diesem Sinne bedeutet jedoch nicht, dass Protokollerklärungen nicht bei der Auslegung von Sekundärrechtsakten zu berücksichtigen oder generell mit einem Verdacht des Widerspruchs zum Richtlinientext behaftet sind. Zurückhaltung muss in diesem Zusammenhang bedeuten, dass bei der jeweiligen Protokollerklärung genau darauf geachtet werden muss, dass diese mit dem Richtlinientext in Einklang steht. Insbesondere bei norminterpretierenden Protokollerklärungen ist dabei ein besonderes Augenmerk darauf zu richten, ob die Richtlinienbestimmung selbst hinreichende Anhaltspunkte für die in der Protokollerklärung enthaltene Auslegung beinhaltet. Dies gilt insbesondere dann, wenn es sich um eine einseitige Protokollerklärung eines Mitgliedstaates handelt.

Die Wirkung von Protokollerklärungen ist daher zunächst darauf beschränkt, Rückschlüsse auf die vom historischen Gesetzgeber bzw. auf die von den am Rechtsetzungsprozess beteiligten Akteuren intendierte Normwirkung bzw. Vorstellungen zu geben und damit vor allem zum Verständnis unbestimmter Rechtsbegriffe beizutragen.[245] Ihre Bedeutung für die Auslegung von EU-Normen ist jedoch gering, was nur zum Teil mit der grundsätzlich eher untergeordneten Bedeutung der historischen Auslegungsmethode im EU-Recht zusammenhängt. Entscheidend ist vielmehr, dass Protokollerklärungen nur einen Ausschnitt aus dem Gesetzgebungsverfahren darstellen, nicht konsequent und vollständig veröffentlicht wurden und mithin nur einen beschränkten Einblick in die Gesetzgebungsgeschichte gewähren.[246]

Für die Frage der Berücksichtigung der Protokollerklärung im Rahmen der historischen Auslegungsmethode ist es schließlich auch grundsätzlich unerheblich, wer der Urheber der Protokollerklärung ist. Auch wenn eine Protokollerklärung vom Rat (als eigentlichem Legislativ-Organ) oder vom Rat und der Kommission gemeinsam abgegeben wurde, kommt der Protokollerklärung keine gesteigerte Bedeutung zu.[247] Dies liegt vor allem daran, dass das Verfahren des Zustandekommens von Protokollerklärungen gänzlich intransparent ist, so dass im Nachhinein nicht eruiert werden kann, inwieweit die Protokollerklärung auf einer übereinstimmenden Auffassung der am Normsetzungsverfahren

---

245 *Frenz*, Handbuch Europarecht, Bd. 5, Rn. 1642–1650.

246 *Frenz*, Handbuch Europarecht, Bd. 5, Rn. 1642–1650; *Harnier*, Die Bedeutung von rechtsbegleitenden Erklärungen im sekundären Gemeinschaftsrecht, S. 70; *Herdegen*, ZHR 155 (1991), 52, 63.

247 Zutreffend *Harnier*, Die Bedeutung von rechtsaktbegleitenden Erklärungen im sekundären Gemeinschaftsrecht, S. 55.

beteiligten Akteure beruht.[248] So ist zum Beispiel nicht geregelt, welche Ratsmehrheit bzw. welches Stimmverhalten erforderlich ist, um eine Erklärung als „Erklärung des Rates" in das Protokoll aufzunehmen; möglich ist in diesem Zusammenhang auch die Übernahme einer Erklärung in das Protokoll auf Grund eines Consensus-Verfahrens, d.h. ohne eigentliche Abstimmung.[249] Gleiches gilt für eine Erklärung der Kommission, die zudem kein Legislativorgan darstellt.

Damit bleibt festzuhalten, dass Protokollerklärungen lediglich eine grds. begrenzte Auslegungsrelevanz im Rahmen der oben beschriebenen allgemeinen Auslegungsregeln zukommt.[250] Sie haben mithin nur unterstützende Bedeutung bei der Interpretation der Sekundärrechtsakte.[251] Damit sind Protokollerklärungen - wie der EuGH in seiner ständigen Rechtsprechung betont - nicht zu berücksichtigen, die dem Wortlaut der entsprechenden Richtlinienvorschrift widersprechen.

Zu weitgehend ist jedoch die Auffassung, die Protokollerklärungen dann nicht zum Zwecke der Auslegung berücksichtigen möchte, wenn sie nicht amtlich veröffentlicht wurden.[252] Dieser Auffassung ist zwar grundsätzlich zuzugeben, dass die Veröffentlichungspraxis hinsichtlich der Protokollerklärungen in der Vergangenheit äußerst selektiv erfolgte. Meist wurden Protokollerklärungen von den Mitgliedsstaaten veröffentlicht, zu deren Vorteil sie gereichten. Jedoch ist die Veröffentlichung von Protokollerklärungen auch dann, wenn sie durch einen Mitgliedstaat entgegen der Geheimhaltungspflicht erfolgte, prinzipiell unbeachtlich. Einen allgemeinen Grundsatz, wonach Gesetzgebungsmaterialien nur dann zur Auslegung von Normen herangezogen werden können, wenn sie amtlich veröffentlicht wurden, besteht nicht.[253] Denn unabhängig von der Veröffentlichung stellt eine Protokollerklärung ein Dokument des Gesetzgebungsverfahrens dar. Natürlich kann ein solches Dokument rein faktisch nur dann bei der Auslegung einer Norm berücksichtigt werden, wenn es dem erkennenden Gericht (hier insbesondere dem EuGH) zur Verfügung steht.

Nicht überzeugen kann die hiergegen vertretene Auffassung, die Berücksichtigung von nicht veröffentlichten Protokollerklärungen verstoße gegen das Rechtsstaatsprinzip, da der einzelne Steuerpflichtige/EU-Bürger keine Kenntnis

---

248 *Harnier*, Die Bedeutung von rechtsaktbegleitenden Erklärungen im sekundären Gemeinschaftsrecht, S. 55.

249 *Pechstein*, EuR 1990, 249, 254.

250 *Frenz*, Handbuch Europarecht, Bd. 5, Rn. 1647.

251 Ausdrücklich *Frenz*, Handbuch Europarecht, Bd. 5, Rn. 1647.

252 Z. B. *Lutter*, JZ 1992, 593, 600; *Pechstein*, EuR 1990, 249, 254–256.

253 *Leisner*, EuR 2007, 689, 696.

von der Protokollerklärung und damit der entsprechenden Auslegung der EU-Norm habe.[254] Für die Frage der Auslegung von Sekundärrechtsakten kommt es nicht darauf an, ob die Tatsachen/Umstände, die für ihre Auslegung herangezogen werden, in einem öffentlichen Akt publiziert wurden. Im Rahmen der Auslegung nach dem historischen Gesetzgebungswillen ist auf alle Umstände einzugehen. Dazu gehören insbesondere auch die kurz vor dem Akt ergangene Rechtsprechung, evtl. Stellungnahmen in der Literatur, öffentliche Anhörungen, Gutachten etc. Diese werden jedoch nicht – schon gar nicht amtlich zusammen mit dem Sekundärrechtsakt – veröffentlicht. Im Rahmen der Auslegung werden diese den historischen Gesetzgebungswillen erhellenden Umstände jedoch berücksichtigt, weil sie Rückschlüsse auf die Vorstellungen des Gesetzgebers erlauben. Darin liegt auch kein Verstoß gegen die Grundsätze der Rechtsstaatlichkeit, da sich die Auslegung, wie oben erwähnt, noch im Rahmen des Wortlauts der Vorschrift bewegen muss. Der Rechtsstaatlichkeit wird in diesem Zusammenhang ausreichend Genüge getan, wenn eine Auslegung anhand der historischen Entwicklung der Vorschrift nicht entgegen dem Wortlaut der betroffenen EU-Norm ausfallen darf. Der Unionsbürger (auch der Steuerpflichtige) muss immer damit rechnen, dass eine Norm im Rahmen ihres Wortlauts angewendet wird. Insbesondere hat er grds. keinen Anspruch darauf, dass eine bestimmte – mit dem Wortlaut vereinbare – Auslegung angewendet wird.

Auch wenn man aus Gründen der Rechtsstaatlichkeit zwar keine amtliche Veröffentlichung durch die EU fordert, sondern generell die Möglichkeit der Kenntnisnahme durch den einzelnen Bürger für ausreichend befände, würde dies zu keiner Lösung des vermeintlichen Transparenzproblems führen. Denn Protokollerklärungen werden teilweise nur von einzelnen Mitgliedstaaten – unter Umständen unter Verstoß gegen das Geheimhaltungsgebot – veröffentlicht bzw. ihren Bürgern zugänglich gemacht. Es ist daher für die Praxis kein gangbarer Weg, wenn bei der Auslegung durch den EuGH jeweils danach differenziert werden müsste, ob im jeweiligen Mitgliedstaat des Klägers die streitgegenständliche Protokollerklärung veröffentlicht war. Vielmehr würde dies zu einer Zersplitterung des Europarechts führen, was im Hinblick auf den Harmonisierungsgedanken nicht hinnehmbar ist.

Deshalb kann auch nicht pauschal eine Aussage zur Gewichtung der Aussage einer Protokollerklärung für die Auslegung einer Norm getroffen werden. Vielmehr muss diese jeweils einzelfallbezogen erfolgen und dabei insbesondere im Rahmen der allgemeinen Auslegung den historischen Gesetzgebungswillen

254 *Pechstein*, EuR 1990, 249, 254 ff.

berücksichtigen; ferner muss sie berücksichtigen, wie der Gesetzgebungsprozess verlaufen ist und vor welchem Hintergrund es zur Abgabe der Protokollerklärung kam.

### *cc) Auslegung von Protokollerklärungen*

Von der vorstehend behandelten Frage nach der rechtlichen Wirkung von Protokollerklärungen (Auslegungsrelevanz) für den Sekundärrechtsakt zu unterscheiden ist die Frage, wie Protokollerklärungen selbst auszulegen sind. Wie bereits oben angeführt, stellen Protokollerklärungen atypische Bestandteile des Europarechts dar. Sie sind daher grds. wie die Sekundärrechtsakte, zu denen sie erlassen wurden, gemeinschaftsautonom auszulegen. Dies muss jedenfalls dann gelten, wenn es sich um gemeinsame Protokollerklärungen (insbesondere des Rates und der Kommission) handelt. Denn ansonsten würde, wie auch beim Sekundärrecht, eine Auslegung der Protokollerklärungen unter Rückgriff auf das jeweils nationale Begriffsverständnis dem Harmonisierungsgedanken zuwiderlaufen und zu einer Rechtszersplitterung in der Anwendung des Mehrwertsteuerrechts führen. Dies ergibt sich auch daraus, dass die Protokollerklärungen ausdrücklich Bezug nehmen auf die Sekundärrechtsnorm. Wenn nun die Sekundärrechtsnorm selbst gemeinschaftsautonom auszulegen ist, so muss dies erst recht für die darauf Bezug nehmende Protokollerklärung gelten.

Etwas anderes kann allerdings dann gelten, wenn die Protokollerklärung einseitig von nur einem Mitgliedstaat abgegeben wurde oder erkennbar ein vom Sekundärrechtsakt abweichendes Begriffsverständnis verwendet wird. Beispielhaft könnte hier der Fall erwähnt werden, dass in einer Protokollerklärung aufgeführt wird, wie sich eine entsprechende nationale Regelung im Verhältnis zum Sekundärrechtsakt verhält. In diesem Fall ist offensichtlich, dass der Protokollerklärung, soweit sie sich auf die nationale Regelung bezieht, ein Begriffsverständnis entsprechend dem jeweiligen nationalen Recht des Mitgliedstaates zugrunde liegt. Wie bereits an anderer Stelle ausgeführt, hat eine solche Protokollerklärung eines einzigen Mitgliedstaates jedoch keine rechtliche Wirkung bzw. Relevanz für die Auslegung des Sekundärrechtsaktes. Dem einzelnen Mitgliedstaat ist es natürlich nicht verwehrt, seine Auffassung, dass ein Sekundärrechtsakt bestimmte Folgen für seine nationale Rechtsordnung hat, in einer Protokollerklärung oder in einem sonstigen Dokument niederzulegen. Diese Auffassung hat jedoch weder für die Beteiligten des Rechtssetzungsverfahrens noch für das zur Auslegung der Sekundärrechtsakte zuständige Gericht eine Bindungswirkung. Insoweit handelt es sich nur um eine Rechtsauffassung eines Mitgliedstaates über den Anwendungsbereich des im Übrigen gemeinschaftsautonom auszulegenden Sekundärrechtsaktes.

## 2. Protokollerklärung zu Art. 4 der 6. MwSt-RL als Ermächtigungsgrundlage für die Steuerbefreiung ehrenamtlicher Tätigkeit nach § 4 Nr. 26 UStG

Nachdem im vorangehenden Kapitel dieser Arbeit die rechtliche Wirkung von Protokollerklärungen zu Sekundärrechtsakten herausgearbeitet wurde, wird nunmehr untersucht, ob die zu Art. 4 der 6. MwSt-RL abgegebene Protokollerklärung eine Ermächtigungsgrundlage für den nationalen deutschen Gesetzgeber zur Beibehaltung der bereits vor der 6. MwSt-RL bestehenden Umsatzsteuerbefreiung für ehrenamtliche Tätigkeiten nach Maßgabe des § 4 Nr. 26 UStG darstellt. Hierzu sind die Vorgaben der MwStSystRL im Hinblick auf die Mehrwertbesteuerung ehrenamtlicher Tätigkeit zu betrachten.

### *a) Der Begriff der ehrenamtlichen Tätigkeit nach der Protokollerklärung zu Art. 4 der 6. MwSt-RL*

#### *aa) Zur Notwendigkeit der gemeinschaftsautonomen Auslegung des Begriffs der „ehrenamtlichen Tätigkeit"*

Wie bereits ausgeführt, sind die in Protokollerklärungen verwendeten Begrifflichkeiten – wie auch die Begriffe im Sekundärrechtsakt selbst – grundsätzlich gemeinschaftsautonom auszulegen, sofern nicht eine Anknüpfung an das nationale Begriffsverständnis vorgesehen ist. Im Falle der Protokollerklärung zu Art. 4 der 6. MwSt-RL ist daher auch der Begriff der „ehrenamtlichen Tätigkeit" gemeinschaftsautonom auszulegen.

Es bestehen keine Anhaltspunkte dafür, dass der verwendeten Begrifflichkeit der Bedeutungsgehalt zugemessen werden sollte, der nach den jeweiligen nationalen Rechtsordnungen besteht. Hiervon ist ungeachtet der Tatsache auszugehen, dass zum Zeitpunkt der Abgabe der Protokollerklärung und des Inkrafttretens der 6. MwSt-RL in Deutschland mit § 4 Nr. 26 UStG bereits eine nationale Vorschrift zur Umsatzbesteuerung ehrenamtlicher Tätigkeit – unter Verwendung einer wortgleichen Formulierung – bestand und die Protokollerklärung aus deutscher Sicht ersichtlich im Sinne einer Ermächtigungsgrundlage für die Beibehaltung der nationalen Regelung interpretiert wurde.[255] Unbeachtlich ist im konkreten Fall auch, dass Protokollerklärungen sehr häufig das Verständnis der

255 Vgl. *Wachweger*, 6. RL zur Harmonisierung der Umsatzsteuern in den europäischen Gemeinschaften, S. 75; heute z.T. auch noch, vgl. *Hünnekens*, in: Küffner/Stöcker/Zugmaier, UStG, § 4 Nr. 26 Rn. 6.

am Normsetzungsprozess Beteiligten widerspiegeln und damit Ausdruck eines nationalen Verständnisses des Sekundärrechtsaktes sind.

Für die hier vertretene Auslegung spricht entscheidend, dass sich im Wortlaut der Protokollerklärung selbst für eine Anknüpfung an das nationale Begriffsverständnis keine Anhaltspunkte ergeben. Ein solcher Bezug zum nationalen Recht hätte hingegen leicht hergestellt werden können bzw. es hätte ausdrücklich auf die deutsche Regelung verwiesen werden können. Dies ist jedoch gerade nicht geschehen. Entscheidend ist der Gesichtspunkt, dass durch die Einführung eines verbindlichen Katalogs von Mehrwertsteuerbefreiungen in der 6. MwSt-RL diese nunmehr – im Gegensatz zu den in der 2. MwSt-RL enthaltenen Bestimmungen – abschließend und europäisch harmonisiert festgelegt werden sollten. Dieser Zweckrichtung widerspräche es, wenn man die hierzu ergangenen Protokollerklärungen in einer Weise auslegt, die eine größtmögliche Anknüpfung an das nationale Recht und damit die Beibehaltung der bisherigen Mehrwertsteuerbefreiungen ermöglichte. In diese Richtung argumentiert auch der EuGH, wenn er in seiner Rechtsprechung den Grundsatz aufstellt, dass Mehrwertsteuerbefreiungen als Ausnahmevorschriften grundsätzlich eng auszulegen seien.[256]

Die gemeinschaftsautonome Auslegung des Begriffs der ehrenamtlichen Tätigkeit gestaltet sich jedoch als schwierig. Weder die Protokollerklärung selbst noch die 6. MwSt-RL bzw. die MwStSystRL enthalten eine entsprechende Definition der Begrifflichkeit oder eine typologische Beschreibung.

### bb) *Allgemeiner Sprachgebrauch hinsichtlich einer „ehrenamtlichen Tätigkeit" in den verschiedenen Sprachen der EU-Gesetzgebung*

Die hier untersuchte Protokollerklärung zu Art. 4 der 6. MwSt-RL wurde in der Ratstagung am 17.05.1977 abgegeben. Die Wortlautauslegung hat sich demnach an den zu diesem Zeitpunkt in der EWG verbindlichen Sprachfassungen, in die das Protokoll der Ratssitzung übersetzt bzw. verfasst wurde, zu orientieren. Zum Zeitpunkt der Abgabe der Protokollerklärung bestand die EG aus den Gründungsmitgliedstaaten Belgien, der Bundesrepublik Deutschland, Frankreich, Italien, Luxemburg, dem Königreich Niederlande und den 1973 in der sog. ersten Norderweiterung der EG beigetretenen Staaten Irland, Dänemark und dem Vereinigten Königreich. Amtssprachen der EG waren zu diesem

256 Vgl. EuGH, *Urteil* vom 21.02.2013 – C-18/12 (Mesto Žamberk) DStR 2013, 407, 408 f. Rn. 19 m.w.N. Dieser Grundsatz soll allerdings noch kritisch hinterfragt werden.

Zeitpunkt mithin u.a. Deutsch, Französisch, Englisch, Flämisch, Italienisch und Dänisch.

### (1) Ehrenamt und ehrenamtliche Tätigkeit nach deutschem Begriffsverständnis

Tatsächlich beinhalten die verschiedenen Wörterbücher und Enzyklopädien im Ergebnis relativ übereinstimmende Definitionen der ehrenamtlichen Tätigkeit bzw. des Ehrenamtes:

Der Duden[257] definiert den Begriff Ehrenamt als „*ehrenvolles (besonders öffentliches) Amt, das überwiegend unentgeltlich ausgeübt wird*". Gablers Wirtschaftslexikon[258] definiert den Begriff Ehrenamt als „*unbesoldetes, meist nur gegen Aufwandsentschädigung ausgeübtes öffentliches Amt, verbunden mit beamtenähnlichen Rechten und Pflichten, z.B. Amt des Schöffen, Handelsrichters, Gemeinderats etc.; des Gleichen im gesellschaftsrechtlichen Bereich, z.B. Funktionsübernahme durch nicht hauptberuflich beschäftigte Mitglieder in den Kontroll-, Beratungs- und Entscheidungsorganen von Genossenschaften, Verbänden, Vereinen*". Im Brockhaus[259] findet sich demgegenüber eine Unterscheidung zwischen Ehrenamt i. e. S. und i.w.S.: "*i. e. S. ohne Dienstbezüge, aber in der Regel unter Aufwandsentschädigung nebenberuflich wahrgenommenes öffentliches Amt (z.B. als Gemeinderatsmitglied, Wahlhelfer, Volkszähler). Zur Übernahme eines E. kann der Bürger gesetzlich verpflichtet sein. Ehrenbeamter ist, wer zur ehrenamtlichen Wahrnehmung bestimmter Aufgaben in das Beamtenverhältnis berufen wird (z.B. ehrenamtliche Bürgermeister, Handelsrichter, Wahlkonsul). I. w. S. ist E. auch die freiwillige, grundsätzlich nicht besoldete Betreuung von Funktionen in nicht öffentlichen Gremien (z.B. als Betriebsrat)*". Unter www.ehrenamt-deutschland.org[260] findet sich folgende Definition: „*Ehrenamt wird auch als bürgerschaftliches Engagement bezeichnet. Eine gesetzliche Definition von Ehrenamt gibt es nicht. Was ist ein Ehrenamt? Grob kann man sagen, dass es eine Tätigkeit ist, die freiwillig, gemeinwohlorientiert und unentgeltlich erfolgt. Man muss jedoch wissen, dass gewisse ehrenamtliche Tätigkeiten sehr wohl nur begrenzt freiwillig sind. So kann man etwa die Position eines ehrenamtlichen Richters etwa nur aus gravierenden Gründen ablehnen. Ähnlich ist es hinsichtlich der Gemeinwohlausrichtung.*

257 *Duden*, Das große Wörterbuch der der deutschen Sprache, Bd. 2, Stichwort „Ehrenamt".

258 *Gablers*, Wirtschaftslexikon, Stichwort „Ehrenamt".

259 *Brockhaus*, Enzyklopädie in 24 Bänden – Bd. 6.

260 http://www.ehrenamt-deutschland.org/ehrenamtliche-taetigkeit/was-ist-ehrenamt-warum.html, zuletzt aufgerufen am 22.02.2014.

*Ein Eigeninteresse spielt oft eine Rolle, etwa bei Tätigkeiten in berufsständischen Vereinigungen. Und schließlich: Unentgeltlichkeit bedeutet nicht, dass man keinerlei Zahlung für seine ehrenamtliche Tätigkeit erhält. Der Gesetzgeber selbst geht vielmehr in den meisten Fällen von einer Einkünfteerzielungsabsicht aus ... Wo finden wir das Ehrenamt? Wo wird ehrenamtlich gearbeitet? Die größten Tätigkeitsbereiche findet man in den Feldern Sport, Kultur und Musik, Freizeit, Gesundheit, Soziales, Schule, Kindergarten, Bildungsarbeit, Umweltschutz, Naturschutz, Tierschutz, in der Politik, Kirche, Justiz, bei den Unfall- und Rettungsdiensten oder der wirtschaftlichen Selbsthilfe*".

Bei der Ermittlung des Begriffsverständnisses der ehrenamtlichen Tätigkeit nach dem allgemeinen Sprachgebrauch für Zwecke der Anwendung des § 4 Nr. 26 UStG stellt auch der BFH auf die gängigen Definitionen in Wörterbüchern ab. Nach der insoweit zutreffenden Auffassung des BFH ergebe sich aus dem allgemeinen Sprachgebrauch folgendes (herkömmliches) Begriffsverständnis der ehrenamtlichen Tätigkeit: Ehrenamtlich wird nach dem allgemeinen Sprachgebrauch tätig, wer außerhalb seines Haupterwerbs oder -berufs uneigennützig einer Tätigkeit nachgeht, die im allgemeinen Interesse liegt, wobei diese nicht hauptberuflich ausgeübt wird.[261] Die ehrenamtliche Tätigkeit soll dabei lediglich eine Entschädigung für den eingesetzten Zeit- bzw. Arbeitsaufwand enthalten.[262]

Aus den voranstehend aufgeführten Definitionen ist zudem erkennbar, dass im allgemeinen Sprachgebrauch keine Unterscheidung zwischen „ehrenamtliche Tätigkeit" und „Ehrenamt" gemacht wird. Nach dem allgemeinen Sprachgebrauch übt der ehrenamtlich Tätige ein Ehrenamt aus. Der BFH scheint hingegen zwischen den Begriffen „ehrenamtliche Tätigkeit" und „Ehrenamt" differenzieren zu wollen. Dabei soll der Begriff der ehrenamtlichen Tätigkeit weiter sein als der des Ehrenamtes.[263]

---

261 BFH, *Urteil* vom 14.05.2008 - XI R 70/07, BFHE 221, 517, 523 f. = BStBl. II 2008, 912, 915; *Kulmsee*, in: Reiß/Kraeusel/Langer, UStG, § 4 Nr. 26 Rn 18.

262 *Kulmsee*, in: Reiß/Kraeusel/Langer, UStG, § 4 Nr. 26 Rn 18; vgl. auch *Duden*, Synonymwörterbuch, Stichwort „ehrenamtlich", dort haben fast alle angeführten Synonyme einen Bezug zur Unentgeltlichkeit: *„freiwillig, für einen Gotteslohn, ohne Bezahlung/Entgelt, um Gotteslohn, umsonst, unentgeltlich"*.

263 BFH, *Urteil* vom 16.12.1987 - X R 7/82, BFHE 152, 182, 186 = BStBl. II 1988, 384, 386; Der BFH knüpft hier an die Definition von *Korte*, in: von Beckerath, Handwörterbuch der Sozialwissenschaften, Band III, 1961, Stichwort „Ehrenamt" an. Hiernach soll eine ehrenamtliche Tätigkeit nur „vorrübergehend" ausgeübt werden, ein Ehrenamt hingegen „auf Dauer".

### (2) Vergleich mit anderen Amtssprachen der EU

Die deutschen Begriffe „ehrenamtliche Tätigkeit“ und „Ehrenamt“ haben teilweise keine wörtliche Entsprechung in den übrigen Sprachen der EU.

In der englischen Fassung des Art. 13 B Abs. 2 a) 2. Gedankenstrich der 6. MwSt-RL wird für den Begriff „ehrenamtlich“ der Begriff „voluntary“ verwendet. Der Begriffe „voluntary“, „volunteering“ und „volunteerism“ betonen allesamt begrifflich das Element der Freiwilligkeit, was in etwa dem deutschen Begriff der „Freiwilligenarbeit“ entspricht.[264] Unter „volunteerism“ wird in der englischen Sprache das Prinzip der Hingabe von Zeit und Kraft zum Nutzen von anderen in der Gemeinschaft mehr als eine soziale Verpflichtung, denn zum Zwecke eines finanziellen Entgeltes verstanden.[265]

In der französischen Fassung der MwStSystRL wird hingegen der Begriff „bénévole“ verwendet. Nach den Wörterbüchern wird mit „bénévole“ ein Handeln in Bezug auf soziale Leistungen beschrieben, welches ohne Verpflichtung und Bezahlung erfolgt.[266]

In der italienischen Fassung der MwStSystRL wird der Begriff „gratuito“ verwendet, welcher mit „untentgeltlich“ zu übersetzen ist.[267] Bei einer wörtlichen Übersetzung der Begriffe „Ehrenamt“ und „ehrenamtlich“ wären hingegen die Begriffe „carica onorifica“ und „onorario, onorifico“ zu verwenden gewesen.[268] Der Begriff „gratuito“ wird insoweit als freigiebige Leistung bezeichnet, ohne Vorteil des Gewährenden.[269]

Im Flämischen wäre der deutsche Begriff „Ehrenamt“ mit „ereambt“ und „ehrenamtlich“ mit „erehonorair, onbezoldigd“ wörtlich zu übersetzen.[270] Stattdessen verwendet die MwStSystRL in der flämischen Fassung die Wendung „op

---

264 Vgl. insoweit die Einträge im *The Oxford Englisch Dictionary*, Stichworte: „voluntary“, „volunteering“ und „volunteerism“.

265 Vgl. *Collins*, Dictionary, Stichwort: „volunteerism“ definiert als „*the principle of donating time and energy fort he benefit of other people in the community as a social responsibility rather than for any financial reward*“.

266 *Le Grand Robert de la Langue Française*, Eintrag: „bénévole“ definiert als *“(Personne) qui agit exécuté sans obligation et sans être payé“* .

267 *Langenscheidts Großwörterbuch Italienisch*, Teil 1, Stichwort „gratuito“.

268 Vgl. die Einträge bei *Langenscheidts Großwörterbuch Italienisch*, Teil 2, Stichwort: „Ehrenamt“ und „ehrenamtlich“.

269 *Grande Dizionario della Lingua Italiana*, Bd. 5, Stichwort „gratuito“ definiert als „*che viene concesso o elargito liberalmente, per grazia speciale, senza alcun merito o senza alcun diritto da parte di chi lo ottiene*“.

270 *Wolter Handwörterbuch Deutsch-Niederländisch*, Stichwort „Ehrenamt“ und „ehrenamtlich“.

vrijwillige basis". Allerdings bezeichnet „Vrijwilliger" im niederländischen den im sozialen Bereich unentgeltlich Tätigen und ist damit mit dem deutschen Begriff des „ehrenamtlich Tätigen" vergleichbar.[271]

Auf der Grundlage der in den verschiedenen Amtssprachen der EU im Rahmen der MwStSystRL verwendeten Terminologie ist für das Begriffsverständnis festzuhalten, dass die ehrenamtliche Tätigkeit bzw. das Ehrenamt unentgeltlich ausgeübt wird, und zwar in dem Sinne, dass kein Vorteil aus der Tätigkeit gezogen wird. Dass die Tätigkeit zum Zwecke des Gemeinwohls ausgeübt wird, entspricht ebenfalls dem allgemeinen mitgliedschaftlichen Sprachgebrauch. Auffällig ist, dass den übrigen hier herangezogenen Amtssprachen, im Gegensatz zum deutschen Begriff, jeglicher Bezug zum öffentlichen Recht fehlt. Insbesondere wurden für Zwecke der MwStSystRL – im Falle Italiens und der Niederlande – keine Begrifflichkeiten verwendet, die zumindest vom Wortlaut her einen Bezug zu einem Amt aufweisen. Unterschiede gibt es hingegen bei dem Merkmal der Freiwilligkeit, welches zumindest nach deutschem Sprachverständnis nicht konstitutives Merkmal einer ehrenamtlichen Tätigkeit ist.

#### *cc) Der Begriff der „ehrenamtlichen Tätigkeit" in der Rechtsprechung des EuGH*

Weitergehende Anhaltspunkte für die (systematische) Auslegung –d.h. das gemeinschaftsautonome Begriffsverständnis (des Gemeinschaftsgesetzgebers) – der hier untersuchten Begrifflichkeit bietet insoweit die Rechtsprechung des EuGH zum Begriff „ehrenamtlich" nach Art. 13 B Abs. 2 a) 2. Gedankenstrich der 6. MwSt-RL.[272] Der Begriff der ehrenamtlichen Tätigkeit wird nämlich sowohl in der MwStSystRL als auch in der 6. MwSt-RL verwendet, wenngleich nicht definiert. Art. 13 A Absatz 2 a) 2. Gedankenstrich der 6. MwSt-RL sieht vor, dass Mitgliedstaaten die Gewährung von bestimmten Steuerbefreiungen für dem Gemeinwohl dienende Tätigkeiten davon abhängig machen können, dass „Leitung und Verwaltung [der Einrichtung] ... im Wesentlichen ehrenamtlich durch Personen erfolgen, die weder selbst noch über zwischengeschaltete Personen ein unmittelbares oder mittelbares Interesse an den Ergebnissen der betreffenden Tätigkeit haben". Diese Vorschrift wurde erstmals mit der 6. MwSt-RL eingeführt

---

271 Vgl. *van Dale Groot Woordenbouk van de Nederlandse Tall*, Stichwort „vrijwillig" und „vrijwilliger"; siehe auch den Internetauftritt des Freiwilligenwerks der Niederlande http://www.vrijwilligerswerk.nl, zuletzt aufgerufen am 30.04.2014.

272 EuGH, *Urteil* vom 22.03.2002 – C-267/00 (Zoological Society of London) Slg. I 2002, 3353; siehe hierzu *Langer*, in: Reiß/Kraeusel/Langer, UStG, Art. 9 – 13 MwStSystRL, Rn. 77.

und schließlich gleichlautend in Art. 133 b MwStSystRL übernommen.[273] Eine Auslegung der in diesem Zusammenhang verwendeten Begrifflichkeit macht es zunächst erforderlich, den Regelungsgehalt und die Wirkungsweise von Art. 13 A der 6. MwSt-RL im Einzelnen zu betrachten.

Art. 13 A Abs. 1 der 6. MwSt-RL sieht Befreiungen für bestimmte, dem Gemeinwohl dienende Tätigkeiten vor. Hierunter fallen zum Beispiel Tätigkeiten, die eng mit der sozialen Vorsorge und der sozialen Sicherheit verbunden sind (Buchst. g), Dienstleistungen im Zusammenhang mit der Kinder- und Jugendbetreuung (Buchst. h) oder sonstige am Gemeinwohl orientierte Einrichtungen (Buchst. l).[274]

Im Rahmen der Ausarbeitung der 6. MwSt-RL waren die Bemühungen der Kommission, ein einheitliches gemeinschaftsrechtliches Gemeinnützigkeitsrecht zu schaffen, angesichts der divergierenden Auffassungen der Mitgliedstaaten nicht realisierbar.[275] Ohnehin hat man sich mit Art. 13 A Abs. 2 a) der 6. MwSt-RL auf eine Kannvorschrift geeinigt, wonach die Mitgliedstaaten die Gewährung bestimmter, unter Abs. 1 fallende Steuerbefreiungen für Einrichtungen, die keine Einrichtungen des öffentlichen Rechts sind, von Fall zu Fall von der Erfüllung zusätzlicher Bedingungen abhängig machen können.[276] Unter diese Kannvorschriften fällt auch die hier untersuchte Voraussetzung der im Wesentlichen ehrenamtlich erfolgten Leitung und Verwaltung der Einrichtung. Mit dieser Regelung bezweckte der Richtliniengeber zwischen den Tätigkeiten von kommerziellen Unternehmen und denen von Einrichtungen, deren Ziel nicht in der Gewinnerzielung für ihre Mitglieder liegt, zu unterscheiden.[277] Insbesondere durch das Erfordernis der Ehrenamtlichkeit soll die Vergünstigung der Mehrwertsteuerbefreiung den Einrichtungen, die keine kommerziellen Ziele haben, vorbehalten werden, indem verlangt wird, dass auch die an der Leitung und Verwaltung solcher Einrichtungen beteiligten Personen kein finanzielles Eigeninteresse aufgrund einer Vergütung, einer Gewinnverteilung

273 Vgl. *Langer*, in: Reiß/Kraeusel/Langer, UStG, Art. 131 – 137 MwStSystRL, Rn. 77 ff.

274 Vgl. hierzu *Wachweger*, 6. EG-Richtlinie zur Harmonisierung der Umsatzsteuern in den europäischen Gemeinschaften, S. 69 ff.

275 *Wachweger*, 6. EG-Richtlinie zur Harmonisierung der Umsatzsteuern in den europäischen Gemeinschaften, S. 75.

276 *Wachweger*, 6. Richtlinie zur Harmonisierung der Umsatzsteuern in den europäischen Gemeinschaften, S. 75.

277 EuGH, *Urteil* vom 22.03.2002 – C-267/00 (Zoological Society of London) Slg. I 2002, 3353 Rn. 26; *Langer*, in: Reiß/Kraeusel/Langer, UStG, Art. 9 – 13 MwStSystRL.

oder irgendeines anderen, auch nur mittelbaren finanziellen Interesses an der Einrichtung haben.[278]

Dabei war jedoch unklar, wie die Wendung „im Wesentlichen ehrenamtlich" zu verstehen ist. Mit seiner Vorlagefrage an den EuGH wollte der High Court of Justice (England and Wales) wissen, wie die Vorgabe des Art. 13 A Abs. 2 a) 2. Gedankenstrich der 6. MwSt-RL auszulegen und anhand welcher Kriterien zu bestimmen ist, ob Leitung und Verwaltung einer Einrichtung im Wesentlichen ehrenamtlich erfolgen. Konkret wollte das vorlegende Gericht wissen, ob es zur Bestimmung einer im Wesentlichen ehrenamtlichen Tätigkeit auf den Umfang, in dem Leitung und Verwaltung der Einrichtung jeweils durch entgeltlich und unentgeltlich beschäftigte Personen erfolgen, ankommt und/oder ob auf die individuelle finanzielle Grundlage, auf der jede einzelne mit der Leitung und Verwaltung der Einrichtung betraute Person diese Aufgabe wahrnimmt, abzustellen ist, also z.B. darauf, ob keine dieser Personen mehr als eine symbolische Vergütung erhält. Der EuGH führt in seiner Entscheidung aus, dass die Vorschrift dahingehend auszulegen ist, „dass die an der Leitung und Verwaltung solcher Einrichtungen beteiligten Personen kein finanzielles Eigeninteresse aufgrund einer Vergütung, einer Gewinnverteilung oder irgendeines anderen, auch nur mittelbaren finanziellen Interesses an der Einrichtung haben".[279] Damit ist nach Auffassung des EuGH Voraussetzung, dass bei den tätigen Personen ein „finanzielles Eigeninteresse fehlt". Nach Auffassung des EuGH bezieht sich der Ausdruck „im Wesentlichen ehrenamtlich" sowohl auf Mitglieder, aus denen sich die leitenden Organe zusammensetzen, bzw. auf die Personen, die diese Einrichtung tatsächlich leiten, ohne nach der Satzung einer Einrichtung im Sinne der vorgenannten Bestimmungen dazu bestimmt zu sein, „als auch auf die Vergütungen, die diese letztgenannten Personen eventuell regelmäßig oder ausnahmsweise von der betroffenen Einrichtung erhalten."[280]

Es ist daher festzustellen, dass der EuGH als entscheidendes Element der ehrenamtlichen Tätigkeit ansieht, dass diese ohne unmittelbares oder mittelbares finanzielles Eigeninteresse erfolgt. Darüber hinaus gab der zu entscheidende Fall dem EuGH keine Veranlassung dazu, den Begriff der Ehrenamtlichkeit weitergehend zu definieren und dessen Merkmale näher zu bestimmen. Der EuGH

278 EuGH, *Urteil* vom 22.03.2002 – C-267/00 (Zoological Society of London) Slg. I 2002, 3353 Rn. 18.

279 EuGH, *Urteil* vom 22.03.2002 – C-267/00 (Zoological Society of London) Slg. I 2002, 3353 Rn. 18.

280 EuGH, *Urteil* vom 22.03.2002 – C-267/00 (Zoological Society of London) Slg. I 2002, 3353 Rn. 28.

definiert dabei nicht ausdrücklich, was er unter einem mangelnden unmittelbaren oder mittelbaren finanziellen Eigeninteresse versteht. Aus den Urteilsgründen ergibt sich jedoch implizit, dass ein mangelndes finanzielles Eigeninteresse dann vorliegt, wenn die handelnde Person ohne Gewinnerzielungsabsicht handelt. Im Rahmen der Auseinandersetzung mit dem Begriff der ehrenamtlichen Tätigkeit verweist der EuGH nämlich auf den Sinn und Zweck des Art. 13 A 2. Abs. a), zweiter Gedankenstrich der 6. MwSt-RL. Dieser liegt nach Auffassung des EuGH darin, dass die in dieser Bestimmung genannten Bedingungen der Unterscheidung zwischen den Tätigkeiten kommerzieller Unternehmen und denen von Einrichtungen ohne Gewinnerzielungsabsicht dienen, d.h. solchen, deren Ziel nicht die Erwirtschaftung von Gewinnen für ihre Mitglieder ist. Hieraus ergibt sich, dass laut EuGH in Fällen der ehrenamtlichen Tätigkeit das mangelnde unmittelbare oder mittelbare finanzielle Eigeninteresse darin besteht, dass keine Gewinnerzielungsabsicht vorliegt und dass die ehrenamtliche Tätigkeit gegenüber einer Einrichtung erfolgt, die selbst auch keine Gewinnerzielungsabsicht hat. Damit scheint der EuGH auch die Auffassung der Zoological Society, der Regierung des Vereinigten Königreichs und der Kommission zu bestätigen, wonach geringe oder symbolische Vergütungen, die an das Personal gezahlt werden, nicht ausreichen, um der Tätigkeit des Personals einen wesentlichen ehrenamtlichen Charakter zu nehmen.

In sprachlicher Hinsicht unterscheidet sich die in Art. 13 A Absatz 2 a), zweiter Gedankenstrich der 6. MwSt-RL verwendete Formulierung zur hier untersuchten Protokollerklärung durch die sprachliche Wendung „im Wesentlichen". Aus der Entscheidung des EuGH ist nicht hinreichend deutlich erkennbar, ob eine gegebenenfalls regelmäßig oder auch nur ausnahmsweise gezahlte symbolische Vergütung nur deshalb unschädlich ist, weil die Tätigkeit ansonsten und damit im Wesentlichen ehrenamtlich ausgeübt wird, oder ob eine solche Vergütung an sich für eine ehrenamtliche Tätigkeit unschädlich ist. Aufgrund der Formulierung des EuGH ist jedoch eher davon auszugehen, dass der EuGH die Unbeachtlichkeit von etwaig gezahlten symbolischen Vergütungen auf die Formulierung „im Wesentlichen" stützt.

Zusammenfassend ist festzuhalten, dass der EuGH als Wesensmerkmal der ehrenamtlichen Tätigkeit im Sinne von Art. 13 A Abs. 2 a), zweiter Gedankenstrich der 6. MwSt-RL das mangelnde unmittelbare oder mittelbare finanzielle Eigeninteresse ansieht, welches er im Sinne einer fehlenden Gewinnerzielungsabsicht des ehrenamtlich Tätigen gegenüber einer ebenfalls ohne Gewinnerzielungsabsicht handelnden Einrichtung interpretiert. Das mangelnde unmittelbare oder mittelbare Interesse zeigt sich demnach daran, dass der ehrenamtlich Tätige lediglich einen Aufwendungs-/Kostenersatz erhält, wobei eine darüber hinausgehende symbolische Vergütung seiner Tätigkeit nicht ihren im Wesentlichen ehrenamtlichen Charakter nehmen soll. Darüber hinaus gab der dem EuGH vorgelegte Fall keinen Anlass dazu, den Begriff der ehrenamtlichen Tätigkeit weitergehend zu interpretieren. Insbesondere hat sich der EuGH nicht explizit zu der Frage geäußert, ab welcher Größenordnung auch über den reinen Aufwendungs-/Kostenersatz hinausgehende „Vergütungen" der Annahme einer im Wesentlichen ehrenamtlichen Tätigkeit entgegenstehen. Auch zur Frage von pauschaliertem Aufwendungs-/Kostenersatz hat der EuGH keine Stellung genommen.

#### *dd) Zwischenergebnis zum Bedeutungsgehalt des Begriffs der ehrenamtlichen Tätigkeit im europäischen Mehrwertsteuerrecht*

Auf der Grundlage der – wenn such spärlichen – Vorgaben der MwStSystRL, der Rechtsprechung des EuGH und des allgemeinen Sprachgebrauches in den verschiedenen Sprachfassungen ist als Zwischenergebnis festzuhalten, dass eine ehrenamtliche Tätigkeit im europäischen Mehrwertsteuerrecht für Zwecke der Anwendung des Art. 13 A der 6. MwSt-RL sich im Wesentlichen in Übereinstimmung mit dem europäischen Sprachgebrauch durch folgende Merkmale auszeichnet:

- In subjektiver Hinsicht fehlt es an einem mittelbaren oder unmittelbar eigennützigen Erwerbstrebens.
- Sie wird unentgeltlich ausgeübt, wobei ein Auslagen-/Kostenersatz unschädlich ist. Eine über den Auslagen-/Kostenersatz hinausgehende Vergütung ist lediglich dann unschädlich, wenn sie nur symbolischer Natur ist.
- Sie wird nach dem allgemeinen Sprachgebrauch grds. freiwillig ausgeübt.

### *b) Ermächtigung der Mitgliedstaaten zur Behandlung von ehrenamtlich Tätigen als Nicht-Steuerpflichtige als Regelungsinhalt der Protokollerklärung zu Art. 4 der 6. MwSt-RL*

Nachdem auf der Grundlage des Wortlauts und der Systematik der MwStSystRL der Begriff der ehrenamtlichen Tätigkeit ausgelegt wurde, gilt es insbesondere den Regelungsgehalt der Protokollerklärung herauszuarbeiten und im Zuge dessen auch anhand einer teleologischen Auslegung den Begriff der ehrenamtlichen Tätigkeit näher zu bestimmen.

Zu Art. 4 der 6. MwSt-RL wurde bei der Ratstagung am 17.05.1977 eine gemeinsame Erklärung des Rates und der Kommission zum Ratsprotokoll abgegeben, wonach es den Mitgliedstaaten freistehe, „Personen, die ehrenamtliche Tätigkeiten ausüben … nicht der Mehrwertsteuer zu unterwerfen."[281] Die Bestimmung des Regelungsgehalts und der Teleologie der hier untersuchten Protokollerklärung zu Art. 4 der 6. MwSt-RL gestaltet sich schwierig.

*aa) Der ehrenamtlich Tätige als Steuerpflichtiger nach Art. 4 der 6. MwSt-RL*

Um das Verhältnis der Protokollerklärung zu Art. 4 der 6. MwSt-RL zu bestimmen, ist zu untersuchen, ob die oben beschriebene ehrenamtliche Tätigkeit überhaupt eine steuerpflichtige Tätigkeit nach Art. 4 der 6. MwSt-RL darstellt. Hieran können deshalb Zweifel bestehen, da der ehrenamtlich Tätige nach dem oben beschriebenen Verständnis ohne finanzielles Eigeninteresse tätig ist.

Weder die MwStSystRL noch die 6. MwSt-RL kennen den Begriff des Unternehmers.[282] Für den deutschen Begriff des umsatzsteuerlichen Unternehmers nach § 2 UStG verwenden die MwStSystRL und die 6. MwSt-RL hingegen den Begriff „Steuerpflichtiger", wobei die herrschende Meinung der Auffassung ist, dass der deutsche und der unionsrechtliche Unternehmerbegriff inhaltlich – trotz gewisser Abweichungen im Wortlaut – übereinstimmen bzw. eine richtlinienkonforme Auslegung des § 2 UStG möglich ist.[283]

Der Begriff des Steuerpflichtigen ist die zentrale Begrifflichkeit der MwStSystRL und der 6. MwSt-RL, da er das Steuersubjekt für die nach Art. 2 MwStSystRL (entspricht Art. 2 und Art. 28a der 6. MwSt-RL) steuerbaren Umsätze bezeichnet.[284] Art. 4 der 6. MwSt-RL weist folgende Struktur auf:

Art. 4 Abs. 1 der 6. MwSt-RL (entspricht Art. 9 Abs. 1 MwStSystRL) bestimmt, dass als Steuerpflichtiger gilt, „wer eine wirtschaftliche Tätigkeit unabhängig von ihrem Ort, Zweck und Ergebnis selbstständig ausübt". Art. 4 der 6. MwSt-RL enthält keine Definition des Merkmals „wirtschaftliche Tätigkeit", sondern verwendet in Abs. 2 (entspricht Art. 9 Abs. 2 MwStSystRL) lediglich typologische Beschreibungen.[285] Nach Art. 4 Abs. 3 der 6. MwSt-RL (entspricht Art. 12 MwStSystRL) können Mitgliedsstaaten auch solche Personen als Steuerpflichtige behandeln, die nur gelegentlich eine wirtschaftliche Tätigkeit im Sinne des

281 Zit. nach *Lohse*, in: Rau/Dürrwächter, UStG, Art. 4 der 6. MwSt-RL.

282 *Stadie*, in: Rau/Dürrwächter, UStG, § 2 Rn. 46.

283 Vgl. nur: BFH, *Urteil* vom 26.04.2012 – V R 2/11, BFHE 237, 286, 292 = BStBl. II 2012, 634, 636; *Lippross*, Umsatzsteuer, S. 382.

284 *Langer*, in: Reiß/Kraeusel/Langer, UStG, Art. 9 – 13 MwStSystRL, Rn. 4.

285 *Langer*, in: Reiß/Kraeusel/Langer, UStG, Art. 9 – 13 MwStSystRL, Rn. 8; *Stadie*, in: Rau/Dürrwächter, UStG, § 2, Rn. 55.

Absatzes 2 ausüben.[286] In Art. 4 der 6. MwSt-RL (entspricht Art. 10 MwStSystRL) wird der Begriff „selbstständig" näher beschrieben.[287]

Der Begriff der wirtschaftlichen Tätigkeit ist weit auszulegen.[288] Hierunter fällt – wie dies auch § 2 Abs. 1 S. 1 UStG vorsieht – jede gewerbliche oder berufliche Tätigkeit.[289] Von einer wirtschaftlichen Tätigkeit kann aber nur dann ausgegangen werden, wenn diese nachhaltig vorgenommen wird.[290] Zwar nennen weder die MwStSystRL noch die 6. MwSt-RL das Kriterium der Nachhaltigkeit ausdrücklich als Kriterium der wirtschaftlichen Tätigkeit; es ist aber der gewerblichen bzw. beruflichen Tätigkeit immanent.[291] Das Erfordernis der Nachhaltigkeit kann auch im Umkehrschluss aus Art. 12 MwStSystRL (entspricht Art. 4 Absatz 3 der 6. MwSt-RL) gefolgert werden, wonach es den EU-Mitgliedsstaaten freisteht, auch gelegentliche Tätigkeiten als wirtschaftliche Tätigkeiten anzusehen.[292]

Das Merkmal der Nachhaltigkeit muss dabei richtlinienkonform als geschäftsmäßig organisierter Marktauftritt ausgelegt werden.[293] Der EuGH stellt maßgeblich darauf ab, ob die Tätigkeit in der Gesamtschau für eine aktive Teilnahme am Wirtschaftsverkehr spricht, wie sie für die in Art. 9 MwStSystRL typologisch aufgezählten Berufsgruppen bzw. Betätigungsformen charakteristisch ist.[294] Hierzu hat der EuGH entschieden, dass eine wirtschaftliche Tätigkeit voraussetzt, dass der Betreffende aktive Schritte zum Vertrieb unternimmt, indem er sich ähnlicher Mittel bedient wie ein Erzeuger, Händler oder Dienstleiter im

---

286 *Lohse*, in: Rau/Dürrwächter, UStG, Art. 4 der 6. MwSt-RL, Vorbemerkung.

287 Siehe insgesamt zum Aufbau des Art. 4 *Lohse*, in: Rau/Dürrwächter, UStG, Art. 4 der 6. MwSt-RL, Vorbemerkung.

288 EuGH, *Urteil* vom 13.06.2013 (Galin Kostov) C 62/12, DStR 2013, 1328, 1329 Rn. 29 ff.; vgl. auch BFH, *Urteil* vom 26.04.2012 – V R 2/11, BFHE 237, 286, 292 = BStBl. II 2012, 634, 636; *Langer*, in: Reiß/Kraeusel/Langer, UStG, Art. 9 – 13 MwStSystRL, Rn. 5; *Stadie*, in: Rau/Dürrwächter, UStG, § 2, Rn. 55; *Schenk/Oldman*, Value Added Tax – A Comparative Approach, S. 99.

289 *Stadie*, in: Rau/Dürrwächter, UStG, § 2, Rn. 56.

290 *Englisch*, in: Tipke/Lang, Steuerrecht, § 17 Rn. 41 – 43.

291 *Viegener*, UR 1990, 329, 330; *Stadie*, in: Rau/Dürrwächter, UStG, § 2, Rn. 57.

292 *Langer*, in: Reiß/Kraeusel/Langer, UStG, Art. 9 – 13 MwStSystRL, Rn. 9.

293 *Englisch*, in: Tipke/Lang, Steuerrecht, § 17 Rn. 43.

294 EuGH, *Urteil* vom 15.09.2011 – C-180/10 und C 181/10 (Slaby) Slg. I 2011, 8461 Rn. 37 ff.; vgl. hierzu *Englisch*, in: Tipke/Lang, Steuerrecht, § 17 Rn. 42 der darauf abstellt, dass es der Umsatzsteuer als indirekter Verbrauchsteuer entspricht, nur solche Personen bzw. Rechtsgebilde als Steuerpflichtige einzustufen, die nach ihrem Organisationsgrad Gewähr für die ordnungsgemäße Erfüllung ihrer Pflichten als Steuereinsammler bieten.

Sinne von Art. 9 Abs. 1 Unterabs. 2 MwStSystRL.[295] Zahl und Umfang der Verkäufe sind für sich genommen nicht allein maßgeblich.[296] Daher ist das Vorliegen einer wirtschaftlichen Tätigkeit auf der Grundlage des Gesamtbildes der Verhältnisse und anhand verschiedener nicht abschließend festgelegter und im Einzelfall unterschiedlich zu gewichtender Kriterien zu würdigen.[297] Nach Auffassung des EuGH ist Art. 12 Abs. 1 MwStSystRL dahingehend auszulegen, dass er sich nur auf Personen bezieht, die nicht bereits für ihre wirtschaftliche Haupttätigkeit mehrwertsteuerpflichtig sind.[298] Dies bedeutet nach dem EuGH, dass Art. 9 Abs. 1 Unterabs. 2 MwStSystRL dahingehend auszulegen ist, dass ein Steuerpflichtiger, der einer wirtschaftlichen Haupttätigkeit nachgeht und darüber hinaus eine weitere Tätigkeit nur gelegentlich ausübt, die aber unter die allgemeine Definition des Begriffs der wirtschaftlichen Tätigkeit nach Art. 9 Absatz 1 Unterabsatz 2 Satz 1 fällt, auch insoweit als Steuerpflichtiger anzusehen ist.[299]

Darüber hinaus erfordert die Mehrwertsteuerbarkeit, dass die wirtschaftliche Tätigkeit selbstständig ausgeübt wird (Art. 10 Abs. 1 MwStSystRL, Art. 4 Abs. 4 Unterabs. 1 der 6. MwSt-RL). Die Selbstständigkeit ist nach der Gesamtschau aller tatsächlichen Umstände zu beurteilen und liegt dann nicht vor, wenn der zur Erbringung einer Arbeitsleistung verpflichtete Arbeitnehmer in einer Abhängigkeit zum Steuerpflichtigen (Arbeitgeber) steht und dieser das Risiko der Verwendung einer erbrachten Arbeit oder auch nur hinsichtlich des angestrebten Erfolges trägt, wobei als Indizien für die Unselbstständigkeit insbesondere mangelnder Kapitaleinsatz, feste Arbeitszeiten und Lohn, Umfang der Weisungsgebundenheit und Arbeitszeiten herangezogen werden können.[300]

Schließlich ist für das Vorliegen einer wirtschaftlichen Tätigkeit die Erbringung bzw. die Absicht zur Erbringung von Leistungen gegen Entgelt im Sinne des Art. 2 Abs. 1a MwStSystRL konstitutives Merkmal.[301] Hierbei ist die

---

295 EuGH, *Urteil* vom 15.09.2011 – C-180/10 und C 181/10 (Slaby) Slg. I 2011, 8461 Rn. 37 ff.; vgl. hierzu *Becker*, SteuK 2012, 37.

296 EuGH, *Urteil* vom 15.09.2011 – C-180/10 und C 181/10 (Slaby) Slg. I 2011, 8461 Rn. 37 und 38.

297 BFH, Urteil vom 26.04.2012 – V R 2/11, BFHE 237, 286, 293 f. = BStBl. II 2012, 634, 636 f.; vgl. *Korn*, SteuK 2012, 257.

298 EuGH, *Urteil* vom 13.06.2013 (Galin Kostov) C 62/12, DStR 2013, 1328, 1329 Rn. 29 ff.

299 EuGH, *Urteil* vom 13.06.2013 (Galin Kostov) C 62/12, DStR 2013, 1328, 1329 Rn. 29 ff.

300 *Langer*, in: Reiß/Kraeusel/Langer, UStG, Art. 9 – 13 MwStSystRL, Rn. 18 m.w.N.

301 EuGH, *Urteil* vom 01.04.1982 – Rs. C-89/81 (Hong-Kong Trade) Slg. 1982, 1277 Rn. 11; *Stadie*, in: Rau/Dürrwächter, UStG, § 2 Rn. 59.

Einnahmeerzielungsabsicht ausreichend: eine Gewinnerzielungsabsicht ist hingegen nach allgemeiner Meinung nicht erforderlich, was sich insbesondere aus Art. 9 Abs. 1 Unterabs. 1 MwStSystRL ergibt.[302] In Art. 4 der 2. EG-Richtlinie (67/228/EWG) vom 11.04.1967[303] war zu diesem Gesichtspunkt noch ausdrücklich ausgeführt, dass die Absicht, Gewinn zu erzielen, für die Frage der Steuerpflicht irrelevant ist. Damit können nach gängiger Auffassung auch sog. „Liebhabertätigkeiten" im Sinne des Einkommensteuerrechts eine mehrwertsteuerpflichtige – d.h. unternehmerische – Tätigkeit darstellen.[304] Personen, die bloß kostendeckend operieren, sind damit ebenso potentiell mehrwertsteuerpflichtig wie gemeinnützige, nicht gewinnorientierte Einrichtungen.[305]

Die herrschende Auffassung ist jedoch nicht unumstritten. Insbesondere im österreichischen Schrifttum wird die Auffassung vertreten, dass es an einer Einnahmeerzielungsabsicht fehlt, wenn die Tätigkeit ohne eigenwirtschaftliches Interesse entfaltet wird.[306] Dies soll insbesondere dann der Fall sein, wenn eine Tätigkeit in der Absicht der Unentgeltlichkeit oder Gefälligkeit ausgeübt wird, sodass die Einnahmen (Kosten- bzw. Auslagenersatz) aus einer ehrenamtlichen Tätigkeit nicht zu einer wirtschaftlichen Tätigkeit führen.[307] Nach dieser Auffassung wäre eine ehrenamtliche Tätigkeit, jedenfalls mit ihrem bloßen Aufwendungsersatz, nicht steuerbar.

Nach teilweise vertretener Ansicht sind die einkommensteuerlichen Grundsätze der Liebhaberei grundsätzlich auch auf das Umsatzsteuerrecht zu übertragen, sodass bei Vorliegen einer Liebhaberei nach ertragsteuerlichen Grundsätzen grundsätzlich auch umsatzsteuerlich eine wirtschaftliche Tätigkeit nicht angenommen werden kann.[308] Die Gewinn- bzw. Überschusserzielungsabsicht sei ein prägendes Merkmal der gewerblichen/beruflichen Tätigkeit, weshalb die Tätigkeit grundsätzlich derart ausgeübt werden müsse, dass sie objektiv auf Dauer

302 *Stadie*, in: Rau/Dürrwächter, UStG, § 2, Rn. 61.

303 ABL.EG 1967, 1303.

304 BFH, *Urteil* vom 12.02.2009 – V R 61/06, BFHE 224, 467, 470 f. = BStBl. II 2009, 828, 830; *Englisch*, in: Tipke/Lang, Steuerrecht, § 17 Rn. 44; vgl. auch BMF, *Schreiben* vom 14.07.2000 – IV D 1 – S 7303a – 5/00, UR 2000, 399 in dem es heißt: „*Wenn Nachhaltigkeit gegeben ist, kann die Unternehmereigenschaft auch durch eine – aufgrund von Dauerverlusten (sic) – ertragsteuerlich als Liebhaberei eingestufte Tätigkeit erlangt werden*".

305 *Englisch*, in: Tipke/Lang, Steuerrecht, § 17 Rn. 44.

306 *Ruppe/Achatz*, UStG, § 4 Rn. 58.

307 *Ruppe/Achatz*, UStG, § 4 Rn. 58.

308 *Stadie*, in: Rau/Dürrwächter, UStG, § 2 Rn. 353, 454–491; *Stadie*, UStG, Rn. *88–96*; *Stadie*, Umsatzsteuerrecht (2005) Rn. 5.88 ff.

geeignet ist, einen Überschuss abzuwerfen.[309] Zur Begründung wird angeführt, dass das europäische Mehrwertsteuersystem als Steuerpflichtige nur solche Personen ansehe, welche Tätigkeiten ausüben, die typischerweise zu einem „Mehrwert" führen.[310] Ferner wird darauf verwiesen, dass auch nach österreichischem Umsatzsteuerrecht (§ 2 Abs. 5 Nr. 2 öUStG) eine Tätigkeit nicht als gewerblich oder beruflich gilt, „die auf Dauer gesehen Gewinne oder Einnahmeüberschüsse nicht erwarten lässt (Liebhaberei)".[311] Teilweise wird im Hinblick auf die staatliche Einnahmenerzielungsabsicht durch die Umsatzsteuer argumentiert, dass ein Umsatzüberschuss, d.h. ein Überschuss der zu zahlenden Umsatzsteuer vor der gezogenen Vorsteuer, erforderlich sei, damit die Umsatzsteuer ihre Finanzierungsfunktion gegenüber dem Staat erbringen könne.[312] Vom Erfordernis der Geeignetheit der Überschusserzielung soll jedoch nach teilw. vertretener Auffassung dann abzusehen sein, wenn dies der Gesetzeszweck in Verbindung mit dem Gebot der Wettbewerbsneutralität erfordert.[313] Werde eine Tätigkeit nämlich in gleicher oder ähnlicher Weise durchgeführt, wie von Personen, deren Tätigkeit auf die Erzielung eines Überschusses angelegt ist, was namentlich bei gemeinnützigen oder öffentlich rechtlichen Körperschaften der Fall sei, so sei auf das Erfordernis der Geeignetheit zur Überschusserzielungsabsicht zu verzichten.[314] Auch wenn entsprechende Einrichtungen durch Spenden, öffentliche Zuschüsse bzw. direkt aus dem öffentlichen Haushalt subventioniert werden, sodass die erzielten Entgelte nicht kostendeckend sind, so seien diese Tätigkeiten dennoch als unternehmerisch anzusehen, da dies insoweit das Gebot der Wettbewerbsneutralität gebiete.[315]

Die abweichenden Auffassungen können nicht überzeugen. Die Absicht, durch die eigene Tätigkeit die Selbstkosten durch den Auslagen-/Kostenersatz zu decken, ist für die Annahme einer Einnahmeerzielungsabsicht ausreichend.[316]

---

309 *Stadie*, in: Rau/Dürrwächter, UStG, § 2 Rn. 353; sich dem anschließend FG Saarland, *Urteil* vom 05.12.2002 - 1 K 381/02, EFG 2003, 269.

310 *Stadie*, in: Rau/Dürrwächter, UStG, § 2 Rn. 353; FG Saarland, *Urteil* vom 05.12.2002 - 1 K 381/02, EFG 2003, 269.

311 *Stadie*, in: Rau/Dürrwächter, UStG, § 2 Rn. 470 ff.

312 FG Saarland, *Urteil* vom 05.12.2002 - 1 K 381/02, EFG 2003, 269.

313 *Stadie*, in: Rau/Dürrwächter, UStG, § 2 Rn. 354.

314 *Stadie*, in: Rau/Dürrwächter, UStG, § 2 Rn. 354.

315 Stadie, in: Rau/Dürrwächter, UStG, § 2 Rn. 355.

316 Widersprüchlich insoweit auch *Ruppe/Achatz*, UStG, § 2 Rn. 60 wonach gerade im Hinblick auf die Entbehrlichkeit der Gewinnerzielungsabsicht die Absicht der Selbstkostendeckung als ausreichend angesehen wird.

Für Zwecke der Anwendung der Umsatzsteuer als allgemeiner Verbrauchsteuer kann es nicht auf die Motivlage des Leistenden ankommen, da es gerade aus der Sicht des Verbrauchers als eigentlichem Steuerträger – dessen Konsum Anknüpfungspunkt der Besteuerung ist – unerheblich ist, aus welcher Motivlage heraus der leistende Unternehmer tätig ist.[317] Zur Begründung kann die herrschende Meinung auf den Wortlaut von Art. 9 MwStSystRL bzw. Art. 4 der 6. MwSt-RL verweisen, wonach es für das Vorliegen einer wirtschaftlichen Tätigkeit nicht auf Ort, Zweck und Ergebnis ankommt.[318]

Der Verzicht auf das Erfordernis einer Gewinnerzielungsabsicht verwirklicht insoweit konsequent die Idee der Verbrauchsteuer, da es hinsichtlich der Umsatzsteuerbelastung des Endverbrauchers als dem eigentlichen Steuerträger nicht darauf ankommt, ob die Konsumaufwendungen einem gewinnorientierten oder einem verlustträchtigen Anbieter zufließen.[319] Zudem wäre die Liebhaberei als negatives Kriterium für die Eigenschaft als Steuerpflichtiger wegen der damit erforderlichen totalperiodenbezogenen Gewinn- bzw. Überschussprognose der beruflichen oder gewerblichen Betätigung ungeeignet.[320] Diese allgemeine Auffassung findet ihre Bestätigung in der Rechtsprechung des EuGH zur Mehrwertsteuerpflicht des erfolglosen Unternehmers.[321] Der EuGH fordert für die Eigenschaft als Steuerpflichtiger nach Art. 4 der 6. MwSt-RL bzw. Art. 9 MwStSystRL, dass insoweit lediglich die Absicht besteht, Einnahmen zu erzielen, wobei objektive Nachweise für diese Absicht verlangt werden können.[322] Soweit vereinzelt durch eine fiskalistische Auslegung des Umsatzsteuerrechts versucht wird, das Erfordernis der Erzielung eines Umsatzüberschusses (und damit einer Gewinnerzielungsabsicht) zur Voraussetzung für die Steuerpflicht zu machen, so wird dabei gänzlich außer Acht gelassen, dass sich die Mehrwertsteuer gerade durch die Aufkommensneutralität in der Unternehmenskette auszeichnet, auf die völlige Überwälzung der Steuerbelastung auf den Verbraucher angelegt ist und daher auch die Erzielung eines Überschusses von Umsatzsteuer gegenüber

---

317 *Englisch*, in: Tipke/Lang, Steuerrecht, § 17 Rn. 44.

318 Hierauf stellt auch entscheidend ab EuGH, *Urteil* vom 26.09.1996 – Rs. C-230/94 (Enker) Slg. I 1996, 4517 Rn. 25; *Langer*, in: Reiss/Kraeusel/Langer, UStG, Artikel 9 – 13 MwSystRL, Rn. 16; *Stadie*, in: Rau/Dürrwächter, UStG, § 2 Rn. 61.

319 *Englisch*, in: Tipke/Lang, Steuerrecht, § 17 Rn. 44.

320 *Reiß*, in: Tipke/Lang, Steuerrecht (20. Aufl.), § 14 Rn. 132; *Lippross*, Umsatzsteuer, S. 412.

321 EuGH, *Urteil* vom 29.02.1996 – C-110/94 (INZO) Slg. I 1996, 857 Rn. 16; vgl. hierzu *Langer*, in: Reiss/Krausel/Langer, UStG, Artikel 9 – 13 MwStSystRL Rn. 17.

322 EuGh, *Urteil* vom 08.06.2000 – C-400/98 (Breitsohl) Slg. I 2000, 4321 Rn. 39.

Vorsteuer irrelevant ist.[323] Entscheidend ist ferner, dass aufgrund einer verbrauchsteuerteleologischen Auslegung auf den Verbraucher abzustellen ist. Aus dessen Sicht ist eine Gewinnerzielungs- bzw. Überschusserzielungsabsicht oder eine mangelnde objektive Eignung der Unternehmung des an ihn Leistungen/Lieferungen bewirkenden Unternehmers unerheblich.[324] Soweit dann versucht wird, vom Grundsatz des Erfordernisses der objektiven Eignung zur Erzielung eines Umsatzüberschusses Rückausnahmen für gemeinnützige bzw. gemeinwohlorientierte Einrichtungen vorzunehmen und dies mit einer Wettbewerbsneutralität zu rechtfertigen, gerät diese Auffassung vollends in Widersprüche. Diese Betrachtungsweise ist in keiner Weise geeignet, eine Differenzierung zwischen steuerpflichtigen und nicht steuerpflichtigen Tätigkeiten zu leisten. Denn eine dauerdefizitäre Tätigkeit ist unter Wettbewerbsneutralitätsgründen nicht deshalb als steuerbar zu betrachten, weil es einem konkurrierenden Unternehmen gelungen ist, ein Unternehmenskonzept zu entwickeln, bei dem im Ergebnis Überschüsse erzielt werden. Es bleibt schlicht dabei, dass durch mit Einnahmeerzielungsabsicht ausgeführte Tätigkeiten ein – unabhängig von der Erfolgsgeeignetheit – unter Verbrauchsteuergesichtspunkten besteuerungswürdiger Konsum geschaffen wird.

Sofern teilweise auf das österreichische Umsatzsteuerrecht verwiesen wird, so kann dies als Argument gegen die herrschende Auffassung bzw. als Argument für eine Verpflichtung des BFH zur Vorlage der Frage der Umsatzsteuerbarkeit von (ertragsteuerlicher) Liebhaberei an den EuGH nicht überzeugen.[325] Zutreffend ist, dass nach dem Wortlaut des § 2 Abs. 5 Nr. 2 öUStG eine Unternehmereigenschaft dann nicht besteht, wenn (ertragsteuerlich) Liebhaberei nach den Vorgaben der österreichischen Liebhabereiverordnung vorliegt. Durch diese Vorschrift werden mithin die ertragsteuerlichen Grundsätze der Liebhaberei in das Umsatzsteuerrecht übertragen und nach dem Wortlaut des § 2 Abs. 5 Nr. 2 öUStG eine Gewinnerzielungsabsicht zur Voraussetzung der Unternehmereigenschaft gemacht. Bei dieser Argumentation wird jedoch nicht berücksichtigt, dass der öVwGH die Vorschrift – unter Berücksichtigung der Besonderheiten des österreichischen Umsatzsteuerrechts – richtlinienkonform als Umsatzsteuerbefreiung auslegt.[326] Bei der Entscheidung des öVwGH ging es um die verlustträchtige Vermietung von privat nutzbarem Wohnraum (sog. „kleine Vermietungen"). Nach Auffassung des öVwGH findet die vorbenannte

---

323 *Valentin*, EFG 2003, 270.

324 Vgl. insoweit völlig zutreffend *Englisch*, in: Tipke/Lang, Steuerrecht, § 17 Rn. 44.

325 So allerdings *Stadie*, in: Rau/Dürrwächter, UStG, § 2 Rn. 470 ff.

326 Vgl. hierzu öVwGH, *Urteil* vom 16.02.2006 – 2004/140082, VwSlg 8110 F/2006.

österreichische Regelung ihre gemeinschaftsrechtliche Grundlage in Art. 13 Teil B der 6. MwSt-RL, wonach die Vermietung von Grundstücken von der Mehrwertsteuer befreit werden kann. Die innerstaatliche österreichische Regelung sei in Bezug auf die in Rede stehende Vermietung von Wohnraum in richtlinienkonformer Interpretation als Steuerbefreiung mit Vorsteuerausschluss zu verstehen.[327] Insoweit habe der österreichische Gesetzgeber die Regelung des Art. 13 B der 6. MwSt-RL innerhalb seines gemeinschaftsrechtlichen Spielraums gemeinschaftskonform umgesetzt.[328] Hierdurch wird ersichtlich, dass der öVwGH nicht von einer Nichtsteuerbarkeit von Liebhaberei-Umsätzen ausgeht, sondern sie für den entschiedenen Spezialfall der Vermietung – richtlinienkonform – als nicht steuerbefreit betrachtet.[329]

Der herrschenden Meinung ist auch dann zu folgen, wenn der EuGH in zwei Judikaten jüngeren Datums Anlass zu Zweifeln daran gegeben hat, ob er von den oben genannten Grundsätzen in Einzelfällen abweicht.[330] In beiden Entscheidungen des EuGH ging es um Tätigkeiten, die nicht kostendeckend durchgeführt wurden. Gegenstand des österreichischen Vorabentscheidungsverfahrens[331] war die Frage, ob die Landesorganisation einer politischen Partei, die gegenüber ihrer Unterorganisation gegen Kostenerstattung bestimmte Werbemaßnahmen erbringt, eine wirtschaftliche Tätigkeit ausübt. Hieran bestanden im vorgelegten Fall Zweifel, da die Weiterverrechnung an die Unterorganisationen die eigenen Kosten der Landesorganisation nachhaltig nicht mehr gedeckt haben. Der EuGH entschied in diesem Fall, dass eine nichtsteuerbare Tätigkeit vorlag. Er begründetet dies jedoch nicht mit der mangelnden Kostendeckung sondern vielmehr damit, dass die Partei über die Landesorganisation zur politischen Willensbildung beitragen wollte, um an der Ausübung politischer Macht teilzuhaben,

327 öVwGH, *Urteil* vom 16.02.2006 – 2004/140082, VwSlg 8110 F/2006.

328 öVwGH, *Urteil* vom 16.02.2006 – 2004/140082, VwSlg 8110 F/2006.

329 Kritisch zur Auffassung des öVwGH u.a. *Ruppe/Achatz*, UStG, § 2 Rn. 12 und 237 ff.

330 Dies sind die Entscheidungen EuGH, *Urteil* vom 29.10.2009 – Rs. C-246/08 (Kommissionen/Finnland) Slg. I 2009, 10605; EuGH, *Urteil* vom 06.10.2009 – Rs. C-267/08 (SPÖ Landesorganisation Kernten) Slg. I 2009, 9781; die Entscheidungen geben zu vielen Interpretationen Anlass, vgl. hierzu *Widmann*, UR 2010, 221 ff.; *Huschens*, UVR 2010, 61 ff.

331 EuGH, *Urteil* vom 06.10.2009 – Rs. C-267/08 (SPÖ Landesorganisation Kernten) Slg. I 2009, 9781.

sodass keine Marktteilnahme bestünde.[332] In dem finnischen Vorlageverfahren[333] ging es hingegen um die Frage, ob die Tätigkeit staatlicher Rechtshilfebüros in Finnland, die Rechtshilfe gegenüber sozial bedürftigen Personen gegen ein geringes Entgelt erbringen, nicht der Umsatzsteuer zu unterwerfen ist. Das finnische Recht sah vor, dass die Rechtshilfe aus staatlichen Mitteln jedem gewährt wird, der einen entsprechenden Bedarf an Beistand hat, aber aufgrund seiner wirtschaftlichen Verhältnisse die Kosten für diesen Rechtsbeistand nicht bzw. nicht in Gänze aufbringen kann. Die Kosten der Rechtsberatungsstellen wurden durch den Staatshaushalt getragen und den Rechtshilfesuchenden entsprechend ihren persönlichen Einkommensverhältnissen ggf. eine Kostenbeteiligung aufgebürdet, wobei die Tätigkeit der staatlichen Rechtshilfestellen insgesamt defizitär war. Der EuGH verneinte im ihm vorgelegten Fall den wechselseitigen Zusammenhang zwischen der Dienstleistung und einem dafür gezahlten Entgelt und sieht daher in der Tätigkeit der Rechtshilfebüros keine wirtschaftliche Tätigkeit. Die Teilvergütung durch die Rechtshilfeempfänger hänge nämlich nur teilweise vom tatsächlichen Wert der Dienstleistung ab, und dieser Zusammenhang werde umso mehr geschwächt, je bedürftiger der Rechtshilfeempfänger ist.[334] Dieser Entscheidung betraf daher einen Sonderfall der Leistungserbringung gegen ein Teilentgelt und enthielt keine Aufweichung des Grundsatzes, dass auch eine kostendeckende oder auch eine nicht kostendeckende Tätigkeit eine wirtschaftliche Tätigkeit im Sinne von Art. 4 der 6. MwSt-RL bzw. Art. 9 MwStSystRL darstellen kann, sofern lediglich die Absicht zur Erzielung von Einnahmen besteht.

Als Zwischenergebnis ist daher festzuhalten, dass eine ehrenamtliche Tätigkeit, sofern sie jedenfalls mit Einnahmeerzielungsabsicht, d.h. gegen Aufwendungs-/Kostenersatz, durchgeführt wird, grundsätzlich bei Vorliegen der übrigen Voraussetzungen eine wirtschaftliche Tätigkeit im Sinne von Art. 4 der 6. MwSt-RL bzw. Art. 9 der MwStSystRL darstellen kann.

### *bb) Rückausnahme durch die Protokollerklärung*

Die hier untersuchte Protokollerklärung enthält zu der Frage der Qualifikation des ehrenamtlich Tätigen als Steuerpflichtigem keine ausdrückliche Aussage. Auch die Formulierung, wonach es den Mitgliedsstaaten freisteht, die Person,

---

332 EuGH, *Urteil* vom 06.10.2009 – Rs. C-267/08 (SPÖ Landesorganisation Kernten) Slg. I 2009, 9781 Rn. 24.

333 EuGH, *Urteil* vom 29.10.2009 – Rs. C-246/08 (Kommissionen/Finnland) Slg. I 2009, 10605.

334 EuGH, *Urteil* vom 29.10.2009 – Rs. C-246/08 (Kommissionen/Finnland) Slg. I 2009, 10605 Rn. 43 ff.

die eine ehrenamtliche Tätigkeit ausübt, nicht der Mehrwertsteuer „zu unterwerfen" lässt offen, ob die Nichtbesteuerung eines betreffenden Umsatzes durch eine Behandlung des Umsatzes als nichtsteuerbar oder steuerbefreit zu erfolgen hat.

Infolge des intransparenten Verfahrens bei der Abgabe der Protokollerklärung kann für Zwecke ihrer Auslegung auch nicht auf die Entstehungsgeschichte zurückgegriffen werden. Insbesondere ist aus der Erklärung nicht erkennbar, auf wessen Betreiben sie in der betreffenden Ratstagung zu Protokoll gegeben wurde. Auf Grund der Tatsache, dass nach dem UStG die ehrenamtliche Tätigkeit zum Zeitpunkt des Erlasses der 6. MwSt-RL umsatzsteuerbefreit war, ist zumindest naheliegend, dass die Abgabe der Protokollerklärung zumindest auch durch Deutschland mitveranlasst wurde.

Jedenfalls ist aus der Protokollerklärung erkennbar, dass die Beteiligten des Normgebungsverfahrens übereinstimmend der Auffassung waren, dass eine ehrenamtliche Tätigkeit eine wirtschaftliche Tätigkeit im Sinne des Art. 4 der 6. MwSt-RL darstellt. Andernfalls hätte es einer entsprechenden Protokollerklärung mit der an die Mitgliedstaaten gerichteten Ermächtigung zur Nichtbesteuerung ehrenamtlicher Tätigkeit nicht bedurft.

Die Protokollerklärung ist so zu verstehen, dass es den Mitgliedstaaten freisteht, eine ehrenamtliche Tätigkeit als eine nichtwirtschaftliche (nichtsteuerbare) Tätigkeit zu behandeln. Hierfür sprechen neben dem Wortlaut der Vorschrift auch ihr Regelungszusammenhang und der klare Bezug der Protokollerklärung zu Art. 4 der 6. MwSt-RL.

Zunächst wurde die Protokollerklärung vom Rat und der Kommission zu Art. 4 der 6. MwSt-RL abgegeben und bezieht sich daher auf die Regelung zum Steuerpflichtigen bzw. zur wirtschaftlichen Tätigkeit. Auch die übrigen Abschnitte der Protokollerklärungen befassen sich ausschließlich mit der Frage, wie der Begriff des Steuerpflichtigen nach Art. 4 der 6. MwSt-RL zu verstehen ist. Diese in der Ratstagung am 17.05.1977 abgegebene gemeinsame Protokollerklärung des Rates und der Kommission ist in vier Absätze gegliedert. Der erste Absatz der Protokollerklärung enthält die hier untersuchte Vorgabe zur Umsatzbesteuerung der Person, die einer ehrenamtlichen Tätigkeit nachgeht. Darüber hinaus bestimmt die Vorschrift, dass es den Mitgliedstaaten ebenfalls freistehe, „Geschäftsführer, Verwalter, Aufsichtsratsmitglieder und Abwickler von Gesellschaften in ihrer Beziehung zu den Gesellschaften und in ihrer Eigenschaft als Organ derselben nicht der Mehrwertsteuer zu unterwerfen". Die nachfolgenden drei Absätze der Protokollerklärung nehmen Bezug auf bestimmte Abschnitte des Art. 4 der 6. MwSt-RL. Der zweite Absatz der Protokollerklärung enthält eine begriffliche Präzisierung des in der englischen Fassung von Art. 4 der 6. MwSt-RL verwendeten Begriffs „supply". Der dritte Absatz der Protokollerklärung enthält die Vorgabe, dass auch die Rechte zur Aufstockung eines bestehenden Gebäudes als Baugrundstücke angesehen werden müssen. Der vierte Absatz der Protokollerklärung enthält eine nähere Bestimmung des Begriffs „Einrichtung des öffentlichen Rechts". Weder der konkrete Abschnitt der Protokollerklärung noch die weiteren Abschnitte derselben enthalten Angaben hinsichtlich einer möglichen Steuerbefreiung, sondern befassen sich auch im Übrigen ausschließlich mit der Frage der wirtschaftlichen Tätigkeit. Gerade die Frage nach der Steuerpflichtigkeit der Tätigkeit eines Organs (z. B. eines Geschäftsführers, Verwalters etc.) in Beziehung zur Gesellschaft ist und war Gegenstand umfangreicher Kontroversen auch innerhalb der deutschen umsatzsteuerlichen Literatur und Rechtsprechung.[335] Auch die übrigen Absätze der Protokollerklärung beschäftigen sich mit der Frage des Steuerpflichtigen, insbesondere auch zur Steuerpflichtigkeit von Einrichtungen des öffentlichen Rechts und unter welchen Voraussetzungen diese als nicht Steuerpflichtige behandelt werden können.

Die Protokollerklärung hinsichtlich der Behandlung der Person des ehrenamtlich Tätigen als Nicht-Steuerpflichtigen stellt eine Ausnahme bzw. einen Widerspruch zu den oben aufgeführten Grundsätzen dar. Es kann daher aufgrund der Existenz der Protokollerklärung davon ausgegangen werden, dass die einzelnen Mitgliedstaaten (darunter wohl auch Deutschland) nicht mit der Auffassung durchdringen konnten, in der 6. MwSt-RL ausdrücklich zu bestimmen, dass die Person des ehrenamtlich Tätigen nicht Steuerpflichtiger ist bzw. für die ehrenamtliche Tätigkeit eine Mehrwertsteuerbefreiung vorzusehen. Dies kann damit zusammenhängen, dass die Bemühungen zur Schaffung eines europäisch harmonisierten Gemeinnützigkeitsrechtes gescheitert sind und in Art. 13 A der 6. MwSt-RL nur ein Minimalkonsens erreicht werden konnte.[336] Es ist davon auszugehen, dass es sich bei der Protokollerklärung insoweit um einen Kompromiss

---

335 Vgl. hierzu *Klenk*, in: Sölch/Ringleb, UStG, § 2 Rn. 180 Stichwort: „Organwalter" m.w.N. Ursprünglich vertrat der BFH in seiner sogenannten „Organwalter-Rechtsprechung" die Auffassung, dass Organe von Gesellschaften (juristischen Personen oder Personengesellschaften), soweit sie in Ausübung ihrer organschaftlichen Funktionen Leistungen gegenüber ihrer Gesellschaft erbringen, generell nicht im Leistungsaustausch mit dieser stehen und insoweit nicht Unternehmer im Sinne des § 2 UStG sind (vgl. BFH, *Urteil* vom 17.07.1980 - V R 5/72, BFHE 131, 114 = BStBl. II 1980, 622, aufgegeben durch BFH, *Urteil* vom 06.06.2002 - V R 43/01, BFHE 199, 49 = BStBl. II 2003, 36).

336 *Wachweger*, 6. Richtlinie zur Harmonisierung der Umsatzsteuern in den Europäischen Gemeinschaften, S. 75.

handelt, als wenigstens den einzelnen Mitgliedsstaaten hinsichtlich der Behandlung der Person des ehrenamtlich Tätigen eine Option vorbehalten sein sollte.

Aus der Formulierung „zu unterwerfen“ wird man zudem auch nicht den Schluss ziehen können, dass es den Mitgliedstaaten freistehen soll, die ehrenamtliche Tätigkeit entweder als nichtsteuerbar oder als steuerbefreit zu behandeln. Für einen solchen weiten Auslegungsspielraum gibt die Protokollerklärung keine Anhaltspunkte.

Zusammenfassend ist daher festzustellen, dass die Protokollerklärung zu Art. 4 der 6. MwSt-RL so zu verstehen ist, dass es den Mitgliedstaaten freisteht, eine ehrenamtliche Tätigkeit als nichtwirtschaftliche Tätigkeit zu behandeln. Da auch die Verfasser der Protokollerklärung offensichtlich davon ausgingen, dass eine ehrenamtliche Tätigkeit steuerbar im Sinne des Art. 4 der 6. MwStSystRL ist, ist die Protokollerklärung als Ermächtigungsgrundlage der Mitgliedstaaten zu verstehen, eine von Art. 4 der 6. MwSt-RL abweichende mehrwertsteuerliche Behandlung der Person des ehrenamtlich Tätigen vorzusehen.

*cc) Widerspruch der Protokollerklärung zu Art. 4 der 6. MwSt-RL*

Wie bereits im Rahmen der generellen Untersuchung von Protokollerklärungen ausgeführt, ist die rechtliche Wirkung von Protokollerklärungen zu Sekundärrechtsakten auf die ergänzende/unterstützende Funktion als Auslegungshilfe im Rahmen einer historischen Auslegung begrenzt. Protokollerklärungen können daher nur dann zum Zwecke der Auslegung herangezogen werden, wenn sie dem Inhalt der Richtlinie nicht widersprechen. Keinesfalls können Protokollerklärungen jedoch Ermächtigungen für die einzelnen Mitgliedstaaten rechtswirksam begründen, von den verbindlichen und harmonisierten Vorgaben der MwStSystRL abzuweichen.

Wie bereits ausgeführt, stellt die ehrenamtliche Tätigkeit im Sinne der Protokollerklärung, sofern sie gegen einen Aufwendungs-/Kostenersatz betrieben wird, grds. eine steuerpflichtige Tätigkeit dar. Zu diesem Verständnis der 6. MwSt-RL steht die Protokollerklärung zu Art. 4 der 6. MwSt-RL im Widerspruch, sofern sie es den einzelnen Mitgliedstaaten freistellt, die ehrenamtliche Tätigkeit als nichtwirtschaftliche Tätigkeit und damit als nicht steuerbar zu behandeln. Sie stünde nur dann im Einklang mit der 6. MwSt-RL, wenn diese selbst von einer Nichtsteuerbarkeit der ehrenamtlichen Tätigkeit ausginge und daher die Protokollerklärung lediglich klarstellenden Charakter hätte, was aber gerade nicht der Fall ist.

Aber auch unabhängig von der Bestimmung des Begriffs der ehrenamtlichen Tätigkeit war der Richtliniengeber erkennbar der Auffassung, dass die ehrenamtliche Tätigkeit im Sinne der Protokollerklärung – wie auch immer man sie in Ermangelung einer konkreten Definition in der Protokollerklärung selbst verstehen mag – eine grds. steuerpflichtige Tätigkeit darstellt, die die Mitgliedstaaten – abweichend von den Vorgaben der 6. MwSt-RL – als nichtsteuerpflichtig behandeln dürfen, sodass der Inhalt der Protokollerklärung der 6. MwSt-RL bzw. der MwStSystRL widerspricht. Insbesondere stellt sie keine Konkretisierung des Begriffsverständnisses des Steuerpflichtigen dar.

Als Zwischenergebnis dieser Ausarbeitung ist festzuhalten, dass eine ehrenamtliche Tätigkeit nach den Vorgaben der MwStSystRL sowohl umsatzsteuerbar als auch nicht steuerbefreit ist, die vorzitierte Protokollerklärung hierzu im Widerspruch steht und keine wirksame Ermächtigung zu einer mitgliedstaatlich abweichenden Regelung darstellt.

### *c) Umsetzung der Protokollerklärung durch eine Steuerbefreiung anstelle einer Behandlung als nicht-steuerbare Tätigkeit*

Zur mangelnden Unionsrechtskonformität des § 4 Nr. 26 UStG gelangt man auch, wenn man – entgegen der hier vertretenen Auffassung – in der Protokollerklärung eine noch zulässige Auslegung des Begriffs des Steuerpflichtigen der 6. MwSt-RL sieht. Nach dieser Auffassung wäre der ehrenamtlich Tätige insoweit bereits nichtwirtschaftlich tätig und daher Nichtsteuerpflichtiger.[337] Die Protokollerklärung würde in diesem Fall das Verständnis der 6. MwSt-RL lediglich reflektieren, ohne einen eigenen Regelungsgehalt zu besitzen, da die ehrenamtliche Tätigkeit bereits aufgrund der Vorgabe des Art. 4 der 6. MwSt-RL nichtsteuerbar wäre und es mithin einer gesonderten Ermächtigung für die Mitgliedstaaten zur Freistellung gar nicht bedurfte.

Auch in diesem Falle wäre es dem Richtliniengeber jedoch nicht gestattet, die in der 6. MwSt-RL (an dieser Stelle unterstellte) vorgesehene Nichtsteuerbarkeit der ehrenamtlichen Tätigkeit durch eine Steuerbefreiung der Tätigkeit umzusetzen.[338] Die 6. MwSt-RL (als auch die MwStSystRL) gehen von dem allgemeinen Grundsatz der Steuerbarkeit und Steuerpflichtigkeit eines Umsatzes aus, sodass Ausnahmen von diesem Grundsatz – insbesondere zu den abschließenden Steuerbefreiungen – in der Richtlinie selbst vorgesehen sein müssen.[339] Insbesondere

337 So z.B. *Weymüller*, in: Sölch/Ringleb, UStG (57. Aufl. 2007) § 4 Nr. 26 Rn. 3.

338 A.A. wohl *Weymüller*, in: Sölch/Ringleb, UStG (57. Aufl. 2007) § 4 Nr. 26 Rn. 3 der § 4 Nr. 26 UStG *„keine gravierende Abweichung vom Gemeinschaftsrecht"* konstatiert.

339 *Englisch*, in: Tipke/Lang, Steuerrecht, § 17 Rn. 10; *Urteil* vom 20.11.2003 – Rs. C-307/01 (Peter d´Ambrumenil) Slg. I 2003, 13989 Rn. 54.

sieht Art. 13 der 6. MwSt-RL keine Regelung hinsichtlich der Mehrwertsteuerbefreiung ehrenamtlicher Tätigkeit vor. Daher kann nach der hier vertretenen Auffassung die Protokollerklärung die Mitgliedstaaten auch nicht zur Steuerbefreiung ehrenamtlicher Tätigkeit ermächtigen. Auch insoweit stünde sie nämlich im Widerspruch zu den Vorgaben der 6. MwSt-RL bzw. der MwStSystRL.

Dieser abschließende und enumerative Charakter der Steuerbefreiungen würde unterlaufen werden, wenn der nationale Gesetzgeber eine Tätigkeit, die nicht steuerbar ist, als steuerbefreit behandeln könnte. Dies würde auch letztlich dazu führen, dass eine Zersplitterung des europäischen Mehrwertsteuerrechts entstünde, was dem Harmonisierungsgedanken zuwider liefe. Hinzu kommt, dass die Differenzierung zwischen umsatzsteuerbar und umsatzsteuerpflichtig nicht unerheblich ist. Im Grundsatz führt sowohl die Nichtumsatzsteuerbarkeit als auch die Steuerbefreiung eines Umsatzes dazu, dass keine Mehrwertsteuer erhoben wird. Dessen ungeachtet ergeben sich allerdings jedenfalls verfahrensrechtliche Konsequenzen, da nicht steuerpflichtige Umsätze nach § 22 UStG aufzuzeichnen sind. Auch hat der Unternehmer, der nur steuerpflichtige Umsätze ausführt, grundsätzlich eine Erklärungspflicht nach § 18 UStG. Anders sieht es jedoch aus, wenn bereits keine unternehmerische Tätigkeit vorliegt. In diesem Fall obliegen der betreffenden Person weder Erklärungs- noch Aufzeichnungspflichten. Insoweit ist die Unterscheidung bereits aus verfahrensrechtlicher Sicht nicht unerheblich. Auch die MwStSystRL unterscheidet deutlich zwischen steuerbaren und steuerbefreiten Umsätzen und räumt den Mitgliedstaaten nur in einem sehr begrenzten Umfang Wahlrechte ein.[340]

Nichts Gegenteiliges ergibt sich aus der Rechtsprechung des EuGH. Insbesondere kann der Rechtsprechung des EuGH nicht der Grundsatz entnommen werden, dass es dem nationalen Gesetzgeber freisteht, eine in der Richtlinie vorgesehene Umsatzsteuerbefreiung durch eine Behandlung des Umsatzes als nicht umsatzsteuerbar – et vice versa – umzusetzen. Der EuGH war bereits mit der Fallkonstellation befasst, dass der deutsche Gesetzgeber eine nach den Vorgaben der MwStSystRL optionale Umsatzsteuerbefreiung durch eine Behandlung des Umsatzes als nicht umsatzsteuerbar umgesetzt hat.[341] Dies betraf allerdings eine nicht verallgemeinerungsfähige Sonderkonstellation. Nach Art. 13 Abs. 2 MwStSystRL ist es den Mitgliedstaaten nämlich gestattet, Tätigkeiten von Einrichtungen des öffentlichen Rechts, die u.a. nach Art. 132 und 135 MwStSystRL

340 Vgl. Art. 13 Abs. 2 MwSystRL.

341 EuGH, *Urteil* vom 16.02.1997 – Rs. C-247/95 (Marktgemeinde Welden) Slg. I 1997, 779.

befreit sind, als Tätigkeiten „die ihnen im Rahmen der öffentlichen Gewalt obliegen“ und damit als nicht umsatzsteuerbar zu behandeln. Dies darf nach Art. 13 Abs. 1 Unterabs. 2 MwStSystRL jedoch nur dann erfolgen, wenn diese Behandlung nicht zu größeren Wettbewerbsverzerrungen füht.[342] Der deutsche Gesetzgeber hat die Regelung des Art. 13 Abs. 2 MwStSystRL (bzw. der Vorgängervorschrift des Art. 4 Abs. 5 der 6. MwSt-RL) durch § 2 Abs. 3 S. 1 UStG umzusetzen versucht. Danach sind juristische Personen des öffentlichen Rechts nur im Rahmen ihrer Betriebe gewerblicher Art nach § 1 Abs. 1 Nr. 6, § 4 KStG und ihrer land- oder forstwirtschaftlichen Betriebe gewerblich oder beruflich tätig. Die Anknüpfung von § 2 Abs. 3 S. 1 UStG an den körperschaftsteuerlichen Begriff des Betriebes gewerblicher Art erfolgt im deutschen Umsatzsteuerrecht aus Vereinfachungsgründen.[343] Da sich die Umsatzbesteuerung der öffentlichen Hand nach den Zielen der Umsatzsteuer richten sollte, ist der Verweis auf das Körperschaftsteuerrecht zutreffend von der überwiegenden Anzahl der Literatur als rechtspolitisch verfehlt bezeichnet worden.[344] Dass sie keine richtlinienkonforme Umsetzung darstellt, hat auch der BFH erkannt, der den Begriff entgegen der eindeutigen Verweisung auf das KStG meint richtlinienkonform auslegen zu können.[345] Zu erheblichen Divergenzen mit den Vorgaben der MwStSystRL kommt es im Bereich der Vermögensverwaltung, deren umsatzsteuerliche Behandlung auch Gegenstand des Verfahrens vor dem EuGH in der Sache „Marktgemeinde Welden“ war. In dieser Entscheidung ging es um den Fall, dass eine Gemeinde auf die Steuerbefreiung ihrer Verpachtungsumsätze nach § 4 Nr. 12 UStG i. V. m. § 9 UStG verzichten wollte, um die auf die Kosten für die Errichtung des Gebäudes anfallende Umsatzsteuer als Vorsteuer geltend machen zu können. Das zuständige Finanzamt erkannte den Verzicht auf die Umsatzsteuerbefreiung mit dem Argument nicht an, dass es sich bei der Verpachtung um keinen Betrieb gewerblicher Art handle und die Gemeinde daher nichtunternehmerisch tätig gewesen sei.[346] Dem EuGH wurde vom BFH die Frage vorgelegt, ob Art. 4

342 vgl. hierzu *Lippross*, Umsatzsteuer, S. 429.

343 *Stadie*, in: *Rau/Dürrwächter*, UStG, § 2 Rn. 1120; *Stadie*, UStG, § 2 Rn. 253.

344 *Stadie*, UStG, § 2 Rn. 253 m.w.N.

345 Vgl. BFH, *Urteil* vom 02.09.2010 – V R 23/09, BFH/NV 2011, 458, 460.

346 Dieser Entscheidung liegt die im deutschen Recht vorhandene Problemlage zugrunde, dass nach der ständigen Rechtsprechung des BFH zum KStG, die Vermögensverwaltung nicht in den Bereich der Betriebe gewerblicher Art gehört. Dementsprechend ist, sofern hoheitliche Einrichtungen Vermögensverwaltung betreiben – wie z. B. die Vermietung und Verpachtung von Objekten – grundsätzlich von einem dem Hoheitsbetrieb zugeordnetem Handeln auszugehen, vgl. BFH,

Abs. 5 Unterabs. 4 der 6. MwSt-RL (entspricht Art. 13 Abs. 2 MwStSystRL) es den Mitgliedstaaten erlaubt, steuerbefreite Tätigkeiten, für deren Besteuerung aber optiert werden kann, bei Einrichtungen des öffentlichen Rechts als Tätigkeiten zu behandeln, die ihnen im Rahmen der öffentlichen Gewalt obliegen, obgleich sie diese unter den gleichen rechtlichen Bedingungen und in gleicher Weise ausüben wie private Wirtschaftsteilnehmer.[347] In seiner Entscheidung bestätigte der EuGH die Praxis Deutschlands, die Vermietung und Verpachtung von Grundstücksvermögen der öffentlichen Hand als nichtunternehmerische Tätigkeit einzustufen.[348] Hieraus kann jedoch nicht der Schluss gezogen werden, dass es dem Mitgliedstaat erlaubt sei, eine Umsatzsteuerbefreiung, die in der Richtlinie vorgesehen ist, durch eine Behandlung als nicht umsatzsteuerbar umzusetzen. Denn insoweit besteht gerade in Art. 13 Abs. 2 MwStSystRL ein diesbezügliches Wahlrecht. Der EuGH konnte daher auch aus die Vorlagefrage antworten, dass Deutschland im vorgelegten Fall die Vermietungstätigkeiten der Gemeinde als Tätigkeiten im Rahmen der öffentlichen Gewalt und damit als nicht steuerbar behandeln konnte. Die Kommission hatte in diesem Verfahren die Auffassung vertreten, dass beide Lösungen, nämlich die Behandlung der Einrichtung des öffentlichen Rechts als nicht Steuerpflichtige und die Behandlung als Steuerpflichtige, die von der Steuer befreit seien, zum selben Ergebnis führten.[349] Damit war jedoch keine Grundaussage der Kommission dahingehend verbunden, dass es dem nationalen Gesetzgeber freistünde, eine Umsatzsteuerbefreiung durch eine Behandlung des Umsatzes als nicht steuerbar et vice versa umzusetzen. Vielmehr bezog sich die Aussage der Kommission, die vom EuGH auch nicht aufgegriffen wurde, auf den konkret zu entscheidenden Fall der Anwendung des Art. 4 Abs. 5 Unterabs. 4 der 6. MwSt-RL.

Das oben ausgeführte Verständnis wurde auch aus der Nachfolgeentscheidung des EuGH in der Sache „SALIX Grundstücks-Vermietungsgesellschaft mbH & Co. Objekt Offenbach KG" deutlich.[350] Im Hinblick auf die Umsatzbesteuerung von Vermietungstätigkeiten von Einrichtungen des öffentlichen Rechts befand

---

*Urteil* vom 13.03.1974 – I R 7/71, BFHE 112, 61 ff. = BStBl. II 1974, 391 ff.; *Heger*, in: Gosch, KStG, § 4 Rn. 50; vgl. *Seer/Klemke*, BB 2010, 2015, 2020.

347 BFH, *Beschluss* vom 21.03.1995 – XI R 33/94, BFHE 182, 454 = BStBl. II 1999, 418.

348 EuGH, *Urteil* vom 16.02.1997 – Rs. C-247/95 (Marktgemeinde Welden) Slg. I 1997, 779 Rn. 19 ff.

349 EuGH, *Urteil* vom 16.02.1997 – Rs. C-247/95 (Marktgemeinde Welden) Slg. I 1997, 779 Rn. 14.

350 EuGH, *Urteil* vom 04.06.2009 – Rs. C-102/08 (SALIX Grundstücks-Vermietungsgesellschaft mbH & Co. Objekt Offenbach KG) Slg. I 2009, 4629.

der EuGH, dass die Mitgliedstaaten eine ausdrückliche Bestimmung vorsehen müssen, um sich auf die in Art. 13 Abs. 2 MwStSystRL enthaltene Befugnis zur Behandlung steuerbefreiter Umsätze als nichtsteuerbar zu berufen.[351] Nach ständiger Rechtsprechung des EuGH erfordere die Umsetzung einer Richtlinie in das innerstaatliche Recht nicht notwendigerweise eine förmliche oder wörtliche Übernahme ihrer Bestimmungen, da insoweit die Mitgliedstaaten in der Wahl der Umsetzungsmittel grds. frei seien; erforderlich sei aber, dass die vollständige Anwendung der Richtlinie tatsächlich hinreichend klar und bestimmt gewährleistet sei.[352] Die Mitgliedstaaten seien gehalten, die Richtlinie im Interesse der in diesen Staaten ansässigen Betroffenen in einer Weise umzusetzen, die den vom Gemeinschaftsgesetzgeber vorgegebenen Erfordernissen der Klarheit und Sicherheit der Rechtslage in vollem Umfang gerecht wird.[353] Da es im vorliegenden Fall an dieser erforderlichen ausdrücklichen Regelung fehlte, war es der deutschen Finanzverwaltung verwehrt, die Vermietungstätigkeit der Gemeinde als nichtsteuerbar zu qualifizieren. Vielmehr galt die normale Befreiungsvorschrift des § 4 Nr. 12 UStG mit der Optionsmöglichkeit des § 9 UStG.[354]

Zusammenfassend kann daher festgestellt werden, dass weder aus dem Urteil des EuGH in der Sache „Marktgemeinde Welden", noch aus der Folgeentscheidung des EuGH in der Sache „SALIX" der allgemeine Grundsatz eines freien Auswahlermessens des Gesetzgebers hinsichtlich der Behandlung eines Umsatzes als steuerfrei oder steuerpflichtig abgeleitet werden kann. Wenn nun der EuGH in der Sache „SALIX" vielmehr die Auffassung vertritt, dass die Umsetzung eines in der MwStSystRL vorgesehenen Wahlrechtes zur Behandlung eines Umsatzes als nichtsteuerbar ausdrücklich im nationalen Recht vorgesehen sein muss, so muss für den Fall der Steuerbefreiung nach den vom EuGH angestellten Erwägungen Gleiches gelten. Damit sprechen die vom EuGH aufgestellten

---

351 EuGH, *Urteil* vom 04.06.2009 – Rs. C-102/08 (SALIX Grundstücks-Vermietungsgesellschaft mbH & Co. Objekt Offenbach KG) Slg. I 2009, 4629 Rn. 58; vgl. hierzu *Küffner*, UR 2009, 492, 492.

352 EuGH, *Urteil* vom 04.06.2009 – Rs. C-102/08 (SALIX Grundstücks-Vermietungsgesellschaft mbH & Co. Objekt Offenbach KG) Slg. I 2009, 4629 Rn. 42 mit Verweis auf EuGH, *Urteil* vom 28.02.1991 – Rs. C-138/88 (Kommission/Deutschland) Slg. I 1991, 825 Rn. 6; EuGH, *Urteil* vom 28.04.2005 – Rs. C-410/03 (Kommission/Italien) Slg. I 2005, 3507 Rn. 60.

353 EuGH, *Urteil* vom 28.02.1991 – Rs. C-138/88 (Kommission/Deutschland) Slg. I 1991, 825 Rn. 6; EuGH, *Urteil* vom 28.04.2005 – Rs. C-410/03 (Kommission/Italien) Slg. I 2005, 3507 Rn. 60.

354 So zu Recht BFH, *Urteil* vom 20.08.2009 – V R 70/05, BFHE 226, 458, 262 ff.

Grundsätze der ausdrücklichen Bestimmung des nationalen Rechts dafür, dass der EuGH eine Umsetzung unter Beibehaltung der Einordnung als nichtsteuerbar oder steuerbefreit durch den Richtliniengesetzgeber fordert.[355]

Sofern allerdings der nationale Gesetzgeber eine Vorschrift des Unionsrechts, die eine Behandlung eines Umsatzes als nichtsteuerbar vorgibt, dadurch umzusetzen versucht, dass er sie von der Umsatzsteuer befreit, liegt hierin ein Richtlinienverstoß. Dieser kann nicht einfach dadurch behoben werden, dass die Vorschrift im Wege der richtlinienkonformen Auslegung als Ausnahme von der Steuerbarkeit interpretiert wird. In diesem Fall ist die Grenze der möglichen Auslegung der Norm überschritten, wenn diese entgegen ihrem Wortlaut und ihrer systematischen Stellung ausgelegt wird. Selbst wenn man daher der Auffassung wäre, dass die Protokollerklärung zu Art. 4 der 6. MwSt-RL eine Ermächtigung der Mitgliedstaaten zur Behandlung der ehrenamtlichen Tätigkeit als nichtsteuerbar enthalten würde, wäre es verfehlt, die Steuerbefreiung für ehrenamtliche Tätigkeiten nach § 4 Nr. 26 UStG dergestalt richtlinienkonform auszulegen, dass die entsprechenden Tätigkeiten nichtsteuerbar sind.

An eine – zumindest im Ergebnis – ordnungsgemäße Umsetzung (der Protokollerklärung!) könnte man denken, wenn diese ein dem Art. 13 Abs. 2 MwStSystRL vergleichbares Wahlrecht zur Behandlung einer Tätigkeit als nichsteuerbar oder steuerbefreit enthalten würde. Hieran könnte man im vorliegenden Fall deshalb denken, da sowohl die Behandlung der ehrenamtlichen Tätigkeit als nichtsteuerbar (mangels wirtschaftlicher Tätigkeit) oder als steuerbefreit insoweit zum gleichen umsatzsteuerlichen Ergebnis führt, als Umsatzsteuer „nicht erhoben" wird.[356] Gerade der Wortlaut der hier untersuchten Protokollerklärung, der insoweit davon spricht, dass es dem einzelnen Mitgliedstaat freistehe, die Person,

---

355 Demgegenüber ist allerdings der österreichische VwGH, wie bereits dargestellt, der Auffassung, die im öUStG vorgesehen Nichtsteuererbarkeit von Liebhabertätigkeiten dadurch mit dem Unionsrecht in Einklang bringen zu können, dass die entsprechende Vorschrift richtlinienkonform als Steuerbefreiung ausgelegt wird; vgl. öVwGH, *Urteil* vom 16.02.2006 – 2004/140082, VwSlg 8110 F/2006. Diese Auffassung überzeugt nicht; kritisch hierzu *Ruppe/Achatz*, UStG, § 2 Rn. 12 und 258/1 ff.

356 So im Ergebnis wohl auch *Wachweger*, 6. Richtlinie zur Harmonisierung der Umsatzsteuern in den Europäischen Gemeinschaften, S. 27 und Anmerkung zu Art. 4 Abs. 2 bis 3 der 6. Richtlinie, S. 81, der allerdings eine Differenzierung hinsichtlich der ehrenamtlichen Tätigkeit hinsichtlich Steuerbarkeit und Steuerbefreiung nicht vornimmt, sondern nur pauschal darauf verweist, dass durch die Protokollerklärung zu Art. 4 der 6. MwSt-RL Deutschland die Steuerbefreiung für ehrenamtliche Tätigkeit nach § 4 Nr. 26 UStG beibehalten könne; auch *Weymüller*, in: Sölch/Ringleb, UStG (57. Aufl. 2007) § 4 Rn. 26 Rn. 3 der allerdings davon ausgeht, dass eine ehrenamtliche

die die ehrenamtliche Tätigkeit ausübt, der „Mehrwertsteuer zu unterwerfen“, könnte insoweit als Argument für ein entsprechendes Umsetzungsermessen der Mitgliedstaaten herangezogen werden. Insoweit enthält die Protokollerklärung zumindest ihrem Wortlaut nach keine ausdrückliche Vorgabe, ob die Nichterhebung der Umsatzsteuer technisch durch eine Behandlung der ehrenamtlichen Tätigkeit als nichtwirtschaftliche Tätigkeit oder als steuerbefreit erfolgen soll. Gegen ein solches Umsetzungsermessen der einzelnen Mitgliedstaaten spricht die eindeutige Bezugnahme der hier untersuchten Protokollerklärung auf Art. 4 der 6. MwSt-RL und das weitgehende Harmonisierungsbestreben hinsichtlich der Steuerbefreiungen. Mit diesem Leitprinzip ist es nicht zu vereinbaren, wenn die ehrenamtliche Tätigkeit in den verschiedenen Mitgliedstaaten unterschiedlich als nichtsteuerbar bzw. steuerbefreit behandelt wird. Dies ergibt sich nicht zuletzt aus der bereits vorzitierten Vorschrift des Art. 13 Abs. 3 MwStSystRL, die gerade eine ausdrückliche und nicht nur implizite Berechtigung der Mitgliedstaaten enthält, eine Tätigkeit als steuerbar oder steuerbefreit zu behandeln. Hieraus ist für Zwecke der Umsetzung der MwStSystRL der Umkehrschluss zu ziehen, dass die Behandlung eines Umsatzes als steuerbar oder steuerpflichtig nicht im Umsetzungsermessen der einzelnen Mitgliedstaaten liegen kann.

Die Protokollerklärung enthält daher ihrem Wortlaut nach eine Ermächtigung an die Mitgliedstaaten, den ehrenamtlich Tätigen als Nichtsteuerpflichtigen zu behandeln, sodass – unabhängig davon, dass eine solche Ermächtigung nach der hier vertretenen Auffassung keine Rechtswirkung entfaltet – die Protokollerklärung durch die in § 4 Nr. 26 UStG vorgesehene Steuerbefreiung nicht ordnungsgemäß umgesetzt wurde.

## 3. Rechtsfolgen des Verstoßes des § 4 Nr. 26 UStG gegen Richtlinienrecht

### *a) Anwendungsvorrang der MwStSystRL hinsichtlich der ehrenamtlichen Tätigkeit*

#### *aa) Grundprinzipien der Geltung und Wirkungsweise des Anwendungsvorrangs hinsichtlich nationaler Umsatzsteuerbefreiungen*

Verstößt eine Vorschrift des nationalen Rechtes wie § 4 Nr. 26 UStG – auch nach dem Versuch einer richtlinienkonformen Auslegung – gegen die Vorgaben des Gemeinschaftsrechtes, so führt die mangelnde Erfüllung des

Tätigkeit bereits nicht steuerbar ist und infolgedessen die Steuerbefreiung im Ergebnis auch richtlinienkonform sei.

Umsetzungsauftrages nach der Kollisionsregel des Anwendungsvorrangs des Unionsrechtes nicht zu ihrer Nichtigkeit, sondern nach allgemeiner Auffassung unter bestimmten Voraussetzungen zu ihrer Unanwendbarkeit und (damit) zur unmittelbaren Wirkung der Richtlinie.[357] Damit stellt der Anwendungsvorrang eine Kollisionsnorm für den Fall der Kollision von nationalem Recht und Unionsrecht dar.[358] Die unmittelbare Wirkung einer Richtlinie ergibt sich aus dem Gebot der praktischen Wirksamkeit (effet utile),[359] dem Prinzip von Treu und Glauben (estoppel-Prinzip)[360] und schließlich dem Gebot der Rechtssicherheit.[361] Das Prinzip der unmittelbaren Wirkung einer Richtlinie infolge der Verletzung des Umsetzungsauftrages des nationalen Gesetzgebers ist vom BVerfG als zulässige Rechtsfortbildung ausdrücklich gebilligt worden.[362] Voraussetzung für die unmittelbare Anwendung einer Richtlinie ist, dass die betreffenden Bestimmungen der Richtlinie inhaltlich unbedingt und hinreichend bestimmt sind, der Staat die Richtlinie nicht fristgemäß oder nicht ordnungsgemäß umgesetzt hat und die Vorschrift einen begünstigenden Charakter hat.[363]

Der Anwendungsvorrang eröffnet dem Steuerpflichtigen mithin die Wahlmöglichkeit, ob er sich auf die Richtlinienvorgabe beruft oder weiterhin die – dem Unionsrecht entgegenstehende – nationale Vorschrift angewendet wissen möchte.[364] Die unmittelbare Wirkung einer Richtlinie wirkt nur zugunsten des Bürgers und auch nur im vertikalen Verhältnis, d.h. zwischen Staat und Bürger.[365] Eine horizontale Wirkung, d.h. eine unmittelbare Wirkung im Verhältnis

---

357 *Birkenfeld*, in Birkenfeld/Wäger, Umsatzsteuer-Handbuch, § 22 Rn. 14; *Stadie*, in: Rau/Dürrwächter, UStG, Einf. Rn. 618 ff.; *Reiß*, StuW 1994, 323, 327; *Kruis*, Anwendungsvorrang, S. 45 ff. und 94 ff.

358 *Kruis*, Anwendungsvorrang, S. 95; *Jarass/Belgin*, NVwZ 2004, 1, 1 ff.

359 EuGH, *Urteil* vom 04.12.1974 – Rs. C-41/74 (van Duyn/Home Office) Slg. 1974, 1337 Rn. 12; EuGH, *Urteil* vom 05.04.1979 – Rs. C-148/78 (Ratti) Slg. 1979, 1629 Rn. 21.

360 Vgl. EuGH, *Urteil* vom 05.04.1979 – Rs. C-148/78 (Ratti) Slg. 1979, 1629 Rn. 46.

361 EuGH, *Urteil* vom 04.12.1974 – Rs. C-41/74 (van Duyn/Home Office) Slg. 1974, 1337 Rn. 13/14; insgesamt zur dogmatischen Begründung des Prinzips der unmittelbaren Wirkung *Ruffert*, in: Calliess, EUV/AEUV, Art. 288 AEUV, Rn. 48.

362 BVerfG, *Beschluss* vom 08.04.1987 – 2 BvR 687/85, BVerfGE 75, 223, 240 ff.; siehe auch *Herrmann*, Richtlinienumsetzung durch die Rechtsprechung, S. 40 ff.

363 *Ruffert*, in: Calliess, EUV/AEUV, Art. 288 AEUV, Rn. 51 ff.; *Stadie*, in: Rau/Dürrwächter, UStG, Einf. 618 ff.

364 BVerfG, *Beschluss* vom 08.04.1987 – 2 BvR 687/85, BVerfGE 75, 223, 240 ff.

365 *Weimann*, in: Weimann/Lang, UStG, Einf. S. 7 ff.

zwischen Privatrechtssubjekten, hat der EuGH bisland abgelehnt.[366] Erwächst dem Einzelnen aus der Nichtanwendung der Richtlinie ein Schaden, so steht ihm unter gewissen Voraussetzungen ein Schadensersatzanspruch gegen den Staat zu.[367]

Der Anwendungsvorrang hat vor dem Hintergrund seiner Zielsetzung, nämlich dem Unionsrecht die größtmögliche Wirkung zu verschaffen, die Wirkung, den Einzelnen so zu stellen, als sei das Unionsrecht fristgemäß und ordnungsgemäß umgesetzt worden; er soll aber nicht zu einer ungerechtfertigten Bereicherung des Einzelnen führen.[368]

### (1) Unionskonformität nationaler Umsatzsteuerbefreiungen

Im Bereich des Mehrwertsteuerrechtes hat die (fristgerechte) Umsetzung einer Richtlinie eine erhebliche Bedeutung für den Haushalt der EU, da sich die EU auch durch einen (Eigenmittel-) Anteil an der jeweils durch die Mitgliedstaaten erhobenen Mehrwertsteuer finanziert. Ein Verstoß gegen die Vorgaben des mehrwertsteuerlich harmonisierten Binnenmarktes durch eine nicht oder nicht fristgemäß erfolgte Umsetzung einer Richtlinie hat daher zugleich Auswirkungen auf die Einnahmen der EU. Dies gilt insbesondere in den Fällen, in denen Mitgliedstaaten Umsätze entgegen den Vorgaben der 6. MwSt-RL/MwStSystRL von der Mehrwertsteuer befreien.[369] Zudem hat die Frage des Anwendungsvorrangs des EU-Rechts bzw. dessen unmittelbare Wirkung gerade im Mehrwertsteuerrecht eine ganz erhebliche Bedeutung, da sich die Harmonisierung des Binnenmarktes überwiegend durch mehrwertsteuerliche Richtlinien vollzog.

Für das deutsche Umsatzsteuerrecht ist allgemein zu konstatieren, dass der deutsche Gesetzgeber die Vorgaben der 6. MwSt-RL/MwStSystRL hinsichtlich der Mehrwertsteuerbefreiungen durch § 4 UStG nicht in hinreichendem Umfang in nationales Recht umgesetzt hat.[370] Der deutsche Gesetzgeber hat vielmehr seiner sich aus Art. 13 der 6. MwSt-RL ergebenden Umsetzungspflicht im Wesentlichen dadurch zu entsprechen versucht, dass er die bereits bei

---

366 Vgl. *Mörsdorf*, EuR 2009, 219, 219 ff.

367 EuGH, *Urteil* vom 14.07.1994, Rs. C-91/92 (Paola Faccini Dori) Slg. 1994, 3225 Rn. 21 ff.

368 *Stadie*, in: Rau/Dürrwächter, UStG, Einf. Rn. 624 ff.

369 *Stadie*, in: Rau/Dürrwächter, UStG, Einf. Rn. 554.

370 Vgl. die Kritik BFH, *Urteil* vom 21.03.2007 – V R 28/04, BFHE 217, 59, 63 = BStBl. II 2010, 999, 1001; BFH, *Urteil* vom 01.12.2010 – XI R 46/08, BFHE 232, 232, 237; *Stadie*, UStG, Vor §§ 4–9 Rn. 18; *Treiber*, in: Sölch/Ringleb, UStG, § 4 Rn. 11; *Hoffsümmer*, Steuerbefreiungen, S. 6; *Dickopp*, UR 2007, 553 ff.; *Heidner*, UR 2003, 69, 70.

Inkrafttreten der 6. MwSt-RL vorhandenen – teilweise bereits im UStG 1951 enthaltenen – Befreiungstatbestände weitgehend unverändert übernommen hat.[371] Ein weiterer Teil der in der MwStSystRL vorgesehenen Steuerbefreiungen ist darüber hinaus durch die Finanzverwaltung – und dies auch nur teilweise – lediglich „faktisch" mittels Verwaltungsanweisungen umgesetzt worden.[372] Dieser Zustand wird schließlich durch die Rechtsprechung notdürftig repariert, indem diese versucht, die Vereinbarkeit der Umsatzsteuerbefreiungen nach § 4 UStG mit den Vorgaben der 6. MwSt-RL/MwStSystRL durch eine sehr extensive richtlinienkonforme Auslegung bzw. durch die unmittelbare Anwendung der MwStSystRL herzustellen.[373]

(2) Unmittelbare Wirkung der Mehrwertsteuerbefreiungen der MwStSystRL

Grundsätzlich gilt der Anwendungsvorrang auch für die in der MwStSystRL enthaltenen Steuerbefreiungen. Der deutsche Gesetzgeber hat die 6. MwSt-RL nicht fristgerecht umgesetzt. Als Folge beriefen sich Unternehmen für den Zeitraum der Fristüberschreitung auf den Anwendungsvorrang der in der 6. MwSt-RL enthaltenen Steuerbefreiungen, die im UStG 1973 (so) nicht enthalten waren.[374]

Nach zutreffender Auffassung, sind die Mehrwertsteuerbefreiungen der MwStSystRL inhaltlich unbedingt und hinreichend bestimmt, sodass der BFH in seiner Rechtsprechung ein Berufungsrecht des Einzelnen bejaht, wenn die Befreiungen der 6. MwSt-RL bzw. der MwStSystRL weiter gehen als die Befreiungen des Umsatzsteuergesetzes.[375] Nach Auffassung des EuGH, der sich dem BFH anschließt, soll der Umstand, dass es nach Art. 133 MwStSystRL (entspricht Art. 13 A Abs. 2 Buchst. a der 6. EG-Richtlinie) den Mitgliedstaaten freisteht, die Gewährung der betreffenden Steuerbefreiungen „im Einzelfall" an die Erfüllung mehrerer unbestimmt beschriebener Bedingungen zu knüpfen, einem Anwendungsvorrang der Richtlinie nicht entgegenstehen, da die vorgenannten

371 *Treiber*, in: Sölch/Ringleb, UStG, § 4 Rn. 11.

372 *Stadie*, UStG, Vor §§ 4–9 Rn. 18.

373 *Stadie*, UStG, Vor §§ 4–9 Rn. 19.

374 EuGH, *Urteil* vom 19.01.1982 – Rs. C-8/81 (Kreditvermittler) Slg. 1982, 53; EuGH, *Urteil* vom 22.02.1984 – Rs C-70/83 (Kloppenburg) Slg. 1984, 1075; EuGH, *Urteil* vom 14.07.1988 – Rs. C-207/87 (Weissgerber) Slg. 1988, 4433; vgl. *Stadie*, in: Rau/Dürrwächter, Einf. Rn. 619.

375 BFH, *Urteil* vom 25.04.2013 - V R 7/11, BFHE 241, 475, 477 ff. = BStBl. II 2013, 976, 977 ff.

Beschränkungen der Steuerbefreiungen nur Eventual-charakter haben, sodass sich die Mitgliedstaaten nicht auf ein eigenes Unterlassen berufen können.[376]

Wie bereits erwähnt, kann sich der Steuerpflichtige nur dann auf die unmittelbare Wirkung der Richtlinie berufen, wenn ihre Anwendung für ihn von Vorteil ist. Eine unmittelbare Wirkung der Richtlinie zu Lasten des Steuerpflichtigen besteht nach zutreffender Auffassung nicht.[377] Sieht die MwStSystRL eine Steuerbefreiung vor, die im nationalen Recht nicht umgesetzt wurde, so kann sich der leistende Unternehmer nach zutreffender Auffassung und ständiger Rechtsprechung grds. unmittelbar auf die Richtlinie berufen.[378] Dies wird für den leistenden Unternehmer dann von Vorteil sein, wenn er nicht über hohe Vorsteuerbeträge verfügt, die u. U. bei einer Steuerbefreiung des Umsatzes nicht mehr abziehbar wären, und er gleichzeitig seine Leistung um die Umsatzsteuer verbilligt am Markt anbieten kann.[379] Zu beachten ist, dass dies ggf. zu einer Vorsteuerkorrektur nach § 15a UStG führen kann.[380]

#### *bb) Unmittelbare Wirkung von Art. 1 Abs. 2 MwStSystRL bei richtlinienwidriger nationaler Steuerbefreiung nach § 4 Nr. 26 UStG*

Darüber hinaus kann sich der leistende Unternehmer aber auch umgekehrt auf die mangelnde Steuerbefreiung seines Umsatzes nach der MwStSystRL berufen und die Nichtanwendung der nationalen Befreiungsvorschrift geltend machen.[381] Die Mehrwertsteuer-befreiungen stellen nämlich eine Ausnahme von dem in Art. 1 Abs. 2 MwStSystRL niedergelegten Grundsatz dar, dass grds. jeder steuerbare Umsatz auch steuerpflichtig ist. Daher enthält die 6. MwSt-RL/MwSt-SystRL ein an die Mitgliedstaaten gerichtetes Verbot, Umsatzsteuerbefreiungen in den nationalen Rechtsordnungen vorzusehen, die keine Grundlage in der Richtlinie finden. Für den leistenden Unternehmer wird es vorteilhaft sein, sich

---

376 EuGH, *Urteil* vom 10.09.2002 – Rs. C-141/00 (Kügler) Slg. I 2002, 6833 Rn. 59 f.; BFH, *Urteil* vom 18.02.2010 – V R 28/08, BFHE 228, 474, 480 = BStBl. II 2010, 876, 879; kritisch hierzu im Hinblick auf Art. 20 Abs. 3 GG *Stadie*, in: Rau/Dürrwächter, UStG, Einf. Rn. 639.

377 *Birkenfeld*, in: Birkenfeld/Wäger, Umsatzsteuer-Handbuch, § 22 Rn. 51 und 71–72.

378 BFH, *Urteil* vom 25.04. 2013 – V R 7/11, BFHE 241, 475, 477 ff. = BStBl. II 2013, 976, 977 ff.

379 *Birkenfeld*, in: Birkenfeld/Wäger, Umsatzsteuer-Handbuch, § 22 Rn. 57.

380 Vgl. hierzu BFH, *Urteil* vom 19.10.2011 – XI R 16/09, BFHE 235, 532 = BStBl. II 2012, 371.

381 *Birkenfeld*, in Birkenfeld/Wäger, Umsatzsteuer-Handbuch, § 22 Rn. 58; *Stadie*, in Rau/Dürrwächter, UStG, Einf. Rn. 624 ff.

auf den Anwendungsvorrang der MwStSystRL und damit die Steuerpflichtigkeit des Umsatzes zu berufen, wenn ihm dadurch der Vorsteuerabzug eröffnet ist und damit eine Reduzierung seiner Gesamtsteuerbelastung einhergeht.[382]

Im vorliegend untersuchten Fall der Umsatzsteuerbefreiung für ehrenamtliche Tätigkeiten nach § 4 Nr. 26 UStG kann über die Kollisionsregel des Anwendungsvorrangs daher nur geltend gemacht werden, dass die vorbenannte Steuerbefreiung nicht mit den Vorgaben der MwStSystRL übereinstimmt und daher der Grundsatz der Umsatzsteuerbarkeit sämtlicher Leistungen nach Art. 1 Abs. 2 UStG – unter Nichtanwendung des § 4 Nr. 26 UStG – Anwendung findet. Wie bereits oben angeführt, besteht diese Verpflichtung für alle staatlichen Einrichtungen und damit auch für die Finanzverwaltung.[383]

Die Nichtanwendung des § 4 Nr. 26 UStG führt nach nationalem Umsatzsteuerrecht zugleich dazu, dass die Vorschriften, die durch § 4 Nr. 26 UStG verdrängt wurden, (z.B. sonstige Steuerbefreiungen) wieder anwendbar sind. Der praktisch bedeutsamste Fall dürfte in diesem Zusammenhang die Anwendung des § 19 UStG sein, welcher gegenwärtig durch die indisponible Steuerbefreiung des § 4 Nr. 26 UStG verdrängt wird. Durch die Anwendung des § 19 UStG hat der Steuerpflichtige ungeachtet der Nichtanwendung des § 4 Nr. 26 UStG bei Unterschreitung der entsprechenden Umsatzgrenzen ein Wahlrecht, ob er die Kleinunternehmerregelung in Anspruch nimmt und seinen Umsatz als steuerfrei behandelt oder es bei dessen Umsatzsteuerpflicht belässt. Auch dies eröffnet dem Unternehmer einen weiteren Gestaltungsspielraum.

#### *cc) Vertikale und horizontale unmittelbare Wirkung hinsichtlich der Umsatzbesteuerung ehrenamtlicher Tätigkeit*

In Rechtsprechung und Literatur ist umstritten, wer sich und in welchem Verhältnis er sich auf den Anwendungsvorrang des Unionsrechtes berufen kann.[384] Es würde den Rahmen dieser Arbeit überschreiten, die sich im Zusammenhang mit dem Anwendungsvorrang des Unionsrechtes stellenden Fragestellungen eingehend darzustellen und zu analysieren.[385] Es soll sich vielmehr auf die hier

382 *Birkenfeld*, in Birkenfeld/Wäger, Umsatzsteuer-Handbuch, § 22 Rn. 58.

383 EuGH, *Urteil* vom 22.06.1989 – Rs. C- 103/88 (Costanzo) Slg. 1989, 1839 Rn. 30.

384 Vgl. den Überblick über den Meinungsstand *Martinek*, in: Grabitz/Hilf/Nettesheim, Das Recht der Europäischen Union, Art. 13 EUV Rn. 257 ff.; *Ruffert*, in: Calliess/Ruffert, EUV/AEUV, Art. 288 AEUV Rn. 57 ff. m.w.N.

385 Insoweit wird auf die ausführlichen Darstellungen zum Anwendungsvorrang verwiesen: *Kruis*, Anwendungsvorrang; *Roder*, Die horizontale Wirkung nicht umgesetzter EG-Richtlinien.

relevanten Aspekte und auch spezifisch bezogen auf das Umsatzsteuerrecht beschränkt werden.

### (1) Berufungsrecht des Leistenden und des Leistungsempfängers im Vertikalverhältnis gegenüber dem Staat

Nach ständiger Rspr. der nationalen Gerichte und des EuGH steht das Recht, sich auf die unmittelbare Wirkung der MwStSystRL zu berufen, zunächst dem leistenden Unternehmer als Schuldner der Umsatzsteuer (nach § 13 UStG) zu.[386] Entsprechendes hat zu gelten, wenn der Leistungsempfänger im Rahmen der Anwendung des Reverse-Charge-Verfahrens (nach § 13b UStG) Steuerschuldner sein sollte.

Schließlich ist aber nicht nur dem steuerschuldenden Unternehmer, sondern auch dem leistungsempfangenden Unternehmer das Recht zuzubilligen, sich gegenüber dem Staat auf den Anwendungsvorrang des Unionsrechtes zu berufen. In diesem Zusammenhang hat auch der BFH jüngst zutreffend entschieden, dass sich der zum Vorsteuerabzug berechtigte Leistungsempfänger auf den Anwendungsvorrang des Unionsrechtes berufen kann und bei Vorliegen der weiteren Voraussetzung (insbesondere einer ordnungsgemäßen Rechnung) den Vorsteuerabzug in Höhe des in der Rechnung ausgewiesenen Regelsteuersatzes auch dann geltend machen kann, wenn die Leistung nach den der MwStSystRL widersprechenden Vorgaben des nationalen Umsatzsteuerrechtes dem ermäßigten Steuersatz unterliegt.[387] Hinsichtlich der Vorsteuerabzugsberechtigung steht der leistungsempfangende Unternehmer in einem Steuerschuldverhältnis zum Staat, sodass sich auch der Anwendungsvorrang des Unionsrechtes in diesem Verhältnis vollzieht.[388]

Auch hinsichtlich der hier untersuchten richtlinienwidrigen Steuerbefreiung nach § 4 Nr. 26 UStG sind Fallkonstellationen möglich, in denen sich der Empfänger der ehrenamtlichen Leistung auf den Anwendungsvorrang des Unionsrechtes berufen kann. Dies wird insbesondere dann der Fall sein, wenn der Leistungsempfänger ein zum Vorsteuerabzug berechtigter Unternehmer ist. Denn für die Frage der günstigen Wirkung des Anwendungsvorrangs ist die

---

386 BFH, *Urteil* vom 25.04.2013 - V R 7/11, BFHE 241, 475, 477 ff. = BStBl. II 2013, 976, 977 ff.; EuGH, *Urteil* vom 10.09.2002 – Rs. C-141/00 (Kügler) Slg. I 2002, 6833 Rn. 60; vgl. *Lüdemann*, BB 1992, 1606, 1609.

387 BFH, *Urteil* vom 24.10.2013 – V R 17/13, BFH/NV 2014, 284, 286.

388 Vgl. die diesbezüglichen Ausführungen in BFH, *Urteil* vom 24.10.2013 – V R 17/13, BFH/NV 2014, 284, 286.

Minderung der den Unternehmer treffenden Steuerschuld maßgeblich.[389] Sofern die ehrenamtliche Tätigkeit entgegen § 4 Nr. 26 UStG als steuerpflichtig behandelt wird und dementsprechend der leistende Unternehmer Umsatzsteuer in der Rechnung ausweist, mindert sich gegenüber der Behandlung des Umsatzes als steuerfrei die Umsatzsteuerzahllast des Leistungsempfängers durch den korrespondierenden Vorsteuerabzug. Der Vorsteuerabzug setzt nach nationalem Recht zusätzlich voraus, dass der ehrenamtlich Tätige dem leistungsempfangenden Unternehmer eine zum Vorsteuerabzug berechtigende Rechnung ausstellt. Weist der ehrenamtlich Tätige für seine Leistung in der Rechnung Umsatzsteuer aus, so kann dem leistungsempfangenden Unternehmer der Vorsteuerabzug nicht auf Grund des § 14c UStG versagt werden, der insoweit unangewendet bleiben muss bzw. bereits tatbestandlich nicht anwendbar ist, da bereits § 4 Nr. 26 UStG nicht zur Anwendung gelangt.

Ist der leistungsempfangende Unternehmer nicht zum Vorsteuerabzug berechtigt, so kann er sich in der vorliegenden Fallkonstellation nicht auf den Anwendungsvorrang des Unionsrechtes berufen. Für den nicht zum Vorsteuerabzug berechtigten Unternehmer ist nämlich die Behandlung der ehrenamtlichen Tätigkeit als steuerpflichtig ungünstiger als die Behandlung des Umsatzes als steuerfrei.

Aus den gleichen Gründen scheidet auch ein Berufungsrecht des Endverbrauchers aus. Bei dem Endverbraucher kommt hinzu, dass dieser zwar wirtschaftlich Steuerträger, auf Grund des Charakters der Mehrwertsteuer als indirekter Verbrauchsteuer jedoch kein Steuerschuldner ist. Der Endverbraucher ist daher zwar durch die auf ihn erfolgte Abwälzung der Mehrwertsteuer definitiv wirtschaftlich belastet, steht aber selbst in keinem Steuerschuldverhältnis zum Staat. Vielmehr befindet er sich lediglich in einer zivilrechtlichen Beziehung zum leistenden Unternehmer, der als Erfüllungsgehilfe des Staates die Mehrwertsteuer – über die Mittel des Zivilrechtes – beim Endverbraucher vereinnahmt. In Ermangelung eines Steuerschuldverhältnisses und damit einer Rechtsbeziehung zum Staat scheidet ein Berufungsrecht des Endverbrauches auf den Anwendungsvorrang des Unionsrechtes gegenüber dem Staat aus.[390]

---

389 vgl. BFH, *Urteil* vom 24.10.2013 – V R 17/13, BFH/NV 2014, 284, 286.

390 Anders *Stadie*, in: Rau/Dürrwächter, UStG, Einf. Rn. 627.1. der die Auffassung vertritt, dass der Endverbraucher die zutreffende umsatzsteuerliche Behandlung eines Umsatzes im Wege einer Feststellungklage im Finanzgerichtsweg klären kann und dann zivilrechtlich gegen den Leistenden Unternehmer eine Behandlung des Umsatzes entsprechend den Feststellungen des FG verlangen könne.

### (2) Berufungsrecht im Horizontalverhältnis zwischen den am Leistungsaustausch Beteiligten

Von der zuvor behandelten Frage, ob sich die am Leistungsaustausch Beteiligten gegenüber dem Staat auf den Anwendungsvorrang der MwStSystRL berufen können ist die Frage zu unterscheiden, ob sie sich auch untereinander auf die Richtlinienbestimmungen berufen können (sog. „unmittelbare Wirkung im Horizontalverhältnis"[391]).

Sofern die Parteien den Sachverhalt übereinstimmend als umsatzsteuerpflichtig oder umsatzsteuerfrei würdigen, ergeben sich im Hinblick auf den Anwendungsvorrang des Unionsrechtes keine Probleme. Sind die am Leistungsaustausch Beteiligten Unternehmer, machen sie nämlich jeweils gegenüber dem Staat die unmittelbare Wirkung der Richtlinie geltend und wirken durch ein koordiniertes Verhalten (z.B. der Ausstellung einer entsprechenden Rechnung) zusammen. Dies wird insbesondere der Fall sein, wenn der Leistungsempfänger zum Zwecke des Vorsteuerabzuges eine Rechnung mit Umsatzsteuerausweis für einen Umsatz begehrt, der nach dem insoweit richtlinienwidrigen nationalen Recht steuerbefreit ist.

Problematisch sind jedoch die Fälle, in denen sich die am Leistungsaustausch Beteiligten nicht auf die umsatzsteuerliche Behandlung eines Umsatzes einigen können oder sich nur einer der Beteiligten nachträglich auf den Anwendungsvorrang berufen möchte. In diesen Fällen stellt sich die Frage, inwieweit der Anwendungsvorrang des Unionsrechtes auch horizontal, d.h. im Verhältnis zwischen den Privaten, geltend gemacht werden und zivilrechtliche Verpflichtungen der Parteien auslösen kann.

Auch für die vorliegende Fallkonstellation kann die Frage des horizontalen Anwendungsvorrangs an Bedeutung gewinnen. Sofern der ehrenamtlich Tätige für seine Leistung unter Berufung auf die MwStSystRL die Steuerpflichtigkeit des Umsatzes geltend macht und eine Rechnung mit Umsatzsteuerausweis begibt, stellt sich die Frage, ob der Leistungsempfänger – insbesondere dann, wenn er nicht zum Vorsteuerabzug berechtigt ist – zivilrechtlich zur Zahlung auch der in der Rechnung ausgewiesenen Umsatzsteuer an den leistenden Unternehmer verpflichtet ist. Dies wäre nur dann der Fall, wenn die unmittelbare Wirkung nicht nur gegenüber dem Staat, sondern auch zwischen den am Leistungsaustausch Beteiligten gilt. Aber auch die umgekehrte Fallkonstellation ist denkbar, in der der leistungsempfangende Unternehmer zum Zwecke des Vorsteuerabzuges

---

391 Siehe zu diesbezüglichen Fragestellungen der horizontalen unmittelbaren Wirkung insbesondere *Foerster*, EuR 2012, 190 ff.; *Graf von Kielmansegg*, EuR 2014, 30, 30 ff.

die Ausstellung einer Rechnung mit Umsatzsteuerausweis vom leistenden Unternehmer verlangt und sich diesem gegenüber auf die unmittelbare Wirkung der MwStSystRL beruft. Dies wird für ihn insbesondere dann von Vorteil sein, wenn – wie im Dritten Sektor allgemein üblich – eine Bruttovereinbarung mit dem Leistenden getroffen wurde.

Die Frage der horizontalen unmittelbaren Wirkung ist in der Literatur umstritten, zumal auch die Rechtsprechung des EuGH einen erheblichen Spielraum für unterschiedliche Interpretationen zulässt.[392] Der EuGH vertritt in seiner ständigen Rechtsprechung die Auffassung, dass eine horizontale unmittelbare Wirkung ausgeschlossen ist, wenn dies zu einer Verpflichtung Privater führen würde.[393] Bloß negative oder belastende Auswirkungen auf Private (infolge der vertikalen unmittelbaren Wirkung) sollen einer unmittelbaren Wirkung hingegen nicht entgegenstehen.[394] In diesem Zusammenhang ist in der Rechtsprechung des EuGH anerkannt, dass in denjenigen Fällen eine unmittelbare Direktwirkung anzunehmen ist, in denen ein Mitgliedstaat unter Missachtung EU-rechtlicher und der Verwirklichung des Binnenmarktes dienender Verfahrenspflichten nationale Verbotsnormen erlassen hat.[395] Die Ablehnung der unmittelbaren Wirkung wird vornehmlich damit begründet, dass sich der Rechtsmissbrauchsgedanke nicht in gleicher Weise wie im Vertikalverhältnis anwenden lässt.[396] Die unmittelbare Wirkung zwischen Privaten ist nach der Rechtsprechung jedoch im Hinblick auf die Grundfreiheiten anerkannt.[397]

Im vorliegenden Fall der ehrenamtlichen Tätigkeit würde die unmittelbare Wirkung des Art. 1 Abs. 2 MwStSystRL dazu führen, dass der Leistungsempfänger zur Zahlung der Umsatzsteuer an den Leistenden und der Leistende zur Zahlung der Umsatzsteuer an den Staat verpflichtet werden. Die unmittelbare Wirkung der Richtlinie würde daher hier eine Verpflichtung der Privaten

---

392 *Vgl. Pfeiffer*, in: Dauner-Lieb/Langen, BGB Schuldrecht, Bd. 2, Unionsprivatrecht und Zivilrechtspraxis – eine Einführung, Rn. 38.

393 EuGH, *Urteil* vom 26.02.1986 – Rs. C-152/84 (Marshall) Slg. 1986, 737 Rn. 48; Urteil vom 14.07.1994 – Rs. C-91/92 (FacciniDori) Slg. I 1994, 3325 Rn. 20; vgl. hierzu *Kruis*, Anwendungsvorrang, S. 113.

394 EuGH, *Urteil* vom 26.09.2000 – Rs. C-443/98 (Unilever) Slg. I 2000, 7595 Rn. 45 ff.; vgl. auch *Kruis*, Anwendungsvorrang, S. 113 m.w.N.

395 EuGH, *Urteil* vom 26.09.2000 – Rs. C-443/98 (Unilever) Slg. I 2000, 7595 Rn. 45 ff.; siehe auch *Pfeiffer*, in: Dauner-Lieb/Langen, BGB Schuldrecht, Bd. 2, Unionsprivatrecht und Zivilrechtspraxis – eine Einführung, Rn. 39.

396 *Pfeiffer*, in: Dauner-Lieb/Langen, BGB Schuldrecht, Bd. 2, Unionsprivatrecht und Zivilrechtspraxis – eine Einführung, Rn. 38.

397 Vgl. hierzu *Müller-Graff*, EuR 2014, 3, 3 ff.

auslösen, sodass sie nach der Rechtsprechung des EuGH nicht in Betracht kommt. Dies ist auch zutreffend. Die unmittelbare Wirkung soll dem Unionsrecht zur effektiven Durchsetzung verhelfen, nicht Verpflichtungen von Privaten begründen. Dies gilt im vorliegenden Fall umso mehr, da der Unternehmer nur als Steuereinsammler für den Staat fungiert, damit also sein Gehilfe ist. Würde man ihm daher erlauben, sich auch im Verhältnis zum Endabnehmer auf den Anwendungsvorrang zu berufen, so würde man mittelbar einen Anwendungsvorrang zugunsten des Staates und zuungunsten des Bürgers zulassen, was dem Sinn und Zweck des Anwendungsvorranges widerspricht. Auch in der umgekehrten Konstellation kann es nicht sein, dass der Leistungsempfänger den Unternehmer zwingt – ggf. noch aus dem Bruttobetrag – Umsatzsteuer an das Finanzamt abzuführen, den der Leistungsempfänger dann noch im Wege des Vorsteuerabzuges geltend machen kann. Die zweischneidige Wirkung der Umsatzsteuerbefreiung schließt eine horizontale unmittelbare Wirkung zwischen Privaten daher aus. Erforderlich ist in diesen Fällen vielmehr ein koordiniertes und einvernehmliches Vorgehen der am Leistungsaustausch Beteiligten.

#### *dd) Einschränkung des Berufungsrechtes auf Grund des Bereicherungseinwandes bzw. mangelnder Beschwer im Falle versteckt abgewälzter Umsatzsteuer*

Als problematisch kann sich in den Fällen der Anwendung des § 4 Nr. 26 UStG jedoch die Konstellation erweisen, dass die Beteiligten des Leistungsaustausches den Umsatz zunächst übereinstimmend als steuerbefreit behandeln, sich der leistende Unternehmer nachträglich jedoch auf die Steuerpflichtigkeit des Umsatzes nach der MwStSystRL beruft und ihm eine nachträgliche Abwälzung der Umsatzsteuer auf den ursprünglichen Nettopreis gegenüber dem Leistungsempfänger gelingt. In diesem Fall war nämlich der ursprüngliche Preis für die von ihm erbrachte Leistung einschließlich nicht abziehbarer Vorsteuer kalkuliert, sodass infolge der unmittelbaren Wirkung der MwStSystRL dem leistenden Unternehmer ein Vorteil im Sinne einer Bereicherung um die versteckt abgewälzte, ursprünglich nicht abzugsfähige Vorsteuer entstünde.[398]

Der EuGH vertritt in ständiger Rechtsprechung die Auffassung, dass dem Einzelnen das Recht auf Erstattung von Abgaben zusteht, die in einem Mitgliedstaat unter Verstoß gegen das Gemeinschaftsrecht erhoben wurden.[399] Durch die

---

398 Vgl. zu diesem Sonderproblem *Stadie*, in: Rau/Dürrwächter, UStG, Einf. Rn. 625.

399 EuGH, *Urteil* vom 08.03.2001 – Rs. C-397/98 und C-410/98 (Metallgesellschaft) Slg. I 2001, 1727 Rn. 84 m.w.N.

Steuererstattung werden die Folgen des Rechtsverstoßes nachträglich beseitigt und eine im Ergebnis gemeinschaftskonforme Besteuerung hergestellt.[400] Da das Unionsrecht selbst keine Erstattungsregelungen vorsieht, ist es die genuine Aufgabe der Mitgliedstaaten, die Voraussetzungen dafür zu schaffen, dass unter Beachtung des Äquivalenz- und Effektivitätsprinzips eine Erstattung durchgesetzt werden kann.[401] Dem liegt der Gedanke zugrunde, dass die Berufung des Steuerschuldners auf die MwStSystRL –und damit der Anwendungsvorrang des Unionsrechts – nur dazu führen soll, dass der Einzelne so gestellt wird, als ob die Richtlinie frist- und ordnungsgemäß umgesetzt worden wäre, nicht jedoch dessen ungerechtfertigte Begünstigung bewirken soll.[402] Daher kann das nationale Recht eine Erstattung von zu Unrecht abgeführter Umsatzsteuer in dem Umfang ausschließen, wie dies zu einer ungerechtfertigten Bereicherung des Abgabenpflichtigen führen würde.[403] Dies ist nach der Rechtsprechung des EuGH dann der Fall, wenn die Abgabenlast nachweislich durch den Abgabenpflichtigen auf einen anderen abgewälzt wurde.[404] Zutreffender Ansicht nach kann sich der Einzelne in diesem Fall mangels Beschwer nicht auf den Anwendungsvorrang des Unionsrechtes berufen.[405] Da bei der Mehrwertsteuer als indirekter Abgabe nicht von vornherein davon ausgegangen werden kann, dass sie tatsächlich abgewälzt wurde, bedarf es diesbezüglich einer einzelfallbezogenen Prüfung.[406] Im Regelfall des Anwendungsvorranges des Unionsrechtes, in denen der Steuerschuldner den entsprechenden Umsatz zunächst – in Übereinstimmung mit dem nationalen Recht – als steuerpflichtig behandelt hat, scheidet eine Erstattung der Umsatzsteuer solange aus, wie er die bereits vom Leistungsempfänger bezogene Umsatzsteuer nicht zurückgegeben hat.[407]

Sofern der Unternehmer seinen ehrenamtlichen Ausgangsumsatz zunächst als steuerfrei behandelt hat, ist der Umsatz versteckt mit nicht abziehbarer Vorsteuer

---

400 *Birkenfeld*, in Birkenfeld/Wäger, Umsatzsteuer-Handbuch, § 22 Rn. 102.

401 EuGH, *Urteil* vom 12.02.2008 – Rs. C-2/06 (Kempter) Slg. I 2008, 411 Rn. 57 m.w.N.; *Birkenfeld*, in Birkenfeld/Wäger, Umsatzsteuer-Handbuch, § 22 Rn. 103.

402 So zutreffend für den Bereich der Umsatzsteuer *Stadie*, in: Rau/Dürrwächter, UStG, Einf. Rn. 624.

403 *Birkenfeld*, in Birkenfeld/Wäger, Umsatzsteuer-Handbuch, § 22 Rn. 104.

404 EuGH, *Urteil* vom 20.10.2011 – Rs. C-94/10 (Danfoss und Sauer-Danfoss) Slg. I 2011, 9963 Rn. 21; *Birkenfeld*, in Birkenfeld/Wäger, Umsatzsteuer-Handbuch, § 22 Rn. 104.

405 *Stadie*, in: Rau/Dürrwächter, UStG, Einf. Rn. 625.

406 *Birkenfeld*, in Birkenfeld/Wäger, Umsatzsteuer-Handbuch, § 22 Rn. 104.

407 Vgl. EuGH, *Urteil* vom 20.10.2011 – Rs. C-94/10 (Danfoss und Sauer-Danfoss) Slg. I 2011, 9963 Rn. 21.

belastet. Die unmittelbare Wirkung der Richtlinie würde dazu führen, dass der Unternehmer den vollen Vorsteuerabzug bekäme, aber auch zugleich die in dem Verwendungsumsatz enthaltene Vorsteuer auf den Leistungsempfänger abgewälzt worden wäre. Um eine ungerechtfertigte Bereicherung des leistenden Unternehmers in diesem Fall auszuschließen, erfordert der Anwendungsvorrang, dass der Unternehmer den Vorsteuerabzug nur dann erhält, sofern er die versteckt abgewälzte Vorsteuer an den Leistungsempfänger zurückführt.[408] Denn sofern er die Vorsteuer weiterbelastet hat, ist der Unternehmer nicht belastet. Die Belastungswirkung würde vielmehr beim Leistungsempfänger kumulieren.

Diese Vorgehensweise stößt naturgemäß auf praktische Schwierigkeiten. Zum einen steht überhaupt nicht fest, ob der leistende Unternehmer nachträglich auf den Verwendungsumsatz Umsatzsteuer nacherheben kann. Sofern ihm das nicht gelingt, muss sogar eine Korrektur der Bemessungsgrundlage vorgenommen werden und das tatsächlich vereinnahmte Entgelt als Bruttoentgelt betrachtet werden, was mit einer erheblichen Einbuße für den leistenden Unternehmer verbunden ist. Zum anderen ist auch zu berücksichtigen, dass der Unternehmer grds. frei ist, wie er seine Preise kalkuliert. Dessen ungeachtet führen praktische Schwierigkeiten in der Umsetzung nicht dazu, dass die Anwendung dieser Grundsätze in Zweifel zu ziehen ist. Vielmehr muss in diesen Fällen notfalls im Schätzungswege verfahren werden.

### *b) Auswirkungen der Protokollerklärung auf ein mögliches Vertragsverletzungsverfahren wegen Verstoßes von § 4 Nr. 26 UStG gegen die MwStSystRL*

Im Rahmen dieser Arbeit wurde bereits die Frage behandelt, welche materiellrechtliche Wirkungen der hier untersuchten Protokollerklärung zu Art. 4 der 6. MwSt-RL zukommen und ihre begrenzte Bedeutung als Auslegungshilfe herausgearbeitet. Jenseits der Frage nach der materiellen Bedeutung von Protokollerklärungen ist für die vorliegend untersuchte Regelung des § 4 Nr. 26 UStG relevant, inwieweit die Vorschrift zudem eine Bindungswirkung der Beteiligten dergestalt entfalten kann, dass die Geltendmachung prozessualer Rechte ausgeschlossen bzw. eingeschränkt wird.

Die Frage der Bindungswirkung stellt sich insbesondere dann, wenn eine Protokollerklärung – wie im hier untersuchten Fall – dem Sekundärrechtsakt widerspricht. Da im vorliegenden Fall die Vorschrift des § 4 Nr. 26 UStG nicht mit den Vorgaben der MwStSystRL übereinstimmt, stellt sich die Frage, ob die

408 So zu Recht auch *Stadie*, in: Rau/Dürrwächter, UStG, Einf. Rn. 625.

Kommission oder die Mitgliedstaaten auf Grund der Abgabe der Protokollerklärung zu Art. 4 der 6 MwSt-RL daran gehindert sind, diesen Verstoß im Rahmen eines Vertragsverletzungsverfahrens anzugreifen.

Sowohl die Kommission als auch die Mitgliedstaaten haben nach Art. 258 ff. AEUV und Art. 108 Abs. 2 Unterabs. 2, Art. 114 Abs. 9 und Art. 348 Abs. 2 AEUV die Kompetenz, Vertragsverstöße durch Mitgliedstaaten mittels eines Vertragsverletzungsverfahrens vor dem EuGH der gerichtlichen Kontrolle unterziehen zu lassen.[409] Dem Vertragsverletzungsverfahren kommt die ausschließlich objektiv-rechtliche Funktion zu, im Allgemeininteresse die gleichförmige Durchsetzung des Unionsrechtes sicherzustellen.[410]

#### *aa) Untersuchung der Möglichkeit der Einleitung eines Vertragsverletzungsverfahrens durch die Kommission*

In der Praxis ist die Aufsichtsklage der Kommission nach Art. 258 AEUV die gegenüber der Staatenklage nach Art. 259 AEUV bedeutendere Form des Vertragsverletzungsverfahrens.[411]

#### (1) Entschließungsermessen der Kommission

Das Vertragsverletzungsverfahren ist zweistufig aufgebaut. Die eigentliche Klageerhebung vor dem EuGH nach Art. 258 Abs. 1 AEUV setzt in einem ersten Schritt ein förmliches Vorverfahren voraus, welches grds. aus einem Mahnschreiben der Kommission, einer Gegendarstellung des betroffenen Mitgliedstaates und der begründeten Stellungnahme der Kommission besteht.[412]

Nach ständiger Rechtsprechung des EuGH und dem überwiegenden europarechtlichen Schrifttum steht der Kommission im Hinblick auf die Entscheidung zur Einleitung des Vorverfahrens und der Klageerhebung („Ob“) und auch im Hinblick auf den Zeitpunkt der Einleitung des Vorverfahrens und der Klageerhebung („Wann“) ein Entschließungsermessen zu.[413] Es besteht nach allgemeiner Auffassung grds. weder eine Pflicht zur Einleitung eines

---

409 *Pechstein*, EU-Prozessrecht, Rn. 253.

410 *Schwarze*, in: Schwarze/Becker/Hatje/Schoo, EU-Kommentar, Art. 258 AEUV Rn. 2 f.; *Pechstein*, EU-Prozessrecht, Rn. 255; *Thiele*, Prozessrecht, § 5 Rn. 1.

411 *Nowak*, in: Terhechte, Verwaltungsrecht der Europäischen Union, § 13 Rn. 54.

412 *Pechstein*, EU-Prozessrecht, Rn. 268.

413 EuGH, *Urteil* vom 23.05.1990 – Rs. C-72/90 (Asia Motor France/Kommission) Slg. I 1990, 2181 Rn. 13; EuGH, *Urteil* vom 14.02.1989 – Rs. C-247/87 (Star Fruit/Kommission) Slg. 1989, 291 Rn. 12; vgl. auch *Cremer*, in: Calliess/Ruffert, EUV/AEUV, Art. 258 AEUV Rn. 40–43 m.w.N.

Vertragsverletzungsverfahrens noch zur Klageerhebung.[414] Eine Pflicht zur Verfolgung einer mitgliedstaatlichen Vertragsverletzung, d.h. zur Einleitung eines Vertragsverletzungsverfahrens und schließlich zur Klageerhebung, soll allerdings nach teilweise vertretener Auffassung bei schwerwiegenden und evidenten Verstößen bestehen.[415] Nach teilweise in der Literatur vertretener Auffassung, die aber vom EuGH nicht geteilt wird, soll vor dem Hintergrund des Wortlautes der Vorschrift des Art. 258 AEUV und der Funktion der Kommission als Hüterin der Verträge zumindest eine Pflicht zur Verfahrenseinleitung durch Erlass eines Mahnschreibens bestehen.[416]

Das der Kommission zustehende Ermessen hinsichtlich des „Ob" und des „Wie" des Vorverfahrens und einer Klage wird gemeinhin aus der Teleologie des Art. 258 AEUV abgeleitet, der ausschließlich eine Berechtigung der Kommission zur Überwachung mitgliedstaatlicher Vertragsverstöße beinhalte.[417] Eine Verpflichtung zur Verfahrenseinleitung bestehe auch deshalb nicht, da der Wortlaut gerade von der Auffassung der Kommission spreche und zudem nur vorsehe, dass die Kommission eine Klage einreichen kann, aber nicht muss.[418]

### (2) Einschränkung des Entschließungsermessens aus Gründen des Vertrauensschutzes

Allerdings steht der Kommission kein gänzlich freies Ermessen zu, sondern sie ist höherrangigen Rechtsvorschriften und den allgemeinen Grundsätzen des Unionsrechtes sowie ggf. dem einschlägigen abgeleiteten Recht unterworfen.[419]

Im Hinblick auf die prozessuale Geltendmachung eines Vertragsverstoßes des § 4 Nr. 26 UStG gegen die MwStSystRL seitens der Kommission stellt sich die Frage, ob Protokollerklärungen die Wirkung eines – ggf. im Wege der Einrede geltend zu machenden – rechtsverbindlichen Verzichtes auf die Einleitung eines Vertragsverletzungsverfahrens bzw. einer Klage vor dem EuGH zukommen

---

414 *Classen*, in: Schulze/Zuleeg/Kadelbach, Europarecht, § 4 Rn. 49.

415 *Cremer*, in: Calliess/Ruffer, EUV/AEUV, Art. 258 AEUV Rn. 42–43; *Nicolaysen*, Europarecht I, S. 447 f.; *Pechstein*, EU-Prozessrecht, Rn. 259.

416 *Karperstein*, in: Grabitz/Hilf/Nettesheim, Das Recht der Europäischen Union, Art. 258 AEUV Rn. 36 m.w.N.; *Pechstein*, EU-Prozessrecht, Rn. 258.

417 *Gaitanides*, in: von der Groeben/Schwarze, EUV/EGV, Art. 226 EGV Rn. 72.

418 *Karperstein*, in: Grabitz/Hilf/Nettesheim, Das Recht der Europäischen Union, Art. 258 AEUV Rn. 49.

419 EuG, *Urteil* vom 18.12.2009 – Rs. T-440/03, T-121/04, T-171/04, T-208/04, T-365/04 und T-484/04 (Arizmendi), Slg. II 2009, 4883 Rn. 65–66; *Karperstein*, in: Grabitz/Hilf/Nettesheim, Das Recht der Europäischen Union, Art. 258 AEUV Rn. 36.

kann bzw. eine Verfahrenseinleitung bzw. Klageerhebung ermessensfehlerhaft erfolgt ist. Im europarechtlichen Schrifttum wird die Frage der Bindungswirkung von Protokollerklärungen vor allem im Hinblick auf Absichtserklärungen der Kommission – insbesondere unter dem Gesichtspunkt der Selbstbindung bzw. des Vertrauensschutzes – kontrovers diskutiert.[420] Im Gemeinschaftsrecht sind die Grundsätze der Selbstbindung und des Vertrauensschutzes uneingeschränkt anwendbar.[421] Sie sind letztlich spezielle Ausformungen des Prinzips der allgemeinen Rechtssicherheit, sodass eine Selbstbindung auch aufgrund des Vertrauensschutzes eintreten kann.[422] Die Grundsätze des Vertrauensschutzes und der Selbstbindung werden selbst in der Rechtsprechung des EuGH nicht randscharf voneinander abgegrenzt,[423] sodass sie auch für die vorliegende Untersuchung gemeinsam behandelt werden sollen.

Eine Selbstbindung auf der Grundlage von Vertrauensschutz liegt in den Fällen vor, in denen einem Beteiligten zwar keine subjektiven Rechte verliehen werden, bei ihm aber durch das Verhalten eines Anderen berechtigte Erwartungen geweckt werden, auf deren Eintritt sich der Betroffene eingestellt hat.[424] Eine Selbstbindung auf der Grundlage des Vertrauensschutzprinzips setzt nach der Rechtsprechung des EuGH eine durch ein vertrauensbildendes Verhalten eines Gemeinschaftsorganes oder Mitgliedstaates hervorgebrachtes Vertrauensverhältnis voraus, worauf Dispositionen des Betroffenen folgen, die er mit schutzwürdigem Vertrauen vornehmen durfte.[425] Ein entsprechendes Vertrauensverhältnis kann dabei sowohl zwischen den Gemeinschaftsorganen

---

420 Vgl. *Harnier*, Die Bedeutung von rechtsbegleitenden Erklärungen im sekundären Gemeinschaftsrecht, S. 99; *Lewen*, Die rechtliche Bedeutung von Protokollerklärungen zu ausgewählten Rechtsakten des sekundären Gemeinschaftsrechts, S. 111.

421 EuGH, *Urteil* vom 04.07.1973 – Rs. C-1/73 (Westzucker) Slg. 1973, 723 Rn. 7 ff.; *Urteil* vom 05.05.1981 – Rs. C-112/80 (Dürbeck), Slg. 1981, 1095 Rn. 47 ff.; *Harnier*, Die Bedeutung von rechtsbegleitenden Erklärungen im sekundären Gemeinschaftsrecht, S. 99; *Lewen*, Die rechtliche Bedeutung von Protokollerklärungen zu ausgewählten Rechtsakten des sekundären Gemeinschaftsrechts, S. 111.

422 *Harnier*, Die Bedeutung von rechtsbegleitenden Erklärungen im sekundären Gemeinschaftsrecht, S. 99 ff.

423 vgl. hierzu *Harnier*, Die Bedeutung von rechtsbegleitenden Erklärungen im sekundären Gemeinschaftsrecht, S. 100.

424 *Karpenstein*, in: Grabitz/Hilf/Nettesheim, Das Recht der europäischen Union, Art. 236 EGV Rn. 54; *Scheuing*, in: Schulze/Zuleeg/Kadelbach, Europarecht, § 6 Rn. 41.

425 Siehe hierzu *Harnier*, Die Bedeutung von rechtsbegleitenden Erklärungen im sekundären Gemeinschaftsrecht, S. 100.

untereinander als auch zwischen den Gemeinschaftsorganen und den Mitgliedstaaten entstehen.[426] Eine Selbstbindung kommt nur dann in Betracht, wenn die entsprechende Erklärung von einer zuständigen Stelle in ihrem kompetenziellen Rahmen abgegeben wurde, die nach ihrem Erklärungsgehalt konkret auf eine Selbstbindung ausgerichtet ist.[427]

Protokollerklärungen werden jedoch generell nicht geeignet sein, einen rechtsverbindlichen Klageverzicht zu beinhalten, auch nicht vor dem Gesichtspunkt der Selbstbindung bzw. des Vertrauensschutzes. Dies gilt im Besonderen für die hier untersuchte Protokollerklärung zu Art. 4 der 6. MwSt-RL. Protokollerklärungen – auch die hier untersuchte – sind als „soft law" vornehmlich politische Erklärungen, die zwar eine politisch-faktische Bindung an eine Rechtsauffassung bzw. Praxis erzeugen können, nicht jedoch rechtlich bindend sind.[428] Hierfür spricht nicht zuletzt, dass dies wohl auch dem Selbstverständnis der am europäischen Normsetzungsprozess Beteiligten entspricht. Eine rechtliche Bindungswirkung – insbesondere im Hinblick auf ein prozessuales Verhalten – ist insbesondere insofern problematisch, als es kein bestimmtes und transparentes Verfahren im Hinblick auf das Zustandekommen der Erklärung und ihrer Aufnahme in das Protokoll gibt. Hinzu kommt, dass es sich bei dem Vertragsverletzungsverfahren um ein objektives Verfahren handelt, sodass es hiermit nicht vereinbar ist, wenn eine im Rahmen einer Protokollerklärung geäußerte Rechtsauffassung auch für spätere Jahre und für ein neu zusammengesetztes Organ eine Bindungswirkung hätte. Dies gilt insbesondere für die Kommission, der die Funktion als Hüterin der Verträge zugewiesen ist.

Im vorliegenden Fall kommt hinzu, dass die hier untersuchte Protokollerklärung im Widerspruch zu der 6. MwSt-RL steht. Steht eine Protokollerklärung im Widerspruch zum Rechtsakt, so kann sie nach allgemeiner Auffassung keinen Vertrauenstatbestand bzw. eine Selbstbindung erzeugen, da es insoweit an einem schutzwürdigen Vertrauen mangelt.[429]

---

426 *Borchardt*, Der Grundsatz des Vertrauensschutzes im Gemeinschaftsrecht, S. 77 ff.; *Harnier*, Die Bedeutung von rechtsbegleitenden Erklärungen im sekundären Gemeinschaftsrecht, S. 100 ff.

427 EuGH, *Urteil* vom 11.05.1983 – Rs. C-303/81 (Klöckner-Werke/Kommission) Slg. 1983, 1507 Rn. 32; vgl. hierzu *Harnier*, Die Bedeutung von rechtsbegleitenden Erklärungen im sekundären Gemeinschaftsrecht, S. 102.

428 Vgl. hierzu die Ausführungen u.a. bei *Hanier*, Die Bedeutung von rechtsbegleitenden Erklärungen im sekundären Gemeinschaftsrecht, S. 106 ff. und 179 ff.

429 Zu Recht daher auch *Harnier*, Die Bedeutung von rechtsbegleitenden Erklärungen im sekundären Gemeinschaftsrecht, S. 107 f. und 121 ff.

Damit ist als Zwischenergebnis festzuhalten, dass die Kommission durch die Protokollerklärung zu Art. 4 der 6. MwSt-RL nicht daran gehindert ist, ein Vertragsverletzungsverfahren gegen die Bundesrepublik Deutschland einzuleiten. Auf der anderen Seite besteht aber nach der hier vertretenen Auffassung auch keine Verpflichtung der Kommission zur Verfahrenseinleitung oder gar zur Klageerhebung. Sofern man der Auffassung des EuGH folgt, besteht eine solche Verpflichtung schon generell nicht. Selbst wenn man jedoch mit Teilen der Literatur der Auffassung sein sollte, dass eine Verpflichtung zu Verfahrenseinleitung bzw. zur Klageerhebung in den Fällen von besonders schwerwiegenden Verstößen gegen das Vertragsrecht besteuert, so wäre auch nach dieser Ansicht eine Verpflichtung hier nicht gegeben. Die Nichtbesteuerung ehrenamtlicher Tätigkeit ist jedenfalls auf Grund der geringen Umsatzhöhe nicht als besonders schwerwiegender Verstoß zu werten.

#### *bb) Untersuchung der Möglichkeit der Einleitung eines Vertragsverletzungsverfahrens durch einen Mitgliedstaat*

Für die Mitgliedstaaten gilt das zuvor für die Kommission Ausgeführte entsprechend. Diese haben zwar nicht die Funktion der Hüter der Verträge. Sie sind in ihrer Entscheidung daher frei, ob sie gegen eine (unterbliebene) Umsetzung eines Sekundärrechtsaktes durch einen Mitgliedstaat den EuGH anrufen. In diesem Sinne könnte diskutiert werden, ob ihnen auch seitens des betroffenen Mitgliedstaates eine Protokollerklärung entgegengehalten werden kann.[430]

Aber auch hier ist zu berücksichtigen, dass die Protokollerklärung gegen die Vorgaben der 6. MwSt-RL verstößt und mithin kein schutzwürdiges Vertrauen auslösen kann.

### *c) Die Steuerbefreiung ehrenamtlicher Tätigkeit nach § 4 Nr. 26 UStG als unerlaubte Beihilfe nach Artikel 107 ff. AEUV*

Unabhängig vom Verhältnis von § 4 Nr. 26 UStG zur MwStSystRL stellt sich vorliegend die Frage, ob die Steuerbefreiung ehrenamtlicher Tätigkeit zugleich eine gegen die Vorgaben des europäischen Beihilferechts nach Artikel 107 ff. AEUV unerlaubte Beihilfe darstellt. Der Sinn und Zweck der primärrechtlichen Beihilfevorschriften besteht darin, den freien Wettbewerb im gemeinsamen Markt dadurch zu sichern, dass nicht durch die Gewährung von Vorteilen an Unternehmen seitens einzelner Staaten der Handel zwischen den Mitgliedstaaten

430 Vgl hierzu auch *Harnier*, Die Bedeutung von rechtsbegleitenden Erklärungen im sekundären Gemeinschaftsrecht, S. 148 ff.

beeinträchtigt wird.[431] Die Beihilfeaufsicht obliegt nach Maßgabe des Art. 108 AEUV der Kommission.[432]

### *aa) Anwendbarkeit der Beihilfevorschriften auf europäische und rein nationale Mehrwertsteuerbefreiungen*

Da die im nationalen Recht vorgesehenen Umsatzsteuerbefreiungen, sofern sie mit den Vorgaben der MwStSystRL nicht vereinbar sind, europarechtswidrig sind, wird den Beihilfevorschriften der Artikel 107 ff. AEUV insoweit nur geringe Bedeutung zugeschrieben.[433] Dies ist zwar grundsätzlich zutreffend, allerdings führt ein Verstoß einer nationalen Umsatzsteuerbefreiung gegen die MwStSystRL nach dem Grundsatz des Anwendungsvorrangs nicht zwingend zu ihrer Unanwendbarkeit. Insofern steht es nämlich dem Steuerpflichtigen frei, sich entweder auf die Steuerpflichtigkeit des Umsatzes nach der MwStSystRL oder aber auf die Steuerbefreiung des Umsatzes nach der nationalen Umsatzsteuerbestimmung zu berufen. Sofern der Steuerpflichtige Letzteres tut, gelangt die nationale und der MwStSystRL widersprechende Steuerbefreiung dann doch zur Anwendung, sodass sich gerade in diesem Fall – trotz eines positiv festgestellten Verstoßes gegen die MwStSystRL – die Frage der Vereinbarkeit der nationalen Steuerbefreiung mit den Vorgaben des europäischen Beihilferechts stellt. Durch die beihilferechtliche Überprüfung der Vorschrift ließe sich mithin u. U. die Anwendung einer der MwStSystRL widersprechenden Vorschrift des nationalen Umsatzsteuerrechtes verhindern.

Nach allgemeiner Auffassung sind die Beihilfevorschriften der Artikel 107 ff. AEUV auch auf indirekte Steuern anwendbar.[434] Praktische Bedeutung haben die Artikel 107 ff. AEUV jedoch überwiegend im Bereich der direkten Unternehmensbesteuerung.[435]

---

431 EuGH, *Urteil* vom 02.07.1974 – Rs. C-173/73 (Italien ./. Kommission) Slg. I 1974, 709 Rn. 26; *Koenig/Paul/Kühling*, in: Streinz, EUV/AEUV, Art. 107 AEUV Rn. 1 ff.; *Hoffsümmer*, Steuerbefreiungen, S. 11; *Helios*, EWS 2005, 208, 208.

432 Vgl. hierzu *Cremer*, in: Calliss/Ruffert, EUV/AEUV, Art. 108 AEUV Rn. 1 ff. mit einer eingehenden Darstellung der Prüfungskompetenz der Kommission und des Verfahrensablaufs.

433 Vgl. *Hoffsümmer*, Steuerbefreiungen, S. 24 f.

434 EuGH, *Urteil* v. 03.03.2005 – Rs. C-172/03 (Heiser) Slg. I 2005, 1627; Kommission, *Bericht* vom 09.02.2004 – KOM C(2004)434, Rn. 71 ff.; *Hoffsümmer*, Steuerbefreiungen, S. 12; *Helios*, EWS 2005, 208, 211.

435 Vgl. hierzu *Wallenberg/Schütte*, in: Krabitz/Hilf/Nettesheim, Das Recht der Europäischen Union, Art. 7 AEUV, Nr. 112; *Linn*, IStR 2008, 601, 601 ff.

Der beihilferechtlichen Kontrolle nach Artikel 107 ff. AEUV unterliegen dabei nach zutreffender Auffassung nur solche nationalen Umsatzsteuerbefreiungen, die den Vorgaben der MwStSystRL unterliegen.[436] Da im vorliegenden Fall die Umsatzsteuerbefreiung ehrenamtlicher Tätigkeit nach § 4 Nr. 26 UStG nicht mit der MwStSystRL vereinbar ist, unterliegt sie mithin auch der beihilferechtlichen Kontrolle nach den Artikeln 107 ff. AEUV.

##### *bb) Qualifikation der Steuerbefreiung ehrenamtlicher Tätigkeit als Beihilfe im Sinne des Artikel 107 Abs. 1 AEUV*

Zentraler Gesichtspunkt bei der beihilferechtlichen Überprüfung der hier untersuchten Steuerbefreiung ehrenamtlicher Tätigkeit ist die Frage ihrer Qualifikation als Beihilfe i. S. d. Artikel 107 Abs. 1 AEUV.

Nach der ständigen Rechtsprechung des EuG und des EuGH sowie der Praxis der Kommission stellt eine staatliche Maßnahme eine Beihilfe nach Artikel 107 Abs. 1 AEUV dar, wenn sie dem begünstigten Unternehmen einen wirtschaftlichen Vorteil ohne marktübliche Gegenleistung verschafft, vom Staat bzw. aus staatlichen Mitteln gewährt wird, nur im Einzelfall gewährt werden darf (d.h. sie darf nur bestimmte Unternehmen oder Produktionszweige begünstigen) und sie schließlich den Handel zwischen den Mitgliedstaaten beeinträchtigt.[437]

###### (1) Verschaffung eines wirtschaftlichen Vorteils ohne marktübliche Gegenleistung aus staatlichen Mitteln

Der von der Rechtsprechung und der Kommission sehr weit ausgelegte Begriff des wirtschaftlichen Vorteils bzw. der wirtschaftlichen Begünstigung umfasst jeden geldwerten Vorteil für den Empfänger, der in einer Geldzuführung oder

---

436 Insoweit zutreffend *Hoffsümmer*, Steuerbefreiungen, S. 15 f., der zu Recht darauf hinweist, dass die Art. 107 ff. AEUV gerade nicht Gemeinschaftsbeihilfen erfassen, da eine Abgabenbefreiung auf der Grundlage der EU-Gesetzgebung dem Mitgliedstaat nicht zurechenbar ist; vgl. auch EuG, *Urteil* vom 05.04.2006 – Rs. T-351/02 (Deutsche Bahn) Slg. II 2006, 1047 Rn. 102; vgl. hierzu: *Koenig/Paul*, in: Streinz, EUV/AEUV, Art. 107 AEUV Rn. 64; a.A. hingegen *Helios*, EWS 2005, 208, 211 der dabei allerdings verkennt, dass die in der MwStSystRL vorgesehenen Mehrwertsteuerbefreiungen nicht geeignet sind, zwischen den Mitgliedsstaaten zu Wettbewerbsverzerrungen zu führen; ähnlich auch *Koenig/Paul*, in: Streinz, EUV/AEUV, Art. 107 AEUV Rn. 81; *Koenig/Busch*, EWS 2009, 510, 510 ff.

437 EuGH, *Urteil* vom 24.07.2003 – Rs. C-280/00 (Altmark) Slg. I 2003, 7747 Rn. 75; *von Wallenberg/Schütte*, in: Grabitz/Hilf/Nettesheim, Das Recht der Europäischen Union, Art. 107 AEUV Rn. 24.

einer Belastungsminderung bestehen kann.[438] Umsatzsteuerbefreiungen sind in diesem Zusammenhang als Belastungsminderungen im Sinne von sog. „Verschonungssubventionen“ zu qualifizieren.[439] Die Begünstigung setzt allerdings voraus, dass der Vorteilsgewährung nicht zugleich eine angemessene Gegenleistung im Sinne einer Kompensation in Form einer marktüblichen Vergütung gegenübersteht.[440] Nach teilweise vertretener Auffassung soll der Unternehmer jedoch eine marktübliche Gegenleistung für die gewährte Steuerbefreiung erbringen, wenn er Leistungen im Allgemeinwohl erbringt oder staatliche Aufgaben ausführt.[441] Nach Auffassung des EuGH liegt unter folgenden kumulativ zu erfüllenden Voraussetzungen (sog. „Altmark Trans-Kriterien“)[442] keine Vorteilsgewährung vor:[443]

- Das Unternehmen wurde mit der Erfüllung klar definierter gemeinwirtschaftlicher Verpflichtungen betraut, wobei der Betrauungsakt nicht zwingend in Form eines Verwaltungsaktes erfolgen muss, sondern auch in einem Vertrag bestehen kann, solange dieser die rechtliche Verpflichtung des Unternehmers zur Leistungserbringung begründet.

---

438 *Koenig/Paul/Kühling*, in: Streinz, EUV/AEUV, Art. 107 AEUV Rn. 28 ff. m.w.N.; vgl. auch EuGH, *Urteil* vom 15.06.2006 – Rs. C-393/04 und Rs. C-41/05 (Rair Liquide Industries Belgium S.A.), Slg. I 2006, 5293 Rn. 29; *Frick*, Einkommensteuerliche Steuervergünstigungen und Beihilfeverbot nach dem EG-Vertrag, S. 17.

439 Vgl. insoweit *Hoffsümmer*, Steuerbefreiungen, S. 12 ff.; *Helios*, EWS 2005, 208, 211.

440 *Keonig/Paul/Kühling*, in: Streinz, EUV/AEUV, Art. 107 AEUV Rn. 32 m.w.N. insbesondere zur Bestimmung der Marktüblichkeit nach dem sogenannten „market economy investor“.

441 EuGH, *Urteil* v. 22.11.2001 – Rs. C-53/00 (ACOSS), Slg. I 2001, 9067 Rn. 27; EuGH, *Urteil* vom 24.07.2003 – Rs. C-280/00 (Altmark), Slg. I 2003, 7747 Rn. 85; EuGH, Urteil vom 27.11.2003 – verb. Rs. C-34/01 und C-38/01 u.a. (Enirisorse) Slg. I 2003, 14 Rn. 31; EuG, *Urteil* vom 16.09.2004 – Rs. T-274/01 (Valmont/Kommission) Slg. I 2004, 1 Rn. 129 f.; Kommission, *Entscheidung* vom 19.06.2002 – Abl. EU L 247/27 Rn. 66; vgl. hierzu insbesondere *von Wallenberg/Schütte*, in: Grabitz/Hilf/Nettesheim, Das Recht der Europäischen Union, Art. 107 AEUV Rn. 56 ff.; anders noch das EuG, *Urteil* vom 27.02.1997 Rs. T-106/95 (FFSA/Komission) Slg. II 1997, 229 Rn. 167 ff. wonach in solchen Fällen zwar zunächt eine notifizierungspflichtige Beihilfe vorliegt, die jedoch nach Art. 106 Abs. 2 AEUV gerechtferigt sein kann; zu dem Unterschied zwischen dieser sog. „Tatbestandlösung“ und „Rechtfertigungslösung“ siehe *Cremer*, in: Calliess/Ruffert, EGV/AEUV, Art. 107 AEUV Rn. 14.

442 *Cremer*, in: Calliess/Ruffert, EGV/AEUV, Art. 107 AEUV Rn. 14 ff.

443 Vgl. die Zusammenstellung bei *Cremer*, in: Calliess/Ruffert, EGV/AEUV, Art. 107 AEUV Rn. 14 ff. und *Kühling*, in: Streinz, EUV/AEUV, Art. 107 AEUV Rn. 29 ff.

- Die Parameter zur Berechnung der Ausgleichszahlungen sind zuvor von einer unabhängigen Instanz objektiv zu bestimmen und offenzulegen.
- Der Ausgleich ist auf die Kostendeckung (Nettomehrkosten, d.h. Kosten abzüglich der durch die Tätigkeit erzielten Einnahmen) beschränkt,
- hinsichtlich derer, sofern die Kompensationszahlung nicht im Rahmen eines Verfahrens zur Vergabe öffentlicher Aufträge vergeben wurde, ein objektiver Kostenmaßstab anhand eines durchschnittlichen und gut geführten Unternehmens herangezogen wird.

Die Auffassung der Rechtsprechung und der Kommission ist in der Literatur (zu Recht) kritisiert worden.[444] Eine Auseinandersetzung mit der Altmark Trans-Doktrin würde jedoch den Umfang dieser Arbeit übersteigen.

Die Umsatzsteuerbefreiung ehrenamtlicher Tätigkeit kann eine Begünstigung des Unternehmers darstellen, da dieser von den Pflichten eines Steuereinsammlers des Staates ausgenommen wird. Ob eine Begünstigungswirkung auch für den Verbraucher vorliegt, ist eine Frage des Einzelfalles, die davon abhängt, inwieweit auf den Vorumsätzen des ehrenamtlich Tätigen nicht abziehbare Vorsteuerbeträge lasten. Die Begünstigung erfolgt auch durch staatliche Mittel, da der Staat insoweit auf die Erhebung von Umsatzsteuer verzichtet.

Hinsichtlich der hier untersuchten Umsatzsteuerbefreiung ehrenamtlicher Tätigkeit sind die Altmark Trans-Kriterien zudem nicht erfüllt, sodass auch insoweit eine Begünstigung des ehrenamtlich Tätigen nicht ausscheidet. Nach den Altmark Trans-Kriterien ist nämlich gerade eine Betrauung des Unternehmens durch den Staat erforderlich, woran es in den Fällen des § 4 Nr. 26 Buchst b UStG fehlt. Hinzu kommt, dass § 4 Nr. 26 UStG nur über den unbestimmten Rechtsbegriff der „ehrenamtlichen Tätigkeit" (Buchst. a) bzw. der „angemessenen Entschädigung" (Buchst. b) die Höhe der Kompensation beschreibt. Dass dies eine objektive und transparente Bestimmung der Kompensationshöhe im Sinne der Altmark Trans-Doktrin darstellt, ist zu bezweifeln.

444 Vgl. *Hoffsümmer*, Steuerbefreiungen, S. 13 f. der darauf hinweist, dass die durch den Unternehmer erbrachte Gegenleistung nicht in einem Austauschverhältnis zur Vergünstigung steht und im Übrigen die Kosten für die allgemeindienliche Tätigkeit kaum bestimmbar sein werden. Dies trifft gerade – wie im Falle des § 4 Nr. 26 UStG – bei unechten Umsatzsteuerbefreiung zu, da zugleich der Vorsteuerabzug ausgeschlossen ist; vgl. auch *Jansen*, Vorgaben des europäischen Beihilferechts für das nationale Steuerrecht, S. 54.

### (2) Selektivität der Maßnahme

Darüber hinaus setzt Art. 107 Abs. 1 AEUV voraus, dass bestimmte Unternehmen oder Produktionszweige begünstigt werden.[445] Insbesondere Steuererleichterungen, die allen Wirtschaftsteilnehmern zukommen oder eine Differenzierung die aus der Natur oder der Struktur des Systems herrührt, weisen hingegen nicht die für eine unzulässige Beihilfe erforderliche Selektivität auf.[446] Im hier untersuchten Fall der Steuerbefreiung des § 4 Nr. 26 UStG ist eine Selektivität der Begünstigung gegeben, da die Begünstigung ausschließlich an ehrenamtlich tätige Unternehmer gewährt wird.

### (3) Beeinträchtigung des Handels zwischen den Mitgliedstaaten und Rückausnahme für De-minimis-Beihilfen

Ferner muss eine Beihilfe den Wettbewerb verfälschen oder zumindest zu verfälschen drohen, wobei der Begriff der Verfälschung in Art. 107 Abs. 1 AEUV weit ausgelegt wird.[447] Damit fallen zwar Beihilfen, deren Wirkung räumlich auf das Gebiet eines Mitgliedstaates beschränkt sind, nicht unter Art. 107 Abs. 1 AEUV; sofern aber ein begünstigtes Unternehmern im Wettbewerb mit Unternehmen eines anderen Mitgliedstaates steht, kann eine Wettbewerbsbeinträchtigung grds. vorliegen.[448] Dabei ist nicht eine tatsächliche Wettbewerbsbeinträchtigung erforderlich, sondern vielmehr bereits die Eignung zu einer solchen ausreichend.[449] Im vorliegenden Fall ist grds. die Situation vorstellbar, dass ein in einem anderen Mitgliedstaat ansässiger Unternehmer vergleichbare Leistungen erbringt, der auf Grund seiner Nicht-Ansässigkeit in Deutschland nicht die Steuerbefreiung des § 4 Nr. 26 UStG in Anspruch nehmen kann. Insoweit kann er, wenn er insoweit nunmehr deutsche (ggf. unter Anwendung des Reverse-Charge-Verfahrens) oder ausländische Umsatzsteuer abführen muss, gegenüber einem inländischen ehrenamtlich Tätigen einen Wettbewerbsnachteil erleiden. Insoweit ist die

---

445 EuGH, *Urteil* vom 15.12.2005 – Rs. C-66/02 (Italien/Kommission) Slg. I 2005, 10901 Rn. 94; *von Wallenberg/Schütte*, in: Grabitz/Hilf/Nettesheim, Das Recht der Europäischen Union, Art. 107 AEUV Rn. 41 ff.

446 *von Wallenberg/Schütte*, in: Grabitz/Hilf/Nettesheim, Das Recht der Europäischen Union, Art. 107 AEUV Rn. 41 ff.; *Hoffsümmer*, Steuerbefreiungen, S. 19 f.

447 *von Wallenberg/Schütte*, in: Grabitz/Hilf/Nettesheim, Das Recht der Europäischen Union, Art. 107 AEUV Rn. 66.

448 *von Wallenberg/Schütte*, in: Grabitz/Hilf/Nettesheim, Das Recht der Europäischen Union, Art. 107 AEUV Rn. 76.

449 EuGH, *Urteil* vom 21.03.1991 – Rs. C-303/88 (Italien/Kommission) Slg. I 1991, 1433 Rn. 27.

Steuerbefreiung ehrenamtlicher Tätigkeit nach § 4 Nr. 26 UStG geeignet, eine Wettbewerbsverzerrung im Sinne des Art. 107 Abs. 1 AEUV zu verursachen.

Die hier untersuchte Steuerbefreiung der ehrenamtlichen Tätigkeit nach § 4 Nr. 26 UStG ist, obgleich sie die grundsätzliche Definition einer unzulässigen Beihilfe erfüllt, im Ergebnis als sog. „De-minimis"-Beihilfe nicht nach Art. 107 Abs. 1 AEUV unzulässig.

Nach der insoweit eindeutigen Rechtsprechung des EuGH ist für das Vorliegen einer Wettbewerbsverfälschung eine bestimmte Mindestintensität im Sinne einer Spürbarkeit nicht erforderlich.[450] Im Sinne einer Bagatellregelung und zum Zwecke der Ökonomisierung des Verfahrens fallen nach Auffassung der Kommission bestimmte geringfügige Beihilfen nicht unter Art. 107 Abs. 1 AEUV, da sie keine Wettbewerbsbeeinträchtigung entfalten.[451] Demnach fallen aktuell Beihilfen als sog. „De-minimis-Beihilfen" nicht unter Art. 107 Abs. 1 AEUV, wenn sie einen Schwellenwert von 200.000,00 € pro Unternehmer während einer Drei-Jahres-Periode nicht überschreiten.[452] Diese Bagatellregelung, die der Verfahrensvereinfachung und der Konzentration der Kommission auf gewichtige Fälle der Beihilfegewährung dient, wird insgesamt vom EuGH und der Literatur anerkannt.[453]

Die Steuerbefreiung ehrenamtlicher Tätigkeit stellt eine solche De minimis-Beihilfe dar. Eine Entschädigung an einen Unternehmer, die einen Betrag von 200.000,00 € im Jahr überschreitet, ist bereits nach der Rechtsprechung des BFH nicht mehr als § 4 Nr. 26 UStG unterfallend zu qualifizieren. Insoweit wird die Aufwandsentschädigung in den Fällen des § 4 Nr. 26 UStG stets unter dem maßgeblichen Schwellenwert liegen, sodass sie im Ergebnis keine unzulässige Beihilfe darstellt.

450 EuGH, *Urteil* vom 19.09.2000 – Rs. C-156/98 (Deutschland./.Kommission) Slg. I 2000, 6857 Rn. 32, 39; hierzu: *Cremer*, in: Calliess/Ruffert, EUV/AEUV, Art. 107 AEUV Rn. 33.

451 Vgl. hierzu: *Grupp*, in: Bergmann, Handlexikon der Europäischen Union, Stichwort: „De-minimis-Beihilfe".

452 Verordnung (EU) Nr. 1407/2013 der Kommission vom 18. Dezember 2013 über die Anwendung der Artikel 107 und 108 des Vertrags über die Arbeitsweise der Europäischen Union auf De-minimis-Beihilfen, ABl. Nr. L 352 S. 1.

453 Vg. EuGH, *Urteil* vom 26.09.2002 – Rs. C 351/98 (Renove I) Slg. I 2002, 8031 Rn. 51 ff.; *Cremer*, in: Calliess/Ruffert, EUV/AEUV, Art. 107 AEUV Rn. 33 m.w.N.

### *cc) Zusammenfassung der beihilferechtlichen Überprüfung*

Darüber hinaus kann ebenfalls diskutiert werden, ob die Steuerbefreiung der ehrenamtlichen Tätigkeit jedenfalls nach Art. 107 Abs. 1 und 2 AEUV gerechtfertigt ist. Hierauf wird jedoch mangels Entscheidungserheblichkeit nicht eingegangen. Denn die Steuerbefreiung ehrenamtlicher Tätigkeit entfaltet als De-minimis-Beihilfe bereits keine Wettbewerbsverfälschung und ist damit keine unzulässige Beihilfe nach Art. 107 Abs. 1 AEUV.

# C. Die Umsatzsteuerbefreiung ehrenamtlicher Tätigkeit nach § 4 Nr. 26 UStG

## I. Einleitung

Im vorangehenden Abschnitt dieser Arbeit wurden die Vorgaben der 6. MwSt-RL bzw. der MwStSystRL hinsichtlich der mehrwertsteuerlichen Behandlung ehrenamtlicher Tätigkeiten analysiert. Zu diesem Zweck wurde auf die einzelnen Voraussetzungen der Umsatzsteuerbefreiung ehrenamtlicher Tätigkeit nach § 4 Nr. 26 UStG nur insoweit eingegangen, als dies für die Behandlung der sich in diesem Zusammenhang stellenden Fragestellungen notwendig war.[454]

Nachdem im vorstehenden Abschnitt dieser Arbeit als Ergebnis herausgearbeitet wurde, dass nach den Vorgaben der MwStSystRL eine ehrenamtliche Tätigkeit grds. steuerbar und auch nicht steuerbefreit ist – insbesondere nicht durch die zu Art. 4 der 6. MwSt-RL ergangene Protokollerklärung –, ist in diesem Abschnitt der vorliegenden Untersuchung die nationale Vorschrift des § 4 Nr. 26 UStG hinsichtlich ihres genauen Regelungsgehaltes zu untersuchen.

Die Bestimmung des Regelungsinhaltes des § 4 Nr. 26 UStG ist trotz der Richtlinienwidrigkeit der Vorschrift auch nicht entbehrlich. Zum einen steht es dem Steuerpflichtigen auf Grund des Anwendungsvorranges des Europarechts frei, sich wahlweise auf die Steuerpflichtigkeit des Umsatzes nach der MwStSystRL zu berufen oder von den nationalen Behörden die Anwendung der Steuerbefreiung nach § 4 Nr. 26 UStG einzufordern. Sofern der Steuerpflichtige die nationale Regelung angewendet lassen will, ist es in diesem Zusammenhang erforderlich, den Bedeutungsgehalt dieser Vorschrift zu bestimmen.

Auf Grund der Tatsache, dass die ehrenamtliche Tätigkeit regelmäßig gegenüber nicht zum Vorsteuerabzug berechtigten Unternehmern/Einrichtungen im Dritten Sektor (Non-Profit-Bereich)[455] ausgeübt wird, wird die Anwendung des § 4 Nr. 26 UStG in der Praxis den Regelfall ausmachen. Vor diesem Hintergrund hat die Frage nach der zutreffenden Auslegung der Vorschrift eine erhebliche Relevanz in der Praxis.

454 Siehe Abschnitt A.II. dieser Arbeit.

455 Zur Begrifflichkeit *Blankart/Gehrmann*, Der Dritte Sektor in der Europäischen Union: Die Daseinsvorsorge aus ökonomischer Sicht, in: Schmidt-Trenz/Stober, Jahrbuch Recht und Ökonomik des dritten Sektors, S. 36 ff.

## II. Systematik, Zweck und Wirkungsweise der Umsatzsteuerbefreiungen des deutschen Umsatzsteuerrechtes

### 1. Systematisierung der Steuerbefreiungen des UStG

Ein sachgerechtes Verständnis des Anwendungsbereiches und der Wirkung des § 4 Nr. 26 UStG erfordert es, diese Vorschrift in das dogmatische und systematische Gefüge der geltenden Umsatzsteuerbefreiungen des UStG einzuordnen. Deshalb ist es vorab auch notwendig, der eingehenden Analyse der Vorschrift eine kurze Darstellung des Systems der Steuerbefreiungen des UStG in diesem Kapitel voranzustellen.

Die Umsatzsteuerpflichtigkeit eines Umsatzes setzt über dessen Steuerbarkeit hinaus voraus, dass für den betreffenden Umsatz keiner der Steuerbefreiungstatbestände der §§ 4 bis 5 UStG erfüllt ist.[456] Im Ergebnis führen daher sowohl die fehlende Umsatzsteuerbarkeit als auch das Eingreifen einer Steuerbefreiungsvorschrift dazu, dass hinsichtlich des Umsatzes keine Umsatzsteuer entsteht.[457]

Dessen ungeachtet ist die Unterscheidung zwischen umsatzsteuerbaren und umsatzsteuerfreien Umsätzen im Hinblick auf die unterschiedlichen Rechtsfolgen in sowohl materiell-rechtlicher als auch formeller Hinsicht erforderlich.[458] Für die Praxis ist aus formellen Gesichtspunkten vor allem der Aspekt relevant, dass für den Fall der steuerfreien Umsätze gleichwohl die besonderen Aufzeichnungspflichten nach Maßgabe des § 22 UStG und die Erklärungspflichten nach Maßgabe des § 18 UStG einschlägig sind.[459] Für einige Steuerbefreiungen gelten darüber hinaus besondere Nachweispflichten, wie z.B. grenzüberschreitende Umsätze (innergemeinschaftliche Lieferungen und die Ausfuhrlieferungen).[460] Im Hinblick auf das materielle Umsatzsteuerrecht sind die Auswirkungen einer Steuerbefreiung auf die Berechtigung zum Vorsteuerabzug erheblich.[461]

---

456 *Stadie*, in: Rau/Dürrwächter, UStG, Vor §§ 4–9 Rn. 6; *Treiber*, in: Sölch/Ringleb, UStG § 4 Rn. 2.

457 *Treiber*, in: Sölch/Ringleb, UStG § 4 Rn. 2; *Englisch*, in: Tipke/Lang, Steuerrecht, § 17 Rn. 195.

458 *Englisch*, in: Tipke/Lang, Steuerrecht, § 17 Rn. 195.

459 *Fritsch*, in: Reiß/Kraeusel/Langer, UStG, § 22 Rn. 14.1; *Heidner*, in: Bunjes, UStG, § 4 Rn. 12.

460 Vgl. hierzu nur *Lembke*, SteuK 2010, 449; *Weber*, MwStR 2013, 145.

461 *Kraeusel*, in: Reiß/Kraeusel/Langer, UStG, § 4 Rn. 3; *Treiber*, in: Sölch/Ringleb, UStG, § 4 Rn. 4.

Die verschiedenen im UStG normierten Steuerbefreiungen lassen sich wie folgt systematisieren:[462]

### a) *Differenzierung nach dem Zweck*

Die Steuerbefreiungen des UStG lassen sich zunächst nach ihrem Zweck unterteilen, welcher jeweils auch als Rechtfertigungsgrund für die Durchbrechung des Grundsatzes von der Mehrwertsteuer als allgemeiner Konsumsteuer nach Art. 1 Abs. 2 MwStSystRL[463] herangezogen werden kann.[464] Dabei werden Umsatzsteuerbefreiungen aus ganz unterschiedlichen Gründen gewährt:

#### aa) *Steuerbefreiungen zur Vermeidung der Doppelbesteuerung*

Eine erste Gruppe von Steuerbefreiungen bezweckt die Vermeidung einer mehrwertsteuerlichen Doppelbesteuerung.[465] Zu dieser Fallgruppe gehören insbesondere die Steuerbefreiungen für grenzüberschreitende Lieferungen (Ausfuhrumsätze bzw. innergemeinschaftliche Lieferungen) sowie die in § 4 Nr. 1 bis 5 UStG normierten Tatbestände, welche der Verwirklichung des Bestimmungslandprinzips und damit der Herstellung der Wettbewerbsneutralität im Verhältnis zur Leistungserbringung im Inland dienen.[466]

---

462 Vgl. die Systematisierungen bei: *Kraeusel*, in: Reiß/Kraeusel/Langer, UStG, § 4 Rn. 1; *Treiber*, in: Sölch/Ringleb, UStG, § 4 Rn. 1–5; *Lippross*, Umsatzsteuer, S. 498; eine entsprechende Systematik lässt sich auch für die MwStSystRL aufstellen. So sind in Art. 132–134 gemeinwohlorientierte Befreiungsvorschriften, in Art. 135–137 andere befreite Tätigkeiten und schließlich in Art. 138–145 und Art. 143–167 Befreiungen für den grenzüberschreitenden innergemeinschaftlichen Handel und mit Drittstaaten geregelt, vgl. hierzu auch *Englisch*, in: Tipke/Lang, § 17 Rn. 198.

463 Vgl. hierzu: EuGH, *Urteil* vom 15.06.1989 – Rs. C-348/87 (Stichting Uitvoering Financiële Acties) Slg. 1989, 1737 Rn. 13; *Urteil* vom 10.06.2010 – Rs. C-262/08, (CopyGene) Slg. I 2010, 5053 Rn. 26; *Heidner*, in Bunjes/Geist, UStG, § 4 Rn. 5; *Stadie*, in: Rau/Dürrwächter, UStG, Vor §§ 4–9 Rn. 19.

464 Siehe zur Systematisierung der Umsatzsteuerbefreiung unter dem Gesichtspunkt des Rechtfertigungsgrundes *Englisch*, in: Tipke/Lang, Steuerrecht, § 17 Rn. 197 ff.

465 *Jatzke*, in: Sölch/Ringleb, UStG, § 7 Rn. 15; *Stadie*, in: Rau/Dürrwächter, UStG, Vor §§ 4–9 Rn. 11, 53; *Englisch*, in: Tipke/Lang, Steuerrecht, § 17 Rn. 204.

466 *Stadie*, in: Rau/Dürrwächter, UStG, Vor §§ 4–9 Rn. 11, 53.

### *bb) Steuerbefreiungen mit sozialpolitischen Zielen*

Mit einer zweiten Gruppe von Umsatzsteuerbefreiungen werden hingegen sozialpolitische Ziele verfolgt.[467] Zu dieser Fallgruppe zählen insbesondere die Steuerbefreiungen nach § 4 Nr. 12 UStG (Grundstücksvermietung), § 4 Nr. 14 bis 17 UStG (verschiedene Gesundheitsvorsorgeleistungen) sowie die Steuerbefreiungen des § 4 Nr. 20 bis 23 UStG (Umsätze betreffend kulturelle Einrichtungen).[468] Dem Gesetzgeber kommt es zur Verwirklichung des Sozialstaatsprinzips darauf an, für bestimmte Leistungen an den Verbraucher (zumindest auf der letzten Stufe) Umsatzsteuerfreiheit zu gewähren, um das Entgelt nicht zusätzlich mit Umsatzsteuer zu belasten.[469]

### *cc) Steuerbefreiungen aus Vereinfachungsgründen*

Eine weitere Gruppe von Steuerbefreiungen besteht aus Vereinfachungsgründen.[470] Hierzu zählt z.B. die Befreiung nach § 4 Nr. 28 UStG, da in den dort genannten Fällen auf eine Vorsteuerkorrektur nach § 15a UStG verzichtet wird.[471] Ferner können in diesem Zusammenhang die Steuerbefreiungen für Finanzdienstleistungen nach § 4 Nr. 8 UStG sowie die Steuerbefreiung für die Vermietungsumsätze nach § 4 Nr. 12 UStG genannt werden.[472]

### *dd) Steuerbefreiungen mit heterogenen Zielen*

Darüber hinaus verfolgen einzelne Steuerbefreiungen keinen erkennbaren Zweck bzw. ihr Zweck lässt sich nicht ohne weiteres in die vorbenannten Kriterien integrieren.[473] Trotz des logischen Vorranges der Frage der Umsatzsteuerbarkeit vor der Frage der Steuerpflichtigkeit eines Umsatzes sieht das UStG z.B. auch Steuerbefreiungen für Umsätze vor, die bereits nicht steuerbar sind. Hierzu gehören die Lieferung von gesetzlichen Zahlungsmitteln zum Nennwert

---

467 *Hoffsümmer*, Steuerbefreiungen, S. 93 ff.; in Art. 132 MwStSystRL wird insoweit von „Steuerbefreiungen für bestimmte, dem Gemeinwohl dienende Tätigkeiten" gesprochen.

468 Siehe hierzu: *Stadie*, in: Rau/Dürrwächter, UStG, Vor §§ 4–9 Rn. 61 ff.

469 *Englisch*, in: Tipke/Lang, Steuerrecht, § 17 Rn. 200 ff.

470 *Hoffsümmer*, Steuerbefreiungen, S. 143 ff.

471 *Stadie*, in: Rau/Dürrwächter, UStG, Vor §§ 4–9 Rn. 69 ff.

472 *Englisch*, in: Tipke/Lang, Steuerrecht, § 17 Rn. 202; *Stadie*, in: Rau/Dürrwächter, UStG, Vor §§ 4–9 Rn. 61.

473 *Stadie*, DStJG 33 (1999), 143, 149; vgl. aber auch die weitergehende Differenzierung von *Stadie*, in: Rau/Dürrwächter, UStG, Vor §§ 4–9 Rn. 52 ff. und *Englisch*, in: Tipke/Lang, Steuerrecht, § 17 Rn. 202–205.

(§ 4 Nr. 8 Buchst. b UStG), die Abtretung von Geldforderungen (§ 4 Nr. 8 Buchst. c UStG) sowie regelmäßig (auf Grund mangelnder Unternehmereigenschaft der Wohnungseigentümergemeinschaften) die von § 4 Nr. 13 erfassten Umsätze.[474] Hier wird der Gesetzeszweck darin gesehen, dass den Vorschriften lediglich klarstellende Bedeutung zukommt.[475]

#### *ee) Auswirkung der Unterscheidung auf den Vorsteuerabzug*

Zwischen den vorbenannten verschiedenen Gruppen von Steuerbefreiungen ist eine Unterscheidung im Hinblick auf den Vorsteuerabzug möglich. Bei den Steuerbefreiungen zur Vermeidung der Doppelbesteuerung bzw. zur Herstellung der Wettbewerbsneutralität (§ 4 Nr. 1 bis 7 UStG) sind die mit diesen Umsätzen zusammenhängenden Vorleistungen zum Vorsteuerabzug zugelassen.[476] Hingegen ist dies für Steuerbefreiungen aus sozialpolitischen Erwägungen, Vereinfachungsgründen oder sonstigen Gründen (§ 4 Nr. 8 bis 28 UStG) grds. nicht der Fall.[477] Die sog. „Fiktion eines Nullsatzes" gilt damit gerade für die Umsatzsteuerbefreiung aus sozialpolitischen Gründen nicht, was unter Verletzung des Neutralitätsprinzips und des Verbrauchsteuerprinzips zu einer systemwidrigen Belastung auf der Endverbrauchsstufe führt.[478]

### *b) Unterscheidung zwischen subjektiven und objektiven Steuerbefreiungen*

Die geltenden Umsatzsteuerbefreiungen des UStG lassen sich zudem in objektive und subjektive Steuerbefreiungen unterscheiden.[479] Objektive Umsatzsteuerbefreiungen haben als Bezugspunkt die Tätigkeit oder die Art des Umsatzes.[480] Aus ihrem Grundtatbestand werden besondere Tatbestände herausgenommen.[481] Ihnen ist gemein, dass sie nicht den Unternehmer als solchen, sondern den Empfänger der Umsätze begünstigen wollen.[482]

---

474 *Stadie*, in: Rau/Dürrwächter, UStG, Vor §§ 4–9 Rn. 80.
475 *Stadie*, in: Rau/Dürrwächter, UStG, Vor §§ 4–9 Rn. 80.
476 *Stadie*, in: Rau/Dürrwächter, UStG, Vor §§ 4–9 Rn. 92; *Stadie*, UStG, Vor §§ 4–9 Rn. 7.
477 *Englisch*, in Tipke/Lang, Steuerrecht, § 17 Rn. 206.
478 So auch *Kraeusel*, in: Reiß/Kraeusel/Langer, UStG, § 4 Rn. 3; *Frink*, Der Ausschluss des Vorsteuerabzugs, S. 93 ff.; *Söhn*, StuW 1976, 1, 24 ff.
479 *Hoffsümmer*, Steuerbefreiungen, S. 90.
480 *Stadie*, in: Rau/Dürrwächter, UStG, Vor §§ 4–9 UStG Rn. 84; *Englisch*, in: Tipke/Lang, Steuerrecht, § 17 Rn. 195.
481 *Hoffsümmer*, Steuerbefreiungen, S. 90.
482 *Stadie*, UStG, Vor §§ 4 bis 9 Rn. 84.

Dagegen knüpfen subjektive Steuerbefreiungen an personenbezogene Merkmale oder Eigenschaften des den Umsatz erbringenden Unternehmers an.[483] Ein Beispiel für eine subjektive Steuerbefreiung ist die Umsatzsteuerbefreiung für Blinde nach § 4 Nr. 19 UStG.[484] Subjektive Umsatzsteuerbefreiungen sind in der auf Überwälzung gerichteten Umsatzsteuer insoweit ein Fremdkörper, als mit ihnen gerade nicht der Abnehmer/Verbraucher begünstigt werden soll; subjektive Steuerbefreiungen sollen vielmehr den leistenden Unternehmer begünstigen, der allerdings durch den korrespondierenden Vorsteuerabzug ohnehin nicht mit der Umsatzsteuer belastet wird.[485] Die subjektive Steuerbefreiung unter Gewährung des Vorsteuerabzuges für Eingangsleistungen führt im Ergebnis dazu, dass der subjektiv steuerbefreite Unternehmer seine Leistungen um die Umsatzsteuer verbilligt am Markt anbieten kann, was erkennbar zu einer Wettbewerbsverzerrung führt bzw. führen kann.[486]

Dass die Differenzierung zwischen subjektiver und objektiver Steuerbefreiung nicht immer einfach und eindeutig ist, wird am Beispiel der Umsatzsteuerbefreiung für Umsätze von juristischen Personen des öffentlichen Rechts nach § 4 Nr. 16 Buchst. a UStG und für Umsätze von amtlich anerkannten Verbänden der Wohlfahrtspflege nach § 4 Nr. 18 UStG deutlich. Diese Befreiungen knüpfen tatbestandlich an eine bestimmte Eigenschaft des leistungserbringenden Unternehmens an.[487] Dies kann jedoch nicht zu dem Schluss führen, sie als subjektive Steuerbefreiungen zu werten.[488] Den beispielhaft angeführten Steuerbefreiungen ist gemein, dass die Unternehmer in den konkreten Fällen i. d. R. ohne Gewinnerzielungsabsicht und für soziale bzw. gesellschaftlich anerkannte Zwecke tätig sind und daher durch die Umsatzsteuerbefreiung in ihrer Wirkungsweise die

483 *Englisch*, in: Tipke/Lang, Steuerrecht, § 17 Rn. 195.

484 *Stadie*, in: Rau/Dürrwächter, UStG, Vor §§ 4–9 Rn. 85; vgl. zur Regelung und zu den damit in der Praxis bestehenden Problemen des § 4 Nr. 19 UStG *Kulmsee*, in: Reiß/Kraeusel/Langer, UStG, § 4 Nr. 19 Rn. 1 ff.

485 Zu diesem Widerspruch siehe auch *Stadie*, UStG, § 4 Nr. 19 Rn. 1.

486 *Stadie*, UStG, § 4 Nr. 19 Rn. 1; Zudem hat gerade die Umsatzsteuerbefreiung für Blinde gezeigt, dass subjektive Steuerbefreiungen in erheblichem Maße Steuerpflichtige zu Gestaltungsmaßnahmen verleiten. Hier sei nur das Beispiel des blinden Tankstellenbetreibers genannt, der nur als Strohmann zum Zwecke der Erlangung der Umsatzsteuerbefreiung agiert; vgl. nur den Fall bei BFH, *Urteil* vom 15.07.1987 - X R 19/80, BFHE 150, 459 = BStBl II 1987, 746; *Englisch*, in: Tipke/Lang, Steuerrecht, § 17 Rn. 198.

487 *Stadie*, in: Rau/Dürrwächter, UStG, Vor §§ 4–9 Rn. 84.

488 So für § 4 Nr. 18 UStG aber *Husmann*, in: Rau/Dürrwächter, UStG, § 4 Nr. 28 Rn 5.

Kosten gerade für die erbrachte Leistung gegenüber dem Endabnehmer gesenkt werden sollen.[489]

Objektive Steuerbefreiungen führen i. d. R. nicht zu einer Wettbewerbsverzerrung zwischen den Unternehmern, da die miteinander konkurrierenden Unternehmen gleichermaßen unter die Steuerbefreiung fallen, sodass sie unionsrechtlich und auch vor dem Hintergrund des Gleichheitssatzes grds. nicht zu beanstanden sind, wohingegen subjektive Umsatzsteuerbefreiungen im geltenden Umsatzsteuersystem vor dem Hintergrund der Rechtsformneutralität und damit auch des Neutralitätsgebotes (unter dem Gesichtspunkt der Wettbewerbsneutralität) problematisch sind.[490] Sie können zu einer wirtschaftlichen Begünstigung des umsatzsteuerbefreit leistenden Unternehmers führen, die durch eine evtl. Berechtigung zum Vorsteuerabzug noch gesteigert wird.[491] Nach Auffassung des BVerfG sind Steuerbefreiungen nur legitim, wenn sie im Interesse der Verbraucher, nicht jedoch im Interesse des leistenden Unternehmens gewährt werden.[492] Dementsprechend dürfen Steuerbefreiungen auch nicht an die Rechtsform oder an sonstige persönlichen Merkmale des Unternehmers anknüpfen.[493] Das bedeutet in letzter Konsequenz, dass eine Steuerbefreiung, die an die Eigenschaften eines Unternehmers anknüpft, grds. gegen das Neutralitätsverbot verstößt.[494]

---

489 So zutreffend *Stadie*, UStG, vor §§ 4 bis 9 Rn 84; so auch *Hoffsümmer*, Steuerbefreiungen, S. 90, der das Anknüpfen einer Steuerbefreiung an persönliche Merkmale für solange nicht beanstandenswert hält, als die Vorschrift als objektive Steuerbefreiung wirkt; vgl. auch: *Lubitz*, Die Steuerbefreiungen kultur- und bildungspolitischer Art, S. 99, *Reiß*, in: Tipke/Lang (Aufl. 20), Steuerrecht, § 14 Rn. 88.

490 *Hoffsümmer*, Steuerbefreiungen, S. 73 f.

491 Siehe zur Wirkung der subjektiven Steurbefreiung des § 4 Nr. 19 UStG: *Englisch*, in: Tipke/Lang, Steuerrecht, § 17 Rn. 198.

492 BVerfG, *Beschluss* vom 29.10.1999 – 2 BvR 1264/90, BVerfGE 101, 132, 139; BStBl. 2000, 158, 159; ebenso *Hoffsümmer*, Steuerbefreiungen, S. 73; a.A. *Englisch*, in: Tipke/Lang, Steuerrecht, § 17 Rn. 199 der eine im Interesse des leistenden Unternehmers liegende Steuerbefreiung als Durchbrechung des allgemeiner Verbrauchsbesteuerung versteht.

493 EuGH, *Urteil* vom 07.09.1999 – Rs. C-216/97 (Gregg) Slg. I 1999, 4947 Rn.18 f.; vgl. auch *Englisch*, in: Tipke/Lang, Steuerrecht, § 17 Rn. 199.

494 So wird insbesondere die Umsatzsteuerbefreiung für Blinde als mit den Prinzipien der MwStSystRL unvereinbar angesehen, siehe: *Stadie*, in: Rau/Dürrwächter, UStG, Vor §§ 4–9 Rn. 85. Nicht unerwähnt sollte an dieser Stelle bleiben, dass gerade subjektive Umsatzsteuerbefreiungen die besondere Gefahr der Wettbewerbsverzerrungen verursachen wie das Gestaltungsbeispiel der blinden Tankstellenpächter deutlich macht.

### c) *Differenzierung nach Umsatz- und Empfängerbezug*

Entsprechend dem Charakter der Umsatzsteuer als indirekter Steuer, die bereits aus Praktikabilitätsgründen grds. nicht auf die individuellen und konkreten Eigenschaften bzw. Verhältnisse des Leistungsempfängers abstellen kann, ist die überwiegende Mehrheit der Steuerbefreiungen umsatzbezogen, d.h. sie knüpfen an Merkmale wie der Art des Umsatzes, seiner Ausführung etc. an, nicht jedoch an die Eigenschaften des Empfängers der Leistung.[495] Ausnahmsweise ist das Eingreifen eines Befreiungstatbestandes davon abhängig, dass die Leistungen gegenüber ganz bestimmten Empfängern erbracht werden.[496] Beispielhaft sei hier die Steuerbefreiung für Leistungen gegenüber Streitkräften anderer NATO-Mitgliedstaaten nach § 4 Nr. 7 UStG erwähnt, welche die Entlastung des Endverbrauchs der militärischen Truppenteile und damit die Entlastung der Haushalte der die fremden Truppen unterhaltenden Staaten bezweckt.[497]

### d) *Differenzierung nach der Möglichkeit zum Vorsteuerabzug*

Über die vorbenannten Unterscheidungen hinaus, sind die Steuerbefreiungen – vor allem aus praktischen Gründen – im Hinblick auf den Vorsteuerabzug zu unterscheiden.[498] Grundsätzlich sieht § 15 Abs. 2 Satz 1 Nr. 1 UStG für steuerfreie Umsätze einen Ausschluss des Vorsteuerabzugs vor. Sofern die Ausführung steuerfreier Ausgangsumsätze für mit diesen im Zusammenhang stehenden Eingangsumsätzen zum Ausschluss des Vorsteuerabzugs führt, spricht man insoweit von sog. „unechten Steuerbefreiungen“.[499] Daneben sieht das UStG auch sog. „echte Steuerbefreiungen“ vor, bei denen der Vorsteuerabzug erhalten bleibt (§ 15 Abs. 3 UStG).[500] Im Einzelnen hat im Hinblick auf die Wirkung des Vorsteuerabzugs folgende Systematisierung zu erfolgen.

#### aa) *Unechte Steuerbefreiungen*

Die Folge des Ausschlusses des Vorsteuerabzugs auf Eingangsleistungen bei Erbringung steuerbefreiter Ausgangsumsätze ist, dass die nichtabziehbaren Vorsteuerbeträge Kosten der Leistungserbringung darstellen.[501] Dies hat

---

495 *Stadie*, in: Rau/Dürrwächter, UStG, Vor §§ 4–9 Rn. 89.
496 *Stadie*, in: Rau/Dürrwächter, UStG, Vor §§ 4–9 Rn. 90.
497 Siehe hierzu *Hummel*, in: Rau/Dürrwächter, UStG, § 4 Nr. 7 Rn. 15 f.
498 *Dziadkowski*, UR 2006, 87, 89 f.; *Stadie*, DStJG 32 (2009), 143, 149 ff.
499 *Stadie*, UStG, § 15 Rn. 348.
500 Vgl. die Zusammenstellung bei *Kraeusel*, in: Reiss/Kraeusel/Langer, UStG, § 4 Rn 1.
501 *Stadie*, UStG, § 15 Rn. 348.

unterschiedliche Konsequenzen in Abhängigkeit davon, auf welcher Stufe des Umsatzes die Steuerbefreiung eintritt.

### (1) Endstufenbefreiungen

Der leistende Unternehmer wird versuchen, die nicht abziehbaren Vorsteuerbeträge – die bei ihm Kosten der Leistungserbringung darstellen – auf seinen Abnehmer abzuwälzen, was ihm auch regelmäßig gelingen wird, wenn es sich bei der Steuerbefreiung um eine Endstufenbefreiung handelt.[502] Dies liegt daran, dass im Falle einer Endstufenbefreiung die mit ihm in Konkurrenz stehenden Unternehmen ebenfalls unter die Steuerbefreiung fallen, wobei zu unterstellen ist, dass Eingangsleistungen in etwa gleichem Umfang angefallen sind.[503] Sind im Einzelfall die Vorsteuerbeträge des Unternehmers allerdings höher als die seiner Konkurrenten, so wird die Überwälzung nicht immer in voller Höhe gelingen, sodass der Unternehmer in diesem Fall mit der nicht abziehbaren Vorsteuer zum Teil endgültig belastet und er selbst mangels Überwälzung im Ergebnis Steuerträger wäre.[504]

Durch den Eingang der nicht abziehbaren Vorsteuer als Kostenfaktor in den Preis, bewirkt eine Endstufenbefreiung keine vollständige Entlastung von der Umsatzsteuer, da die Steuerbelastung versteckt, d.h. ohne offenen Steuerausweis, an den Endabnehmer weitergegeben wird. Im Ergebnis beschränkt sich daher die Entlastungswirkung der Steuerbefreiung auf die eigene Wertschöpfung des steuerbefreit leistenden Unternehmens und wirkt wie eine Ermäßigung des Umsatzsteuersatzes, welche abhängig ist vom Umfang der nicht abziehbaren Vorsteuerbeträge.[505] Voraussetzung für die oben beschriebene Ermäßigungswirkung ist allerdings, dass die Befreiung auf der Endstufe wirkt, was dann der Fall ist, wenn der Empfänger des steuerbefreiten Umsatzes Nichtunternehmer ist oder die Leistung nicht für sein Unternehmen bezieht bzw. ein nicht zum Vorsteuerabzug berechtigter Unternehmer ist.[506]

Da im Fall einer subjektiven Steuerbefreiung der Unternehmer seine Leistungen zum gleichen Preis wie seine Konkurrenten anbieten kann, ohne dabei Umsatzsteuer einbehalten zu müssen, führen auf der Endstufe wirkende subjektive

---

502 *Stadie*, UStG, § 15 Rn. 348.

503 *Stadie*, UStG, § 15 Rn. 348.

504 Auf diesen Umstand weist insbesonndere hin *Stadie*, in: Rau/Dürrwächter, UStG, Vor §§ 4-9 Rn. 97.

505 Vgl. *Stadie*, UStG, Vor §§ 4 – 9 Rn 9 und 95, der insoweit von einer „heimlichen Steuerbelastung" spricht.

506 Vgl. *Stadie*, in: Rau/Dürrwächter, UStG, Vor 4-9 Rn. 99.

Steuerbefreiungen zu einer echten Begünstigung im Sinne einer Subvention des leistenden Unternehmers, die umso größer ausfällt, je höher dessen Wertschöpfungsleistung ist.[507]

### (2) Zwischenstufenbefreiungen

Von der oben beschriebenen Wirkungsweise der Endstufenbefreiung ist die Wirkung von Zwischenstufenbefreiungen zu unterscheiden. Bei einer als Zwischenstufenbefreiung wirkenden Steuerbefreiung leistet der Unternehmer steuerbefreit an einen Unternehmer, der die erhaltene Leistung seinerseits für steuerbarere und steuerpflichtige Verwendungsumsätze verwendet.[508] Da bei der Leistung des Zwischenunternehmers an den Endverbraucher der gesamte Mehrwert des Vor- und Verwendungsumsatzes des Zwischenunternehmers mit Umsatzsteuer belastet wird, kommt es auf Grund des Allphasensystems der Umsatzsteuer zu einer Nachholwirkung der Umsatzbesteuerung.[509] Im Ergebnis wird daher bei der Leistung an den Endabnehmer die Umsatzsteuer auf den – an sich steuerbefreiten – Vorumsatz nacherhoben.[510] Der Gefahr, dass es mangels tatsächlicher Überwälzbarkeit der Umsatzsteuer auf den Endabnehmer zur Steuerkumulation kommt, kann der Unternehmer ggf. mittels Option (§ 9 UStG) begegnen.[511]

Bei subjektiven Steuerbefreiungen (§ 4 Nr. 19 UStG) – wie auch bei der Kleinunternehmerregelung – liegt bei Zwischenumsätzen ein Wettbewerbsnachteil vor, weil der steuerbefreite Eingangsumsätze beziehende Zwischenunternehmer mit nicht abziehbarer Vorsteuer belastet bleibt.[512]

### *bb) Echte Steuerbefreiungen*

Bei den echten Steuerbefreiungen hingegen bleibt der Vorsteuerabzug erhalten, sodass die Umsätze im Ergebnis vollständig von der Umsatzsteuer entlastet bleiben.[513]

---

507 *Stadie*, in: Rau/Dürrwächter, UStG, Vor 4–9 Rn. 99.

508 *Stadie*, in: Rau/Dürrwächter, UStG, Vor §§ 4–9 Rn. 100; *Reiß*, UR 2003, 210 ff.

509 *Reiß*, UR 2003, 209, 210 ff.

510 *Reiß*, UR 2003, 209, 211.

511 *Stadie*, UStG, Vor §§ 4 bis 9 Rn 101; *Lippross*, Umsatzsteuer, S. 407.

512 Vgl. *Stadie*, in: Rau/Dürrwächter, UStG, Vor §§ 4–9 Rn. 100.

513 *Stadie*, in: Rau/Dürrwächter, UStG, Vor §§ 4–9 Rn. 92.

### e) *Differenzierung nach der Verzichtsmöglichkeit*

Um die nachteiligen Wirkungen von Steuerbefreiungen vor allem auf Zwischenumsätze zu vermeiden, ist im Gesetz die Möglichkeit vorgesehen, auf bestimmte Steuerbefreiungen nach § 9 UStG zu verzichten.[514] Daneben ist es im Einzelfall auch möglich, durch die Nichtbeibringung von erforderlichen Nachweisen „faktisch" auf die Anwendung einer Steuerbefreiung zu verzichten.[515]

#### aa) *Verzicht nach § 9 UStG*

Nach § 9 UStG kann der Unternehmer auf die Anwendung von bestimmten – enumerativ aufgezählten – Steuerbefreiungen verzichten. Der Gesetzgeber hat durch die in § 9 UStG abschließend aufgezählten verzichtsfähigen Steuerbefreiungen die MwStSystRL, die dem nationalen Gesetzgeber eine Optionsmöglichkeit für sämtliche Steuerbefreiungen einräumt, nur sehr selektiv umgesetzt. Der Verzicht auf eine Steuerbefreiung bietet sich insbesondere dann an, wenn auf die Eingangsleistungen hohe Vorsteuerbeträge entfallen, so dass diese im Falle einer Steuerbefreiung nicht erstattet werden.[516] Diejenigen Steuerbefreiungen, die von der Option nach § 9 Abs. 1 UStG ausgenommen sind, betreffen typischerweise nicht gegenüber Unternehmern erbrachte Leistungen, sodass insoweit grds. kein Wettbewerbsnachteil besteht, da in der Regel der Leistungsempfänger kein vorsteuerabzugsberechtigter Unternehmer ist.[517]

#### bb) *„Faktischer" Verzicht*

Sofern der Verzicht auf eine Steuerbefreiung nach § 9 UStG nicht möglich ist, kann der Unternehmer versuchen, ein „faktisches Wahlrecht" steuergestaltend durch Vermeidung der Erfüllung der (materiellen) Tatbestandsvoraussetzungen der Steuerbefreiungen auszuüben. Unter dem Gesichtspunkt der Tatbestandsmäßigkeit der Besteuerung ist es jedoch dann problematisch, wenn der Unternehmer das Eingreifen der Steuerbefreiung dadurch versucht zu vermeiden, dass er etwaige erforderliche (formelle) Nachweise oder Bescheinigungen nicht

---

514 *Heidner*, in: Bunjes, UStG, § 9 Rn. 1; *Klenk*, in: Sölch/Ringleb, UStG, § 9 Rn. 2; *Lippross*, Umsatzsteuer, S. 407.

515 Siehe zur Problematik eines faktischen Verzichtes auf eine Steuerbefreiung *Stadie*, in: Rau/Dürrwächter, UStG, Vor §§ 4–9 Rn. 108 ff.

516 *Klenk*, in: Sölch/Ringleb, UStG, § 9 Rn. 2.

517 *Stadie*, UStG, Vor §§ 4–9 Rn. 13–14.

vorlegt.[518] Beispielhaft kann hier der Fall der § 4 Nr. 20 Buchst. a S. 2 UStG und § 4 Nr. 21 Buchst a Doppelbuchst. bb UStG erwähnt werden, die für die Umsatzsteuerbefreiung tatbestandsmäßig die Vorlage einer Bescheinigung einer Behörde voraussetzen.[519] Ein weiteres Beispiel ist die Erfüllung der Buch- und Belegnachweise bei innergemeinschaftlichen Lieferungen oder Ausfuhrlieferungen.[520] In diesen Fällen muss man differenzieren, ob die Vorlage/ der Besitz von entsprechenden Unterlagen/Dokumenten materielle Voraussetzung der Steuerbefreiung ist oder (lediglich) einen formellen Nachweis für das Vorliegen der (materiellen) Tatbestandsvoraussetzungen der Steuerbefreiung darstellen soll. Soweit eine Steuerbefreiung bereits tatbestandlich einen bestimmten Nachweis/ eine bestimmte Bescheinigung (wie dies in den Fällen der § 4 Nr. 20 Buchst. a S. 2 UStG und § 4 Nr. 21 Buchst a Doppelbuchst. bb UStG der Fall ist) erfordert, kann der Steuerpflichtige durch die Nichtvorlage der Bescheinigung faktisch ein Wahlrecht zur Steuerpflicht vornehmen.[521] Sofern, wie in den Fällen der Steuerbefreiung der innergemeinschaftlichen Lieferung oder der Ausfuhrlieferung, eine Steuerbefreiung lediglich den zusätzlichen formellen Nachweis über das Vorliegen der materiellen Voraussetzung der Steuerbefreiung erfordert, führt die Nichtbeibringung der Nachweise nicht zur Behandlung des Umsatzes als steuerpflichtig.[522] Dies folgt aus dem Grundsatz der Tatbestandsmäßigkeit der Besteuerung, wonach bei Erfüllung des Steuertatbestandes die dafür vorgesehene Rechtsfolge zwingend anzuwenden ist.[523]

518 Vgl. zu diesen Fallkostellationen *Stadie*, in: Rau/Dürrwächter, UStG, Vor §§ 4–9 Rn. 108 ff.

519 Vgl. zu diesen Fallkostellationen *Stadie*, in: Rau/Dürrwächter, UStG, Vor §§ 4–9 Rn. 108 ff.

520 Insbesondere in komplexen Fällen (innergemeinschaftlicher Lohnveredelung etc.) hat das liefernder Unternehmen in der Vergangenheit häufig – trotz Vorliegens einer innergemeinschaftlichen Lieferung – Rechnungen mit Umsatzsteuerausweis ausgestellt und die Buch- und Belegnachweise nicht vorgelegt. Der Abnehmer wurde dann auf das Vorsteuervergütungsverfahren verwiesen. Diese Praxis war für die Liefernden Unternehmen ohne Risiko. Zu dieser Praxis vgl. *Sterzinger*, in: Birkenfeld/Wäger, Umsatzsteuer-Handbuch, § 214 Rn. 97.

521 *Stadie*, in: Rau/Dürrwächter, UStG, Vor §§ 4–9 Rn. 108 ff.

522 Siehe *Sterzinger*, in: Birkenfeld/Wäger, Umsatzsteuer-Handbuch, § 214 Rn. 98.

523 Vgl. *Gersch*, in: Klein, AO, § 3 Rn. 11; *Koenig*, in: Koenig, AO, § 3 Rn. 50 ff.

## 2. Auslegung der Normen des nationalen Umsatzsteuerrechts

### *a) Einleitung*

Die Bestimmung des konkreten Anwendungsbereiches und der Teleologie des § 4 Nr. 26 UStG erfordert es, in einem Überblick die für das Umsatzsteuerrecht maßgeblichen Auslegungsgrundsätze kurz darzustellen. Nachfolgend sollen daher zunächst die nationalen Auslegungsgrundsätze dargestellt werden. Sodann soll in einem zweiten Schritt untersucht werden, inwiefern spezifische Auslegungsgrundsätze des EU-Rechts bestehen und die nationalen Auslegungsgrundsätze überformen. Sie sollen hier allerdings nur insoweit dargestellt werden, als dies für die vorliegende Untersuchung unbedingt erforderlich ist.

### *b) Auslegung anhand der nationalen (klassischen) Auslegungsgrundsätze*

Das UStG sowie die darin enthaltenen Umsatzsteuerbefreiungen, werden als Teil der deutschen Steuerrechtsordnung anhand der Maßgaben der klassischen juristischen Auslegungsmethode[524] ausgelegt.[525] Demzufolge sind sie anhand des historischen Willens des Gesetzgebers, ihrem Wortsinn, ihrer systematischen Stellung sowie ihres objektiv verfolgten Zweckes auszulegen.[526] Diese klassische juristische Auslegungsmethodik ist auch dann anzuwenden, wenn die auszulegenden Vorschriften die Umsetzung einer EU-Richtlinie darstellen, da die in innerdeutsches Recht umgesetzten Regelungen der Richtlinie die Rechtsnormqualität eines deutschen Gesetzes haben.[527] Auf die detaillierte Darstellung der Auslegungsgrundsätze nach deutschem Verständnis wird an dieser Stelle verzichtet. Sofern sich Unterschiede bzw. Nuancen gegenüber der Auslegungsmethodik des EuGH ergeben, wird hierauf im Zusammenhang mit der Darstellung Auslegungmethodik des EuGH eingegangen.

### *c) Auslegung des UStG anhand EU-spezifischer Auslegungsgrundsätze*

#### *aa) Pflicht zur richtlinienkonformen Auslegung*

Bei der Auslegung des deutschen Umsatzsteuerrechtes besteht die Besonderheit, dass dieses die Umsetzung von EU-Rechtsvorschriften – der 6. MwSt-RL

---

524 Siehe *Larenz,* Methodenlehre der Rechtswissenschaft, Seite 312 ff., *Lang,* in Tipke/Lang, Steuerrecht (20. Aufl.), § 5 Rn. 40 ff.

525 *Hoffsümmer,* Steuerbefreiung, S. 84.

526 Siehe hierzu grundlegend *Larenz,* Methodenlehre der Rechtswissenschaft, 2. Aufl. (1982), S. 312 ff.

527 *Hoffsümmer,* Steuerbefreiungen, S. 84.

bzw. der MwStSystRL – in nationales Recht darstellt. Es ist in Rspr. und Literatur anerkannt, dass nationale Vorschriften, die eine Umsetzung von Richtlinien darstellen, ihrerseits richtlinienkonform auszulegen sind.[528] Die Verpflichtung zur richtlinienkonformen Auslegung beruht dabei auf Art. 4 Abs. 3 Unterabs. 2 EUV (entspricht Art. 10 EG-Vertrag), der die Pflicht aller EU-Mitgliedsstaaten enthält, alle Maßnahmen zu treffen, die der Erfüllung des Vertrages oder Handlungen der Gemeinschaft dienen und gleichzeitig störende Maßnahmen zu unterlassen.[529] Zugleich ergibt sich die Notwendigkeit einer richtlinienkonformen Auslegung auch anhand des nationalen Rechtes, denn es ist im Zweifel davon auszugehen, dass der Gesetzgeber die Richtlinienvorgabe auch umsetzen wollte, sodass gerade die richtlinienkonforme Auslegung auch dem Willen des nationalen Gesetzgebers entspricht.[530] Die Pflicht zur richtlinienkonformen Auslegung von EU-Richtlinien umsetzendem nationalem Recht bindet dabei sowohl die Rechtsprechung als auch die Verwaltung.[531]

Auch Umsatzsteuerbefreiungen bilden hiervon keine Ausnahme, sondern sind ebenso wie sonstiges, auf EU-Richtlinien basierendes nationales Recht richtlinienkonform auszulegen.[532] Durch die richtlinienkonforme Auslegung wird im Ergebnis verhindert, dass sich das jeweils nationale Umsatzsteuerrecht der EU-Staaten auseinander entwickelt.[533] Die Grenze der richtlinienkonformen Auslegung ist allerdings dann erreicht, wenn eine richtlinienkonforme Auslegung dem Wortlaut der entsprechenden nationalen Vorschrift zuwiderlaufen würde.[534] Dem kommt in der Praxis jedoch kaum eine Bedeutung zu. Vielmehr neigt der BFH dazu, Vorschriften des UStG – nahezu gegen das natürliche Wortlautverständnis – mittels Auslegung in eine Übereinstimmung mit den Vorgaben der MwStSystRL zu bringen.[535]

---

528 EuGH, *Urteil* vom 13. 11. 1990, Rs. C-106/89 (Marleasing) Slg. I 1990, 4135 Rn. 8; *Martinek*, in: Grabitz/Hilf/Nettesheim, Das Recht der Europäischen Union, Art. 13 Rn. 259: *Stadie*, in: Rau/Dürrwächter, UStG, Einf. Rn. 573 ff.

529 EuGH, *Urteil* vom 10.04.1984 – C-14/83 (von Colson und Kamann) Slg. 1984, 1891 Rn. 26; BFH, *Urteil* vom 15.04.2010 – V R 10/09, BFHE 229, 416, 420 f; *Stadie*, in: Rau/Dürrwächter, UStG, Einf. Rn. 573 ff.

530 *Reiß*, in: Reiß/Kraeusel/Langer, UStG, Einführung Rn. 105.

531 *Stadie*, in: Rau/Dürrwächter, UStG, Einf. Rn. 574; *Englisch*, in: Tipke/Lang, Steuerrecht, § 4 Rn. 31; *Hoffsümmer*, Steuerbefreiungen, S. 84; *Schön*, DStJG 19 (1996), S. 167, 183 f.

532 *Heidner* UR 2006, 74 ff.

533 *Stadie*, in: Rau/Dürrwächter, UStG, Einf. Rn. 711.

534 *Reiß*, in: Reiß/Kraeusel/Langer, UStG, Einführung Rn. 106.

535 Vgl. *Hoffsümmer*, Steuerbefreiungen, S. 86 ff.

Sollte im Einzelfall eine richtlinienkonforme Auslegung der nationalen Vorschrift nicht möglich sein, da eine solche Auslegung an die Wortlautgrenze stößt, so besteht grds. die Möglichkeit, dass es auf Grund des Prinzips des Anwendungsvorrangs des EU-Rechts zu einer unmittelbaren Anwendung der Richtlinie kommt.

Sowohl die richtlinienkonforme Auslegung als auch die unmittelbare Anwendung der Richtlinie führen im Ergebnis zur gleichen Folge, nämlich der Anwendung der Bestimmungen der Richtlinie, im Fall des Umsatzsteuerrechts also der Anwendung der MwStSystRL. Gleichwohl ist die Unterscheidung zwischen der richtlinienkonformen Auslegung und der unmittelbaren Anwendung von Richtlinien bedeutsam. Denn bei der unmittelbaren Anwendung einer Vorschrift der MwStSystRL kann der Steuerpflichtige entscheiden, ob er sich auf die unmittelbare Geltung berufen will oder nicht, sodass er eine für ihn nachteilige Wirkung der MwStSystRL in der Anwendung verhindern kann. De facto hat damit der Steuerpflichtige ein Wahlrecht zwischen der Anwendung der Richtlinie und des nationalen Rechts. Die richtlinienkonforme Auslegung einer Vorschrift kann hingegen auch zuungunsten des Steuerpflichtigen und auch in Rechtstreitigkeiten im horizontalen Bereich wirken.

Zu beachten ist, dass die letztinstanzlichen nationalen Gerichte, sofern sie Zweifel an der Vereinbarkeit einer Norm oder ihrer Auslegung mit dem Primär- und/oder dem Sekundärrecht (hier der MwStSystRL) haben, nach Art. 267 Abs. 3 AEUV zur Vorlage an den EuGH verpflichtet sind.[536] Sofern allerdings die nationalen Gerichte von der Richtlinienwidrigkeit einer bestimmten Auslegung einer Vorschrift überzeugt sind, sind sie selbst befugt, den Anwendungsvorrang des Gemeinschaftsrechts durch richtlinienkonforme Auslegung oder durch unmittelbare Anwendung der Richtlinienbestimmung sicherzustellen.[537]

### *bb) Spezifische Auslegungsgrundsätze des Europarechts*

#### (1) Grundsätzlicher Gleichlauf mit den nationalen Auslegungsgrundsätzen

Auch die vom EuGH zur Auslegung der MwStSystRL angewendeten Auslegungsgrundsätze sind im Wesentlichen identisch mit den klassischen juristischen Auslegungsmethoden des deutschen Rechts, wobei der EuGH den einzelnen

536 Vgl. hierzu *Schwarze*, in: Schwarze/Becker/Hatje/Schoo, EU-Kommentar, Art. 267 Rn. 43 ff.

537 *Englisch*, in: Tipke/Lang, Steuerrecht, § 4 Rn. 31 f.

Auslegungsgrundsätzen eine teilweise – vom deutschen Verständnis der klassischen Auslegungsgrundsätze – abweichende Gewichtung beimisst.[538]

### (2) Besonderheiten bei der praktischen Auslegung durch den EuGH im Bereich des Mehrwertsteuerrechts

Bei der Auslegung von auf Richtlinienrecht beruhendem nationalem Recht sind die Besonderheiten der Auslegung des Unionsrechts zu beachten, deren wichtigste die gemeinschaftsautonome Auslegung der verwendeten Begrifflichkeit ist, was auch von den nationalen Gerichten bei ihrer Rechtsanwendung zu beachten ist.[539]

Generell sieht dabei der EuGH die teleologische Auslegung als die gegenüber den anderen Auslegungsmethoden vorrangige an.[540] Im Hinblick auf die teleologische Auslegung ist hierbei zu beachten, dass der EuGH die MwstSystRL unter Beachtung des Binnenmarktkonzeptes der europäischen Mehrwertsteuer unter wettbewerbsneutralen und verbrauchsteuerkonformen Gesichtspunkten auslegt. Die allgemeinen und fundamentalen Prinzipien der MwStSystRL, die für die teleologische Auslegung der Einzelvorschriften und damit auch für den hier untersuchten § 4 Nr. 26 UStG von Bedeutung sind, sollen im Nachfolgenden kurz dargestellt werden.

#### (α) Auslegung anhand des „Neutralitätsprinzips“

Zu den Grundprinzipien der MwStSystRL gehört dabei das sog. Neutralitätsprinzip. Es ist das „Fundamentalprinzip“ des harmonisierten Mehrwertsteuersystems.[541] Die Geltung des Neutralitätsprinzips bei der Anwendung und Auslegung des deutschen UStG folgt aus dem Grundsatz des Anwendungsvorrangs des Gemeinschaftsrechts, sodass es auch und gerade bei der richtlinienkonformen Auslegung zu berücksichtigen ist.[542]

---

538 *Wegener*, in: Calliess/Ruffert, EUV/AEUV, Art. 19 EUV Rn. 12 ff.; *Hirsch*, ZGR 2002, 1, 9 ff.

539 Vgl. *Schwarze*, in Schwarze/Becker/Hatje/Schoo, EU-Kommentar, Art. 19 EUV Rn. 39.

540 Vgl. *Wegener*, in: Calliess/Ruffert, Art. 220 EGV, Rn. 15; *Kutscher*, EuR 1981, 392, 400 f.

541 *Englisch*, in: Tipke/Lang, Steuerrecht, § 17, Rn. 23; *Birkenfeld*, in: Birkenfeld/Wäger, Umsatzsteuer-Handbuch, § 23 Rn. 153; vgl. zum Neutralitätsprinzip *Lohse* UR 2004, 582 ff.; *Nieuwenhuis*, UR 2013, 663, 665 ff.; *Rosenthal*, DStR 2013, 443, 445 ff.

542 BFH, *Urteil* vom 01.04.2004 – V R 54/98, BFHE 205, 508 ff. = BStBl. II 2004, 681, 682 ff.; *Lohse* UR 2004, 582, 583.

Der Grundsatz der Neutralität der Mehrwertsteuer betrifft sowohl Eingangs- als auch Ausgangsumsätze. Auf der Seite der Eingangsumsätze enthält es das Gebot, den steuerpflichtigen Unternehmer vollständig von der im Preis der Vorleistungen auf ihn übergewälzten Umsatzsteuer zu entlasten, was technisch durch die korrespondierende Gewährung des Vorsteuerabzugs hergestellt wird.[543] Gleichzeitig soll nach dem EuGH (betreffend die Ausgangsseite) das Neutralitätsprinzip eine Ausprägung des Gebotes der Wettbewerbsgleichheit sein.[544] Mithin sind Umsätze bzw. Anbieter gleichartiger Waren und Dienstleistungen gleichermaßen mit Umsatzsteuer zu belasten.[545] Dies schließt innerhalb der entsprechenden Steuerjurisdiktion auch die Anwendung eines einheitlichen Steuersatzes auf gleichartige Leistungen ein.[546] Im Einzelnen sind jedoch der Anwendungsbereich und die Tragweite des Neutralitätsgrundsatzes umstritten,[547] worauf jedoch mangels Erheblichkeit für die im Rahmen dieser Untersuchung zu betrachtende Fragestellungen nicht weiter eingegangen wird.

#### (β) Verbrauchsteuerteleologische Auslegung

Eng mit dem Neutralitätsgrundsatz verbunden und nicht trennscharf von diesem zu unterscheiden, ist der Grundsatz der verbrauchsteuerteleologischen Auslegung der Normen des gemeinsamen Mehrwertsteuerrechts.[548] Die harmonisierte Mehrwertsteuer basiert auf dem Prinzip, dass lediglich der Endverbrauch mit Umsatzsteuer belastet wird.[549] Ein Endverbrauch liegt vor, wenn eine Leistung an einen Endverbraucher erbracht wird, diese also nicht Gegenstand weiterer entgeltlicher Leistungen ist und daher die Umsatzsteuer endgültig auf den Endverbraucher abgewälzt wird.[550]

Vor dem Hintergrund der Besteuerung des Endverbrauchs ergibt sich auch die Rechtsformneutralität der Umsatzsteuer.[551] Denn aus der Sicht des die

543 EuGH, *Urteil* vom 29.04.2004 – Rs. C-137/02 (Faxworld) Slg. I 2004, 5547 Rn. 37 ff.; *Lohse* UR 2004, 582, 584.

544 EuGH, *Urteil* vom 06.11.2003 – Rs. C-45/01 – (Dornier) Slg. I 2003, 12911 Rn.18.

545 *Englisch*, in: Tipke/Lang, Steuerrecht, § 17 Rn. 23; *Lohse* UR 2004, 582, 585.

546 *Lohse*, UR 2004, 582, 585.

547 Vgl. hierzu *Lohse* UR 2004, 582, 587 ff. m.w.N.

548 Vgl. zur Wechselwirkung *Englisch*, in: Tipke/Lang, Steuerrecht, § 17 Rn. 25.

549 *Stadie*, in: Rau/Dürrwächter, UStG, Einf. 681.

550 *Birkenfeld*, in: Birkenfeld/Wäger, Umsatzsteuer-Handbuch, § 23 Rn. 131–132.

551 EuGH, *Urteil* vom 10.09.2002 – Rs. C-141/00 (Kügler) Slg. I 2002, 6833 Rn. 60; EuGH, *Urteil* vom 06.11.2003 – Rs. C-45/01 – (Dornier) Slg. I 2003, 12911 Rn.18.; vgl. *Nieskens*, UR 2004, 441, 447.

Leistung empfangenden Endverbrauchers macht es keinen Unterschied, in welcher Rechtsform der leistende Unternehmer ihm gegenüber auftritt und die Leistung erbringt.[552]

## 3. Auslegung von Mehrwertsteuerbefreiungen

Auch Umsatzsteuerbefreiungen sind entsprechend den oben gemachten Ausführungen richtlinienkonform auszulegen und der Steuerpflichtige kann sich unter Umständen auf den Anwendungsvorrang berufen.

Umsatzsteuerbefreiungen stellen Ausnahmevorschriften von den oben genannten Grundsätzen der Endverbrauchsbesteuerung dar.[553] Sie sind daher nach allgemeiner Meinung sowohl nach den Vorgaben der nationalen Auslegungsgrundsätze als auch nach Auffassung des EuGH grundsätzlich eng auszulegen.[554] Der Grundsatz der engen Auslegung von Umsatzsteuerbefreiungen ist vor dem Hintergrund gerechtfertigt, dass die Steuerbefreiungen im Binnenmarkt nur unvollkommen harmonisiert sind und daher die einheitliche Bemessungsgrundlage und die Wettbewerbsgleichheit beeinträchtigen.[555] Der postulierte Grundsatz von der engen Auslegung ist jedoch in seiner Allgemeinheit verfehlt. Entsprechend dem Primat der teleologischen Auslegung im Mehrwertsteuerrecht sind auch die Mehrwertsteuerbefreiungen anhand ihres Zweckes auszulegen, welcher es gebieten kann, sie eng am Wortlaut oder weit auszulegen.[556] Auch der EuGH weicht den selbst postulierten Grundsatz von der engen Auslegung von Mehrwertsteuerbefreiungen wieder auf, wenn er ausführt, dass die Auslegung nicht dazu führen dürfe, der Mehrwertsteuerbefreiung ihre praktische Wirkung zu nehmen.[557] Eine enge – d.h. eng am Wortlaut der Vorschrift orientierte – Auslegung kommt daher dann in Betracht, wenn die

---

552 *Nieskens,* UR 2004, 441, 447.

553 *Birkenfeld,* in: Birkenfeld/Wäger, Umsatzsteuer-Handbuch, § 23 Rn. 262.

554 *Urteil* vom 10.06.2010 – Rs. C-262/08, (CopyGene) Slg. I 2010, 5053 Rn. 26; Stadie, in: Rau/Dürrwächter, UStG, Vor §§ 4–9 Rn. 19 m.w.N. zur Rechtsprechung; *Cordewener* UR 2006, 673, 679; *Hoffsümmer* Steuerbefreiungen, S. 78 der darauf hinweist, dass der EuGH die von ihm befürwortete enge Auslegung von Steuerbefreiungen nicht konsequent durchführt.

555 *Birkenfeld,* in: Birkenfeld/Wäger, Umsatzsteuer-Handbuch, § 23 Rn. 261, der Umsatzsteuerbefreiungen insoweit eine Systemwidrigkeit bescheinigt.

556 *Stadie,* in: Rau/Dürrwächter, UStG, Vor §§ 4–9 Rn. 22–22.

557 Vgl. nur EuGH, *Urteil* vom 11.12.2008 – Rs. C-407/07 (Stichting Centraal Begeleidingsorgaan voor de Intercollegiale Toetsing) Slg. I 2008, 9615 Rn. 30; hierzu *Stadie,* in: Rau/Dürrwächter, Vor §§ 4–9 Rn. 20.

Vorschrift, insbesondere bei einer unklaren Zielrichtung, keinen Anlass gibt, sie ausgedehnt anzuwenden.[558]

Die Ermittlung des historischen Willens des Gemeinschaftsgesetzgebers ist hingegen für die Auslegung der Umsatzsteuerbefreiungen wenig fruchtbar. Denn der Gemeinschaftsgesetzgeber verfolgte mit Erlass der 6. MwSt-RL im Jahr 1977 das Ziel, hinsichtlich der Umsatzsteuerbefreiungen diese zwar auf das notwendige Mindestmaß zu beschränken. Gleichzeitig sollten allerdings die bereits bei den Mitgliedstaaten bestehenden Steuerbefreiungen beibehalten werden.[559] Der Gemeinschaftsgesetzgeber folgte damit bei der Zusammenstellung des Katalogs der Steuerbefreiungen letztlich den mitgliedstaatlichen Interessen einer Übernahme ihrer bereits bestehenden nationalen Steuerbefreiungen.[560]

Zudem gilt auch für Umsatzsteuerbefreiungen der Grundsatz der Wettbewerbsneutralität. Sie müssen daher so ausgelegt werden, dass vergleichbare Umsätze im Hinblick auf die Steuerpflicht nicht unterschiedlich behandelt werden.[561] Darüber hinaus sind die Steuerbefreiungen auch entsprechend der Konzeption der Mehrwertsteuer als Verbrauchsteuer verbrauchsteuerkonform auszulegen. Es ist also bei der Auslegung der Umsatzsteuerbefreiungen zu beachten, dass die Umsatzsteuer darauf angelegt ist, auf den Endverbraucher abgewälzt zu werden. Systemgerecht kann daher grds. eine Steuerbefreiung nur zum Zweck haben, den Endverbraucher von der Umsatzsteuerbelastung zu befreien bzw. diese zu mindern.[562] Die angesprochene Minderung der Umsatzsteuerbelastung des privaten Endverbrauches kann jedoch durch unterschiedliche Mechanismen erfolgen, was sich auch in der Systematik der Umsatzsteuerbefreiungen (echte/unechte Steuerbefreiungen) zeigt. Insbesondere kann auch eine Umsatzsteuerbefreiung als Zwischenstufenbefreiung den Leistungseinkauf von nicht zum Vorsteuerabzug berechtigten Unternehmen/Nichtunternehmen begünstigen und damit durch die Verbilligung der Kosten für die Erbringung der Leistung an den Endverbraucher den Endverbrauch letztlich mittelbar begünstigen. Teilweise hat der der EuGH diese mittelbare Wirkung der Zwischenstufenbefreiung in seiner Rechtsprechung nicht deutlich genug herausgearbeitet, was zu terminologischen Unschärfen führt.[563] Abzustellen ist dabei auf den Verbraucher

558 *Stadie*, in: Rau/Dürrwächter, UStG, Vor §§ 4–9 Rn. 21.

559 *Stadie*, in: Rau/Dürrwächter, UStG, Vor §§ 4–9 Rn. 13.

560 *Hoffsümmer*, Steuerbefreiungen, S. 79–80; *Söhn,* StuW 1976, 1, 18.

561 EuGH, *Urteil* vom 03.04.2003 – C-144/00 (Matthias Hoffmann) Slg. I 2003, 2921 Rn. 22; *Hoffsümmer,* Steuerbefreiungen, S. 81.

562 *Hoffsümmer,* Steuerbefreiungen, S. 82.

563 Vgl. die Kritik von *Hoffsümmer,* Steuerbefreiungen, S. 82.

als Leistungsempfänger, nicht hingegen auf eine nicht näher bestimmte Allgemeinheit als Verbraucher.[564]

## III. Bestimmung der Teleologie und Wirkungsweise des § 4 Nr. 26 UStG

Vor der eingehenden Betrachtung des Anwendungsbereiches und der einzelnen Voraussetzungen des § 4 Nr. 26 UStG soll hier zunächst im Rahmen einer teleologischen Auslegung untersucht werden, welchen Sinn und Zweck die Umsatzsteuerbefreiung der ehrenamtlichen Tätigkeit verfolgt.

### 1. Entstehung und historische Entwicklung der Umsatzsteuerbefreiung ehrenamtlicher Tätigkeit des § 4 Nr. 26 UStG

#### *a) Historie und ideengeschichtliche Tradition ehrenamtlicher Tätigkeit in Deutschland*

In Deutschland und Europa blickt die ehrenamtliche Tätigkeit auf eine lange und gefestigte ideen- und sozialgeschichtliche Tradition zurück. Abgesehen von dem bereits in der Einleitung erwähnten Vorstellungsbild in der Antike vom emanzipierten, am Gemeinwohl der Stadt interessierten Athener Bürger, beruht die ehrenamtliche Tätigkeit nicht zuletzt auf dem christlichen Menschenbild und der darin enthaltenen Vorstellung von Nächstenliebe und Güte.[565]

Bereits die Enquete-Kommission des Deutschen Bundestages hat sich in ihrem Bericht „Zukunft des bürgerschaftlichen Engagements" eingehend mit der Historie des bürgerschaftlichen Engagements und dessen historische Wurzeln in Deutschland befasst. Sie führt hierzu aus, dass das bürgerschaftliche Engagement im Bereich der „Wohlfahrtspolitik" im 19. Jahrhundert durch die die städtische Selbstverwaltung einführenden Stein-Hardenbergsche Reformen im deutschen Staatswesen fest verankert wurde.[566] Denn die Stein-Hartenbergschen Reformen in Preußen zu Beginn des 19. Jahrhunderts legten für viele Kommunen die Grundlage der bürgerschaftlichen Selbstverwaltung. Das emanzipierte

---

564 *Hoffsümmer*, Steuerbefreiungen, S. 82.

565 *Caritasverband für das Erzbistum Berlin e.V.*, Leitlinien für ein freiwilliges und ehrenamtliches Engagement, http://www.dicvberlin.caritas.de/43263.html, zuletzt abgerufen am 30.04.2014.

566 *Enquete-Kommission*, Bericht über „Zukunft des Bürgerschaftlichen Engagements", BT-Drucks. 14/8900, S. 38 ff.

Bürgertum sollte durch die Beteiligung an der Verwaltung lokaler Angelegenheiten in den absolutistischen Staat integriert werden. Gerade diese städtische Selbstverwaltung, die dem Bürgertum ein erhebliches Mitspracherecht gewährte, bildete nach Auffassung der Enquete-Kommission den eigentlichen Anfang des bürgerlichen Ehrenamts in Deutschland.[567] Seine institutionelle Ausdrucksform erhielt das bürgerliche Ehrenamt durch das im Jahre 1853 geschaffene „Elberfelder System", mit dem gerade die öffentliche Armenpflege auf der Grundlage der preußischen Städteordnung zu einer ehrenamtlichen Aufgabe der nämlichen Bürger erklärt wurde. Gerade durch das Elberfelder System wurde die spezifisch deutsche Tradition des Ehrenamtes als Übernahme eines „öffentlichen Amtes" im Zusammenhang mit der Regelung örtlicher Angelegenheiten etabliert.[568] Dieses System, dass die ehrenamtliche Tätigkeit gerade im Rahmen örtlicher/kommunaler Verwaltung ausgeübt wird, ist auch im heutigen System der ehrenamtlichen Tätigkeit im öffentlichen Recht beibehalten worden. Wie bereits unter B.I. dieser Arbeit dargestellt, enthalten vorwiegend spezielle Satzungen auf kommunaler Ebene Vorgaben zu Art, Umfang und Entschädigungsleistungen für ehrenamtliche Tätigkeiten. Nur subsidiär greifen demgegenüber die Vorgaben der §§ 81 ff. VwVfG auf Landesebene ein.

### *b) Gesetzgebungshistorie*

Auch die hier untersuchte Vorschrift zur Umsatzsteuerbefreiung ehrenamtlicher Tätigkeit hat eine lange Geschichte im deutschen Umsatzsteuerrecht.[569] Ursprünglich war die Behandlung der ehrenamtlichen Tätigkeit für Zwecke der Umsatzsteuer lediglich mittels Erlass geregelt.[570] Nach diesem Erlass des Reichsministeriums für Finanzen war beim ehrenamtlich Tätigen aus Billigkeitsgründen von der Erhebung der Umsatzsteuer insoweit abzusehen, als ihm für seine Tätigkeit Unkosten in der tatsächlich entstandenen Höhe ersetzt wurden.[571]

---

567 *Enquete-Kommission,* Bericht über „Zukunft des Bürgerschaftlichen Engagements", BT-Drucks. 14/8900, S. 38 ff.

568 *Enquete-Kommission,* Bericht über „Zukunft des Bürgerschaftlichen Engagements", BT-Drucks. 14/8900, S. 40.

569 Einen Einblick über die historische Entwicklung der Umsatzsteuerbefreiung ehrenamtlicher Tätigkeit geben *Heinrichtshofen,* in: Rau/Dürrwächter, UStG, § 4 Nr. 26 Rn. 1; *Schmidt,* UR 1968, 259, 259 ff.

570 RdF, *Erlass* v. 04.10.1937 - 4105 - 114 III, U-Kartei - alt - S 4105 K. 5.

571 Vgl. *Hünnekens,* in: Hartmann/Metzenmacher, UStG, § 4 Nr. 26 Rn. 1.

Erstmals gesetzlich normiert wurde die Steuerbefreiung ehrenamtlicher Tätigkeit auf Grund der 9. Änderungsverordnung zur 2. UStDB vom 22.03.1958[572], welche auf der Ermächtigungsgrundlage in § 18 Abs. 2 Nr. 2 Buchst. a-c UStG beruhte.[573] Der auf dieser Grundlage eingeführte § 50d UStDB trat am 01.01.1958 in Kraft und hatte folgenden Wortlaut:

> *„Steuerfrei ist die ehrenamtliche Tätigkeit, wenn das Entgelt für diese Tätigkeit, oder bei Ausübung mehrerer ehrenamtlicher Tätigkeiten nicht mehr als 1200 DM jährlich beträgt. Übersteigt das Entgelt den genannten Betrag, so ist die ehrenamtliche Tätigkeit insoweit steuerfrei, als lediglich Unkosten in der tatsächlich entstanden und nachgewiesenen Höhe ersetzt werden."*

§ 50d UStDB wies in systematischer Hinsicht eine Zweiteilung zwischen Kostenersatz („Unkosten") und Entgelt auf. Hinsichtlich des Entgeltes beinhaltete die Vorschrift eine Kleinbetragsregelung mit der im Ergebnis nur Bagatellfälle erfasst werden sollten.[574] Der Kostenersatz wurde hingegen unabhängig von der angeführten Kleinbetragsgrenze in Höhe ihrer tatsächlichen und nachweisbaren Entstehung umsatzsteuerbefreit.

Im Zuge der Einführung der Mehrwertsteuer wurde auch die Frage der Umsatzsteuerbefreiung ehrenamtlicher Tätigkeit grundlegend neu überdacht. Zunächst wurde eine Steuerbefreiung weder aus systematischen noch aus sozialen Gründen für erforderlich oder unverzichtbar gehalten.[575] Dementsprechend sah der erste Entwurf eines UStG der Bundesregierung eine Umsatzsteuerbefreiung für ehrenamtliche Tätigkeiten nicht mehr vor.[576] Hierzu heißt es in der Begründung des Entwurfes, dass die Steuerbefreiungen nur auf solche Tatbestände beschränkt werden sollen, bei denen eine Befreiung entweder aus systematischen Gründen notwendig sei (hier vor allem die Ausfuhrtatbestände) oder aus sonstigen gewichtigen, insbesondere sozialen Gründen unverzichtbar erscheine.[577] Damit brachte die Bundesregierung zum Ausdruck, dass sie eine Umsatzsteuerbefreiung ehrenamtlicher Tätigkeit nicht für „unverzichtbar" hielt. Diese Auffassung der Bundesregierung konnte sich jedoch im Ergebnis nicht

---

572 9. Änderungsverordnung zur 2. UStDB vom 22.03.1958, BStBl. I 1958, 304.

573 *Heinrichtshofen*, in: Rau/Dürrwächter, UStG, § 4 Nr. 26 Rn. 2.

574 *Heinrichshofen*, in: Rau/Dürrwächter, UStG, § 4 Nr. 26 Rn. 2; *Geist*, in: Rau/Dürrwächter (Lfg. 17 Sept. 1973), UStG, § 4 Nr. 26 Rn. 2.

575 *Heinrichshofen*, in: Rau/Dürrwächter, UStG, § 4 Nr. 26 Rn. 10–11; *Schmidt* UR 1968, 259, 260.

576 Vgl. BT-Drucks. IV/1590, S. 27; vgl. hierzu *Heinrichshofen*, in: Rau/Dürrwächter, UStG, § 4 Nr. 26 Rn. 10–11.

577 Vgl. BT-Drucks. IV/1590, S. 27.

durchsetzen. Bereits im Rahmen der Beratungen des Finanzausschusses bzw. des sog. öffentlichen Hearings setzten sich einige Abgeordnete, darunter vor allem die Interessenvertreter des Handwerkes, für die Beibehaltung einer Steuerbefreiung – schließlich auch erfolgreich – ein.[578] Von den Befürwortern einer Umsatzsteuerbefreiung wurde vor allem auf den vermeintlichen Widerspruch hingewiesen, dass ein Unternehmer, der ein Ehrenamt ausübe, im Gegensatz zu einem Nichtunternehmer Umsatzsteuer zahlen müsse. Darüber hinaus wurde zusätzlich angeführt, dass in Ermangelung einer entsprechenden Steuerbefreiung ein ehrenamtlicher Freiberufler nur mit dem halben Steuersatz von 5 % gegenüber einem ehrenamtlich tätigen gewerblichen Unternehmer mit dem vollem Umsatzsteuersatz von 10 % belastet würde. Letzteres Argument ist mit der Abschaffung des ermäßigten Steuersatzes für Freiberufler mit Wirkung ab dem 01.01.1981 durch das HStruktG vom 22.12.1981 gegenstandslos geworden.[579]

Im überarbeiteten Entwurf für eine zweite Lesung des Bundestages wurde die Kritik aufgegriffen und in Anlehnung an § 50d UStDB eine Steuerbefreiung für ehrenamtliche Tätigkeiten aufgenommen.[580] Der neue § 4 Nr. 26 UStG-E, der tatbestandlich allerdings enger gefasst war als der bisherige § 50d UStG, hatte folgenden Wortlaut:

> *„Von den unter § 1 Abs. 1 Nr. 1 und 2 fallenden Umsätzen sind steuerfrei: ... die ehrenamtliche Tätigkeit, wenn das Entgelt für diese Tätigkeit oder bei Ausübung mehrerer ehrenamtlicher Tätigkeiten, das Entgelt für jede dieser Tätigkeiten nicht mehr als 1200 DM jährlich beträgt."*

Ohne weitere Erläuterung heißt es hierzu im schriftlichen Bericht des Finanzausschusses des Deutschen Bundestages vom 30.03.1967 lediglich[581]:

> *„Die Vorschrift stellt die ehrenamtliche Tätigkeit von der Mehrwertsteuer frei. Dem Ausschuss erscheint es zweckmäßig, die Steuerfreiheit von einer Betragsgrenze für das Entgelt abhängig zu machen."*

Dass diese Entwurfsfassung letztlich nicht als Gesetz erlassen wurde, liegt an einem im Zuge des Gesetzgebungsverfahrens ergangenen Urteil des BFH. In seiner Entscheidung zur Umsatzbesteuerung kommunaler Mandatsträger judizierte

---

578 *Kurzprotokolle* über die 14. Sitzung des Finanzausschusses am 10.03.1966 Drucks. V/48 – öffentliche Informationsanhörung; vgl. hierzu *Heinrichshofen*, Rau/Dürrwächter, UStG, § 4 Nr. 26 Rn. 12.

579 *Heinrichshofen*, in: Rau/Dürrwächter, UStG, § 4 Nr. 26 Rn. 13.

580 BT-Drucks. V/1632, S. 2.

581 *Schriftlicher Bericht* des Finanzausschusses des Deutschen Bundestages vom 30.03.1967 zu BT-Drucks. V/1581, S. 13.

der BFH, dass Bürgermeister im Land NRW nicht Arbeitnehmer der Gemeinden seien.[582] Damit war mit der Entscheidung des BFH grundsätzlich geklärt, dass Bürgermeister für Zwecke der Umsatzsteuer Unternehmer sind.[583] Als Reaktion auf dieses oben genannte Urteil des BFH wurde in der 101. Bundestagssitzung vom 12.04.1967 dafür eingetreten, die Betragsgrenze von 1.200 DM fallen zu lassen.[584] Dies geschah vor dem Hintergrund, dass Aufwandsentschädigungen für Bürgermeister in der Regel die im Entwurf statuierte Grenze von 1.200 DM jährlich deutlich überstiegen. Im vom BFH zu entscheidenden Fall bezog der Bürgermeister eine jährliche Aufwandsentschädigung i. H. v. 9.390,- DM jährlich. Damit war die „Bagatell-Grenze" bereits deutlich überschritten, sodass die erhaltene Aufwandsentschädigung nach dem Entwurf vollständig nicht umsatzsteuerbefreit gewesen wäre.

Im Rahmen des Gesetzgebungsverfahrens brachte die FDP-Fraktion den am weitesten gehenden Antrag ein. Sie schlug vor, die ehrenamtliche Tätigkeit grundsätzlich und ohne jegliche – insbesondere betragsmäßige – Einschränkung von der Umsatzsteuer auszunehmen.[585] Dieser Vorstoß wurde hingegen mit dem Hinweis auf eine drohende Steuerumgehung abgelehnt.[586] Vielmehr wurde die bis heute geltende Fassung des § 4 Nr. 26 UStG mit Wirkung zum 01.01.1968 schließlich angenommen.

Aus der Entstehungsgeschichte der Norm wird deutlich, dass der Gesetzgeber mit der heutigen Fassung vor allem das Ziel verfolgte – was insoweit auch einem besonderen Anliegen der Länder entsprach – klarzustellen, dass die Tätigkeit der ehrenamtlichen Bürgermeister, Ratsherren, Landräte und Abgeordneten etc. in vollem Umfang nicht umsatzsteuerpflichtig ist.[587] Bei der ehrenamtlichen Tätigkeit, die nicht für juristische Personen des öffentlichen Rechts ausgeübt wird, ist nach § 4 Nr. 26 Buchst. b UStG zur Vermeidung von besonderen Härten ebenfalls auf eine zahlenmäßige Begrenzung des Entgeltes bzw. des Aufwendungs-/Verdienstausfallersatzes verzichtet worden.[588]

---

582 BFH, *Urteil* vom 03.12.1965 – VI 27/64 U, BFHE 84, 361 = BStBl. III 1966, 130.

583 *Schmidt* UR 1968, 259, 260.

584 *Protokoll* der 101. Plenarsitzung des Deutschen Bundestages vom 12.04.1967, S. 4700 f.

585 *Protokoll* der 101. Plenarsitzung des Deutschen Bundestages vom 12.04.1967, S. 4700 und 4729.

586 *Protokoll* der 101. Plenarsitzung des Deutschen Bundestages vom 12.04.1967, S. 4700; vgl. hierzu *Hünnekens*, in: Hartmann/Metzenmacher, UStG, § 4 Nr. 26 Rn. 2.

587 *Schmidt*, UR 1968, 259, 260.

588 *Schmidt*, UR 1968, 259, 260.

Schließlich wurde die Regelung ohne textliche Änderungen in die Neufassung des Umsatzsteuergesetzes 1980 vom 26. 11. 1979 übernommen.[589]

Sie ist auch bis heute unverändert geblieben. Soweit ersichtlich, hat es in neuerer Zeit auch keine Reformbestrebungen gegeben. Auch im Abschlussbericht der Enquete-Kommission zur „Zukunft des Bürgerschaftlichen Engagements" vom 03.06.2002 ist die Umsatzsteuerbefreiung ehrenamtlicher Tätigkeit nicht gesondert thematisiert worden. Dies verwundert insoweit, als die Vorschrift in ihrem Anwendungsbereich im Wesentlichen durch die Rechtsprechung geformt ist. Insofern hätte es durchaus einer zumindest präzisierenden Klarstellung bedurft. Das Bundesfinanzministerium ist diesen Weg jedoch nicht gegangen, sondern hat vielmehr verschiedentlich durch Verwaltungsvorschriften inhaltliche Präzisierungen der Vorschrift vorgenommen, die sich jedoch aus dem Wortlaut derselben nicht bzw. nicht unmittelbar erschließen.[590]

### *c) Verhältnis zur Umsatzsteuerharmonisierung auf EU-Ebene*

Zum Zeitpunkt ihres Inkrafttretens am 01.01.1968 entsprach die bis heute in ihrem Wortlaut unveränderte Fassung des § 4 Nr. 26 UStG auch den Vorgaben der damals bereits in Kraft getretenen Bestimmung der 2. EG-Richtlinie vom 11.04.1967 zur Harmonisierung der Rechtsvorschriften der Mitgliedstaaten über die Umsatzsteuern (Art. 10 Abs. 3 der 2. EG-Richtlinie). In der 2. EG-Richtlinie sind zwar keine ausdrücklichen Ausführungen zur Frage der Umsatzsteuerfreiheit ehrenamtlicher Tätigkeiten enthalten. Nach Art. 10 Abs. 3 der 2. EG-Richtlinie war jeder Mitgliedstaat berechtigt, an den von ihm für erforderlich gehaltenen Umsatzsteuerbefreiungen festzuhalten.[591]

Eine entsprechende Vorschrift war in der 6. MwSt-RL vom 17.05.1977[592] nicht enthalten. Mit dieser Richtlinie wurde gegenüber den vorangegangenen Richtlinien eine umfassende Harmonisierung des Umsatzsteuerrechts vorgenommen und dieses in verschiedenen Teilen abschließend und verbindlich geregelt.[593] Auch die 6. MwSt-Richtlinie enthält keine Vorgaben zur umsatzsteuerlichen Behandlung ehrenamtlicher Tätigkeit. Allerdings findet sich in einer gemeinsamen

---

589 UStG 1980 vom 26.11.1979, BStBl. I 1979, 654.

590 Eine Übersicht über die verschiedenen Anweisungen/Schreiben der Finanzverwaltung geben *Heinrichshofen*, in: Rau/Dürrwächter, UStG, § 4 Nr. 26 und *Kulmsee*, in: Reiß/Krauesel/Langer, UStG, § 4 Nr. 26.

591 vgl. *Heinrichshofen*, in: Rau/Dürrwächter, UStG, § 4 Nr. 26 Rn. 18.

592 ABl. EU L 347/1.

593 *Hoffsümmer*, Steuerbefreiungen, S. 5.

Protokollerklärung des Rates und der Kommission unter ausdrücklicher Bezugnahme auf Art. 4 der 6. MwSt-RL, die den Begriff des Steuerpflichtigen definiert und mithin die Frage der Umsatzsteuerbarkeit betrifft, der Satz:[594]

> *„Zu Artikel 4*
> *Der Rat und die Kommission erklären, dass es den Mitgliedstaaten freisteht, Personen, die ehrenamtliche Tätigkeiten ausüben, sowie ... nicht der Umsatzsteuer zu unterwerfen."*

Auf der Grundlage dieser Protokollerklärung – die im Übrigen weder im Amtsblatt der EU noch in Deutschland amtlich veröffentlicht wurde – wurde die Umsatzsteuerbefreiung der ehrenamtlichen Tätigkeit beibehalten.[595]

Am 28.02.2006 hat der Rat der EU die Richtlinie 2006/112/EG des Rates über das gemeinsame Mehrwertsteuersystem (oder kurz „MwStSystRL") verabschiedet und damit zugleich die 1. EG-RL, die 6. EG-RL und die jeweiligen Rechtsakte, mit der diese Richtlinien geändert worden sind, aufgehoben.[596] Gleichzeitig waren jedoch mit der durch die MwStSystRL bewirkten Neufassung keine inhaltlichen Änderungen des bis dahin geltenden harmonisierten Gemeinschaftsrechtes verbunden. Dieser Umstand ergibt sich aus dem dritten Erwägungsgrund zur MwStSystRL.[597]

Aus einer weiteren Protokollerklärung ergibt sich schließlich auch, dass die bereits zur 6. MwSt-RL ergangenen Protokollerklärungen auch unter der neuen MwStSystRL ihre Geltung beibehalten sollen.[598] Hierzu heißt es:[599]

---

594 zit. nach *Lohse*, in: Rau/Dürrwächter, UStG, Art. 6. MwSt-RL.

595 *Wachweger*, 6. Richtlinie zur Harmonisierung der Umsatzsteuern in den Europäischen Gemeinschaften, S. 27 und Anmerkung zu Art. 4 Abs. 2 bis 3 der 6. Richtlinie S. 81.

596 BMF, *Schreiben* vom 11.01.2007 - IV A 2 - S 7056 - 6/07, UR 2007, 178; *Langer*, in: Reiß/Kraeusel/Langer, UStG, Einf. MwStSystRL Rn. 74.

597 *„Im Einklang mit dem Grundsatz besserer Rechtsetzung sollten zur Gewährleistung der Klarheit und Wirtschaftlichkeit der Bestimmungen die Struktur und der Wortlaut der Richtlinie neu gefasst werden; dies sollte jedoch grundsätzlich nicht zu inhaltlichen Änderungen des geltenden Rechts führen. Einige inhaltliche Änderungen ergeben sich jedoch notwendigerweise im Rahmen der Neufassung und sollten dennoch vorgenommen werden. Soweit sich solche Änderungen ergeben, sind sie in den Bestimmungen über die Umsetzung und das Inkrafttreten der Richtlinie erschöpfend aufgeführt"* BMF, *Schreiben* vom 11.01.2007 - IV A 2 - S 7056 - 6/07, UR 2007, 178; *Langer*, in: Reiß/Kraeusel/Langer, UStG, Einf. MwStSystRL Rn. 74.

598 BMF, *Schreiben* vom 11.01.2007 - IV A 2 - S 7056 - 6/07, UR 2007, 178; *Langer*, in Reiß/Kraeusel/Langer, UStG, Einf. MwStSystRL Rn. 75.

599 zit. nach BMF, *Schreiben* vom 11.01.2007 - IV A 2 - S 7056 - 6/07, UR 20007, 178.

*„Zur Richtlinie insgesamt*
*... In Anbetracht der früheren Protokollerklärungen zur Sechsten Richtlinie und den späteren Änderungsrichtlinien bestätigen der Rat und die Kommission, dass diese von der Aufhebung dieser Richtlinien nicht berührt werden."*

Diese Protokollerklärung wurde mit BMF-Schreiben vom 11.01.2007 veröffentlicht.[600] Auch nach Einführung der MwStSystRL blieb die Vorschrift des § 4 Nr. 26 UStG weiterhin im Gesetz.

### *d) Änderungen der Verwaltungsrichtlinien*

Wie bereits erwähnt, war die umsatzsteuerliche Behandlung der ehrenamtlichen Tätigkeit ursprünglich durch Erlass des Reichsfinanzministeriums vom 04.10.1937 geregelt.[601] Die noch eingehend zu untersuchende, weitgehende tatbestandliche Unbestimmtheit der Vorschrift des § 4 Nr. 26 UStG hat dazu geführt, dass die Finanzverwaltung durch zahlreiche Änderungen der Umsatzsteuer-Richtlinien und durch verschiedene OFD-Verfügungen die zu dieser Vorschrift ergangene Rechtsprechung aufgenommen hat.

Ursprünglich beschränkte sich die Finanzverwaltung neben der Wiedergabe des Wortlauts des § 4 Nr. 26 UStG darauf, zu betonen, dass die Angemessenheit für Zeitversäumnis nach den Verhältnissen des Einzelfalles zu beurteilen sei.[602] Hinsichtlich § 4 Nr. 26 Buchst. b UStG stellte das BMF in Übereinstimmung mit der Rechtsprechung fest, dass Entgelt, welches über einen Auslagenersatz und eine angemessene Entschädigung für Zeitversäumnis hinausgeht, im vollen Umfang – und daher nicht lediglich teilweise – steuerpflichtig ist. Später beschrieb das BMF die ehrenamtliche Tätigkeit unter Zusammenfassung der vom BFH aufgestellten Grundsätze und definierte dessen Anwendungsbereich unter Rückgriff auf verschiedene Einzelfallentscheidungen.[603] Auch in den nachfolgenden redaktionellen und inhaltlichen Änderungen der UStR verzichtete das BMF weiterhin auf die Festlegung betragsmäßiger Grenzen für die Beurteilung der Angemessenheit der Entschädigung.

Die mangelnde inhaltliche Präzision des § 4 Nr. 26 UStG im Hinblick auf die Höhe des umsatzsteuerbefreiten Entgelts und das Fehlen einer eindeutigen Verwaltungsanweisung hierzu führten nicht zuletzt vor dem Hintergrund der

600 BMF, *Schreiben* vom 11.01.2007 – IV A 2 – S 7056 – 6/07, UR 2007, 178.

601 RgF, *Erlass* vom 04.10.1937 – 4105-114 III, U-Kartei-alt-S 4105 K.5.

602 BMF, *Erlass* vom 14.02.1968 – IV A/2 – S 7015 – 2/68, BStBl. I 1968, 401, 413.

603 Vgl. USt-Richtlinien 1992.

restriktiver werdenden BFH-Rechtsprechung[604] zu erheblichen Unsicherheiten in der Praxis.[605]

Das BMF reagierte hierauf und fasste mit BMF-Schreiben vom 02.01.2012 Abschn. 4.26.1 Abs. 4 UStAE wie folgt neu:[606]

> *„Geht in Fällen des § 4 Nr. 26 Buchstabe b UStG das Entgelt über einen Auslagenersatz und eine angemessene Entschädigung für Zeitversäumnis hinaus, besteht in vollem Umfang Steuerpflicht. Was als angemessene Entschädigung für Zeitversäumnis anzusehen ist, muss nach den Verhältnissen des Einzelfalls beurteilt werden; dabei ist eine Entschädigung in Höhe von bis zu 50 € je Tätigkeitsstunde regelmäßig als angemessen anzusehen, sofern die Vergütung für die gesamten ehrenamtlichen Tätigkeiten den Betrag von 17 500 € im Jahr nicht übersteigt. Der tatsächliche Zeitaufwand ist nachvollziehbar zu dokumentieren. Eine vom tatsächlichen Zeitaufwand unabhängige z. B. laufend gezahlte pauschale bzw. monatliche oder jährlich laufend gezahlte pauschale Vergütung führt zur Nichtanwendbarkeit der Befreiungsvorschrift mit der Folge, dass sämtliche für diese Tätigkeit gezahlten Vergütungen - auch soweit sie daneben in Auslagenersatz oder einer Entschädigung für Zeitaufwand bestehen - der Umsatzsteuer unterliegen."*

Auch im BMF-Schreiben vom 02.01.2012 wird dabei der Grundsatz aufrechterhalten, dass die Angemessenheit der Entschädigung für Zeitversäumnis einzelfallbezogen beurteilt werden muss. Die angeführten Grenzwerte sind insoweit als Nichtbeanstandungsgrenzen zu werten. Dies hat zur Folge, dass bei einem Überschreiten dieser betragsmäßigen Grenzen pauschal eine Unangemessenheit des Entgelts unterstellt wird, wobei zumindest theoretisch aufgrund einer Einzelfallbetrachtung eine Steuerbefreiung in Betracht kommt.[607] Ferner ist nach dem BMF-Schreiben erforderlich, dass der konkrete Zeitaufwand nachvollziehbar dokumentiert wird. Nach Auffassung des BMF führe daher eine nicht am tatsächlichen Zeitaufwand orientierte pauschale Vergütung zur gänzlichen Versagung der Steuerfreiheit.[608]

Ursprünglich war vom BMF vorgesehen, die im UStAE geänderte Verwaltungspraxis bereits auf Umsätze anzuwenden, die nach dem 31.03.2012 ausgeführt wurden. Nach erheblicher Kritik seitens der Praxis, vor allen durch den Verband der Steuerberater[609] und dem Zentralverband des deutschen

---

604 *Heinrichshofen*, in: Rau/Dürrwächter, UStG, § 4 Nr. 26 Rn. 34.

605 Vgl. nur das *Schreiben* des Deutscher Steuerberater Verband e.V. an den Bundesminister der Finanzen Dr. Wolfgang Schäuble vom 15.02.2012.

606 BMF, *Schreiben* vom 02.01.2012 - IV D 3-S 7185/09/10001, BStBl. I 2012, 59.

607 *Meurer*, UStB 2012, 322, 323.

608 siehe hierzu auch *Meurer*, UStB 2012, 322, 323.

609 *Schreiben* des Deutscher Steuerberater Verband e.V. an den Bundesminister der Finanzen Dr. Wolfgang Schäuble vom 15.02.2012, abrufbar unter http://www.dstv.

Handwerks[610], die sich vor allem gegen die Beanstandung einer pauschalen Vergütung und des aus ihrer Sicht impraktikablen Erfordernisses der Dokumentation des tatsächlichen Zeitaufwands richtete, verlängerte das BMF mit Schreiben vom 21.03.2012 die Frist für die Anwendung der Neuregelungen auf den 31.12.2012.[611] Auch inhaltlich war das BMF auf die gegenüber der Neuregelung vorgebrachte Kritik eingegangen und hatte einen Entwurf eines überarbeiteten BMF-Schreibens erarbeitet und hierzu eine Verbandsanhörung eingeleitet.[612] Im Entwurf eines neuen BMF-Schreibens zur Umsatzbesteuerung ehrenamtlicher Tätigkeit war der Forderung der Praxis insoweit entsprochen, als bei der Berücksichtigung der Nichtbeanstandungsgrenze von 17.500,00 € (echter) Auslagenersatz nicht zu berücksichtigen sei. Im Entwurf wurde jedoch weiterhin an dem Grundsatz festgehalten, dass eine vom tatsächlichen Zeitaufwand unabhängige (d.h. pauschal gezahlte) Vergütung zur Nichtanwendbarkeit der Befreiungsvorschrift führe. Hierzu hat das BMF klarstellend die Ergänzung des Abs. 1 des Abschn. 4.26.1 UStAE um einen Satz 6 mit folgendem Inhalt vorgeschlagen:

> *„Ein Entgelt, mit dem eine Leistung vergütet wird, ist nicht von der Steuerbefreiung umfasst, da eine solche Besoldung nicht nur eine Entschädigung besonderer Art im o. g. Sinne ist und somit dem Begriff der ehrenamtlichen Tätigkeit entgegensteht.“*

Das BMF bezweckte durch diese Formulierung sicherzustellen, dass die an den ehrenamtlich Tätigen geleisteten Zahlungen „einen angemessenen Ausgleich zwischen der öffentlichen und den beruflich-privaten Interessen schaffen“.[613] Aus Vereinfachungsgründen war vorgeschlagen worden, dass die Steuerbefreiung auch ohne weitere Prüfung des tatsächlichen Zeitaufwands – der im Übrigen nach Auffassung des BMF glaubhaft zu machen war – eingreift, wenn der Jahresgesamtbetrag der Entschädigungen den Ehrenamtsfreibetrag nach § 3 Nr. 26 bzw. § 3 Nr. 26a EStG nicht übersteigt.

---

de/interessenvertretung/steuern/stellungnahmen-steuern/2012-s01-ust-befreiung-ehrenaemter, zuletzt aufgerufen am 30.04.2014.

610 *Schreiben* des Landesinnungsverbandes des Bayerischen Zimmerhandwerks vom 14.03.2012 an das Bayerische Staatsministerium der Finanzen.

611 BMF, *Schreiben* vom 21.03.2012 – IV D3-S7185/09/10001-02, BStBl. I 2012, 344.

612 *Entwurf* eines überarbeiteten BMF-Schreibens zur Umsatzbesteuerbefreiung nach § 4 Nr. 26 Buchst. b UStG.

613 *Entwurf* eines überarbeiteten BMF-Schreibens zur Umsatzbesteuerbefreiung nach § 4 Nr. 26 Buchst. b UStG.

Die vorstehenden Änderungen hat das BMF schließlich auch in seiner endgültigen Fassung mit BMF-Schreiben vom 27.03.2013 übernommen.[614] Anders als in seinem Entwurf hat das BMF allerdings (ausdrücklich) die betragsmäßige Nichtbeanstandungsgrenze i. H. v. 17.500 € nur auf die ehrenamtliche Tätigkeit nach § 4 Nr. 26 Buchst. b UStG beschränkt. Dabei ist – wie im Übrigen auch bei der Kleinunternehmerregelung – auf die tatsächliche Höhe der Aufwandsentschädigung im Vorjahr sowie auf die voraussichtliche Höhe derselben im laufenden Jahr abzustellen.[615] Echter Auslagenersatz, d.h. die Erstattung der tatsächlich entstanden Kosten bzw. der in Übereinstimmung mit den Vorgaben der LStR pauschalierten Kosten, bleiben bei der Berechnung der Nichtbeanstandungsgrenze unberücksichtigt.[616] Darüber hinaus wird nicht jede pauschale Vergütung nunmehr als schädlich angesehen. Vielmehr wird es ohne das Erfordernis der Beibringung von weiteren Nachweisen nicht beanstandet, soweit der Jahresgesamtbetrag der Entschädigungen 2.400 € (Übungsleisterpauschale nach § 3 Nr. 26 EStG) im Jahr nicht überschreitet.[617]

An dieser Stelle sollen die Änderungen des UStAE und ihre Auswirkungen nicht weiter vertieft werden. Der kurze Blick auf die Entwicklung der Stellungnahmen der Finanzverwaltung zu § 4 Nr. 26 UStG hat jedoch gezeigt, dass eines der Hauptprobleme in der Praxis hinsichtlich der Anwendung der Vorschrift in der Bestimmung der Angemessenheit der Entschädigung liegt. Bei der anschließenden genaueren Untersuchung des § 4 Nr. 26 UStG wird auf die im UStAE niedergelegte Auffassung der Finanzverwaltung eingegangen werden.

## 2. Überkommene interessengeleitete Auffassung des historischen Gesetzgebers

### *a) Intendierte Steuerbefreiung von Abgeordnetenbezügen*

Die kurz skizzierte Entstehungsgeschichte des § 4 Nr. 26 UStG hat verdeutlicht, dass die Vorschrift auf einer stark interessengeleiteten Zielsetzung des historischen Gesetzgebers beruhte. Dem historischen Gesetzgeber ging es erkennbar – zumindest vorwiegend – nicht darum, bürgerschaftliches Engagement zu stärken oder zu fördern. Dies war allenfalls ein Nebenzweck. Im Vordergrund stand vielmehr, durch eine Steuerbefreiung sicherzustellen, dass die Bezüge von

614 BMF, Schreiben vom 27.03.2013 – IV D 3-S 7185/09/10001-04, BStBl. I 2013, 452; Neufassung des Abschn. 4.26.1 UStAE.

615 Abschn. 4.26.1 Abs. 4 S. 2 UStAE.

616 Abschn. 4.26.1 Abs. 4 S. 3 bis 5 UStAE.

617 Abschn. 4.26.1 Abs. 5 S. 5 Beispiel 1 UStAE.

Abgeordneten (insbesondere von Abgeordneten der Landtage), Landräten etc. im Ergebnis nicht mit Umsatzsteuer belastet werden. Gerade deshalb enthält § 4 Nr. 26 Buchst. a im Gegensatz zu Buchstabe b keinen Hinweis auf eine etwaige Angemessenheit des Entgeltes der ehrenamtlichen Tätigkeit.[618] Sofern die Abgeordnetentätigkeit nicht bereits ohnehin nicht umsatzsteuerbar sein sollte, sollte sie durch den § 4 Nr. 26 Buchst. a UStG nach den Vorstellungen des historischen Gesetzgebers jedenfalls in vollem Umfang steuerfrei sein und damit eine „Belastung" der Abgeordnetentätigkeit mit Umsatzsteuer vermieden werden. Die Finanzverwaltung ging einen pragmatischen Weg, wobei sie wohl von der Umsatzsteuerbarkeit der Abgeordnetentätigkeit ausging und § 4 Nr. 26 Buchst. a UStG anwendete.[619]

### *b) Obsolete Vorstellung des historischen Gesetzgebers auf Grund der Nichtsteuerbarkeit von Mandatstätigkeiten*

Nach dem heutigen Stand der Rspr. und Literatur ist die Frage der Umsatzsteuerbarkeit der Abgeordnetentätigkeit weitgehend geklärt, wenn auch nicht gänzlich unumstritten.[620] Vor dem Hintergrund der Rechtsprechung des BVerfG[621] wird die Frage der Umsatzsteuerbarkeit von Abgeordnetenbezügen nach nunmehr allgemeiner Auffassung dahingehend beantwortet, dass die Bezüge von Abgeordneten nicht steuerbar sind.[622] Das BVerfG hat in seinem Diäten-Urteil die Diäten der Abgeordneten nicht als Aufwandsentschädigung, sondern als ein „Entgelt für die Inanspruchnahme als Abgeordneten durch sein zur Hauptbeschäftigung gewordenes Mandat" judiziert.[623] Dementsprechend wird die dem Verfassungsauftrag entsprechende Tätigkeit des parlamentarischen Abgeordneten in der Mitwirkung an der parlamentarischen Willensbildung und

618 *Schmidt*, UR 1967, 261, 260.

619 Vgl. hierzu *Felix* UR 1978, 119.

620 Vgl. *Heidner*, in: Bunjes/Geist (11. Aufl. 2012), UStG, § 4 Nr. 26 Rn. 3, der die Frage der Steuerbarkeit von Abgeordnetenbezügen noch als umstritten bezeichnet. Ein diesbezüglicher Hinweis findet sich in der aktuellen Auflage der Kommentierung hingegen nicht mehr.

621 BVerfG, *Urteil* vom 05.11.1975 – 2 BvR 1993/74; BVerfGE 40, 296, 316 ff.; siehe hierzu *Versteyl*, DÖV 1972, 774, 774 ff.

622 *Nieskens*, in Rau/Dürrwächter, UStG, § 3 Rn. 430 *„Parlamentarier"* m.w.N; *Klenk*, in: Sölch/Ringleb, UStG, § 2 Rn. 180; *Kulmsee*, in: Reiß/Krauesel/Langer, UStG, § 4 Nr. 26 Rn. 35; *Stadie*, in: Rau/Dürrwächter, § 2 UStG Rn. 215; *Söhn*, UR 1978, 161; so bereits *Popitz/Kloß/Grabower*, UStG 3. Aufl. 1928, S. 311;

623 BVerfG, *Urteil* vom 05.11.1975 – 2 BvR 1993/74, BVerfGE 40, 296, 316 ff.

Entscheidung gesehen.[624] Diese Tätigkeit stellt aber keinen, einem bestimmten und konkreten Empfänger zuordbaren und konkretisierbaren, wirtschaftlich relevanten Wert dar, sodass es auch keinen „Abnehmer“ gibt, bei dem ein besteuerungsfähiger Verbrauch stattfände, sondern die Leistung der Abgeordneten wird vielmehr gegenüber der Allgemeinheit erbracht.[625] Mithin erbringt ein Abgeordneter keine Leistung i. S. d. Umsatzsteuerrechts nach § 2 UStG und schuldet auch rechtlich keinen Dienst, sondern erhält für seine unabhängige Mandatsausübung eine Abgeltung nach dem Alimentationsprinzip.[626] Die vormalige Auffassung der Finanzverwaltung zur Beurteilung der Abgeordneten als Unternehmer, die steuerfreie Leistungen nach § 4 Nr. 26 UStG erbringen sollten, war mit dieser Rechtsprechung nicht mehr vereinbar und wurde mithin obsolet. Die Finanzverwaltung hat daraufhin ihre Auffassung geändert und vertritt nunmehr ebenfalls die Ansicht, dass die besonders vergütete Tätigkeit als Vorstand, parlamentarischer Geschäftsführer und Vorsitzender von Arbeitskreisen der Fraktionen umsatzsteuerrechtlich keine Leistung darstellt und somit die betroffenen Abgeordneten keine Unternehmer sind.[627]

Im Ergebnis ist daher festzuhalten, dass die gesetzgeberische Intention, Abgeordnetenbezüge durch die Einführung der Steuerbefreiung ehrenamtlicher Tätigkeiten nicht der Umsatzsteuer zu unterwerfen nach der jetzigen und auch zutreffenden allgemeinen Auffassung von der Nichtsteuerbarkeit von Abgeordnetentätigkeit im Ergebnis leerläuft. Damit hat die Steuerbefreiung ihren vom historischen Gesetzgeber zuvörderst intendierten Zweck durch den Wandel der allgemeinen Auffassung zur Steuerbarkeit von Abgeordnetenbezügen verloren.

Es gilt daher zu fragen, welche Bedeutung der Befreiungsvorschrift des § 4 Nr. 26 UStG nunmehr im geltenden Umsatzsteuerrecht beigemessen werden kann. Dies gilt methodisch auch unabhängig von den jeweiligen Intentionen des historischen Gesetzgebers.

---

624 Vgl. BVerfG, *Urteil* vom 05.11.1975 – 2 BvR 1993/74, BVerfGE 40, 296, 316 ff.

625 *Nieskens*, in Rau/Dürrwächter, UStG, § 3 Rn. 430 *„Parlamentarier“* m.w.N.

626 *Huschens*, in: Vogel/Schwarz, UStG, § 4 Nr. 26 Rn. 67; *Weiss*, UR 1983, 53, 54.

627 FinMin Schleswig-Holstein, *Erlass* vom 30.01.1978 – S 2121 – 24 VI 310a, StEK UStG 1967 § 2 Nr. 91; OFD Berlin, *Verfügung* vom 02.05.1979 – S. 436 – S 7100 – 6/79, UR 1980, 78.

### 3. Gegenwärtige Auffassungen von der Teleologie der Steuerbefreiung der ehrenamtlichen Tätigkeit

#### *a) Begünstigung der ehrenamtlichen Tätigkeit*

Der Zweck des § 4 Nr. 26 UStG wird – losgelöst von den interessengeleiteten Vorstellungen des historischen Gesetzgebers – gemeinhin darin gesehen, Umsätze, die mittels Ausübung von Ehrenämtern zur Mitwirkung bei der Erfüllung öffentlicher Aufgaben erzielt werden, zu begünstigen.[628] Der erhebliche Einsatz von Zeit- und Arbeitskraft des Ehrenamtlichen solle nicht zusätzlich mit Umsatzsteuer belastet werden.[629] Dabei spielt wohl auch eine Rolle, dass ohne die Freistellung zumeist – jedenfalls in den Fällen des § 4 Nr. 26 UStG – die öffentliche Hand die Umsatzsteuer hätte wirtschaftlich tragen müssen, was zu einer definitiven Steuerbelastung führt, da die gegenüber dem hoheitlichen Bereich der juristischen Person des öffentlichen Rechts geleistete ehrenamtliche Tätigkeit diese nicht zum Vorsteuerabzug berechtigt.[630]

#### *b) Entlastung des ehrenamtlich Tätigen von umsatzsteuerlichen (formellen) Pflichten*

Zum Teil wird der Sinn der Befreiungsvorschrift – wenn dieser überhaupt noch einer zukäme – darin gesehen, dem ehrenamtlich Tätigen nicht zusätzlich umsatzsteuerliche Pflichten aufzubürden.[631] Im Ergebnis braucht nämlich der Unternehmer in der Praxis, soweit er nur umsatzsteuerbefreite Umsätze ausführt, keine weitgehenden formellen umsatzsteuerlichen Pflichten zu erfüllen. In der Praxis – insbesondere im Finanzsektor – verzichten nur steuerbefreit tätige Unternehmer regelmäßig auf die Abgabe von entsprechenden Umsatzsteuerjahreserklärungen.

---

628 *Hartmann/Metzenmacher*, UStG, § 4 Nr. 26 Rn. 3; *Handzik*, in: Offerhaus/Söhn/Lange, UStG, § 4 Nr. 26 Rn. 1; *Heinrichshofen*, in: Rau/Dürrwächter, UStG, § 4 Nr. 26 Rn. 21; *Kulmsee*, in: Reiß/Kraeusel/Langer, UStG, § 4 Nr. 26 Rn. 7; *Weymüller*, in: Sölch/Ringleb, UStG (27. Aufl. 2007), § 4 Nr. 26 Rn. 2.

629 *Kulmsee*, in: Reiß/Kraeusel/Langer, UStG, § 4 Nr. 26 Rn. 7.

630 *Kulmsee*, in: Reiß/Kraeusel/Langer, UStG, § 4 Nr. 26 Rn. 7. Darauf, dass die konkrete Körperschaft mit nicht abziehbarer Vorsteuer entlastet werden soll stellt auch ab *Heinrichshofen*, in: Rau/Dürrwächter, UStG, § 4 Nr. 26 Rn. 21.

631 *Stadie*, UStG, § 4 Nr. 26 Rn. 8 ff.

## 4. Kritik an den geltenden Auffassungen zur Teleologie der Umsatzsteuerbefreiung ehrenamtlicher Tätigkeit nach § 4 Nr. 26 UStG

Zu Recht wird der Sinn und Zweck der Umsatzsteuerbefreiung ehrenamtlicher Tätigkeiten nach § 4 Nr. 26 UStG als unklar bezeichnet.[632] Ein in sich schlüssiges und stringentes Konzept der Umsatzsteuerentlastung ehrenamtlicher Tätigkeit bzw. der Leistungsempfänger/Endverbraucher wird durch diese Vorschrift jedenfalls nicht verwirklicht.[633] Auch die Rechtsprechung hat sich zur Frage des Sinns und Zwecks der Steuerbefreiung nach § 4 Nr. 26 UStG – soweit ersichtlich – nicht explizit geäußert. Dies ist insofern erstaunlich, als der BFH dessen ungeachtet die Vorschrift im Hinblick auf ihren Anwendungsbereich umfangreich ausgelegt hat. Offensichtlich war der BFH der Ansicht, die Vorschrift des § 4 Nr. 26 UStG sinnvoll auslegen zu können, ohne ihre Teleologie genau bestimmen zu müssen.

### *a) Keine Entlastung des ehrenamtlich Tätigen von der Umsatzsteuer*

Die h. M. in der Literatur, die in Übereinstimmung mit den (allerdings eher zweitrangigen) Vorstellungen/Absichten des historischen Gesetzgebers die Teleologie des § 4 Nr. 26 UStG in der Entlastung der ehrenamtlichen Tätigkeit bzw. des ehrenamtlich Tätigen von der Umsatzsteuer und damit auch in der Förderung des ehrenamtlichen Engagements sieht, ist mit den geltenden Prinzipien des harmonisierten Mehrwertsteuersystems und der Wirkung der Umsatzsteuerbefreiungen nicht zu vereinbaren.[634] Entsprechend der bereits ausgeführten zwingenden richtlinienkonformen und verbrauchsteuerteleologischen Auslegung der (tätigkeitsbezogenen) Steuerbefreiungen, sind diese darauf gerichtet, eine Entlastung des privaten Verbrauchs von Umsatzsteuer zu bewirken. Da der Unternehmer lediglich als Steuereinsammler für den Staat fungiert, soll er nach dem Neutralitätsprinzip die Umsatzsteuer nicht wirtschaftlich tragen, sondern diese vielmehr – als indirekte Steuer – auf den Verbraucher übergewälzt werden.[635] Damit kann die Umsatzsteuerbefreiung der ehrenamtlichen Tätigkeit den ehrenamtlich Tätigen grds. gar nicht fördern, da dieser bei unterstellter

---

632 So im Ergebnis auch: *Heinrichshofen*, in: Rau/Dürrwächter, UStG, § 4 Nr. 26 Rn. 21; *Stadie*, UStG, § 4 Nr. 26 Rn. 1, 8.

633 Vgl. hierzu *Stadie*, UStG, § 4 Nr. 26 Rn. 8 ff.

634 So auch *Stadie*, UStG, § 4 Nr. 26 Rn. 8.

635 *Robisch*, in: Bunjes/Geist, UStG, Vor § 1 Rn. 15.

Umsatzsteuerpflicht seiner Tätigkeit die Umsatzsteuer an den Leistungsempfänger abwälzen würde.[636]

Da die Umsatzsteuer sowieso nicht vom Ehrenamtlichen zu tragen wäre, kann der Sinn der Umsatzsteuerbefreiung grds. nur darin liegen, letztlich den privaten Endverbrauch von der Umsatzteuer zu entlasten. Dies entspräche an sich auch dem Zweck der ehrenamtlichen Tätigkeit, durch Leistungen an die Allgemeinheit einen Gemeinwohlbeitrag zu leisten.[637] Hier liegt auch der entscheidende Unterschied zu den verschiedenen ertragsteuerlichen Privilegierungen ehrenamtlicher Tätigkeit. Sofern einkommensteuerliche Steuerbefreiungen auch ehrenamtliche Tätigkeiten umfassen, führen sie zu einer steuerlichen Entlastung des ehrenamtlich Tätigen.[638] Die Einkommensteuer ist als direkte Steuer – anders als die Umsatzsteuer – gerade nicht auf Abwälzung auf den Leistungsempfänger gerichtet,[639] so dass ihre Belastungswirkung unmittelbar auf den Ehrenamtlichen entfällt.

Allerdings kann eine faktische Förderung der Leistungsnachfrage nach ehrenamtlicher Tätigkeit bewirkt werden, sofern durch die Anwendung der Vorschrift des § 4 Nr. 26 UStG dem ehrenamtlich Tätigen gegenüber einem nicht steuerbefreiten Unternehmer ein Wettbewerbsvorteil – ähnlich einem steuerbefreit leistenden Blinden – zuteil wird. Freilich wäre auch dies keine Begünstigung der ehrenamtlichen Tätigkeit, sondern vielmehr zunächst eine Entlastung der in § 4 Nr. 26 UStG aufgeführten Leistungsempfänger, die nur mittelbar zu einem verstärkten Bezug ehrenamtlicher Tätigkeit führen würde.

Dass die Vorschrift des § 4 Nr. 26 UStG letztlich nicht zum Ziel haben kann die Person des ehrenamtlich Tätigen als solchen umsatzsteuerlich zu begünstigen, ergibt sich auch aus dem Umstand, dass nur die Leistungserbringung gegenüber ganz bestimmten Einrichtungen bzw. Empfängern von der Umsatzsteuer befreit ist. Sollte mit der Vorschrift des § 4 Nr. 26 UStG allein die ehrenamtliche Tätigkeit als solche begünstigt werden, würde sie nicht die Steuerbefreiung von bestimmten Leistungsempfängern bzw. von der Modalität der Leistungserbringung abhängig machen. Vielmehr wäre dann eine ehrenamtliche Tätigkeit generell steuerbefreit, etwa auch in dem Fall, dass unmittelbarer Leistungsempfänger der Endverbraucher und nicht eine in § 4 Nr. 26 UStG genannte Einrichtung ist.

---

636 *Stadie*, UStG, § 4 Nr. 26 Rn. 8.

637 Vgl. *Stadie*, UStG, § 4 Nr. 26 Rn. 9.

638 Vgl. zu einkommensteuerlichen Behandlung eherenamtlicher Tätigkeit nur *Kurz*, in: FS-Beisse, Der Fiskus und das Ehrenamt, S. 315 ff.

639 Vgl. *Englisch*, in: Tipke/Lang, Steuerrecht, § 7 Rn. 20.

### *b) Undifferenzierte Entlastungswirkung der von § 4 Nr. 26 UStG umfassten Leistungsempfänger*

Es ist daher naheliegend, die Teleologie des § 4 Nr. 26 UStG – entsprechend dem Verbrauchsteuergedanken des europäischen Mehrwertsteuerrechtes – in der Entlastung des Endverbrauchs zu sehen.

Allerdings wäre auch dieser Begünstigungszweck des Endverbrauchers durch § 4 Nr. 26 UStG nicht konsequent und widerspruchsfrei umgesetzt. Denn sofern die Begünstigung des Endverbrauches bezweckt ist, müsste die Steuerbefreiung auch bei einer unmittelbaren Leistungserbringung an den Endverbraucher steuerbefreit sein. Dies soll jedoch nach der h. M. in der Literatur und Rechtsprechung nicht der Fall sein.[640] Soll hingegen der Leistungsempfänger (eine juristische Person des öffentlichen Rechts/sonstige gemeinwohltätige Einrichtung) von nicht abziehbarer Vorsteuer entlastet werden – und damit mittelbar der Endverbrauch begünstigt werden –, würde eine konsequente Entlastung erfordern, dass sämtliche Leistungen an die in § 4 Nr. 26 UStG bezeichneten Leistungsempfänger umsatzsteuerbefreit sind, was aber gerade nicht der Fall ist.[641]

Um genau zu untersuchen, ob der Zweck des § 4 Nr. 26 UStG darin liegen kann, den Leistungsempfänger der ehrenamtlichen Tätigkeit zu begünstigen, soll die Entlastungswirkung der Steuerbefreiung kurz anhand verschiedener Fallvarianten dargestellt werden. Hinsichtlich der Vorteilhaftigkeit des Bezugs von steuerbefreiten Eingangsleistungen durch ehrenamtlich Tätige ist dabei zwischen Buchst. a und Buchst. b des § 4 Nr. 26 UStG zu differenzieren.

#### *aa) Untersuchung der Wirkung des § 4 Nr. 26 Buchst. a UStG*

Im Fall des § 4 Nr. 26 Buchst. a UStG erbringt der Ehrenamtliche seine (steuerbefreite) Leistung gegenüber dem hoheitlichen Bereich einer juristischen Person des öffentlichen Rechts.[642] Da die juristische Person des öffentlichen Rechts hinsichtlich der Eingangsleistungen, die im unmittelbaren Zusammenhang mit ihrer hoheitlichen (nichunternehmerischen) Tätigkeit stehen, nicht zum Vorsteuerabzug berechtigt ist, führt die unechte Umsatzsteuerbefreiung der ehrenamtlichen Tätigkeit grds. zur Reduktion des Preises der Eingangsleistung im

640 Vgl. *Huschens*, in: Vogel/Schwarz, UStG, § 4 Nr. 26 Rn. 30 ff.

641 Zu diesem Widerspruch *Stadie*, UStG, § 4 Nr. 26 Rn. 10.

642 BFH, *Urteil* vom 4. 4. 1974 – V R 70/73, BFHE 112, 425, 427 = BStBl. II 1974, 528, 529; UStAE 4.26.1 Abs. 2; *Oelmaier*, in: Sölch/Ringleb, UStG, § 4 Nr. 26 Rn. 14; *Stadie*, UStG, § 4 Nr. 26 Rn. 31.

Vergleich zu einem mit Umsatzsteuer fakturierenden Unternehmer.[643] Freilich ist in diesem Vorumsatz der juristischen Person des öffentlichen Rechts noch die auf den Vorumsatz des Ehrenamtlichen entfallende Umsatzsteuer als Kostenfaktor enthalten, da der ehrenamtlich Tätige seinerseits nicht zum Vorsteuerabzug berechtigt ist.[644] Im Ergebnis wirkt daher in dieser Fallkonstellation die Umsatzsteuerbefreiung nach § 4 Nr. 26 Buchst. a UStG als unechte Steuerbefreiung wie eine Steuersatzermäßigung. Unabhängig von der konkreten Höhe der Entlastungswirkung, wirkt damit die Umsatzsteuerbefreiung des § 4 Nr. 26 Buchst. a UStG für die – nicht zum Vorsteuerabzug berechtigte – juristische Person des öffentlichen Rechts insoweit vorteilhaft, als sie einen verbilligten Leistungsbezug ermöglicht. Die Entlastungswirkung besteht aber nur, wenn die juristische Person des öffentlichen Rechts steuerbefreite Verwendungsumsätze tätigt und selbst nicht zum Vorsteuerabzug berechtigt ist, was im hoheitlichen Bereich der juristischen Person des öffentlichen Rechts der Fall ist.

Allerdings hat der Gesetzgeber auch diese Entlastungswirkung nicht vollumfänglich umgesetzt. Auch soweit die juristische Person des öffentlichen Rechts durch die Umsatzsteuerbefreiung der ehrenamtlichen Eingangsleistung ihrerseits durch die faktische Steuersatzreduktion wirtschaftlich begünstigt ist und dadurch ihre Leistungen gegenüber dem Endverbraucher verbilligt anbieten kann, erschließt sich der Sinn des § 4 Nr. 26 Buchst. a UStG nicht gänzlich. Denn läge der Sinn in der Förderung juristischer Personen des öffentlichen Rechts und damit zugleich in der Verbilligung ihrer Ausgangsleistungen, so müsste generell eine Umsatzsteuerbefreiung von Leistungen, die ihnen gegenüber erbracht werden, in § 4 UStG vorgesehen sein. Eine solch weitgehende Förderung ist jedoch scheinbar nicht durch den Gesetzgeber bezweckt worden. Denn die Umsatzsteuerbefreiung gerade der ehrenamtlichen Tätigkeit stellt auch insoweit eine Ausnahmevorschrift dar.

Eine vollständige Entlastung der juristischen Personen des öffentlichen Rechts von Vorsteuer auf Eingangsleistungen der vorangehenden Zwischenstufen hätte zudem die Ausgestaltung der Umsatzsteuerbefreiung ehrenamtlicher Tätigkeiten als echte Steuerbefreiung erfordert.[645] Wenn § 4 Nr. 26 UStG eine echte Steuerbefreiung darstellen würde, so hätte der Ehrenamtliche einen Vorsteuerabzug hinsichtlich der Eingangsleistungen. Seine Kosten für die Leistungserbringung könnten daher der juristischen Person des öffentlichen Rechts netto

---

643 So im Ergebnis auch *Stadie*, UStG, § 4 Nr. 26 Rn. 10.

644 Zur Wirkung von Vorstufenbefreiungen vgl. *Reiß*, UR 2003, 209, 211 ff.

645 Vgl. zur Kritik an den unechten Steuerbefreiungen auf Grund des Neutralitätsprinzips *Dziadkowski*, UR 2006, 87, 88.

weiterberechnet und von dieser dem Ehrenamtlichen ersetzt werden. Die nach dem gegenwärtigen Umsatzsteuerrecht infolge von unechten Steuerbefreiungen verbleibende Belastung von juristischen Personen des öffentlichen Rechts bzw. generell des Dritten Sektors mit Vorsteuer auf Eingangsleistungen stellt ein grundsätzliches Problem dar, dem in der Praxis entweder durch das Instrument der „Eigenleistung“ oder durch die Anwendung der umsatzsteuerlichen Organschaft versucht wird zu begegnen.[646]

Die Ausgestaltung des § 4 Nr. 26 UStG als echte Steuerbefreiung hätte allerdings zur Folge, dass der Ehrenamtliche seine Vorsteuererstattungsansprüche gegenüber dem Finanzamt geltend machen müsste. Damit wäre er mit zusätzlichen formellen Pflichten belastet, um die juristische Person des öffentlichen Rechts von der Vorsteuer auf die Vorumsätze zu entlasten. Sofern der Ehrenamtliche daher nicht sonst unternehmerisch i. S. d. des § 2 UStG tätig ist, wäre er damit allein zur Erlangung des Vorsteuerabzuges mit zusätzlichen formellen Pflichten belastet. Der Ehrenamtliche hätte dann auch nicht die Möglichkeit, unter den Voraussetzungen des § 19 UStG die Kleinunternehmerregelung in Anspruch zu nehmen. Denn die Regelungen der Steuerbefreiungen sind gegenüber der Kleinunternehmerregelung nach § 19 Abs. 3 S. 1 Nr. 1 UStG vorrangig. Im Ergebnis könnte der Ehrenamtliche nur auf den Vorsteuerabzug verzichten, was im Ergebnis der Kleinunternehmerregelung entspräche. Die nicht abziehbare Vorsteuer wäre für den Ehrenamtlichen damit eine echte Aufwandsposition, die er – soweit möglich – über das Entgelt für seine ehrenamtliche Tätigkeit – wie in der geltenden Regelung auch – ersetzt bekäme.

Fasst man die vorstehende Analyse zusammen, so ergibt sich folgendes Bild von der Belastungswirkung des § 4 Nr. 26 Buchst. a UStG: Die Umsatzsteuerbefreiung führt zu einer Verbilligung des Leistungseinkaufs von ehrenamtlicher Tätigkeit seitens der juristischen Person des öffentlichen Rechts. Darin liegt eine Förderung der insoweit nicht zum Vorsteuerabzug berechtigten juristischen Person des öffentlichen Rechts, da diese durch den verbilligten Leistungseinkauf ihrerseits Leistungen kostengünstiger und damit ebenfalls verbilligt anbieten kann. Im Ergebnis bewirkt die Umsatzsteuerbefreiung grundsätzlich eine Steuersatzreduktion. Es entspricht aber nicht dem grundsätzlichen Konzept des UStG, den Leistungsbezug von juristischen Personen des öffentlichen Rechts generell umsatzsteuerlich zu privilegieren. Vielmehr wird nach § 4 Nr. 26 Buchst. a UStG

646 Vgl. *Heintzen*, DStR 1999, 1799; vgl. auch zum möglichen Lösungen und Reformbestrebungen vgl. *Desens/Hummel*, StuW 2012, 225, 225 ff.; *Schmitz/Erdbrügger*, DStR 2011, 1157, 1158 ff.

die juristische Person des öffentlichen Rechts nur insoweit privilegiert, als sie Leistungen bezieht, die ehrenamtliche Tätigkeiten darstellen.

#### *bb) Untersuchung der Wirkung des § 4 Nr. 26 Buchst. b UStG*

In den Fällen des § 4 Nr. 26 Buchst. b UStG gilt grundsätzlich das bereits zu § 4 Nr. 26 Buchst. a UStG Ausgeführte entsprechend, soweit der dort aufgeführte Leistungsempfänger – wie eine juristische Person des öffentlichen Rechts hinsichtlich ihres hoheitlichen Bereiches – nicht zum Vorsteuerabzug berechtigt ist. Dies wird insbesondere dann der Fall sein, wenn die ehrenamtliche Tätigkeit gegenüber dem ideellen Bereich eines gemeinnützigen Vereins erbracht wird. Nach gängiger Lesart soll jedoch für die Anwendung des § 4 Nr. 26 Buchst. b UStG nicht erforderlich sein, dass der Leistungsempfänger nicht – wie auch eine juristische Person des öffentlichen Rechts – zum Vorsteuerabzug berechtigt ist.[647] Der Leistungsempfänger muss auch nicht gemeinnützig sein, sodass die Steuerbefreiung auch dann in Betracht kommt, wenn die ehrenamtliche Tätigkeit z. B. gegenüber einem Zweckbetrieb oder einem wirtschaftlichen Geschäftsbetrieb eines gemeinnützigen oder generell wohltätigen Vereins bzw. Institution erbracht wird, sofern der Tätigkeitsbereich noch zum fremdnützigen Bereich der betreffenden Einrichtung gehört.[648] Sofern der Leistungsempfänger zum Vorsteuerabzug berechtigt ist und seinerseits steuerbare und steuerpflichtige Ausgangsumsätze tätigt, führt die Umsatzsteuerbefreiung der ehrenamtlichen Eingangsleistung im Ergebnis durch die Nachholwirkung der Umsatzsteuerbelastung auf den Ausgangsumsatz zu einer Verteuerung des Ausgangsumsatzes gegenüber dem Fall, dass der Leistungsbezug jeweils durch nicht steuerbefreite, aber zum Vorsteuerabzug berechtigte Unternehmen erfolgt wäre. Dies gilt auch für den Fall, das die an den Endverbraucher bewirkte Leistung dem ermäßigten Umsatzsteuersatz unterliegt. Im Ergebnis würde daher durch die Umsatzsteuerbefreiung des § 4 Nr. 26 Buchst. b UStG in diesen Fällen der Endverbrauch sogar verteuert.

Dieses Ergebnis stünde im eklatanten Widerspruch zu einer Absicht der Förderung der ehrenamtlichen Tätigkeit. Darin wird zudem ein Verstoß gegen das Neutralitätsprinzip des Mehrwertsteuersystems gesehen, da der zum

---

647 *Oelmeier*, in: Sölch/Ringleb, UStG, § 4 Nr. 26 Rn. 18 mit dem Hinweis darauf, dass § 4 Nr. 26 Buchst. b UStG nur vorraussetzt, dass der Leistungempfänger eine fremdnützige – und damit nicht zwingend gemeinnützige – Einrichtung ist; a.A. hingegen *Stadie*, UStG, § 4 Rn. 9.

648 *Oelmeier*, in: Sölch/Ringleb, UStG, § 4 Nr. 26 Rn. 18.

Vorsteuerabzug berechtigte leistungsempfangende Unternehmer letztlich mit nicht abziehbarer Vorsteuer als Teil des Aufwendungsersatzes belastet würde, sodass die Vorschrift wegen einer ansonsten bestehenden EU-Rechtswidrigkeit restriktiv auszulegen sei.[649] Teilweise wird daher vorgeschlagen, die Vorschrift des § 4 Nr. 26 UStG dahingehend richtlinienkonform auszulegen, dass sie nicht anzuwenden ist, wenn der Leistungsempfänger zum Vorsteuerabzug berechtigt ist.[650] Die Einschränkung wird insoweit versucht mit dem Wortlaut der Vorschrift in Einklang zu bringen, als von einer ehrenamtlichen Tätigkeit nur dann gesprochen werden könne, wenn diese auf öffentlichem oder sozialem Gebiet erfolge. Dies sei jedoch nicht der Fall, wenn der Empfänger der ehrenamtlichen Leistungen ein zum Vorsteuerabzug berechtigter Unternehmer sei.[651]

Diese Auffassung kann jedoch im Ergebnis nicht überzeugen. Zunächst sind sämtliche unechten Umsatzsteuerbefreiungen, die aber auch ausdrücklich in der MwStSystRL vorgesehen sind, im Hinblick auf das Neutralitätsprinzip problematisch, soweit sie Leistungen betreffen, die gegenüber einem zum Vorsteuerabzug berechtigten Unternehmer erbracht werden. Die vorgenannte Auslegung würde zudem die auch für die richtlinienkonforme Auslegung geltende Wortlautgrenze überschreiten, da eine solche Auslegung im Wortlaut des § 4 Nr. 26 UStG nicht angedeutet ist. Die Vorschrift differenziert gerade nicht danach, ob der Leistungsempfänger ein zum Vorsteuerabzug berechtigter Unternehmer ist oder nicht. Zudem ist es nicht ersichtlich, inwiefern der Vorsteuerabzug des Leistungsempfängers im Zusammenhang mit der Frage des Charakters einer Leistungsbeziehung als öffentlich bzw. sozial steht. Das Kriterium „sozial“ ist im UStG an keiner Stelle verankert und würde die Vorschrift gänzlich unbestimmt machen. § 4 UStG sieht lediglich für bestimmte Bereiche Steuerbefreiungen vor. Die Tatsache, dass eine Leistung nicht im Katalog aufgeführt wird und dass mithin der Leistende zum Vorsteuerabzug berechtigt ist, macht die Leistung nicht automatisch „unsozial“.

Zudem ist dieser Lösungsvorschlag in der Praxis kaum durchführbar. Denn für die Frage der Umsatzsteuerfreiheit käme es stets darauf an, gegenüber welchem Bereich z. B. eines gemeinnützigen Vereins der ehrenamtlich Tätige seine Leistungen erbringt. Für den leistenden Ehrenamtlichen wird es jedoch in der Praxis kaum möglich sein, die einzelnen Tätigkeitsbereiche eines gemeinnützigen Vereins vorab dergestalt zu eruieren, dass eine klare Bestimmung der

---

649 So zu Recht *Stadie*, UStG, § 4 Nr. 26 Rn. 9.

650 *Stadie*, UStG, § 4 Nr. 26 Rn. 9.

651 *Stadie*, UStG, § 4 Nr. 26 Rn. 9.

Zuordnung seiner Ausgangsleistung möglich wäre. Dies gilt vor allem vor dem Hintergrund, dass eine klare Abgrenzung zwischen dem ideellen Bereich, der Vermögensverwaltung, dem Zweckbetrieb und dem wirtschaftlichen Geschäftsbetrieb im Einzelfall nur schwer durchführbar ist und in der Praxis häufig den Schwerpunkt steuerjuristischer Rechtstreitigkeiten im Gemeinnützigkeitsrecht darstellt.[652] Dieser Lösungsvorschlag würde daher den ehrenamtlich tätigen Unternehmer vor eine praktisch nicht lösbare Aufgabe stellen und zugleich mit dem Risiko der sich nachträglich herausstellenden Umsatzsteuerpflicht seiner Tätigkeit belasten. Die Anwendung des § 4 Nr. 26 UStG wäre daher mit einem nicht unerheblichen Risiko für den ehrenamtlich Tätigen verbunden.

### *c) Weitgehende Befreiung des ehrenamtlich Tätigen von formellen Pflichten*

Vor dem Hintergrund der oben beschriebenen, differenziert zu betrachtenden Wirkungsweise der hier untersuchten Steuerbefreiung wird der Sinn der Vorschrift in einer Vereinfachung der umsatzsteuerlichen Pflichten des Ehrenamtlichen gesehen.[653] Tatsächlich führt die Steuerbefreiung der ehrenamtlichen Tätigkeit nur im sehr begrenzten Umfang zur Befreiung des ehrenamtlich Tätigen von formellen Pflichten.

Zunächst treten besondere Probleme auf, wenn die ehrenamtliche Tätigkeit neben der hauptamtlichen Tätigkeit eines Selbstständigen durchgeführt wird. Durch die Ausgestaltung als unechte Steuerbefreiung ist der selbständig ehrenamtlich Tätige insoweit nach § 15 Abs. 4 S. 1 UStG nicht zum Vorsteuerabzug betreffend Eingangsleistungen berechtigt, als er diese für die Erbringung von steuerbefreiten ehrenamtlichen Ausgangsleistungen verwendet. In diesem Fall ist, sofern der Unternehmer mangels Anwendung der Kleinunternehmerregelung neben den steuerbefreiten ehrenamtlichen Umsätzen auch steuerbare und steuerpflichtige Ausgangsumsätze hat, eine Vorsteueraufteilung nach Maßgabe des § 15 Abs. 4 S. 2, 3 UStG durchzuführen. Die in § 43 UStDV vorgesehenen Erleichterungen bei der Vorsteueraufteilung, die im Ergebnis dazu führen, dass aus Vereinfachungsgründen von einer Aufteilung der Vorsteuerbeträge abgesehen wird und sämtliche Vorsteuerbeträge aus den Eingangsleistungen erstattungsfähig sind, sind auf § 4 Nr. 26 UStG nicht anwendbar.[654] Allerdings hat auch die

652 Zur Problematik *Rasche*, in: Schauhoff, Handbuch der Gemeinnützigkeit, § 12 Rn. 10 ff.

653 *Stadie*, UStG, § 4 Nr. 26 Rn. 11.

654 Vgl. Abschn. 15.18 Abs. 1 UStAE.

Finanzverwaltung erkannt, dass über die in § 43 UStDV angeführten Einzelfälle hinaus aus Verhältnismäßigkeitsgesichtspunkten ein Bedarf an einer erweiterten Anwendung dieser Vorschrift besteht. Für den vorliegenden Fall der Erbringung ehrenamtlicher Leistungen käme die von der Finanzverwaltung ausdrücklich bestätigte erweiterte Anwendung der Vereinfachungsregelung des § 43 UStDV auf Verwaltungsgemeinkosten in Betracht.[655] In allen weiteren Fällen wäre der über die ehrenamtliche Tätigkeit hinaus selbständig tätige Unternehmer gezwungen, eine Vorsteueraufteilung vorzunehmen, was mit zusätzlichem Verwaltungsaufwand verbunden wäre. Auch dies zeigt deutlich, dass, sofern überhaupt durch den historischen Gesetzgeber eine Begünstigung des ehrenamtlich Tätigen bezweckt wurde, dieses Ziel nicht erreicht wurde. Hier würde sich gerade der unterstellte Vereinfachungszweck der Befreiungsvorschrift ins Gegenteil verkehren.

Darüber hinaus ist zu berücksichtigen, dass die Umsatzsteuerbefreiung nichts an der Unternehmereigenschaft des ehrenamtlich Tätigen ändert. Die Konsequenz hiervon ist, dass den ehrenamtlich Tätigen die allgemeinen Aufzeichnungspflichten nach § 22 UStG treffen.[656] Darüber hinaus ist der Ehrenamtliche als Unternehmer nach § 18 UStG zur Abgabe einer Umsatzsteuerjahreserklärung und grds. entsprechenden Umsatzsteuervoranmeldungen verpflichtet, in der er seine Umsätze – wenngleich steuerfrei – aus ehrenamtlicher Tätigkeit anzugeben hat.[657] In der Praxis ist es zwar so, dass Unternehmer, die lediglich steuerfreie Umsätze ausführen, weder Voranmeldungen noch Umsatzsteuerjahreserklärungen abgeben. Diese Handhabung in der Praxis ändert jedoch nichts an der Tatsache, dass auch Unternehmen mit steuerfreien Umsätzen zur Abgabe jedenfalls einer Umsatzsteuerjahreserklärung verpflichtet sind. Dies gilt umso mehr, als die Nichterfüllung dieser formalen Anforderungen grundsätzlich bußgeldbewehrt ist, auch wenn die Finanzverwaltung dies in der Praxis so nicht durchhält. Im Ergebnis bleibt daher der ehrenamtlich Tätige mit den allgemeinen umsatzsteuerlichen „bürokratischen Pflichten“[658] belastet.

Erschwerend kommt gerade für die Inanspruchnahme der Steuerbefreiung ehrenamtlicher Tätigkeit hinzu, dass den ehrenamtlich Tätigen nach Auffassung der Finanzverwaltung zusätzliche, nicht unerhebliche Darlegungs- und

---

655 Vgl. Abschn. 15.18 Abs. 6 UStAE.

656 *Heidner*, in: Bunjes/Geist, UStG, § 22 Rn. 3; *Wagner*, in: Sölch/Ringleb, UStG, § 22 Rn. 20.

657 *Treiber*, in: Sölch/Ringleb, UStG, § 18 Rn. 9.

658 *Stadie*, UStG, § 4 Nr. 26 Rn. 11.

Dokumentationspflichten treffen, die der Finanzverwaltung die Überprüfung der Angemessenheit des Entgeltes ermöglichen sollen.[659]

Auch im Hinblick darauf, dass in der Praxis das umsatzsteuerliche Entgelt für eine ehrenamtliche Tätigkeit die Umsatzgrenzen der Kleinunternehmerregelung nur in Einzelfällen überschreiten wird, ist der Vereinfachungs- bzw. Entlastungseffekt des § 4 Nr. 26 UStG fraglich. Dies gilt insbesondere vor dem Hintergrund, dass sich die Finanzverwaltung im Hinblick auf die Angemessenheit der Aufwandsentschädigung ohnehin an der Kleinunternehmerregelung orientiert.[660] Da § 4 Nr. 26 UStG ohnehin als unechte Steuerbefreiung die gleiche Wirkung hat wie die Kleinunternehmerregelung nach § 19 UStG, ist sie zumindest in der Praxis regelmäßig verzichtbar.

Im Vergleich zur Kleinunternehmerregelung ist die Regelung des § 4 Nr. 26 UStG im Hinblick auf die formellen Pflichten des Steuerpflichtigen sogar nachteiliger. Zwar treffen den Kleinunternehmer ebenso wie den ehrenamtlich tätigen Unternehmer die allgemeinen Aufzeichnungspflichten des § 22 UStG. Insbesondere im Hinblick auf die Angemessenheit der Aufwandsentschädigung trifft den ehrenamtlich tätigen Steuerpflichtigen jedoch ein besonderer Begründungs- und Dokumentationsaufwand, der bei der allein auf Umsatzgrenzen abstellenden Kleinunternehmerregelung des § 19 UStG gerade nicht erforderlich ist.

Zu dem nicht bestehenden besonderen Begründungs- und damit Dokumentationsaufwand kommt hinzu, dass die Kleinunternehmerregelung auch grds. die gleichen Erklärungspflichten beinhaltet wie die Steuerbefreiung nach § 4 Nr. 26 UStG. Auch der Kleinunternehmer ist zur Abgabe einer Umsatzsteuerjahreserklärung verpflichtet,[661] wobei die Finanzverwaltung allgemein auf die Abgabe von Umsatzsteuervoranmeldungen verzichtet.[662] Ehrenamtlich tätige Steuerpflichtige müssten hingegen die Befreiung von der Abgabe von Voranmeldungen beim Finanzamt nach § 18 Abs. 2 S. 3 UStG beantragen.[663]

Hinzu kommt, dass der Unternehmer auf die Anwendung der Kleinunternehmerregelung des § 19 im Gegensatz zur Anwendung des § 4 Nr. 26 UStG verzichten kann. Dies wäre insbesondere, wie oben beschrieben, in den Fallkonstellationen vorteilhaft, in denen der ehrenamtlich Tätige seine Leistungen

---

659 Vgl. Abschn. 4.26.1; hierzu auch *Meurer* UStB, 2012, 322, 326.

660 Abschn. 4.26.1 Abs. 4 S. 2 UStAE.

661 Kleinunternehmer geben in der Praxis ganz überwiegend keine Umsatzsteuerjahreserklärungen ab, vgl. *Stadie*, UStG, § 19 Rn. 5.

662 siehe hierzu *Mößlang*, in: Sölch/Ringleb, UStG, § 19 Rn. 26.

663 Vgl. Abschn. 18.2 Abs. 2 UStAE und Abschn. 18.6 UStAE; vgl. hierzu *Leonard*, in: Bunjes/Geist, UStG, § 18 Rn. 13.

gegenüber einer zum Vorsteuerabzug berechtigten Institution nach § 4 Nr. 26 Buchst. b UStG erbringt. Dieser Weg ist den ehrenamtlich Tätigen jedoch abgeschnitten, da die Umsatzsteuerbefreiung des § 4 Nr. 26 UStG Vorrang gegenüber der Kleinunternehmerregelung nach § 19 UStG hat.

In der Praxis können zudem durch die Konkurrenz von § 19 UStG und § 4 Nr. 26 UStG besondere Problemlagen auftreten, die die Nachteiligkeit des § 4 Nr. 26 UStG besonders hervorheben. Soweit der Steuerpflichtige die für die Anwendung des § 4 Nr. 26 UStG (nach Auffassung der Finanzverwaltung) erforderliche Glaubhaftmachung nicht führen bzw. Nachweise nicht erbringen kann, wird er sich bei Unterschreitung der maßgeblichen Umsatzgrenzen auf die Kleinunternehmerregelung berufen. Materiell macht es insoweit auf Grund der gleichen Wirkung keinen Unterschied, ob die Umsatzsteuerbefreiung auf Grund von § 19 UStG oder auf Grund von § 4 Nr. 26 UStG vorliegt. Problematisch wird die Situation dann, wenn der Steuerpflichtige auf die Umsatzsteuerbefreiung seiner ehrenamtlichen Ausgangsumsätze verzichten möchte. Da ihm dies nur dann möglich ist, wenn sein Umsatz nicht unter § 4 Nr. 26 UStG fällt, sodass die Anwendung des § 19 UStG nicht gesperrt ist, wird er versucht sein, die Nichtanwendung des § 4 Nr. 26 UStG durch die Nichtbeibringung einer erforderlichen Dokumentation bzw. durch die Unterlassung der Glaubhaftmachung zu erreichen. Da die Glaubhaftmachung bzw. die Nachweisführung aber keine materielle Voraussetzung der Steuerbefreiung der ehrenamtlichen Tätigkeit sind, sondern die zur Amtsermittlung verpflichteten Finanzbehörden lediglich bei der Ermittlung des tatsächlich verwirklichten Sachverhaltes unterstützen soll, ist dem Steuerpflichtigen dieser Weg – wenngleich in der Praxis durchaus erfolgversprechend – grds. nicht möglich. Die Sperrwirkung des § 4 Nr. 26 UStG entfaltet daher gegenüber dem ehrenamtlich tätigen Steuerpflichtigen eine Sperrrwirkung gegenüber § 19 UStG, die auch zu seinen Lasten geht, wenn der Vorsteuerabzug auf Grund des Verzichtes auf die Kleinunternehmerregelung für ihn von Vorteil wäre.

Als Zwischenergebnis ist damit festzuhalten, dass die Vorschrift des § 4 Nr. 26 UStG jedenfalls nicht durchgängig eine Entlastung des ehrenamtlich Tätigen von formellen Pflichten bewirkt.

## 5. § 4 Nr. 26 UStG als verfehlte und in der Praxis entbehrliche Sonderregelung für ehrenamtlich tätige Kleinunternehmer

In der Grundkonzeption der Mehrwertsteuer als indirekter Verbrauchsteuer liegt es begründet, dass der Steuerpflichtige als Gehilfe des Staates die Mehrwertsteuer vom Steuerträger erhebt und an den Staat abführt.[664] Obgleich die Mehrwertsteuer als allgemeine Konsumsteuer einen grds. weiten Anwendungsbereich hat, der durch die entsprechende Auslegung der wirtschaftlichen Tätigkeit im Sinne von Art. 9 MwStSystRL sichergestellt wird, sind nur solche Personen als Steuerpflichtige einzustufen, die durch ihren Organisationsgrad und ihre Tätigkeit eine hinreichende Gewähr für die Erfüllung ihrer Pflichten als Steuereinsammler für den Staat bieten.[665] Nur für einen Steuerpflichtigen, der durch Art und Umfang seiner Teilnahme am Wirtschaftsverkehr bereits einen hinreichenden Organisationsgrad erreicht hat bzw. einen solchen zu erreichen beabsichtigt, ist es zumutbar, ihn mit den erheblichen Pflichten und Risiken eines Steuereinsammlers des Staates zu belasten.[666] Gerade im Vergleich zum Ertragsteuerrecht ist die Auferlegung von Pflichten unter Verhältnismäßigkeitsgesichtspunkten umso kritischer zu bewerten, da sich der Staat der Hilfe des Steuerpflichtigen bei der Steuererhebung bedient.

Im Falle der Mehrwertsteuer kollidieren daher die grundsätzliche Konzeption der Mehrwertsteuer als allgemeiner Verbrauchsteuer, die auch unter Neutralitätsgesichtspunkten eine möglichst breite Anwendung der Mehrwertsteuer und mithin eine ausgedehnte Anwendung des Begriffs des Steuerpflichtigen erfordert, mit dem Gesichtspunkt der Verhältnismäßigkeit und Zumutbarkeit der Inanspruchnahme des Steuerpflichtigen als Fiskalgehilfen des Staates.[667] Dieses Spannungsverhältnis wird im geltenden Umsatzsteuerrecht zweistufig aufgelöst.

Zum einen werden von der Steuerpflicht nach Art. 9 MwStSystRL die Personen ausgenommen, die im Ergebnis nur gelegentlich entgeltliche Umsätze nicht in eigener Verantwortung ausführen, ungeachtet dessen, dass die entsprechenden Umsätze beim Abnehmer zum Verbrauch führen.[668] An sich führen auch diese Umsätze, wie auch die Umsätze von unselbständig Tätigen, zu einem Endverbrauch, sodass sie unter dem Gesichtspunkt der allgemeinen Verbrauchsteuer und der gleichmäßigen Belastung der Konsumaufwendungen

---

664 EuGH, *Urteil* vom 20.10.1993 – Rs. C-10/92 (Balochi) Slg. I 1993, 5105 Rn. 25; *Reiß*, in: Reiß/Kraeusel/Langer, UStG § 2 Rn. 14; *Stadie*, in: Rau/Dürrwächter, UStG, § 2 Rn. 24.

665 *Reiß*, in: Reiß/Kraeusel/Langer, UStG § 2 Rn. 14; *Englisch*, in: Tipke/Lang, UStG, § 17 Rn. 42.

666 So zu Recht auch *Englisch*, in: Tipke/Lang, UStG, § 17 Rn. 42; zur Risikoverteilung zwischen Staat und Steuerpflichtigem vgl. *Stadie*, in: Rau/Dürrwächter, UStG, § 2 Rn. 28 f.

667 *Englisch*, in: Tipke/Lang, Steuerrecht, § 17 Rn. 33 f.

668 *Englisch*, in: Tipke/Lang, Steuerrecht, § 17 Rn. 39; *Söhn*, StuW 1975, 1, 4 f.

besteuerungswürdig sind. Die Erstreckung der Steuerpflicht auf diese Personenkreise wäre jedoch im Ergebnis völlig impraktikabel und nicht realisierbar, sodass diese Personengruppe aus der Steuerpflicht herausgenommen wird.[669]

Obgleich bestimmte Personengruppen unter die Definition des Steuerpflichtigen fallen, insbesondere deshalb, weil sie die Absicht haben, nachhaltig wirtschaftlich tätig zu werden, bewirken sie jedoch nur in einem unbedeutenden Maße Umsätze, die sie (noch) nicht zu einer Organisationsstufe gelangen lassen, die unter Zumutbarkeitsgesichtpunkten die Auferlegung der Pflichten eines Steuereinsammlers als Fiskalgehilfen rechtfertigen. Diese Personengruppe kann daher nach Maßgabe des Art. 281 MwStSystRL von den Pflichten als Fiskalgehilfe entbunden werden, was der deutsche Gesetzgeber in § 19 UStG getan hat. Da die Festlegung verfahrensrechtlicher Pflichten des Steuerpflichtigen weitgehend in die Gesetzgebungskompetenz der Mitgliedstaaten fällt, stellt Art. 281 MwStSystRL lediglich eine Kannvorschrift dar. § 19 UStG wird gemeinhin als Bagatellgrenze zur Verfahrensvereinfachung gesehen, um im wesentlichen Nebentätigkeiten, die die Unternehmereigenschaft begründen, aus der Umsatzbesteuerung herauszunehmen.[670] Diese Verfahrensvereinfachung ist auch unter Verhältnismäßigkeitsgesichtspunkten gerechtfertigt, da die Inanspruchnahme von Kleinunternehmern diese in einem unverhältnismäßigen Maße mit steuerlichen Pflichten und Risiken belasten würde.

Auch bei der ehrenamtlichen Tätigkeit handelt es sich im Hinblick auf den regelmäßig beschränkten Umfang der Tätigkeit und vor allem vor dem Hintergrund des begrenzten Entgelts typischerweise um eine Nebentätigkeit bzw. quantitativ unbedeutender Umsätze. Die Aufwandsentschädigungen liegen in der Praxis regelmäßig weit unter der Kleinunternehmergrenze, weshalb sich auch die Finanzverwaltung für die Frage der Angemessenheit der Aufwandsentschädigung nach § 4 Nr. 26 Buchst. b UStG – ersichtlich aus Vereinfachungsgründen – an der Kleinunternehmergrenze orientiert.[671] Auch weisen die ehrenamtlich Tätigen typischerweise keine hinreichende Organisationsstruktur auf, die es unter Verhältnismäßigkeitsgesichtpunkten gerechtfertigt erscheinen lässt, sie als Fiskalgehilfen des Staates heranzuziehen und mit den damit einhergehenden erheblichen Pflichten und Risiken zu belasten. Unter systematischen Gesichtspunkten würde daher eine Nichterhebung von Umsatzsteuer bei ehrenamtlich

669 *Stadie*, in: Rau/Dürrwächter, UStG, § 2 Rn. 131.

670 *Langer*, in: Reiß/Kraeusel/Langer, UStG, Art. 281–294 MwStSystRL Rn. f; *Stadie*, UStG, § 19 Rn. 1.

671 Siehe Abschn. 4.26.1 Abs. 4 S. 2 UStAE.

Tätigen unter den Sinn und Zweck der Kleinunternehmerregelung nach § 19 UStG fallen.

Ebenso wie die Kleinunternehmerregelung nach Maßgabe der Art. 281 ff. MwStSystRL stellt auch die in der Protokollerklärung zu Art. 4 der 6. MwSt-RL vorgesehene – allerdings den Mitgliedstaaten optional überlassene – Behandlung ehrenamtlicher Tätigkeit im Ergebnis eine Vereinfachungsregelung dar. Vor dem vorstehend beschriebenen Vereinfachungseffekt war es unter systematischen Gesichtspunkten auch nachvollziehbar, dass die Frage der ehrenamtlichen Tätigkeit in einer Protokollerklärung gerade zu Art. 4 der 6. MwSt-RL angesprochen wurde. Berücksichtigt man den Gesichtspunkt der Verhältnismäßigkeit bei der Anwendung des Art. 9 MwStSystRL, so kann der Protokollerklärung der objektive Sinn und Zweck zugemessen werden, Steuerpflichtige mit geringen Umsätzen und ohne eine gewisse Mindest-Organisationsstruktur – wie dies bei ehrenamtlich Tätigen typischerweise der Fall ist – von der Verpflichtung der Steuereinsammlung auszunehmen. Sie geht in ihrer Entlastungswirkung insoweit über die Art. 281 ff. MwStSystRL hinaus, als der ehrenamtlich Tätige bereits mangels wirtschaftlicher Tätigkeit kein Steuerpflichtiger wäre. Eine Behandlung ehrenamtlich Tätiger als Nichtsteuerpflichtige wäre daher unter Verhältnismäßigkeitsgesichtspunkten zu rechtfertigen, wurde aber in der 6. MwSt-RL nicht normiert.

Den unter Verhältnismäßigkeitsgesichtpunkten gerechtfertigten und durch die Protokollerklärung bezweckten Vereinfachungseffekt hat der nationale deutsche Gesetzgeber für alle Steuerpflichtigen mit geringen Umsätzen jedoch bereits durch § 19 UStG umgesetzt. Systematisch gehört daher gerade auch der ehrenamtlich Tätige, der nicht als Steuereinsammler herangezogen werden soll, in den Anwendungsbereich des § 19 UStG.

Vor dem Hintergrund dieser richlinienkonform bestimmten, parallelen Zweckrichtung stellt § 4 Nr. 26 UStG teilweise eine unter Neutralitätsgesichtpunkten ungerechtfertigte Besserstellung ehrenamtlich Tätiger dar, da sie neben einer angemessenen Entschädigung für Zeitversäumnis Aufwendungsersatz in grds. unbegrenzter Höhe steuerfrei vereinnahmen können. Verfehlt ist es umgekehrt aber auch, wenn dem ehrenamtlichen Kleinunternehmer noch im Rahmen des § 4 Nr. 26 UStG zusätzliche Pflichten (etwa zur Dokumentation der Angemessenheit der Entschädigung)[672] aufgebürdet werden, die er bei der Anwendung des § 19 UStG nicht hätte.

Sofern die Regelung des § 4 Nr. 26 UStG im Einzelfall eine begünstigende Wirkung für den Endverbrauch – mittelbar über die Leistungsempfänger – entfaltet,

672 Vgl. Abschn. 4. 26.1 Abs. 5 S. 3 UStAE.

ist diese lediglich die undifferenzierte und nicht zielgerichtete umsatzsteuerliche Nebenfolge einer vom historischen Gesetzgeber undifferenzierten und nicht zielungenauen Entlastungskonzeption. Die Vorschrift hat im Ergebnis lediglich einen Vereinfachungszweck entsprechend der Kleinunternehmerregelung.

## IV. Methodik der Auslegung des Begriffs der ehrenamtlichen Tätigkeit im Sinne von § 4 Nr. 26 UStG

Das Tatbestandsmerkmal der „ehrenamtlichen Tätigkeit“ ist die zentrale Voraussetzung für die Anwendung des § 4 Nr. 26 UStG. Dabei ist diese Begrifflichkeit weder in den umsatzsteuerlichen noch in den ertragsteuerlichen Rechtsnormen definiert.[673] Auch § 4 Nr. 26 UStG besagt lediglich, dass die steuerbefreite Tätigkeit ehrenamtlich zu erfolgen hat, ohne – zumindest typologisch – näher zu konkretisieren, wann und unter welchen Voraussetzungen eine Tätigkeit als ehrenamtlich zu qualifizieren ist.

Im Folgenden soll die Methodik der Auslegung des Begriffs der ehrenamtlichen Tätigkeit in Rechtsprechung, Finanzverwaltung und Literatur kurz dargestellt und in einem zweiten Schritt kritisch gewürdigt werden. Hierbei wurde schon auf den Umstand hingewiesen, dass die Auslegung der ehrenamtlichen Tätigkeit erfolgt, ohne dass bisher in der Rechtsprechung zur entscheidenden Frage, nämlich nach der Teleologie der Befreiungsvorschrift, Stellung genommen wurde.

### 1. Überblick über die dreistufige Prüfungsreihenfolge zur Qualifikation einer Tätigkeit als Ehrenamtlicher

#### *a) Prüfungsreihenfolge nach Auffassung der Rechtsprechung des BFH*

Nach dem Wortlaut des § 4 Nr. 26 UStG ist eine ehrenamtliche Tätigkeit steuerbefreit, wenn sie die unter Buchst. a oder b angeführten zusätzlichen Voraussetzungen erfüllt. Das Merkmal der ehrenamtlichen Tätigkeit ist vom Aufbau der Vorschrift den beiden Alternativen als gemeinsames Merkmal vorangestellt. Dieser sprachliche Aufbau der Vorschrift legt nahe, dass das Merkmal der ehrenamtlichen Tätigkeit in beiden Alternativen gleich auszulegen ist.[674] Nach dem gängigen Verständnis in Rechtsprechung und Literatur sollen die Voraussetzungen an eine ehrenamtliche Tätigkeit davon abhängig sein, ob die Tätigkeit gegenüber einer juristischen Person des öffentlichen Rechts nach Buchst. a oder einer

673 *Heinrichshofen*, in: Rau/Dürrwächter, UStG, § 4 Nr. 26 Rn. 45, 61.
674 So *Heinrichshofen*, in: Rau/Dürrwächter, UStG, § 4 Nr. 26 Rn. 61.

Einrichtung des Privatrechtes nach Buchst. b ausgeübt wird.[675] Die Grundvoraussetzungen sind jedoch – nach zutreffendem Verständnis – identisch.

Die Auslegung des Merkmals der ehrenamtlichen Tätigkeit ist maßgeblich durch die Rechtsprechung des BFH geprägt.[676] Nach der Rechtsprechung des BFH sind ehrenamtliche Tätigkeiten solche, die das Gesetz (nicht notwendigerweise das UStG) ausdrücklich als solche bezeichnet oder, sofern dies nicht der Fall ist, sie nach dem allgemeinen Sprachgebrauch herkömmlicherweise als ehrenamtlich bezeichnet werden.[677] Nur subsidiär soll das Merkmal der ehrenamtlichen Tätigkeit unter Rückgriff auf den materiellen Begriffsinhalt der Ehrenamtlichkeit anhand der Rechtsbegriffe „Ehrenamt" und „ehrenamtliche Tätigkeit" ausgelegt werden.[678] Nach dem Verständnis des BFH ist also das Vorliegen einer ehrenamtlichen Tätigkeit in einer dreistufigen Prüfung zu ermitteln:

- gesetzliche Definition einer Tätigkeit als ehrenamtlich,
- herkömmliches Sprachverständnis, oder
- materieller Begriffsinhalt

Für Tätigkeiten nach § 4 Nr. 26 Buchst. b UStG gilt prinzipiell ebenfalls die vorstehend aufgeführte Prüfungsreihenfolge, wobei nach der Rechtsprechung ein gegenüber Buchst. a modifizierter materieller Begriffsinhalt der Ehrenamtlichkeit vorliegt.[679] Dies wird damit begründet, dass im nicht öffentlich-rechtlichen Bereich eine behördliche Bestellung des ehrenamtlich Tätigen nicht möglich ist, sondern die Erbringung vielmehr aufgrund einer Bestellung durch den

---

675 BFH, *Urteil* vom 14.05.2008 – XI R 70/07, BFHE 221, 517, 523 f. = BStBl. II 2008, 912, 915; *Urteil* vom 04.05.1994 – XI R 86/92, BFHE 174, 573, 575 = BStBl. II 1994, 773, 774; *Kulmsee*, in: Reiß/Krausel/Langer, § 4 Nr. 26 Rn. 27.

676 Vgl. die kurze Zusammenfassung der wesentlichen Rechtsprechung des BFH zum Begriff der ehrenamtlichen Tätigkeit bei *Oelmaier*, in: Sölch/Ringleb, UStG, § 4 Nr. 26 Rn. 6 ff.

677 BFH, *Urteil* vom 27.07.1972 – V R 33/72, BFHE 106, 479, 480 = BStBl. II 1972, 844; BFH, *Urteil* vom 16.12.1987 – X R 7/82, BFHE 152, 182, 186 = BStBl. II 1988, 384, 386.

678 BFH, *Urteil* vom 16.04.2008 – XI R 68/07, BFH/NV 2008, 1368, 1369; BFH, *Urteil* vom 16. 12. 1987 – X R 7/82, BFHE 152, 182, 186 = BStBl. II 1988, 384, 386; BFH, *Urteil* vom 04.05.1994 – XI R 86/92, BFHE 174, 573, 575 = BStBl. II 1994, 773, 774; vgl. hierzu: *Oelmaier*, in: Sölch/Ringleb, UStG, § 4 Nr. 26 Rn. 18.

679 BFH, *Urteil* vom 14.05.2008 – XI R 70/07, BFHE 221, 517, 523 f. = BStBl. II 2008, 912, 915; *Urteil* vom 04.05.1994 – XI R 86/92, BFHE 174, 573, 575 = BStBl. II 1994, 773, 774.

jeweiligen Träger oder aufgrund eines Arbeits- oder Dienstvertrages erfolgt.[680] Daher soll zusätzlich zu den Voraussetzungen des Buchstaben a (dem Fehlen des eigennützigen Erwerbsstrebens und der fehlenden Hauptberuflichkeit) auch der Einsatz für eine fremdnützig bestimmte Einrichtung erforderlich sein.[681] Auf die Rechtsform der Einrichtung soll es dabei nicht ankommen. Ferner müsse es sich bei dieser Einrichtung nicht notwendigerweise um eine gemeinnützige im Sinne der Abgabenordnung handeln.[682]

### *b) Auffassung der Finanzverwaltung und der Literatur*

Die vom BFH vertretene Ansicht zur Bestimmung der Ehrenamtlichkeit i. S. d. § 4 Nr. 26 UStG ist von der Finanzverwaltung und weiten Teilen der Literatur ohne große Kritik im Wesentlichen übernommen worden.[683] Angesichts der Unschärfe des Begriffs der ehrenamtlichen Tätigkeit sucht die Finanzverwaltung durch den Erlass von Verwaltungsrichtlinien – im wesentlichen einzelfallbezogene OFD-Verfügungen – eine für die Praxis rechtssichere und praktikable Rechtslage zu schaffen.[684] Auch das BMF versucht der begrifflichen Unschärfe des § 4 Nr. 26 UStG durch Pauschalierungen und Nichtbeanstandungsregelungen zu begegnen.[685]

Der Ansatz der Finanzverwaltung, den Anwendungsbereich der Vorschrift durch eine Vielzahl von einzelfallbezogenen Verfügungen bzw. Nichtbeanstandungsregelungen zu regeln, kann nicht das grundsätzliche Problem der mangelnden begrifflichen Schärfe der Vorschrift lösen und ist daher äußerst kritisch zu sehen. So ist auch die Vorschrift sehr streitanfällig, was die nicht unerhebliche Anzahl finanzgerichtlicher Verfahren belegt.

---

680 *Kulmsee*, in: Reiß/Kraeusel/Langer UStG, § 4 Nr. 26 Rn. 27.

681 BFH, *Urteil* vom 14.05.2008 -XI R 70/07, BFHE 221, 517 = BStBl. II 2008, 912.

682 BFH, *Urteil* vom 04.05.1994 – XI R 86/92, BFHE 174, 573, 575 = BStBl. II 1994, 773, 775.

683 Vgl. Abschn. 4.26.1 Abs. 1 UStAE; *Kulmsee*, in: Reiß/Kraeusel/Langer UStG, § 4 Nr. 26 Rn 15 ff. m.w.N.

684 Vgl. zu den einzelnen Verwaltungsrichtlinien die Übersichten bei: *Heinrichshofen*, in: Rau/Dürrwächter, UStG, § 4 Nr. 26 UStG.

685 Vgl. Abschn. 4.26.1 UStAE.

## 2. Erste Stufe: Bestimmung einer Tätigkeit als „ehrenamtlich" kraft gesetzlicher Definition

### a) *Auffassung der Rechtsprechung und der Literatur*

Auf der ersten Stufe ist nach Auffassung des BFH – sowohl zur Bestimmung der ehrenamtlichen Tätigkeit nach Buchst. a als auch b – auf vorhandene gesetzliche Definitionen zu rekurrieren.[686] Von einer ehrenamtlichen Tätigkeit nach § 4 Nr. 26 UStG ist nach Auffassung des BFH auszugehen, wenn eine Tätigkeit durch ein Gesetz ausdrücklich als ehrenamtlich bezeichnet wird.[687] Demgegenüber kommt nach Auffassung des BFH den lediglich internen Verwaltungsanweisungen (der Finanzverwaltung) mangels Gesetzesqualität keine Außenwirkung gegenüber dem Steuerpflichtigen zu, sodass sie lediglich eine Orientierungshilfe für den Einzelfall darstellen, aber eine Tätigkeit gerade nicht als ehrenamtlich oder als Ehrenamt für Zwecke der Anwendung des § 4 Nr. 26 UStG definieren können.[688]

Der BFH hat im Hinblick auf die Maßgeblichkeit einer gesetzlichen Bezeichnung einer Tätigkeit als ehrenamtlich für Zwecke des § 4 Nr. 26 UStG die zum Zeitpunkt unmittelbar nach Erlass der Vorschrift hierzu in der Literatur publizierte Auffassung übernommen. Nach Auffassung der Literatur sei eine Tätigkeit ehrenamtlich im Sinne von § 4 Nr. 26 Buchst a UStG, „wenn die Ehrenamtlichkeit einer Tätigkeit durch Gesetz oder Verordnung verankert ist".[689] Entsprechendes gelte, „wenn der Charakter einer Vergütung als Aufwandsentschädigung durch Gesetz oder Verordnung bestimmt ist".[690] Zudem solle der in dieser Vorschrift verwendete Begriff der Ehrenamtlichkeit mit dem Begriff der ehrenamtlichen Tätigkeit im öffentlich-rechtlichen Sinn deckungsgleich sein.[691]

In diesem Zusammenhang ist zu beachten, dass der Gesetzgeber primär – aus den bereits eingehend betrachteten Gründen – die gegenüber juristischen Personen des öffentlichen Rechts erfolgten ehrenamtlichen Leistungen von der

---

686 BFH, *Urteil* vom 27.07.1972 – V R 33/72, BFHE 106, 479, 480 = BStBl. II 1972, 844; BFH, *Urteil*, vom 16.12.1987 – X R 7/82, BFHE 152, 182, 186 = BStBl II 1988, 384, 386.

687 St. Rspr. BFH, *Urteil* vom 27.07.1972 – V R 33/72, BFHE 106, 479, 480 = BStBl II 1972, 844; vgl. auch *Schmidt,* UR 1968, 259, 260.

688 FG Berlin, *Urteil* vom 19.01.1999 – VII 486/95, EFG 1999, 627, bestätigt durch BFH, *Urteil* vom 29.06.2000 – V R 28/99, BFHE 191, 468 = BStBl. II 2000, 597; *Kulmsee,* in: Reiß/Kraeusel/Langer UStG, § 4 Nr. 26 Rn. 17.

689 *Schmidt,* UR 1968, 259, 260.

690 *Schmidt,* UR 1968, 259, 260.

691 *Schmidt,* UR 1968, 259, 260.

Umsatzsteuer befreien wollte. Dementsprechend wurde auch in der Literatur vertreten, dass es in dem Fall, in dem die ehrenamtliche Tätigkeit als solche in einem (öffentlich-rechtlichen) Gesetz ausdrücklich definiert wurde, es auf die Entgeltseite (also die Höhe des konkreten Entgeltes) nicht mehr ankomme.[692] Aus Sicht dieser Auffassung kommt daher einer gesetzlichen Definition einer Tätigkeit als ehrenamtlich ganz entscheidende Bedeutung zu, da in diesem Fall auf eine weitergehende Prüfung der Angemessenheit des Entgelts zu verzichten ist. Damit kommt einer ausdrücklichen Bezeichnung einer Tätigkeit als ehrenamtlich in einem Gesetz/in einer Verordnung für die Frage der Anwendung des § 4 Nr. 26 UStG konstitutive Wirkung zu.

### *b) Auffassung der Finanzverwaltung*

Die Finanzverwaltung stimmt mit der zuvor beschriebenen Ansicht des BFH überein.[693] Die Finanzverwaltung vertritt allerdings die Auffassung, dass es bei einer Bezeichnung einer Tätigkeit als ehrenamtlich in einer Satzung einer juristischen Person des öffentlichen Rechts im Bereich der Selbstverwaltung an einer „gesetzlichen Regelung" im Sinne der vorzitierten BFH-Rechtsprechung fehle und beruft sich dabei auf eine angeblich ausdrückliche Rechtsprechung des BFH.[694] Auf dieser Grundlage haben die Finanzverwaltungen der Länder auch die Ehrenamtlichkeit von Tätigkeiten in Gremien der Sparkassen oder sparkassennahen Einrichtungen abgelehnt.[695] Entgegen der Auffassung der Finanzverwaltung kann eine solche Aussage der Rechtsprechung des BFH nicht entnommen werden. Die beiden Entscheidungen, auf die die Finanzverwaltung Bezug nimmt, betrafen in den konkreten Fällen zudem überhaupt gar keine

---

692 *Schmidt,* UR 1968, 259, 260.

693 Vgl. Abschn. 4.26.1 Abs. 1 S. 2 UStAE; In seiner Antwort des BMF vom 29.08.2014 auf eine gemeinsame Verbandseingabe, u. a. des Deutschen Steuerberaterverbandes e. V., relativiert die Finanzverwaltung die Aussage im UStAE. Demnach soll, auch wenn eine Tätigkeit in einem anderen Gesetz (oder im allegemeinen Sprachgebrauch) als ehrenamtlich bezeichnet wird, eine weitergehende Überprüfung an Hand der Kriterien des materiellen Begriffs der Ehrenamtlichkeit erforderlich sein, abrufbar unter StBdirekt http://www.dstv.de/interessenvertretung/erfolge/tb-099-14-vj-ust befreiung-ehrenamt-aw-bmf, zuletzt abgerufen am 22.12.2014.

694 FinMin. Schleswig-Holstein, *Kurzinformation Nr. 2013/04* vom 14.06.2013, VI 358-S 7185–033, MwStR 2013, 564 unter Hinweis auf BFH, *Urteil* vom 20.08.2009, V R 32/08, BFHE 227, 207, 211 f. = BStBl. II 2010, 88, 90 und BFH, *Urteil* vom 14.05.2008 – XI R 70/07, BFHE 221, 517= BStBl. II 2008, 912.

695 LFD Thüringen, *Verfügung* vom 09.05.2012 – S 7185 A – 04 – A 5.17, DStR 2012, 2340; BayLfSt, *Verfügung* vom 17.01.2013 – S-7185 1.1–2/4 St33, UR 2013, 283.

juristische Personen des öffentlichen Rechtes, sondern einen privatrechtlichen Verein und eine Genossenschaft.

### c) *Kritik an der Auffassung des BFH von der Maßgeblichkeit einer gesetzlichen, aber nicht umsatzsteuerrechtlichen Definition einer Tätigkeit als ehrenamtlich*

Der Begriff der ehrenamtlichen Tätigkeit wird überwiegend in Rechtsvorschriften des öffentlichen Rechts und hier vor allem in Kammergesetzen oder Gesetzen von Gebietskörperschaften, verwendet.[696] So werden gewisse Tätigkeiten, zu deren Erfüllung die Einwohner einer Gebietskörperschaft verpflichtet sind, in den Gemeindeordnungen als „ehrenamtlich" bezeichnet (vgl. nur § 28 GO NRW).[697] Dabei wird terminologisch nicht scharf zwischen dem Begriff der „ehrenamtlichen Tätigkeit" und dem des „Ehrenamtes" unterschieden. So sieht Art. 121 BayVerf vor, dass die Bewohner Bayerns nach Maßgabe näherer gesetzlicher Bestimmungen zur Übernahme von Ehrenämtern (z.B. Vormund, Schöffe) verpflichtet sind.[698] Darüber hinaus wird die Tätigkeit von Bürgermeistern und Gemeinderäten von den entsprechenden Satzungen der Gebietskörperschaften oft als ehrenamtlich bezeichnet.[699] Häufig bestimmen auch berufsständische Verordnungen, dass die Tätigkeit, die ihre Mitglieder gegenüber den berufsständischen Organisationen ausüben, ehrenamtlich erfolgt (vgl. § 72 Patentanwaltsordnung).[700] Darüber hinaus existieren interne Verwaltungsanweisungen, die eine Tätigkeit als ehrenamtlich bezeichnen.[701]

Die Auffassung des BFH von der Maßgeblichkeit einer gesetzlichen Bestimmung einer Tätigkeit als ehrenamtlich kann weder vom dogmatischen Ansatz noch vom konkreten Ergebnis her überzeugen.

Diese Auffassung von der Maßgeblichkeit einer gesetzlichen Definition einer Tätigkeit als ehrenamtlich für Zwecke des § 4 Nr. 26 UStG entspricht ersichtlich den Vorstellungen und der Zielrichtung des historischen Gesetzgebers, der durch die Steuerbefreiung der ehrenamtlichen Tätigkeit gerade auf Landes- und

---

696 *Heinrichshofen*, in: Rau/Dürrwächter, UStG, § 4 Nr. 26 Rn. 71.

697 Weitere Beispiele sind §§ 15 ff. BW, Art. 19 ff. BayGO, §§ 21 ff. HGO, §§ 28 ff. GONRW, vgl. *Kallerhoff*, in: Stelkens/Bonk/Sachs, VwVfG, § 81 Rn. 7 mit weiteren Beispielen.

698 *Heinrichshofen*, in: Rau/Dürrwächter, UStG, § 4 Nr. 26 Rn. 71.

699 Vgl. nur Art. 19 BayGO.

700 Weitere Beispiele sind § 12 Abs. 5 BayArchitektenG, § 181 BRAO.

701 Vgl. FG Berlin, *Urteil* vom 19.01.1999 – VII 486/95, EFG 1999, 627, bestätigt durch BFH, *Urteil* vom 29.06.2000 – V R 28/99, BFHE 191, 468, 473 = BStBl. II 2000, 597, 599.

Kommunalebene die Tätigkeit von ehrenamtlichen Bürgermeistern, Ratsherren, Landräten und Abgeordneten – und zwar unabhängig von der Höhe des umsatzsteuerlichen Entgeltes – von der Umsatzsteuerpflicht ausnehmen wollte.[702] Seitens der Literatur wurde bereits vor Ergehen erster finanzgerichtlicher Entscheidungen zutreffend angemerkt, dass eine Begrenzung der Aufwandsentschädigung und des Auslagenersatzes einer ehrenamtlichen Tätigkeit wesensimmanent ist und insbesondere eine leistungsbezogene Vergütung der Annahme einer ehrenamtlichen Tätigkeit auch im Falle des § 4 Nr. 26 Buchst. a UStG an sich entgegensteht.[703] Entsprechend der Zweckrichtung des historischen Gesetzgebers, die vorbenannten Tätigkeiten von der Umsatzbesteuerung auszunehmen, wurde insoweit die Auffassung vertreten, dass eine Prüfung der Entgeltseite dann nicht zu erfolgen habe, wenn die Ehrenamtlichkeit einer Tätigkeit durch Gesetz (und Verordnung) verankert sei bzw. die vom Steuerpflichtigen erhaltene Vergütung als Aufwandsentschädigung bezeichnet wird.[704]

Der BFH kann sich hinsichtlich seiner im Anschluss an Schmidt vertretenen Auffassung auf den Grundsatz der Einheit der Rechtsordnung als Bestandteil einer systematischen Auslegung der Vorschrift stützen.[705] Es ist der Rechtsprechung und wohl h. M. in der Literatur zu konzedieren, dass gerade das Umsatzsteuerrecht keine einheitliche Terminologie bzw. Sprache verwendet, sondern Begriffe aus den verschiedenen Bereichen der Rechtsordnung übernimmt.[706] Trotz der weitreichenden begrifflichen Entlehnung an andere Rechtsgebiete, ist das Umsatzsteuerrecht als Teil des öffentlichen Rechtes jedoch ein eigenständiges und gleichrangig gegenüber den übrigen Bereichen der Rechtsordnung stehendes Rechtsgebiet, welches seine eigenen Tatbestände prägt und ausgestaltet.[707] Selbst wenn daher die im Umsatzsteuerrecht verwendeten Begriffe anderen Gebieten der Rechtsordnung entnommen bzw. entlehnt sind, so ist stets anhand des Bedeutungszumsammenhanges und des Sinns und Zwecks der jeweiligen umsatzsteuerlichen Bestimmung zu beurteilen, ob eine Nämlichkeit der Begriffe im Hinblick auf ihre Bedeutung besteht.[708] Eine Vermutung für ein

---

702 *Schmidt*, UR 1967, 159, 160.

703 Hierauf weist auch hin *Schmidt*, UR 1967, 159, 160.

704 *Schmidt*, UR 1967, 159, 160.

705 *Heinrichshofen*, in: Rau/Dürrwächter, UStG, § 4 Nr. 26 Rn. 71; vgl. zum Grundsatz der Einheit der Rechtsordnung: *Felix*, Einheit der Rechtsordnung.

706 *Stadie*, in: Rau/Dürrwächter, UStG, Einf. Rn. 688 ff. mit Beispielen.

707 *Stadie*, in: Rau/Dürrwächter, UStG, Einf. Rn. 703; *Tipke*, Steuerrechtsordnung, Bd. I, S. 49 ff.; *Kirchhof*, StuW 1983, 173, 180 f.

708 So zu Recht auch: *Stadie*, in: Rau/Dürrwächter, UStG, Einf. Rn. 703.

übereinstimmendes Begriffsverständnis besteht nicht und kann auch im Einzelfall nicht aus dem Gedanken der Einheit der Rechtsordnung abgeleitet werden.[709] Eine Auslegung der im Umsatzsteuerrecht verwendeten Begriffe entsprechend dem Verständnis in anderen Rechtsgebieten, insbesondere des Zivilrechtes und öffentlichen Rechtes, kommt gerade im Umsatzsteuerrecht auf Grund der europäischen Harmonisierung und dem damit einhergehenden Gebot der richtlinienkonformen Auslegung und mithin gemeinschaftsautomen Auslegung der umsatzsteuerlichen Begrifflichkeit nicht in Betracht.[710] Eine Ausnahme wird man hingegen nur dann machen müssen, wenn eine Vorschrift ausdrücklich auf die Definition in einem anderen Rechtsgebiet bzw. Gesetz Bezug nimmt, sodass damit zugleich der richtlinienkonformen Auslegung eine Grenze gesetzt ist.[711]

Nach der hier vertretenen Auffassung stellt § 4 Nr. 26 UStG eine Sonderform der Kleinunternehmerregelung dar, da dem ehrenamtlich Tätigen umsatzsteuerliche Pflichten nicht aufgebürdet werden sollen. Für die Anwendung dieser Vorschrift ist es vor dem Hintergrund ihrer Teleologie unerheblich, ob ein anderes Gesetz die Tätigkeit des Steuerpflichtigen als ehrenamtlich bezeichnet oder nicht. Entscheidend ist vielmehr ob die konkrete Tätigkeit als solche es rechtfertigt, den Steuerpflichtigen aus Vereinfachungsgründen von umsatzsteuerlichen Pflichten zu entlasten und im Wege der Entlastungstechnik seine Umsätzen als steuerbefreit zu behandeln.

Gegen die Auffassung des BFH spricht schließlich auch die Gesetzgebungskompetenz des Bundes für die Umsatzsteuer (Art. 105 Abs. 2 GG). Würde man von der Nämlichkeit der verwendeten Begrifflichkeit ausgehen und eine ehrenamtliche Tätigkeit bereits bei einer entsprechenden Definition in einem Landesgesetz oder in einer kommunalen oder berufsständischen Satzung annehmen, so würde man dem Normgeber letztgenannter Gesetze eine im GG nicht vorgesehene Gesetzgebungskompetenz im Umsatzsteuerrecht zubilligen. Auch wenn z. B. die Bundesrechtsanwaltskammer in § 183 BRAO die Tätigkeit für das Präsidium als ehrenamtlich bezeichnet, kann dies für die Anwendung des § 4 Nr. 26 UStG allenfalls indizielle Bedeutung haben, da die Bundesrechtsanwaltskammer keine Gesetzgebungskompetenz im Bereich der Umsatzsteuer hat und daher nicht durch einfache Satzung über die Anwendung des Umsatzsteuerrechtes

---

709 BVerfG, *Urteil* vom 27. 12. 1991 – 2 BvR 72/90, BStBl. II 1992, 212, 213 f.; *Tipke*, Steuerrechtsorndung, Bd. I, S. 49 ff.; *Seer*, in: Tipke/Lang, Steuerrecht, § 1 Rn. 34; *Schön*, Die Auslegung des europäischen Steuerrechts, S. 28 ff.; *Kirchhof*, NJW 1987, 3217, 3221.

710 *Stadie*, in: Rau/Dürrwächter, UStG, Einf. Rn. 711.

711 *Stadie*, in: Rau/Dürrwächter, UStG, Einf. Rn. 707 ff. m.w.N.

entscheiden kann. Zwar mag der historische Gesetzgeber mit der Vorschrift des § 4 Nr. 26 UStG beabsichtigt haben, die bereits in Gesetzen (insbesondere auf Landes- und Kommunalebene) als ehrenamtlich definierten Tätigkeiten zu erfassen. Aber auch dieser gesetzgeberische Wille kann nicht dazu führen, dass der Gesetzgeber seine Gesetzgebungskompetenz durch die Abgabe der Definitionshoheit aufgibt.

Berücksichtigt werden muss zudem, dass die vorzitierte Rechtsprechung des BFH, in der er den Grundsatz der Nämlichkeit des Begriffs der ehrenamtlichen Tätigkeit aufgestellt hat, noch aus einer Zeit stammte, als die Mehrwertsteuerbefreiungen noch nicht auf europäischer Ebene harmonisiert waren. Jedenfalls mit der 6. MwSt-RL ist die Rechtsprechung des BFH im Hinblick auf die gebotene richtlinienkonforme Auslegung hinfällig geworden. Sie ist nicht mehr mit dem Harmonisierungsgedanken des europäischen Mehrwertsteuersystems vereinbar. Wie bereits dargestellt, muss nämlich der Begriff der ehrenamtlichen Tätigkeit – obgleich die Vorschrift des § 4 Nr. 26 UStG keine Grundlage in der 6. MwSt-RL findet – richtlinienkonform ausgelegt werden.

Die Anknüpfung an eine gesetzliche Definition einer Tätigkeit als ehrenamtlich in anderen Gesetzen als dem UStG hat zudem potentiell wettbewerbsverzerrende Wirkung und stellt einen Verstoß gegen das Neutralitätsprinzip dar. Dem jeweiligen Gesetzgeber wäre es freigestellt, eine Tätigkeit allein durch die Bezeichnung als ehrenamtlich von der Umsatzbesteuerung auszunehmen und dabei gleichzeitig eine Vergütung vorzusehen, die vor dem Hintergrund der oben angeführten und hier vertretenen Teleologie der Vorschrift nicht die Anwendung des § 4 Nr. 26 UStG rechtfertigt. Auf Grund der mangelnden umsatzsteuerlichen Gesetzeskompetenz treten hier die Gebietskörperschaften und berufsständischen Vereinigungen dem Steuerpflichtigen im Leistungsaustausch gegenüber. Warum diese gegenüber den unter § 4 Nr. 26 Buchst. b UStG genannten Einrichtungen des Privatrechtes das Recht haben sollen, Tätigkeiten rechtsverbindlich als ehrenamtlich zu definieren und damit de facto von der Umsatzbesteuerung auszunehmen, ist nicht nur nicht ersichtlich, sondern stellt einen Verstoß gegen Art. 3 GG dar.

Die o. g. Auffassung des BFH und der wohl h. M. in der Literatur steht auch im Widerspruch zu der historischen Teleologie, die der BFH selbst in der Vorschrift des § 4 Nr. 26 UStG zu erkennen glaubt. Nach Auffassung des BFH lag der Grund für die Schaffung der im ursprünglichen Entwurf des UStG 1967 aus systematischen Gründen nicht mehr für erforderlich gehaltenen Steuerbefreiung darin, eine unterschiedliche Besteuerung der ehrenamtlichen Tätigkeiten zu vermeiden, die sich aus der Stellung der diese Tätigkeiten ausführenden Personen hätte ergeben können.[712] Gerade eine solche unterschiedliche Behandlung würde jedoch eintreten, wenn man die vom BFH vertretene Maßgeblichkeit gesetzlicher Definitionen von Tätigkeiten als ehrenamtlich für die Anwendung des § 4 Nr. 26 UStG annehmen würde. Die überwiegende Anzahl der gesetzlichen Definitionen einer Tätigkeit als ehrenamtlich dürfte die Fälle des § 4 Nr. 26 Buchst. a UStG, nämlich die Leistungserbringung gegenüber einer juristischen Person des öffentlichen Rechts, betreffen. Dass ein Normgeber eine Tätigkeit gegenüber einer privaten Einrichtung als ehrenamtlich bezeichnet, dürfte hingegen die Ausnahme darstellen. Insoweit läge dann unter Zugrundelegung der Auffassung des BFH eine unterschiedliche Behandlung der Tätigkeiten vor, da sie im Falle des Buchst. a bereits auf Grund der gesetzlichen Definition und ohne weitere Prüfung ehrenamtlich wäre und darüber hinaus – anders als im Falle des Buchst. b – eine Prüfung der Angemessenheit des umsatzsteuerlichen Entgeltes nicht erforderlich wäre.

Im Ergebnis kann daher die vom BFH vertretene und von der Literatur unkritisch übernommene Auffassung von der Maßgeblichkeit der in anderen Gesetzen enthaltenen Definitionen einer Tätigkeit als ehrenamtlich für die Anwendung des § 4 Nr. 26 Buchst. a UStG nicht überzeugen. Für das Vorliegen einer ehrenamtlichen Tätigkeit ist es mithin unerheblich, ob eine Tätigkeit in einem anderen Gesetz als ehrenamtlich bezeichnet wird oder nicht. Diesem Umstand kann lediglich Indizwirkung für ein bestimmtes Verständnis der Tätigkeit nach dem allgemeinen Sprachgebrauch zukommen.

### 3. Zweite Stufe: Auslegung des Begriffes der „ehrenamtlichen Tätigkeit“ nach dem allgemeinen Sprachgebrauch

#### *a) Allgemeiner Sprachgebrauch des Begriffes der „ehrenamtlichen Tätigkeit“ nach der Rechtsprechung des BFH*

Nach der Rechtsprechung des BFH ist im Falle des Fehlens einer gesetzlichen Definition einer Tätigkeit als ehrenamtlich darauf abzustellen, ob eine Tätigkeit nach dem allgemeinen Sprachgebrauch als ehrenamtlich bezeichnet wird.[713] An einer gesetzlichen Definition einer Tätigkeit als ehrenamtlich wird es regelmäßig in den Fällen des § 4 Nr. 26 Buchst. b UStG fehlen, da von dieser Alternative

712 BFH, *Urteil* vom 27.07.1972 – V R 33/72, BFHE 106, 479, 481 = BStBl. II 1972, 844, 844.

713 BFH, *Urteil* vom 27.07.1972 – V R 33/72, BFHE 106, 479, 480 = BStBl. II 1972, 844, 844; BFH, *Urteil* vom 16.12.1987 – X R 7/82, BFHE 152, 182, 186 = BStBl. II 1988, 384, 386; *Kulmsee*, in: Reiß/Kraeusel/Langer, UStG, § 4 Nr. 26 Rn.17.

insbesondere Leistungsbeziehungen ehrenamtlich Tätiger zu Einrichtungen des Privatrechts betroffen sind, deren Leistungsbeziehungen zu Dritten regelmäßig nicht durch Gesetz, sondern durch privatrechtliche Verträge geregelt sind.

Ursprünglich stellte der BFH in seiner Wortlautauslegung darauf ab, ob eine Tätigkeit nach dem allgemeinen Sprachgebrauch „herkömmlicherweise" als ehrenamtlich bezeichnet wird.[714] Dies kann dahingehend verstanden werden, dass der BFH die Wortlautauslegung insbesondere im Hinblick auf die Tradition der ehrenamtlichen Tätigkeit (vor allem in der Kommunalverwaltung) und der bereits öffentlich-rechtlichen Prägung der Begrifflichkeit vornehmen wollte. Sie kann aber nicht dahingehend verstanden werden, dass der Begriff der ehrenamtlichen Tätigkeit in einem – wie auch immer zu bestimmenden – historischen Wortlautverständnis statisch auszulegen ist. In den nachfolgenden Entscheidungen stellt der BFH dementsprechend konsequent auf einen diesbezüglichen Sprachgebrauch ab und verwendet nicht mehr die Formulierung „herkömmlicherweise".[715] Die historische und ideengeschichtliche Tradition der Ehrenamtlichkeit soll vielmehr durch den Rückgriff auf einen „materiellen Begriffsinhalt" berücksichtigt werden.[716]

Bereits im Rahmen der Auslegung der Protokollerklärung wurde dargestellt, dass nach zutreffender Ansicht des BFH nach dem allgemeinen Sprachgebrauch derjenige ehrenamtlich tätig wird, der außerhalb seines Haupterwerbs oder -berufs uneigennützig einer Tätigkeit nachgeht, die im allgemeinen Interesse liegt, wobei diese nicht hauptberuflich ausgeübt wird.[717] Die ehrenamtliche Tätigkeit soll dabei lediglich eine Entschädigung für den eingesetzten Zeit- bzw. Arbeitsaufwand enthalten.[718]

Obgleich der BFH zwischen den Begriffen „ehrenamtliche Tätigkeit" und „Ehrenamt" differenzieren will (der Begriff der ehrenamtlichen Tätigkeit soll weiter sein als der des Ehrenamtes),[719] knüpft er an diese Unterscheidung keine

---

714 BFH, *Urteil* vom 27.07.1972 – V R 33/72, BFHE 106, 479, 480 = BStBl. II 1972, 844, 844.

715 Vgl. nur BFH, *Urteil* vom 16.12.1987 – X R 7/82, BFHE 152, 182, 186 = BStBl. II 1988, 384, 386.

716 BFH, *Urteil* vom 16.12.1987 – X R 7/82, BFHE 152, 182, 186 = BStBl. II 1988, 384, 386.

717 BFH, *Urteil* vom 14.05.2008 – XI R 70/07, BFHE 221, 517, 523 f. = BStBl. II 2008, 912, 915; *Kulmsee*, in: Reiß/Kraeusel/Langer, UStG, § 4 Nr. 26 Rn 18.

718 *Kulmsee*, in: Reiß/Kraeusel/Langer, UStG, § 4 Nr. 26 Rn 18.

719 BFH, *Urteil* vom 16.12.1987 – X R 7/82, BFHE 152, 182, 186 = BStBl. II 1988, 384, 386.

Rechtsfolge. Sie ist auch unnötig. Stellt man auf ein natürliches Begriffsverständnis ab, so ist die ehrenamtliche Tätigkeit nur die Tätigkeit desjenigen, der ein Ehrenamt bekleidet. Daher besteht für die vom BFH angedeutete Differenzierung tatsächlich keine Notwendigkeit und kein Raum.

### *b) Verhältnis der Wortlautauslegung nach deutschem Sprachverständnis zur gemeinschaftsautonomen Auslegung des Begriffes der „ehrenamtlichen Tätigkeit" nach der Rechtsprechung des EuGH zur 6. MwSt-RL*

Nach der hier vertretenen Auffassung verfügt die Umsatzsteuerbefreiung der ehrenamtlichen Tätigkeit nach Maßgabe des § 4 Nr. 26 UStG über keine Rechtsgrundlage in der 6. MwSt-RL bzw. der MwStSystRL. Im Zusammenhang mit der Überprüfung der Richtlinienkonformität der Vorschrift wurde herausgearbeitet, dass der in der Protokollerklärung zu Art. 4 der 6. MwSt-RL verwendete Begriff der „ehrenamtlichen Tätigkeit" selbst gemeinschaftsautonom auszulegen ist und gerade nicht das deutsche Verständnis von ehrenamtlicher Tätigkeit übernommen werden kann.

Da die Umsatzsteuerbefreiung der ehrenamtlichen Tätigkeit nach § 4 Nr. 26 UStG bereits vor der Harmonisierung der Mehrwertsteuerbefreiungen durch die 6. MwSt-RL bestand, stellt sich aber die Frage, ob der Begriff der „ehrenamtlichen Tätigkeit" in § 4 Nr. 26 UStG – obgleich die Vorschrift richtlinienwidrig ist – nach dem allgemeinen (deutschen) Sprachgebrauch auszulegen ist, wie der BFH meint, oder ob der Begriff nicht vielmehr gemeinschaftsautonom im Sinne der Protokollerklärung bzw. der 6. MwSt-RL auszulegen ist.

Diese Frage ist nicht nur theoretischer Natur. Auf Grund der Richtlinienwidrigkeit des § 4 Nr. 26 UStG ist die Vorschrift nach der hier vertretenen Auffassung nur dann anwendbar, wenn sich der Steuerpflichtige auf sie beruft. Sofern man nun der Auffassung ist, dass die Vorschrift richtlinienkonform auszulegen ist, obgleich sie richtlinienwidrig ist, würde dies mittelbar doch zu einer Anwendung des EU-Rechtes – und damit ggf. bei einem abweichenden Begriffsverständnis auch „zu Lasten" des Steuerpflichtigen – führen.

Die Frage, ob und inwieweit eine an sich richtlinienwidrige Vorschrift gemeinschaftsautonom/richtlinienkonform auszulegen ist, wird man nicht generell, sondern nur bezogen auf den konkreten Einzelfall beantworten können. Grundsätzlich führt jedoch allein die Tatsache, dass bereits ein Verstoß gegen die MwStSystRL vorliegt, nicht dazu, dass dieser Verstoß durch eine rein nationale und damit vom europäischen Richtlinienrecht losgelöste Auslegung erfolgen darf. Dies kann nämlich im Ergebnis zur Folge haben, dass der Richtlinienverstoß noch erweitert wird. Dies entspricht aber nicht der auf Art. 4 Abs. 3 Unterabs. 2 EUV (entspricht Art. 10 EGV) beruhenden Verpflichtung aller EU-Mitgliedsstaaten, alle Maßnahmen zu treffen, die der Erfüllung des Vertrages oder Handlungen der Gemeinschaft dienen und gleichzeitig störende Maßnahmen zu unterlassen.[720] Der Ausschluss der richtlinienkonformen Auslegung wäre nur dann angezeigt, wenn die Auslegung des nationalen Rechtes ergeben würde, dass dieses einen bewussten Verstoß gegen das EU-Recht darstellt bzw. von seiner Zweckrichtung eine richtlinienkonforme Auslegung gerade nicht zulassen soll.

Im vorliegenden Fall sprechen die besseren Argumente dafür, den Begriff der „ehrenamtlichen Tätigkeit" gemeinschaftsautonom auszulegen. Nach der hier vertretenen Auffassung entspricht es dem objektiv verstandenen Sinn und Zweck der Vorschrift des § 4 Nr. 26 UStG bestimmte Steuerpflichtige von der Umsatzbesteuerung auszunehmen, da sie auf Grund der Ehrenamtlichkeit ihrer Tätigkeit typischerweise keine hinreichende Organisationstruktur aufweisen, die ihre Heranziehung als Steuerpflichtige und damit Steuergehilfen des Staates rechtfertigen kann. Dieser Gesetzeswille ist abgeleitet von der Zweckrichtung der Protokollerklärung zu Art. 4 der 6. MwSt-RL, die gerade nicht im Sinne einer Ermächtigung der Mitgliedstaaten zur Einführung/Beibehaltung einer entsprechenden Steuerbefreiung, sondern der Ausnahme von der Steuerpflicht zu verstehen ist. Insoweit betrifft § 4 Nr. 26 UStG gerade das Grundverständnis von der Anwendung der Umsatzbesteuerung, wie es auch in der vorzitierten Protokollerklärung ihren Ausdruck gefunden hat, sodass die Vorschrift auch gemeinschaftsautonom ausgelegt werden muss. Wenn nun § 4 Nr. 26 UStG den Begriff der ehrenamtlichen Tätigkeit verwendet, der auch in der 6. MwSt-RL verwendet wird, so entspricht es den oben dargestellten Grundsätzen, dass eine Identität der Bedeutung dieser Begriffe besteht.

Gegen die gemeinschaftsautonome Auslegung des Begriffes der „ehrenamtlichen Tätigkeit" spricht schließlich auch nicht, dass die Vorschrift des § 4 Nr. 26 UStG bereits bestand, bevor die 6. MwSt-RL ausgearbeitet wurde und in Kraft trat. Wenn auch der deutsche Gesetzgeber erkennbar durch die Protokollerklärung seine im UStG vorgesehene Umsatzsteuerbefreiung der ehrenamtlichen Tätigkeit auch nach dem Erlass der 6. MwSt-RL beibehalten wollte,[721] so folgt gerade aus dem abschließenden Charakter der 6. MwSt-RL hinsichtlich der Mehrwertsteuerbefreiungen, dass die Vorschriften nunmehr in Übereinstimmung mit

720 Siehe hierzu EuGH, *Urteil* vom 10.04.1984 – Rs. C-14/83 (von Colson und Kamann) Slg. 1984, 1891 Rn. 26; *Stadie*, in: Rau/Dürrwächter, UStG, Einf. Rn. 573 ff.

721 Aufschlussreich insoweit *Wachweger*, 6. Richtlinie zur Harmonisierung der Umsatzsteuerung in den Europäischen Gemeinschaften, S. 81.

der 6. MwSt-RL stehen müssen, um die Harmonisierung der Mehrwertsteuerbefreiungen zu gewährleisten. Zu Recht wird daher die Auffassung vertreten, dass eine Vermutung für den gesetzgeberischen Willen besteht, die Richtlinien in nationales Recht umsetzen zu wollen.[722]

Der deutsche Gesetzgeber hat auch nicht im Rahmen des Rechtsetzungsprozesses im Hinblick auf die 6. MwSt-RL zum Ausdruck gebracht, dass für Zwecke der Protokollerklärung zu Art. 4 der 6. MwSt-RL das deutsche Verständnis vom Vorliegen einer ehrenamtlichen Tätigkeit zu Grunde zu legen ist. Für eine gemeinschaftsautonome Auslegung des Begriffs der ehrenamtlichen Tätigkeit spricht schließlich auch, dass die maßgebliche Protokollerklärung eine gemeinsame Protokollerklärung des Rates und der Kommission darstellt und gerade nicht einseitig von der deutschen Regierung im Sinne eines einseitigen Vorbehaltes abgegeben wurde. Dafür schließlich, dass der Rat und die Kommission mit ihrer Protokollerklärung spezifisch auf das deutsche Verständnis einer ehrenamtlichen Tätigkeit rekurrieren, existieren keine Anhaltspunkte.

Im Ergebnis ist daher festzuhalten, dass der Begriff der ehrenamtlichen Tätigkeit in § 4 Nr. 26 UStG gemeinschaftsautonom auszulegen ist und daher nicht, wie der BFH meint, lediglich auf das deutschsprachige (herkömmliche) Verständnis der Begriffe „Ehrenamt" und „ehrenamtliche Tätigkeit" abzustellen ist.

Obgleich die Vorschrift des § 4 Nr. 26 UStG über keine Rechtsgrundlage in der 6. MwSt-RL/MwStSystRL verfügt, wird man hinsichtlich der richtlinienkonformen Auslegung auf den gemeinschaftsautonom auszulegenden Begriff der ehrenamtlichen Tätigkeit im Sinne des bereits an anderer Stelle dieser Arbeit ausgeführten Begriffsverständnisses der ehrenamtlichen Tätigkeit nach Art. 13 A 2. Abs. a), zweiter Gedankenstrich der 6. MwSt-RL, abstellen müssen, welcher zugleich für die Auslegung des in der Protokollerklärung verwendeten Begriffes maßgeblich ist.

Zwar finden sich nur sehr wenige Aussagen des EuGH zum Merkmal der ehrenamtlichen Tätigkeit. Nach Auffassung des EuGH ist entscheidendes Element der ehrenamtlichen Tätigkeit im Sinne von Art. 13 A 2. Abs. a), zweiter Gedankenstrich der 6. MwSt-RL, dass diese ohne unmittelbares oder mittelbares finanzielles Eigeninteresse erfolgt, was dann vorliegt, wenn die handelnde Person ohne Gewinnerzielungsabsicht handelt.[723] Lediglich geringe oder symbolische

722 *Reiß*, in: Reiß/Kraeusel/Langer, UStG, Einführung Rn. 105.

723 EuGH, *Urteil* vom 22.03.2002 – C-267/00 (Zoological Society of London) Slg. I 2002, 3353 Rn. 26.

Vergütungen reichen hingegen nicht aus, um der Tätigkeit ihren im Wesentlichen ehrenamtlichen Charakter zu nehmen.[724]

Das Verständnis des EuGH stimmt mit dem des BFH überein, wonach ehrenamtlich nach dem allgemeinen Sprachgebrauch tätig wird, wer außerhalb seines Haupterwerbs oder -berufs uneigennützig einer Tätigkeit nachgeht, die im allgemeinen Interesse liegt, wobei diese nicht hauptberuflich ausgeübt wird.[725] Auch der BFH stellt zu Recht darauf ab, dass die Tätigkeit uneigennützig erfolgt, d.h. – im Sinne des EuGH – ohne unmittelbares oder mittelbares finanzielles Eigeninteresse. Soweit der BFH darauf abstellt, dass die ehrenamtliche Tätigkeit außerhalb eines Haupterwerbes stattfindet, so ist auch dies mit der Rechtsprechung des EuGH insoweit vereinbar, als dieser auf die Uneigennützigkeit und damit auf die fehlende Gewinnerzielungsabsicht abstellt. Wird eine Tätigkeit hingegen im Rahmen eines Hauptberufes ausgeübt, so ist die Tätigkeit nicht mehr uneigennützig, sondern der Steuerpflichtige versucht mit seiner ehrenamtlichen Tätigkeit einen Überschuss der Einnahmen über die mit seiner Tätigkeit verbundenen Ausgaben zu erzielen, womit die Tätigkeit ihren uneigennützigen Charakter verliert.

Es ist mithin festzuhalten, dass die Wortlautauslegung des § 4 Nr. 26 UStG durch den BFH auch mit einer gemeinschaftsautono-men Auslegung des Begriffs der ehrenamtlichen Tätigkeit (entspre-chend der Rechtsprechung des EuGH) im Ergebnis übereinstimmt.

## 4. Dritte Stufe: Der materielle Begriffsinhalt der Ehrenamtlichkeit

### a) *Auffassung des BFH vom materiellen Begriffsinhalt der Ehrenamtlichkeit*

Ist eine Tätigkeit weder gesetzlich als ehrenamtlich bezeichnet noch nach dem allgemeinen Sprachgebrauch als solche einzustufen, so soll nach dem BFH in einem dritten Schritt auf den „materiellen Begriffsinhalt" der Ehrenamtlichkeit abzustellen sein.[726] Nach Auffassung des BFH sei auf den Kern der – in ihrer rechtsstaatlichen Ausprägung vielfältigen – Rechtsbegriffe „Ehrenamt" und

724 EuGH, *Urteil* vom 22.03.2002 – C-267/00 (Zoological Society of London) Slg. I 2002, 3353 Rn. 26.

725 BFH, *Urteil* vom 14.5.2008 – XI R 70/07, BFHE 221, 517, 523 = BStBl. II 2008, 912, 915; *Kulmsee*, in: Reiß/Kraeusel/Langer, UStG, § 4 Nr. 26 Rn. 18.

726 BFH, *Urteil* vom 16.12.1987 – X R 7/82, BFHE 152, 182, 186 = BStBl. II 1988, 384, 386; BFH, *Urteil* vom 04.05.1994, XI R 86/92, BFHE 174, 573, 575 = BStBl. II 1994, 773, 774; BFH, *Urteil* vom 14.05.2008, XI R 70/07, BFHE 221, 517, 523 f. = BStBl. II 2008, 912, 915.

(inhaltlich weiter gefasst) „ehrenamtliche Tätigkeit" zurückzugreifen, wie er sich vor allem unter dem Blickwinkel der Beteiligung von Bürgern an dem öffentlichen Gemeinwesen, insbesondere im Bereich der kommunalen und sozialversicherungsrechtlichen Selbstverwaltung sowie in der Justiz geformt habe.[727] Der materielle Begriff der ehrenamtlichen Tätigkeit weise einen verfassungsrechtlichen Bezug zu staatsbürgerlichen Grundrechten und Grundpflichten auf und werde in verschiedenen Gesetzen vorausgesetzt.[728] Der BFH versteht den Kern der Begriffe „Ehrenamt" und „ehrenamtliche Tätigkeit" vor allem unter Rückgriff auf das Begriffsverständnis im Verwaltungsrecht, wo als ehrenamtliche Tätigkeit „jede unentgeltliche Mitwirkung bei der Erfüllung öffentlicher Aufgaben, die aufgrund behördlicher Bestellung außerhalb eines haupt- oder nebenamtlichen Dienstverhältnisses stattfindet"[729] bezeichnet wird.

Der BFH differenziert hinsichtlich des materiellen Begriffsinhaltes der Ehrenamtlichkeit zwischen den beiden Alternativen des Buchst. a und b des § 4 Nr. 26 UStG.

### *aa) Materieller Begriffsinhalt der Ehrenamtlichkeit nach § 4 Nr. 26 Buchst. a UStG*

Nach der Rechtsprechung des BFH hat der materielle Begriffsinhalt der ehrenamtlichen Tätigkeit nach § 4 Nr. 26 Buchst. a UStG folgende Voraussetzungen:

- Die Mitwirkung natürlicher Personen bei der Erfüllung öffentlicher Aufgaben[730]
- Bestellung durch einen Träger der öffentlichen Gewalt[731] oder Wahl
- Die Ausübung der Tätigkeit muss außerhalb einer haupt- oder nebenberuflichen Tätigkeit/Dienstverhältnisses nebenberuflich ausgeübt werden,[732] wobei

727 BFH, *Urteil* vom 16.12.1987 - X R 7/82, BFHE 152, 182, 186 = BStBl. II 1988, 384, 386; BFH, *Urteil* vom 04.05.1994 - XI R 86/92, BFHE 174, 573, 575 = BStBl. II 1994, 773, 774.

728 BFH, *Urteil* vom 16.12.1987 - X R 7/82, BFHE 152, 182, 186 = BStBl. II 1988, 384, 386.

729 BFH, *Urteil* vom 16.12.1987 - X R 7/82, BFHE 152, 182, 186 = BStBl. II 1988, 384, 386 unter Rückgriff auf den *Regierungsentwurf* eines Verwaltungs-verfahrensgesetztes zu §§ 81 ff. des VwVfG, BT-Drucks. 7/910, S. 93.

730 BFH, *Urteil* vom 16.04.2008 - XI R 68/07, BFH/NV 2008, 1368, 1369 f.

731 BFH, *Urteil* vom 16.12.1987 - X R 7/82, BFHE 152, 182, 187 = BStBl. II 1988, 384, 386.

732 BFH, *Urteil* vom 16.12.1987 - X R 7/82, BFHE 152, 182, 187 = BStBl. II 1988, 384, 386 (*„neben seinem eigentlichen Lebensberruf"*); BFH, *Urteil* vom 16.04.2008 - XI R

unerheblich ist, ob im Einzelfall überhaupt eine haupt- oder nebenberuflichen Tätigkeit nachgegangen wird[733]

- Fehlen einer entgeltlichen Tätigkeit[734] (was jedoch nicht identisch ist mit dem allgemeinen umsatzsteuerlichen Begriff der Unentgeltlichkeit).[735]

### *bb) Modifizierter materieller Begriffsinhalt der Ehrenamtlichkeit nach § 4 Nr. 26 Buchst. a UStG*

Der BFH ist schließlich der Auffassung, dass § 4 Nr. 26 Buchst. b UStG einen modifizierten materiellen Begriffsinhalt der ehrenamtlichen Tätigkeit aufweist, da im nicht öffentlich-rechtlichen Bereich, der mit den Rechtsformen des Privatrechts gestaltet wird, eine behördliche Bestellung nicht möglich ist.[736] Vielmehr erfolgt im Privatrecht die ehrenamtliche Tätigkeit auf Grund eines Arbeits- oder Dienstverhältnisses. Nach Auffassung des BFH ist

- neben dem Fehlen eines eigennützigen Erwerbsstrebens, das bei Unentgeltlichkeit der Tätigkeit indiziert ist,
- und der fehlenden Hauptberuflichkeit
- besonderes Kennzeichen der Einsatz für eine fremdnützig bestimmte Einrichtung.[737]

Daher soll zusätzlich zu den Voraussetzungen des Buchstaben a (dem Fehlen des eigennützigen Erwerbsstrebens und der fehlenden Hauptberuflichkeit) auch der Einsatz für eine fremdnützig bestimmte Einrichtung erforderlich sein.[738] Auf die Rechtsform der Einrichtung soll es dabei nicht ankommen, und es müsse sich

---

68/07, BFH/NV 2008, 1368, 1369; BFH, *Urteil* vom 04.05.1994 -XI R 86/92, BFH 174, 573, 576 = BStBl. II 1994, 773, 774 („*Annextätigkeit*").

733 BFH, Urteil vom 16.12.1987 - X R 7/82, BFHE 152, 182, 187 = BStBl. II 1988, 384, 386.

734 BFH, *Urteil* vom 16.12.1987 - X R 7/82, BFHE 152, 182, 187 = BStBl. II 1988, 384, 386 f.

735 *Kulmsee*, in: Reiß/Kraeusel/Langer UStG, § 4 Nr. 26 Rn. 19.

736 BFH, *Urteil* vom 04.05.1994 - XI R 86/92, BFHE 174, 573, 575 = BStBl. II 1994, 773, 774.

737 BFH, *Urteil* vom 14.05.2008 -XI R 70/07, BFHE 221, 517, 524 = BStBl. II 2008, 912, 915; BFH, *Urteil* vom 04.05.1994 - XI R 86/92, BFHE 174, 573, 575 = BStBl. II 1994, 773, 774.

738 *Kulmsee*, in: Reiß/Kraeusel/Langer, UStG, § 4 Nr. 26 Rn. 27.

bei dieser Einrichtung auch nicht notwendigerweise um eine gemeinnützige im Sinne der Abgabenordnung handeln.[739]

### *b) Ableitung des materiellen Begriffsinhaltes aus dem öffentlichen Recht und dem Sozialversicherungsrecht*

Der BFH leitet den materiellen Begriffsinhalt der Ehrenamtlichkeit erkennbar und – mehr oder weniger ausdrücklich – aus dem öffentlich-rechtlichen und sozialversicherungsrechtlichen Verständnis der Ehrenamtlichkeit ab. Im vorliegenden Fall soll daher kurz untersucht werden, was unter dem Begriff „Ehrenamt" und „ehrenamtliche Tätigkeit" im öffentlichen Recht und im Sozialversicherungsrecht zu verstehen ist.

#### *aa) Der Begriff der ehrenamtlichen Tätigkeit im öffentlichen Recht*

Das öffentliche Recht enthält, anders als das Umsatzsteuerrecht, dezidierte Vorgaben hinsichtlich der ehrenamtlichen Tätigkeit.

Wie bereits im Zusammenhang mit der Rechtsprechung des BFH zur Maßgeblichkeit der gesetzlichen Definition einer Tätigkeit als ehrenamtlich für Zwecke der Umsatzsteuer ausgeführt, enthält insbesondere das deutsche Kommunal- und Kommunalverfassungsrecht zahlreiche Vorschriften und Bestimmungen betreffend ehrenamtliche Tätigkeiten.[740] Dies liegt insbesondere darin begründet, dass sich bürgerschaftliches Engagement traditionell im Kommunalbereich außerhalb eines (Ehren-)Beamtenverhältnisses verwirklicht.[741] Im Kommunalverfassungsrecht hatte das Ehrenamt spätestens seit der preußischen Städteordnung von 1808 seinen festen Platz, wohingegen es im allgemeinen Verwaltungsrecht bis 1977 nicht geregelt war.[742] Der Zweck der ehrenamtlichen Tätigkeit wird insgesamt – auch für Zwecke des Verwaltungsverfahrens – darin gesehen, den Sachverstand und das Engagement der Bürger fruchtbar zu machen und in der Verwaltung eine gesellschaftliche Repräsentanz zu wahren.[743]

---

739 BFH, *Urteil* vom 04.05.1994 – XI R 86/92, BFHE, 174, 573, 576 = BStBl. II 1994, 773, 775.

740 *Förster/Jäde*, Praxis der Kommunalverwaltung, § 81 VwVfG, Rn. 190d; *Kallerhoff*, in: Stelkens/Bonk/Sachs, VwVfG, § 81 Rn. 5.

741 *Kallerhoff*, in: Stelkens/Bonk/Sachs, VwVfG, § 81 Rn. 5.

742 *Kastner*, in: Fehling/Kastner/Störmer, Verwaltungsrecht, § 81 VwVfG Rn. 1.

743 *Kallerhoff*, in: Stelkens/Bonk/Sachs, VwVfG, § 81 Rn. 1; *Kastner*, in: Fehling/Kastner/Störmer, Verwaltungsrecht, § 81 VwVfG Rn. 1.

Soweit nicht spezialgesetzliche Regelungen bestehen (in der Praxis regelmäßig solche des Kommunalrechtes) ist subsidiär auf die §§ 81 bis 87 VwVfG als annexe Materie des VwVfG zurückzugreifen.[744] Die §§ 81 ff. VwVfG enthalten allgemeine Bestimmungen für die ehrenamtliche Tätigkeit im VwVfG und entfalten trotz ihrer Subsidiarität zu den spezialgesetzlichen Bestimmungen eine Ergänzungsfunktion dergestalt, dass sie allgemeine Rechtsgedanken enthalten, die bei der Auslegung spezialgesetzlicher Bestimmungen zur ehrenamtlichen Tätigkeit berücksichtigt werden können.[745] Die Regelungen der §§ 91 ff. VwVfG betreffen allerdings lediglich das Innenverhältnis zwischen dem ehrenamtlich Tätigen und dem Verwaltungsträger, enthalten hingegen keine Bestimmungen über das Verhältnis zwischen dem ehrenamtlich Tätigen und Dritten.[746]

Das VwVfG selbst definiert den Begriff der „ehrenamtlichen Tätigkeit" nicht.[747] Nach gängiger Auffassung wird zur Begriffsbestimmung auf die Begründung des Entwurfs eines VwVfG (vor § 77 Entwurf 1973)[748] verwiesen.[749] Darin wird die ehrenamtliche Tätigkeit im Sinne des VwVfG verstanden als „jede unentgeltliche Mitwirkung bei der Erfüllung öffentlicher Aufgaben aufgrund behördlicher Bestellung außerhalb eines haupt- oder nebenamtlichen Dienstverhältnisses".[750] Auf die Ausführungen in der Begründung des Entwurfs der VwVfG stellt auch der BFH bei der Ermittlung des Kerns der Ehrenamtlichkeit ab.[751]

Die ehrenamtliche Tätigkeit steht im Zusammenhang mit der Wahrnehmung bzw. der Erfüllung öffentlicher Aufgaben und besteht zumeist nicht in einer unmittelbar auf den Erlass von Verwaltungsakten gerichteten Tätigkeit.[752] Vielmehr wirkt der ehrenamtlich Tätige regelmäßig in Kollegialorganen mit, in denen er sein besonderes fachliches Wissen und seine Sachkompetenz einbringt und die

744 *Kopp/Ramsauer*, VwVfG, § 81 Rn. 6 f.

745 *Schaller*, in: Bader/Ronellenfitsch, Beck-OK VwVfG, § 81 Rn. 10.

746 *Kastner*, in: Fehling/Kastner/Störmer, Verwaltungsrecht, § 81 VwVfG Rn. 2; *Schaller*, in: Bader/Ronellenfitsch Beck-OK VwVfG, § 81 Rn. 1.

747 *Kallerhoff*, in: Stelkens/Bonk/Sachs, VwVfG, § 81 Rn. 7.

748 *Regierungsentwurf* eines Verwaltungsverfahrensgesetztes zu §§ 81 ff. des VwVfG, BT-Drucks. 7/910, S. 93.

749 vgl. nur *Kallerhoff*, in: Stelkens/Bonk/Sachs, VwVfG, § 81 Rn. 7; *Kastner*, in: Fehling/Kastner/Störmer, Verwaltungsrecht, § 81 VwVfG Rn. 5.

750 *Regierungsentwurf* eines Verwaltungsverfahrensgesetztes zu §§ 81 ff. des VwVfG, BT-Drucks. 7/910, S. 93.

751 Siehe BFH, *Urteil* vom 16.12.1987 – X R 7/82, BFHE 152, 182, 186 f. = BStBl. II 1988, 384, 386.

752 *Schaller*, in: Bader/Ronellenfitsch Beck-OK VwVfG, § 81 Rn. 1.

eigentliche behördliche Entscheidung vorbereitet.[753] Ehrenamtliche Tätigkeiten sind dementsprechend in der Praxis überwiegend vorbereitender, beratender oder unterstützender Natur.[754]

Im Folgenden sollen die einzelnen Merkmale einer ehrenamtlichen Tätigkeit im Sinne des öffentlichen Rechtes herausgearbeitet werden, bevor sie anschließend mit der Rechtsprechung des BFH zum Begriff der ehrenamtlichen Tätigkeit im Umsatzsteuerrecht verglichen werden.

### (1) Rechtsstellung des ehrenamtlich Tätigen

Kennzeichnend für die Rechtsstellung des ehrenamtlich Tätigen ist, dass dieser im Rahmen seiner vorbereitenden oder unterstützenden Tätigkeit – regelmäßig in Ausschüssen und sonstigen Kollegialorganen – im Außenverhältnis nicht im eigenen Namen handelt, sodass er nach allgemeiner Auffassung im Verhältnis zur Behörde in einem öffentlich-rechtlichen Amtsverhältnis eigener Art (sui generis) steht.[755] Die ehrenamtlich Tätigen sind aber nach gängiger Auffassung keine Amtsträger im Sinne des § 11 Abs. 1 Nr. 2 a-c StGB, es sei denn, sie werden im Einzelfall mit konkreten Verwaltungsaufgaben betraut, welche über reine Mandatstätigkeiten hinausgehen.[756]

Voraussetzung für eine ehrenamtliche Tätigkeit ist die behördliche Bestellung.[757] Der Bestellungsakt ist als Verwaltungsakt im Sinne des § 35 VwVfG öffentlich-rechtlicher Natur und, sofern nichts anderes bestimmt ist, formfrei möglich.[758] Die Bestellung, zu der das VwVfG keine weiteren Regelungen enthält und die sich mithin nach den jeweiligen Spezialgesetzen richtet, kann durch die Wahl eines Gremiums oder durch den jeweiligen Behördenleiter erfolgen.[759] Die Bestellung ist von der förmlichen Verpflichtung zur Pflichterfüllung nach § 83 VwVfG zu unterscheiden.[760]

---

753 *Kastner*, in: Fehling/Kastner/Störmer, Verwaltungsrecht, § 81 VwVfG Rn 5.

754 *Kastner*, in: Fehling/Kastner/Störmer, Verwaltungsrecht, § 81 VwVfG Rn 1.

755 *Kopp/Ramsauer*, VwVfG, § 81 Rn. 5.

756 *Kallerhoff*, in: Stelkens/Bonk/Sachs, VwVfG, § 81 Rn. 8; BGH, *Urteil* vom 09.05.2006 – 5 StR 453/05, NJW 2006, 2050, 2052.

757 *Kastner*, in: Fehling/Kastner/Störmer, Verwaltungsrecht, § 81 VwVfG Rn. 10.

758 *Schaller*, in: Bader/Ronellenfitsch, Beck-OK VwVfG, § 81 Rn. 4; *Kastner*, in: Fehling/Kastner/Störmer, Verwaltungsrecht, § 81 VwVfG Rn. 10.

759 *Kastner*, in: Fehling/Kastner/Störmer, Verwaltungsrecht, § 81 VwVfG Rn. 10.

760 *Kallerhoff*, in: Stelkens/Bonk/Sachs, VwVfG, § 81, Rn. 8 und § 83 Rn. 7 bis 9; *Kopp/Ramsauer*, VwVfG, § 83 Rn. 7 f.

Der Gesetzgeber verfügt über ein weites Gestaltungsermessen hinsichtlich der Schaffung und Ausgestaltung von Ehrenämtern.[761] Zu einer ehrenamtlichen Tätigkeit kann grundsätzlich jedermann berufen werden, sofern Handlungsfähigkeit nach § 12 VwVfG gegeben ist.[762] Auch wenn dies nicht ausdrücklich im VwVfG bestimmt ist, so kommen als ehrenamtliche Personen lediglich natürliche Personen in Betracht. An der Berufungsfähigkeit fehlt es jedoch, wenn ein wichtiger Grund, der – insbesondere in den Fällen des § 86 VwVfG – der Berufung entgegensteht.[763] Bei der Auswahl des Ehrenamtlichen werden insbesondere die fachlichen Qualifikationen der betreffenden Person eine entscheidende Rolle spielen.[764] Zu den allgemeinen Berufungsvoraussetzungen zählen neben der Fähigkeit zur Bekleidung öffentlicher Ämter in der Regel die deutsche Staatsangehörigkeit sowie der Wohnsitz im Gemeindegebiet und ein bestimmtes Lebensalter.[765]

Dem Bürger steht kein subjektiv-öffentliches Recht auf Ausübung einer ehrenamtlichen Tätigkeit und auf Bestellung in ein Ehrenamt zu, es sei denn, es bestehen entsprechende Bestimmungen.[766] Der öffentlichen Einrichtung/Gebietskörperschaft steht daher hinsichtlich der Auswahl und der Ausgestaltung öffentlicher Ehrenämter ein weiter Entscheidungs- und Gestaltungsspielraum zu.[767] Im Hinblick auf seine Rechtstellung ist der Ehrenamtliche vom Beliehenen, dem Verwaltungshelfer und dem Ehrenbeamten zu unterscheiden. Im Gegensatz zum Beliehenen, der selbst funktional Behörde ist, da er seine aufgrund Gesetzes übertragenen öffentlich-rechtlichen Kompetenzen regelmäßig im eigenen Namen im Außenverhältnis ausübt,[768] handelt der ehrenamtlich Tätige in und für eine Behörde und ist daher im Außenverhältnis nicht selbst Zurechnungsobjekt seines Handelns.[769] Der Verwaltungshelfer hingegen leistet seine Dienste für die

761 BerlVerfGH, *Urteil* vom 04.03.2009 – VerfGH 96/07, NVWZ-RR 2009, 585, 586; *Kallerhoff*, in: Stelkens/Bonk/Sachs, VwVfG, § 81 Rn. 9.

762 *Kastner*, in: Fehling/Kastner/Störmer, Verwaltungsrecht, § 81 VwVfG Rn. 2.

763 *Kastner*, in: Fehling/Kastner/Störmer, Verwaltungsrecht, § 81 VwVfG Rn. 2.

764 *Kastner*, in: Fehling/Kastner/Störmer, Verwaltungsrecht, § 81 VwVfG Rn. 3.

765 Vgl. hierzu: *Kallerhoff*, in: Stelkens/Bonk/Sachs, VwVfG, § 81 Rn. 3.

766 VG Chemnitz, *Beschluss* vom 29.05.2008 – 1 L 164/08, SächsVBl 2008, 278 ff.; *Kallerhoff*, in: Stelkens/Bonk/Sachs, VwVfG, § 81 Rn. 3.

767 BerlVerfGH, *Urteil* vom 04.03.2009 – VerfGH 96/07, NVWZ-RR 2009, 585, 586; VG Chemnitz, *Beschluss* vom 29.05.2008 – 1 L 164/08, SächsVBl 2008, 278 ff.; *Kallerhoff*, in: Stelkens/Bonk/Sachs, VwVfG, § 81 Rn. 3.

768 Vgl. zum Beliehenen: *Maurer*, Allgemeines Verwaltungsrecht, § 23 Rn. 58 ff.; *Schmitz*, in: Stelkens/Bonk/Sachs, § 1 Rn. 246 ff. m.w.N.

769 *Kopp/Ramsauer*, § 81 Rn. 5; *Dagtoglou*, DÖV 1970, 532 ff.

Behörde überwiegend auf der Grundlage privatrechtlicher Vereinbarungen und lässt sich seine Tätigkeit im Gegensatz zum ehrenamtlich Tätigen regelmäßig entgelten.[770] Nach gängiger Auffassung unterfällt die Tätigkeit als Ehrenbeamter, da diese gerade eine Berufung in ein Beamtenverhältnis voraussetzt (vgl. § 5, 177 BWG, § 3 Abs. 2, 115 BRRG), nicht unter den Begriff der ehrenamtlichen Tätigkeit im Sinne des § 81 VwVfG.[771] Ungeachtet dessen bestehen hinsichtlich der Begriffe „ehrenamtliche Tätigkeit" und „Ehrenamt" eine uneinheitliche Terminologie sowie landesrechtliche Unterschiede.[772]

Ehrenamtlich Tätige sind an Recht und Gesetz gebunden und unterliegen einer Pflicht zur Verfassungstreue.[773] Mit der ehrenamtlichen Tätigkeit soll dem Wohl der Allgemeinheit gedient werden, sodass der Ehrenamtliche verpflichtet ist, sein Amt ohne Rücksicht auf persönliche Interessen gewissenhaft und unparteiisch wahrzunehmen.[774] Da im Übrigen die Rechte und Pflichten des ehrenamtlich Tätigen in den §§ 83 und 84 VwVfG lediglich unvollständig geregelt sind, ist nach allgemeiner Auffassung ein Rückgriff auf die Grundsätze des öffentlichen Dienstrechtes und dessen allgemeine Rechtsgrundsätze erforderlich, soweit dies nicht mit der besonderen Rechtsnatur der Ehrenamtlichkeit unvereinbar ist.[775]

#### (2) Tätigkeit im Rahmen eines Verwaltungsverfahrens

Die § 82 bis 87 VwVfG gelten grds. nur für eine öffentlich-rechtliche Verwaltungstätigkeit im Rahmen des Anwendungsbereiches des VwVfG, sodass sie nur

---

770 *Kastner*, in: Fehling/Kastner/Störmer, Verwaltungsrecht, § 81 VwVfG Rn. 7; zugleich stellt die ehrenamtliche Tätigkeit nach den §§ 81 ff. im Rahmen des Verwaltungsverfahrens keine Privatisierung von Verwaltungsaufgaben dar, siehe hierzu *Kallerhoff*, in: Stelkens/Bonk/Sachs, VwVfG, § 81 Rn. 3.

771 *Kopp/Ramsauer*, VwVfG, § 81 Rn. 4; a.A. hingegen *Förster/Jäde*, Praxis der Kommunalverwaltung § 81 VwVfG Rn. 190e, nach denen zur ehrenamtlichen Tätigkeit nach den §§ 81 ff. VwVfG auch die Tätigkeit als Ehrenbeamter gehört, jedenfalls dann, wenn die Tätigkeit als Ehrenbeamter neben einem bürgerlichen Beruf ausgeübt wird und hierfür keine (allenfalls nur eine Aufwandsentschädigung) als Vergütung gezahlt wird.

772 vgl. hierzu *Kallerhoff*, in: Stelkens/Bonk/Sachs, VwVfG, § 81 Rn. 7; *Dagtoglou*, DÖV 1970, 532 ff.; allg. hierzu *Stober*, Der Ehrenbeamte in Verfassung und Verwaltung, S. 20 ff.

773 BVerfG, Beschluss vom 06.05.2008 – 2 BvR 337/08, NJW 2008, 2568, 2569; *Kallerhoff*, in: Stelkens/Bonk/Sachs, VwVfG, § 83 Rn. 3.

774 *Kallerhoff*, in: Stelkens/Bonk/Sachs, VwVfG, § 83 Rn. 3 ff.

775 *Kallerhoff*, in: Stelkens/Bonk/Sachs, VwVfG, § 83 Rn. 1; *Kopp/Ramsauer*, VwVfG, § 83 Rn. 5.

für eine ehrenamtliche Tätigkeit anwendbar sind, die *im* Verwaltungsverfahren ausgeübt wird.[776] Hierzu zählen neben der Mitwirkung an Entscheidungen mit Außenwirkung auch die vorgenannten vorbereitenden Tätigkeiten, sofern sie noch im unmittelbaren Zusammenhang mit der Durchführung eines Verwaltungsverfahrens nach § 9 VwVfG stehen und für die anschließende Entscheidung von gewisser Bedeutung sind, d.h. nicht reine Hilfstätigkeiten darstellen.[777]

#### (3) Nebenberufliche Ausübung der ehrenamtlichen Tätigkeit

Eine Tätigkeit ist nur dann als ehrenamtlich im Sinne des Verwaltungsrechts zu qualifizieren, wenn sie außerhalb eines haupt- oder nebenberuflichen Dienstverhältnisses – gleich ob öffentlich-rechtlicher oder privatrechtlicher Natur – gegenüber der Körperschaft ausgeübt wird.[778] Die ehrenamtliche Tätigkeit muss selbst nebenberuflich erfolgen.[779] Zwar ist die Dauer der Tätigkeit für die Annahme einer Ehrenamtlichkeit nicht entscheidend, sodass auch einmalige oder kurzfristig bemessene Tätigkeiten unter den Begriff des Ehrenamtes im Sinne der §§ 81 ff. VwVfG fallen können, regelmäßig handelt es sich jedoch um längerfristige Tätigkeiten, bei denen den ehrenamtlich Tätigen ein auf Dauer festgelegter Kreis von Verwaltungsgeschäften zur Wahrnehmung hoheitlicher Aufgaben übertragen wird.[780]

#### (4) Unentgeltlichkeit

Zum entscheidenden und kennzeichnenden Merkmal der ehrenamtlichen Tätigkeit gehört ihre Unentgeltlichkeit, sodass für den ehrenamtlich Tätigen zwar keine Besoldung, Versorgung, Vergütung oder vergleichbare Leistung, wohl aber – wie § 85 VwVfG gerade zeigt – ein Nachteilsausgleich gewährt werden darf.[781] Für das Vorliegen einer ehrenamtlichen Tätigkeit ist es jedoch

---

776 *Kallerhoff*, in: Stelkens/Bonk/Sachs, VwVfG, § 81 Rn. 10 und 11; *Kastner*, in: Fehling/Kastner/Störmer, Verwaltungsrecht, § 81 VwVfG Rn. 9.

777 *Kastner*, in: Fehling/Kastner/Störmer, Verwaltungsrecht, § 81 VwVfG Rn. 9.

778 *Kallerhoff*, in: Stelkens/Bonk/Sachs, VwVfG, § 81 Rn. 7; *Kastner*, in: Fehling/Kastner/Störmer, Verwaltungsrecht, § 81 VwVfG Rn. 7.

779 *Kallerhoff*, in: Stelkens/Bonk/Sachs, VwVfG, § 81 Rn. 7.

780 *Kallerhoff*, in: Stelkens/Bonk/Sachs, VwVfG, § 81 Rn. 7; *Kastner*, in: Fehling/Kastner/Störmer, Verwaltungsrecht, § 81 VwVfG Rn. 5.

781 BVerwG, *Urteil* vom 10.03.1994 – 2 C 11/93 – BVerwGE 95, 208, 211 ff.; *Kopp/Ramsauer*, VwVfG, § 85 Rn. 3; *Schaller*, in: Bader/Ronellenfitsch, Beck-OK VwVfG, § 85 Rn. 1; vgl. auch *Duden*, Synonymwörterbuch, Stichwort „ehrenamtlich", dort haben

unerheblich, ob ein Nachteilsausgleich gezahlt wird oder nicht.[782] Einen unschädlichen Nachteilsausgleich stellt allein die Zahlung von Auslagenersatz und Verdienstausfall nach Maßgabe des § 85 VwVfG dar.[783] Ein für die Unentgeltlichkeit der ehrenamtlichen Tätigkeit unschädlicher Nachteilsausgleich liegt jedoch nur dann vor, wenn dieser keine versteckte oder offene Alimentation darstellt und der vollständigen oder teilweisen, kurz- oder längerfristigen Sicherung des Lebensunterhaltes des Ehrenamtlichen dient.[784] Voraussetzung ist ferner, dass der auszugleichende Aufwand tatsächlich beim ehrenamtlich Tätigen entstanden und nachgewiesen worden ist.[785] Aber auch eine pauschale Entschädigung des ehrenamtlich Tätigen ist insoweit zulässig, als diese nicht als verschleierte Gegenleistung für die Ausübung der ehrenamtlichen Tätigkeit anzusehen ist.[786] Den Ersatz über die angesetzte Pauschale hinausgehender nachgewiesener Auslagen oder Verdienstausfälle kann der Ehrenamtliche hingegen nur geltend machen, sofern diese nach Art und Umfang als gerechtfertigt bzw. notwendig anzusehen sind.[787]

§ 85 VwVfG enthält eine eigenständige Anspruchsgrundlage, die jedoch gegenüber der Vielzahl der speziellen – insbesondere kommunalrechtlichen – Vorschriften subsidiär ist.[788] Insbesondere ist in einigen Bereichen der öffentlichrechtlichen Verwaltungstätigkeit die Entschädigung für ehrenamtliche Beisitzer unter Rückgriff auf das JVEG geregelt.[789]

---

fast alle angeführten Synonyme einen Bezug zur Unentgeltlichkeit: *„freiwillig, für einen Gotteslohn, ohne Bezahlung/Entgelt, um Gotteslohn, umsonst, unentgeltlich"*.

782 *Kallerhoff*, in: Stelkens/Bonk/Sachs, VwVfG, § 81 Rn. 7.

783 Vgl. hierzu BVerwG, *Urteil* vom 10.03.1994 – 2 C 11/93 – BVerwGE 95, 208, 211 ff.; BVerwG, *Urteil* vom 08.07.1994 – 2 C 3/93, BVerwGE 96, 224, 226; *Kastner*, in: Fehling/Kastner/Störmer, VwVfG, § 81 Rn 6; *Kallerhoff*, in: Stelkens/Bonk/Sachs, VwVfG, § 85 Rn. 4.

784 OVG Münster, *Beschluss* vom 05.10. 2010 – 15 A 79/10, NVwZ-RR 2011, 245, 246; OVG Münster, *Urteil* vom 30.03. 2004 – 15 A 2360/02, NVwZ-RR 2004, 674, 676; OVG Bautzen, *Urteil* vom 26.05.2009 – 4 A 486/08, NVwZ-R 2009, 776, 777; *Kallerhoff*, in: Stelkens/Bonk/Sachs, VwVfG, § 85 Rn. 1 m.w.N.

785 Vgl. VGH München, *Urteil* vom 02.10.2007 – 4 BV 07/77, BayVBl 2008, 371 ff.; *Kallerhoff*, in: Stelkens/Bonk/Sachs, VwVfG, § 85 Rn. 1 m.w.N.

786 Vgl. BVerwG, *Urteil* vom 10.03.1994 – 2 C 11/93, BVerwGE 95, 208, 211 ff.; *Schaller*, in: Bader/Ronellenfitsch, Beck-OK VwVfG, § 85 Rn. 1.

787 *Schaller*, in: Bader/Ronellenfitsch, Beck-OK VwVfG, § 85 Rn. 1.

788 *Kallerhoff*, in: Stelkens/Bonk/Sachs, VwVfG, § 85 Rn. 2; *Schaller*, in: Bader/Ronellenfitsch, Beck-OK VwVfG, § 85 Rn. 2.

789 Vgl. *Kallerhoff*, in: Stelkens/Bonk/Sachs, VwVfG, § 85 Rn. 2 m.w.N.

Die dem ehrenamtlich Tätigen zustehende Entschädigung besteht nach § 85 VwVfG aus dem Ersatz der notwendigen Auslagen und dem Verdienstausfall.

Unter Auslagen im Sinne des § 85 VwVfG sind Aufwendungen zu verstehen, die zur Ausübung des Ehrenamtes getätigt werden; hierunter fallen insbesondere Reise- und Fahrtkosten, Schreib-, Porto-, und Fernsprechgebühren.[790] Allerdings sind nur solche Auslagen dem Ehrenamtlichen nach § 85 VwVfG zu ersetzen, die notwendig und angemessen sind, was nur dann der Fall ist, wenn der ehrenamtlich Tätige die jeweilige Aufwandsposition bei vernünftiger Würdigung der Umstände des Einzelfalles im Zeitpunkt der Entstehung für erforderlich und angemessen halten durfte.[791] Auch hier sind Pauschalierungen auf Grund von Erfahrungssätzen über durchschnittliche Kosten (z.B. Verpflegung, Übernachtung) mit am Ersatz von Tage- und Reisekosten im öffentlichen Dienst angelehnten Höchstgrenzen zulässig.[792]

Darüber hinaus hat der ehrenamtlich Tätige nach § 85 VwVfG einen Anspruch auf Ersatz seines ihm auf Grund der ehrenamtlichen Tätigkeit entstandenen Verdienstausfalles (aus einer gesetzlich nicht verbotenen Tätigkeit).[793] Grundsätzlich kann dabei nur der tatsächlich entgangene (Brutto-)Verdienst[794] erstattet werden, sodass auf die effektiv versäumte Zeit auf Grund der ehrenamtlichen Tätigkeit samt Hin- und Rückfahrt abzustellen ist.[795] Die angefallene Tätigkeit muss daher ihrem zeitlichen Umfang nach nachgewiesen werden, wobei nach allgemeiner Ansicht an die diesbezügliche Nachweisführung strenge Anforderungen zu stellen sind.[796] Bei einem schwankenden Einkommen – insbesondere bei Selbstständigen – ist im Hinblick auf die Höhe der Entschädigung für erlittenen Verdienstausfall auf den Durchschnittsverdienst des ehrenamtlich Tätigen in einem repräsentativen Zeitraum abzustellen und dieser ggf. zu schätzen.[797] Auch wenn § 85 VwVfG keine Höchstbeträge vorsieht und auch sonst hinsichtlich der Höhe des Verdienstausfalles keine ausdrückliche Bestimmung

---

790 *Kastner*, in: Fehling/Kastner/Störmer, Verwaltungsrecht, § 85 VwVfG Rn. 1 und 5; *Schaller*, in: Bader/Ronellenfitsch, Beck-OK VwVfG, § 85 Rn. 3.

791 *Kallerhoff*, in: Stelkens/Bonk/Sachs, VwVfG, § 85 Rn. 6.

792 *Kallerhoff*, in: Stelkens/Bonk/Sachs, VwVfG, § 85 Rn. 6.

793 *Kallerhoff*, in: Stelkens/Bonk/Sachs, VwVfG, § 85 Rn. 7; zum Begriff des Verdienstausfalles siehe: OVG Koblenz, *Urteil* vom 01.02.1992 – 7 A 10396/98, NVwZ 1994, 35, 36.

794 *Kallerhoff*, in: Stelkens/Bonk/Sachs, VwVfG, § 85 Rn. 8.

795 *Kastner*, in: Fehling/Kastner/Störmer, Verwaltungsrecht, § 85 VwVfG Rn. 1.

796 *Kallerhoff*, in: Stelkens/Bonk/Sachs, VwVfG, § 85 Rn. 7.

797 *Kallerhoff*, in: Stelkens/Bonk/Sachs, VwVfG, § 85 Rn. 7 und 8.

enthält, kann dieser nach allgemeiner Meinung nur dann zu ersetzen sein, wenn der Zeitaufwand notwendig und angemessen war.[798]

(5) Freiwilligkeit

Das VwVfG geht im Hinblick auf die Übernahme eines Ehrenamtes vom Grundsatz der Freiwilligkeit aus.[799] Demgegenüber enthält insbesondere der Kommunalbereich spezialgesetzliche Bestim-mungen, die eine Pflicht zur Übernahme ehrenamtlicher Tätigkeiten vorsehen.[800] Für die Verpflichtung zur Übernahme und Ausübung eines Ehrenamtes bedarf es einer gesetzlichen Grundlage.[801]

*bb) Ehrenamtliche Tätigkeit im Sozialversicherungsrecht*

Darüber hinaus will der BFH das Merkmal der ehrenamtlichen Tätigkeit im Sinne von § 4 Nr. 26 UStG unter Rückgriff auf das im Sozialversicherungsrecht (sozialversicherungsrechtliche Selbstverwaltung) bestehende Begriffsverständnis auslegen.[802]

Die Begriffe „ehrenamtlich“ bzw. „Ehrenamt“ werden auch im Sozialversicherungsrecht verwendet.[803] Im Rahmen des Sozialversicherungsrechtes geht es um die Frage, ob eine bestimmte Tätigkeit sozialversicherungspflichtig ist. Ebenso wie im öffentlichen Recht und im Steuerrecht fehlt es jedoch an einer gesetzlichen Definition der Begriffe „Ehrenamt“ oder „ehrenamtlich“ für Zwecke des Sozialversicherungsrechtes.[804] Das BSG hat in diesem Zusammenhang festgestellt, dass die Tatsache einer ausdrücklichen Bezeichnung einer Tätigkeit im Kommunalrecht als ehrenamtlich für den Bereich des Sozialrechtes irrelevant ist, da diese im Sozialrecht an keiner Stelle als selbständig versicherungspflichtige Tätigkeit erfasst ist.[805] Das BSG nimmt vielmehr eine eigenständige Prüfung

798 OVG Münster, *Beschluss* vom 25.01.2010 - 15 B 1797/09, NVwZ-RR 2010, 534, 535; VGH München, *Beschluss* vom 03.04.2008 - 4 N 07/1051, BayVBl 2008, 664 ff.; *Kallerhoff*, in: Stelkens/Bonk/Sachs, VwVfG, § 85 Rn. 7.

799 *Kastner*, in: Fehling/Kastner/Störmer, Verwaltungsrecht, § 82 VwVfG Rn. 1.

800 *Kastner*, in: Fehling/Kastner/Störmer, Verwaltungsrecht, § 82 VwVfG Rn. 4.

801 *Kallerhoff*, in: Stelkens/Bonk/Sachs, VwVfG, § 82 Rn. 1.

802 BFH, *Urteil* vom 16.12.1987 - X R 7/82, BFHE 152, 182, 184 ff. = BStBl. II 1988, 384, 386; BFH, *Urteil* vom 04.05.1994 - XI R 86/92, BFHE 174, 573, 575 = BStBl. II 1994, 773, 775.

803 Z.B. § 40 SGB IV, § 73 SGB VII.

804 *Scheidt*, in: Mutschler/Schmidt-de Caluwe/Coseriu, SGB III - Arbeitsförderung, § 25 Rn. 43; *Schindler*, in: Kunkel, SGB VII, § 73 Rn. 2.

805 BSG, *Urteil* vom 27.04.1982 -1 RJ 72/81, BSGE 53, 242, 245.

unter Gesamtwürdigung sämtlicher Modalitäten der Tätigkeit und der "Vergütung" vor.[806]

Bei der Beurteilung des sozialversicherungsrechtlichen Status einer als ehrenamtlich bezeichneten Tätigkeit sind zwei Kriterien entscheidend: Es ist entscheidend, ob die Tätigkeit im Rahmen eines Beschäftigungsverhältnisses und darüber hinaus auch entgeltlich ausgeübt wird.[807] Soweit allerdings eine Tätigkeit im Rahmen eines Beschäftigungsverhältnisses ausgeübt wird, d.h. insbesondere weisungsgebunden erfolgt, gehören steuerfreie Aufwands-entschädigungen nach der ausdrücklichen Regelung des § 14 Abs. 1 S. 3 SGB IV nicht zum Arbeitsentgelt im Sinne der Sozialversicherung, sodass insoweit ein Gleichlauf zwischen (Lohn-)Steuerrecht und Sozialversicherungsrecht entsteht.[808]

Nach § 40 Abs. 1 S. 1 SGB IV sind die Mitglieder der Selbstverwaltungsorgane (grds. der Vertreterversammlung und der Vorstandes) sowie die Versichertenältesten und die Vertrauenspersonen z.B. ehrenamtlich tätig.[809] Ehrenamtliche Tätigkeit bedeutet (nach der Gesetzesbegründung zu § 40 SGB IV) die unentgeltliche Mitwirkung bei der Erfüllung öffentlicher Aufgaben aufgrund behördlicher Bestellung außerhalb eines haupt- oder nebenamtlichen Dienstverhältnisses.[810] Die Unentgeltlichkeit der Tätigkeit wird nicht durch den dem Ehrenamtlichen zustehenden Nachteilsausgleich nach Maßgabe des § 41 SGB IV, bestehend aus Auslagenersatz und Verdienstausfall, in Frage gestellt.[811] Sowohl der Auslagenersatz als auch die Entschädigung für den Verdienstausfall können nach Pauschalsätzen erfolgen.[812] Schließlich ist es auch dem sozialversicherungsrechtlichen Begriff des Ehrenamtes immanent, dass der Ehrenamtliche den überwiegenden Teil seiner Arbeitskraft nicht der ehrenamtlichen, sondern seiner Haupttätigkeit widmet.[813]

---

806 Vgl. BSG, *Urteil* vom 22.02.1996 - 12 RK 6/95, BSGE 78, 34, 35 ff.

807 Vgl. hierzu: *Schönfeld/Plenker*, Lexikon für das Lohnbüro, Stichwort: Ehrenämter, S. 251.

808 *Schönfeld/Plenker*, Lexikon für das Lohnbüro, Stichwort: Ehrenämter, S. 251.

809 *Pohl*, in: Kreikebohm, SGB IV, § 40 Rn. 2.

810 vgl. hierzu auch BSG, *Urteil* vom 18.12.1974 - 2/8 RU 34/73, BSGE 39, 24, 27 ff.

811 Vgl. hierzu: *Baier*, in: Krauskopf, Soziale Krankenversicherung, Pflegeversicherung, § 41 SGB IV Rn. 1 ff.

812 *Baier*, in: Krauskopf, Soziale Krankenversicherung, Pflegeversicherung, § 41 SGB IV Rn. 1 ff.

813 *Pohl*, in: Kreikebohm, SGB IV, § 40 Rn. 2.

Demnach sind ehrenamtlich Tätige versicherungspflichtig, wenn sie ihre Tätigkeit im Rahmen eines sozialversicherungsrechtlichen Beschäftigungsverhältnisses ausüben.[814] Dies ist im Sozialversicherungsrecht dann der Fall, wenn zu der ehrenamtlichen Tätigkeit und ihrer repräsentativen, sozialen, kulturellen, karitativen Zielsetzung und Ausgestaltung ein das sozialrechtliche Beschäftigungsverhältnis kennzeichnendes Austauschverhältnis hinzutritt, was voraussetzt, dass über Repräsentationsfunktionen hinaus dem allgemeinen Erwerbsleben zugängliche Verwaltungsaufgaben wahrgenommen werden und dafür eine den tatsächlichen Aufwand übersteigende Aufwandsentschädigung gezahlt wird, die entsprechend § 14 Abs. 1 SGB IV als Arbeitsentgelt anzusehen ist.[815]

Problematisch sind insbesondere die sozialversicherungsrechtliche Stellung von kommunalen Ehrenbeamten und ehrenamtlichen Stadtratsmitgliedern und Bürgermeistern.[816] Im Ergebnis hat das BSG ein sozialversicherungspflichtiges Beschäftigungsverhältnis ausge-schlossen, da sich aus der kommunalverfassungsrechtlichen Stellung des Stadtratsmitgliedes ergebe, dass dieses unentgeltlich nach freier, nur durch die Rücksicht auf das Gemeinwohl bestimmter Gewissensüberzeugung tätig werde.[817] Auf die Maßgeblichkeit der tatsächlichen Verhältnisse stellt das BSG auch bei der Beurteilung des sozialversicherungsrechtlichen Status von ehrenamtlichen Bürgermeistern ab.[818] Danach ist der im Kommunalrecht als ehrenamtlich bezeichnete Bürgermeister sozialrechtlich als Beschäftigter anzusehen, wenn er in diesem Amt über Repräsentationsaufwendungen hinaus dem allgemeinen Erwerbsleben zugängliche Verwaltungsfunktionen ausübt.[819] Die Annahme eines Beschäftigungsverhältnisses setzt darüber hinaus auch das Vorliegen eines Entgeltes voraus, als welches eine als

814 *Scheidt*, in: Mutschler/Schmidt-de Caluwe/Coseriu, SGB III – Arbeitsförderung, § 25 Rn. 43.

815 BSG, *Urteil* vom 30.11.1978 – 12 RK 33/76, BSGE 47, 201, 204 f; BSG, *Urteil* vom 23.09.1980 – 12 RK 41/79, BSGE 50, 231, 232 ff.; BSG, *Urteil* vom 22.02.1996 – 12 RK 6/95, BSGE 78, 34, 36 ff.; *Scheidt*, in: Mutschler/Schmidt-de Caluwe/Coseriu, SGB III – Arbeitsförderung, § 25 Rn. 43.

816 Vgl. hierzu: *Scheidt*, in: Mutschler/Schmidt-de Caluwe/Coseriu, SGB III – Arbeitsförderung, § 25 Rn. 45–50.

817 BSG, *Urteil* vom 27.04.1982 –1 RJ 72/81, BSGE 53, 242, 245 f; *Scheidt*, in: Mutschler/Schmidt-de Caluwe/Coseriu, SGB III – Arbeitsförderung, § 25 Rn. 46; diese Rechtsprechung de BSG steht in Einklang mit der Rechtsprechung des BVerfG zu der Stellung der Abgeordneten.

818 BSG, *Urteil* vom 22.02.1996 – 12 RK 6/95, BSGE 78, 34, 35 ff.

819 BSG, *Urteil* vom 22.02.1996 – 12 RK 6/95, BSGE 78, 34, 36; *Scheidt*, in: Mutschler/Schmidt-de Caluwe/Coseriu, SGB III – Arbeitsförderung, § 25 Rn. 46.

Aufwandsentschädigung geleistete Zahlung anzusehen ist, die über den Ausgleich der der durch das Ehrenamt bedingten tatsächlichen Aufwendungen hinausgeht.[820] Für ehrenamtliche Bürgermeister des Landes NRW hat der BFH bereits entschieden, dass diese nach dem Kommunalrecht des Landes NRW nicht Arbeitnehmer der Gemeinde und damit auch nicht sozialversicherungspflichtig sind, soweit sie eine Aufwandentschädigung erhalten, ihre Aufgaben aufgrund eines parlamentarischen Mandats erfüllen und zu ihrer Gemeinde keine Rechtsbeziehungen im Sinne eines arbeitsrechtlichen Abhängigkeitsverhältnisses haben.[821]

Parallel zum Sozialversicherungsrecht spielt das Vorliegen einer ehrenamtlichen Tätigkeit auch im Arbeitsrecht eine Rolle.

Zum einen geht es dabei um die Frage, ob die als Pflicht vorgesehene Übernahme öffentlicher Ehrenämter, verbunden mit der Versäumung der Arbeitszeit, einen personen- oder verhaltensbedingten Kündigungsgrund darstellen, was jedoch grds. verneint wird.[822] Vielmehr hat der ehrenamtlich Tätige nach Maßgabe des § 616 BGB einen Anspruch auf bezahlte Freistellung gegenüber seinem Arbeitgeber bei der Ausübung öffentlicher Ehrenämter.[823] Auch die freiwillige Übernahme von Ehrenämten soll grds. eine personen- oder verhaltensbedingte Kündigung nicht rechtfertigen können, sofern dass außerdienstliche Verhalten das Arbeitsverhältnis nicht erheblich und konkret nachteilig beeinflusst.[824]

Im Arbeitsrecht geht es regelmäßig um die Frage, ob durch die Ausübung einer als ehrenamtlich bezeichneten Tätigkeit ein Arbeitsverhältnis und damit u. U. der Kündigungsschutz nach § 1 KSchG begründet wird. Nach ständiger Rechtsprechung ist Arbeitnehmer, wer auf Grund eines privatrechtlichen Vertrages im Dienste eines anderen zur Leistung weisungsgebundener, fremdbestimmter Arbeit in persönlicher Abhängigkeit verpflichtet ist.[825] In Abgrenzung

---

820 BSG, *Urteil* vom 22.02.1996 – 12 RK 6/95, BSGE 78, 34, 36.

821 BFH, *Urteil* vom 03.12.1965 – VI 27/64 U, BFHE 84, 361, 363 ff. = BStBl. III 1966, 130, 130 f. m.w.N.

822 *Gallner*, in: Fiebig/Gallner/Mestwerdt/Nägele, Kündigungsschutzrecht, § 1 KSchG Rn. 536 mit dem Hinweis, dass für Abgeordnete des Bundestages, der Länder-, Kreis- und Gemeindeparlamente besondere Kündigungsverbote (z. B. Art. 48 Abs. 2 S. 2 GG und § 2 Abs. 3 S. 1 AbgG) bestehen.

823 Vgl. BAG, *Urteil* vom 13.12.2001, NZA 2002, 1105; vgl. hierzu insbesondere: *Preis*, in: Müller-Glöge/Preis/Schmidt, ErfK, § 616 BGB Rn. 5.

824 *Dörner/Vossen*, in: Ascheid/Preis/Schmidt, Kündigungsrecht, § 1 KSchG Rn. 240 („unzumutbaren Unerträglichkeiten im Betrieb"); *Gallner*, in: Fiebig/Gallner/Mestwerdt/Nägele, Kündigungsschutzrecht, § 1 KSchG Rn. 536.

825 BAG, *Urteil* vom 29.08.2012 – 10 AZR 499/11, NZA 2012, 1433, 1434.

zum Auftragsrecht ist kennzeichnend für ein Arbeitsverhältnis der Austausch von Arbeit gegen Lohn, d.h. mit einem Arbeitsverhältnis ist typischerweise die Vereinbarung oder jedenfalls die berechtigte Erwartung einer angemessenen Gegenleistung für die versprochenen Dienste verbunden.[826] Maßgeblich für die arbeitsrechtliche Qualifizierung einer Tätigkeit ist – ebenso wie im Sozialversicherungsrecht – der objektive Geschäftsinhalt, der den getroffenen Vereinbarungen und insbesondere der praktischen Durchführung zu entnehmen ist.[827] Auch sei es gerade die durch die Entgeltlichkeit vermittelte Funktion der Sicherung wirtschaftlicher Existenz des Arbeitnehmers, die Gegenstand des grundrechtlichen Schutzes nach Art. 12 Abs. 1 GG ist.[828]

Für das Arbeitsrecht ist die Bezeichnung einer Tätigkeit als ehrenamtlich nicht maßgeblich. Das BAG versucht sich dementsprechend auch nicht an einer Definition des Ehrenamtes, sondern untersucht vielmehr den objektiven Geschäftsinhalt. Hinsichtlich des arbeitsrechtlichen Direktionsrechtes stellt das BAG fest, dass weisungsgebundene Tätigkeiten, die Gegenstand eines Arbeitsverhältnisses sind, auch (weisungsgebunden) ehrenamtlich ausgeübt werden können.[829] Bei einer ehrenamtlichen Tätigkeit spricht jedoch entscheidend gegen das Vorliegen eines Arbeitsverhältnisses, dass die Tätigkeit unentgeltlich und ohne Vergütungserwartung als karitative Arbeit geleistet wird.[830]

#### *cc) Kritik an der Differenzierung des BFH zwischen Wortlautauslegung und materiellem Begriffsinhalt der Ehrenamtlichkeit*

Zwar ist der vorstehend beschriebene Rückgriff des BFH auf den sog. materiellen Begriffsinhalt des Ehrenamtes und der ehrenamtlichen Tätigkeit von der überwiegenden Literatur und der Finanzverwaltung kritiklos übernommen worden, ist jedoch im Ergebnis gegenüber einer Wortlautauslegung und der gebotenen richtlineinkonformen Auslegung weder sachlich gerechtfertigt noch bringt einen tatsächlichen Nutzen für die Begriffsbestimmung.[831]

Methodisch stellt der Rückgriff des BFH auf einen „materiellen Begriffsinhalt“ eine systematische Auslegung dar. Das Abstellen des BFH auf das

826 BAG, *Urteil* vom 29.08.2012 – 10 AZR 499/11, NZA 2012, 1433, 1434; *Preis*, in: Müller-Glöge/Preis/Schmidt, ErfK, § 611 BGB Rn. 20 ff.
827 BAG, *Urteil* vom 29.08.2012 – 10 AZR 499/11, NZA 2012, 1433, 1434.
828 BAG, *Urteil* vom 29.08.2012 – 10 AZR 499/11, NZA 2012, 1433, 1434.
829 BAG, *Urteil* vom 29.08.2012 – 10 AZR 499/11, NZA 2012, 1433, 1434.
830 BAG, *Urteil* vom 29.08.2012 – 10 AZR 499/11, NZA 2012, 1433, 1434.
831 Ähnlich auch *Heinrichshofen*, in: Rau/Dürwächter, UStG, § 4 Nr. 26 Rn. 91 der den Übergang zur Wortlautauslegung als fließend betrachtet.

öffentlich-rechtliche und sozialversicherungsrechtliche Begriffsverständnis ist von der Herangehensweise des BFH konsequent. Wenn der BFH bereits der Auffassung ist, dass eine Tätigkeit als ehrenamtlich zu qualifizieren ist, weil sie in einem anderen Gesetz – regelmäßig auf dem Gebiet des öffentlichen Rechts – als ehrenamtlich bezeichnet wird, so ist es folgerichtig, wenn der BFH mangels einer ausdrücklichen Definition auf das Begriffsverständnis des öffentlichen Rechtes bzw. des Sozialversicherungsrechtes abstellt. Problematisch sind jedoch die Fälle, in denen die Tätigkeit nicht im Rahmen des öffentlichen Rechtes erbracht werden (insbesondere gegenüber einer Einrichtung des Privatrechtes als typische Fälle des § 4 Nr. 26 Buchst. b UStG), sodass das öffentliche Verständnis einer ehrenamtlichen Tätigkeit nicht vollständig übernommen werden kann und der BFH dann auf das Merkmal der Bestellung meint verzichten zu können.

Damit sprechen gegen die Maßgeblichkeit eines aus dem Öffentlichen Recht bzw. dem Sozialversicherungsrecht hergeleiteten materiellen Begriffsinhaltes der Ehrenamtlichkeit die gleichen Argumente, die bereits gegen die Maßgeblichkeit einer in einem anderen Gesetz enthaltenen Definition vorgebracht wurden. Letztlich verkennt hier der BFH nicht nur die Eigenständigkeit des UStG, sondern auch den Einfluss des EU-Rechtes auf die Auslegung der umsatzsteuerlichen Begrifflichkeit.

Selbst nach nationalem Recht bietet das Abstellen des BFH auf einen sog. Kern der Ehrenamtlichkeit gegenüber der Wortlautauslegung keinen Mehrwert. Das maßgebliche Kriterium hatte der BFH bereits durch eine Wortlautauslegung – allerdings auch vor dem Hintergrund des öffentlich-rechtlichen Verständnisses – herausgearbeitet, sodass es dieses zusätzlichen Kriteriums gar nicht bedurfte.[832] Auch der BFH spricht bei der Bestimmung des materiellen Begriffsinhaltes in einem Atemzug von der „allgemeinen und rechtlichen Bedeutung des Wortes".[833] Bezeichnenderweise hat auch der BFH in seinen die Anwendung des § 4 Nr. 26 UStG betreffenden Entscheidungen nicht ausdrücklich festgestellt, dass eine Tätigkeit nur auf Grund des materiellen Begriffsinhalt und gerade nicht auf Grund einer allgemeinen/natürlichen Wortlautauslegung als ehrenamtlich qualifiziert werden konnte.

Für Zwecke der vorliegenden Arbeit wird die vom BFH vollzogene Abgrenzung zwischen allgemeiner Wortlautauslegung und dem materiellen

---

832 Zu Recht daher *Heinrichshofen*, in: Rau/Dürwächter, UStG, § 4 Nr. 26 Rn. 91.

833 BFH, *Urteil* vom 16.12.1987 – X R 7/82, BFHE 152, 182, 186 = BStBl. II 1988, 382, 386.

Begriffsinhalt nicht mehr aufrechterhalten. Vielmehr soll, aufbauend auf der hier vertretenen Auffassung von der Teleologie der Vorschrift, die bisher von Rechtsprechung und Literatur vertretene Auffassung vom Anwendungsbereich der Vorschrift genau analysiert werden.

### c) *Vergleich des Begriffs der Ehrenamtlichkeit mit dem Begriff der Richtlinie*

Nach der hier vertretenen Auffassung vom Erfordernis der richtlinienkonformen und damit zugleich gemeinschaftsautonomen Auslegung des Begriffs der „ehrenamtlichen Tätigkeit" ist die vom BFH allein national ausgerichtete Auslegung des Begriffs bereits methodisch fehlerhaft.

Insoweit ist die Auffassung des BFH nicht mit der Rechtsprechung des EuGH zur ehrenamtlichen Tätigkeit vereinbar, als der BFH die Maßgeblichkeit einer gesetzlichen Definition einer Tätigkeit als ehrenamtlich für Zwecke der Anwendung des § 4 Nr. 26 UStG in einem anderen Gesetz als dem UStG vertritt. Dies würde nämlich unter Umständen dazu führen können, dass eine Tätigkeit, die auf Grund der konkreten Konditionen in einem unmittelbaren oder mittelbaren Eigeninteresse ausgeübt wird, als ehrenamtlich im Sinne von § 4 Nr. 26 UStG zu bestimmen wäre, obgleich sie gerade nicht den Kriterien des EuGH entspricht.

Zu mit der EuGH-Rechtsprechung divergierenden Ergebnissen dürfte die auf ein nationales Begriffsverständnis abstellende Wortlautauslegung des BFH aber im Ergebnis nicht kommen. Der EuGH stellt nämlich nur abstrakt fest, dass sich eine ehrenamtliche Tätigkeit durch das Fehlen eines unmittelbaren oder mittelbaren finanziellen Eigeninteresses auszeichnet, ohne weitergehende konkrete Vorgaben aufzustellen. Insofern bewegt sich die Auslegung des BFH im Ergebnis noch im Rahmen der Vorgaben des EuGH und damit auch des gemeinschaftsautonom zu bestimmenden Begriffes der ehrenamtlichen Tätigkeit.

## V. Untersuchung der einzelnen Merkmale einer ehrenamtlichen Tätigkeit nach § 4 Nr. 26 UStG

Nachdem im vorangehenden Kapitel das methodische Vorgehen bei der Auslegung des Begriffs der ehrenamtlichen Tätigkeit herausgearbeitet wurde sollen in diesem Abschnitt der Arbeit die einzelnen Merkmale einer ehrenamtlichen Tätigkeit dargestellt und untersucht werden. Entsprechend der hier vertretenen Auffassung soll dabei nicht zwischen dem natürlichen Sprachgebrauch und dem materiellen Begriffsinhalt unterschieden werden.

## 1. Ausübung der ehrenamtlichen Tätigkeit durch eine natürliche/ juristische Person oder Personenvereinigung

Bisher ist die Frage nicht höchstrichterlich entschieden, ob eine ehrenamtliche Tätigkeit im Sinne des § 4 Nr. 26 UStG zwingend durch eine natürliche Person ausgeübt werden muss oder ob eine ehrenamtliche Tätigkeit auch dann angenommen werden kann, wenn der leistende Unternehmer eine juristische Person bzw. Personengesellschaft ist.[834] Bestimmte Formulierungen des BFH deuten darauf hin, dass der BFH wohl davon ausgeht, dass eine ehrenamtliche Tätigkeit im Sinne des § 4 Nr. 26 UStG nur durch eine natürliche Person ausgeübt werden kann.[835] Auch die Finanzverwaltung geht davon aus, dass eine ehrenamtliche Tätigkeit im Sinne des § 4 Nr. 26 UStG zwingend von einer natürlichen Person ausgeübt werden muss.[836] Im steuerrechtlichen Schrifttum findet sich zu dieser Thematik keine ausdrückliche Stellungnahme.

Diese Fragestellung ist zudem durchaus von praktischer Relevanz, wie der vom FG Niedersachsen zu entscheidende Fall eines sich auf die Vorschrift berufenden Betreuungsvereines zeigt.[837] Durch die Neufassung des § 4 Nr. 18 UStG und die Rechtsprechung des BFH zum Anwendungsvorrang der MwStSystRL hat sich jedoch diese Problematik für Betreuungsvereine und Betreuungsleistungen nunmehr entschärft.[838] Dessen ungeachtet ist jedoch eine Vielzahl von praktisch relevanten Fällen vorstellbar, insbesondere dann, wenn eine Tätigkeit eines

---

834 Gegenstand eines finanzgerichtlichen Verfahrens war allerdings die Frage, ob die von einem Betreuungsverein erbrachten Betreuungsleistugnen eine steuerfreie ehrenamtliche Tätigkeit darstellen können. Zwar wurde dies vom FG Niedersachsen im konkreten Fall verneint, allerdings ging das Finanzgericht davon aus, dass eine eherenamtliche Tätigkeit i.S.d. § 4 Nr. 26 UStG auch von juristischen Personen ausgeführt werden können, vgl. FG Niedersachsen, *Urteil* vom 25.03.1999 - V 257/97, EFG 2000, 519, 520.

835 Das Kriterium der Erbringung ehrenamtlicher Tätigkeit durch eine natürliche Person wird allein angeführt in BFH, *Urteil* vom 16.04.2008 - XI R 68/07, BFH/NV 2008, 1368, 1369.

836 Vgl. Abschn. 4.26.1 Abs. 1 S. 1 UStAE; ausdrücklich OFD Koblenz, *Verfügung* vom 02.08.1999 - S 7100 A-St 51 2, UR 1999, 461, deren Erlass Erörterungen der Körperschaftsteuer- und Umsatzsteuer-Referatsleiter des Bundes und der Länder vorangingen; zuvor bereits, FinM Sachsen, *koordinierter Ländererlass* vom 04.07.1997 - 35-S 7175-3/15-33970, UR 2008, 35.

837 vgl. FG Niedersachsen, *Urteil* vom 25.03.1999 - V 257/97, EFG 2000, 519, 520.

838 Vgl. zur Umsatzbesteuerung von Betreuungsvereinen: BFH, *Urteil* vom 17.02.2009 - XI R 67/06, BFHE 224, 183 = BStBl. II 2013, 967; BMF, *Schreiben* vom 22.11.2013 - IV D 3 - S 7172/13/10001, DStR 2013, 2703; *Pfefferle/Renz*, NWB 2013, 4119, 4124 f.

angestellten Mitarbeiters der ihn beschäftigenden juristischen Person oder Personenvereinigung zurechenbar ist und diese die Aufwandsentschädigung erhält.

Nach der Rechtsprechung des BFH und der Auffassung der Finanzverwaltung beschränken sich die relevanten Fallgestaltungen auf die Fälle, in denen eine Tätigkeit nicht ausdrücklich in einem Gesetz als ehrenamtlich bezeichnet wird. Sofern dies nämlich der Fall ist, dürfte es nach Auffassung des BFH keine Rolle spielen, ob die entsprechende Tätigkeit durch eine natürliche oder juristische Person (bzw. Personenvereinigung) ausgeübt wird, da § 4 Nr. 26 UStG kraft gesetzlicher Definition anwendbar wäre. Dies ist, soweit ersichtlich, jedoch in der Praxis nicht der Fall.

Das Erfordernis der Ausübung der ehrenamtlichen Tätigkeit durch eine natürliche Person ist vor dem Hintergrund der Anlehnung des Begriffsverständnisses an das öffentliche Recht und das Sozialversicherungsrecht konsequent. In vorbenannten Rechtsgebieten wird für eine ehrenamtliche Tätigkeit vorausgesetzt, dass diese durch natürliche Personen ausgeübt wird. Sofern daher der BFH den Begriff der „ehrenamtlichen Tätigkeit" im Sinne des § 4 Nr. 26 UStG übereinstimmend mit dem Öffentlichen Recht und dem Sozialversicherungsrecht interpretieren möchte, ist gerade die Tätigkeit durch eine natürliche Person zu verlangen.

Auch nach dem allgemeinen Sprachgebrauch setzt das Vorliegen einer ehrenamtlichen Tätigkeit voraus, dass die entsprechende Tätigkeit von einer natürlichen Person ausgeführt wird. Dies gilt insbesondere vor dem Hintergrund, dass der Begriff „Ehrenamt" und „ehrenamtliche Tätigkeit" auch nach dem heutigen Sprachgebrauch eher in einem traditionellen Sinne verstanden werden und zusehens von weiteren Begriffen wie z. B. „soziales Engagement" ersetzt werden, die auch Tätigkeiten von juristischen Personen oder Personenvereinigungen jeglicher Rechtsform umfassen dürften.

Wie bereits ausführlich begründet, führt die Tatsache, dass die Umsatzsteuerbefreiung ehrenamtlicher Tätigkeit nach § 4 Nr. 26 UStG keine Ermächtigungsgrundlage in der MwStSystRL findet gerade nicht dazu, dass die Anwendung der Vorschrift losgelöst von den Prinzipien des harmonisierten Mehrwertsteuerrechtes erfolgen darf. Andernfalls würde nämlich der bestehende Richtlinienverstoß intensiviert und der gesetzgeberischen Entscheidung und dem Willen, das nationale Umsatzsteuerrecht nach Maßgabe des harmonisierten EU-Rechts anzuwenden, nicht entsprochen.

Die Beschränkung der Umsatzsteuerbefreiung ehrenamtlicher Tätigkeit auf Leistungen, die durch natürliche Personen erbracht werden, verstößt gegen das Neutralitätsprinzip. Der Grundsatz der steuerlichen Neutralität beinhaltet nicht nur das Gebot der gleichen Besteuerung vergleichbarer Leistungen sondern zugleich das Verbot, die Umsatzsteuerbelastung von der Rechtsform des leistenden Unternehmers abhängig zu machen.[839] Gerade für den Bereich der Befreiungstatbestände nach Art. 13 der 6. MwSt-RL verbietet der Grundsatz der steuerlichen Neutralität, Wirtschaftsteilnehmer, die gleiche Umsätze bewirken, in Abhängigkeit von ihrer Rechtsform bei der Steuererhebung unterschiedlich zu behandeln.[840]

Der BFH hat die Geltung des Prinzips der Rechtsformneutralität für Umsatzsteuerbefreiungen ausdrücklich bestätigt.[841] Danach kommt es für die Steuerbefreiungen nach dem Grundsatz der steuerlichen Neutralität nicht auf die Rechtsform des Steuerpflichtigen an.[842] Betreffend § 4 Nr. 14 UStG hat er folgerichtig judiziert, dass die steuerbefreiten Leistungen sowohl durch eine bei einer Stiftung angestellten Diplompsychologin als auch eine GmbH erbracht werden können.[843] Hierzu stellte der BFH fest, dass, unabhängig von der Rechtsform des Leistenden, stets die Personen, die für eine Kapital- oder Personengesellschaft oder sonstige Rechtsform die steuerbefreite Tätigkeit durchführen, über die erforderlichen persönlichen Eigenschaften für die Umsatzsteuerbefreiung verfügen müssen.[844]

Sachliche Differenzierungen hinsichtlich der Rechtsform des Unternehmers sind jedoch nicht ausnahmslos unzulässig. Zulässig sind sie etwa dann, wenn die Umsatzsteuerbefreiungen, die an die Rechtsform anknüpfen, nicht den leistenden Unternehmer begünstigen, sondern lediglich die Kosten für den

---

839 EuGH, *Urteil* vom 10.09.2002 – Rs. C-141/00 (Kügler) Slg. I 2002, 6833 Rn. 59 f.; *Stadie*, in: Rau/Dürrwächter, UStG, Einf. Rn. 603–604; *Nieuwenhuis*, UR 2001, 663, 667.

840 [838] EuGH, *Urteil* vom 10.09.2002 – Rs. C-141/00 (Kügler) Slg. I 2002, 6833 Rn. 59 f.; EuGH, *Urteil* vom 26.06.2003 – C-305/01 (MKG-Kraftfahrzeuge-Factoring) Slg. I 2003, 6729 Rn. 43; *Heidner*, in: Bunjes/Geist, UStG, § 4 Rn. 3; *Nieuwenhuis*, UR 2001, 663, 667 f.

841 BFH, *Urteil* vom 26.09.2007 – V R 54/05, BFHE 219, 241, 244 = BStBl II 2008, 262, 263.

842 BFH, *Urteil* vom 26.09.2007 – V R 54/05, BFHE 219, 241, 244 = BStBl II 2008, 262, 263; *Urteil* vom 22.04.2004 – V R 1/98, BFHE 214, 514, 519 = BStBl. II 2004, 849, 851.

843 BFH, *Urteil* vom 26.09.2007 – V R 54/05, BFHE 219, 241, 244 = BStBl II 2008, 262, 263; *Urteil* vom 22.04.2004 – V R 1/98, BFHE 214, 514, 519 = BStBl. II 2004, 849, 851.

844 BFH, *Urteil* vom 26.09.2007 – V R 54/05, BFHE 219, 241, 244 = BStBl II 2008, 262, 263; *Urteil* vom 22.04.2004 – V R 1/98, BFHE 214, 514, 519 = BStBl. II 2004, 849, 851.

Leistungsempfänger senken sollen, weil diese Einrichtungen ohne Gewinnstreben arbeiten.[845]

Wendet man diese Ausprägung des Neutralitätsgrundsatzes auf den hier untersuchten Fall an, so ist eine Differenzierung zwischen natürlichen Personen und juristischen Personen bzw. Personenvereinigungen unzulässig. Tätigkeiten, die die oben genannten Merkmale einer ehrenamtlichen Tätigkeit aufweisen, können in tatsächlicher Hinsicht sowohl durch natürliche als auch juristische Personen ausgeübt werden. Auch juristische Personen können eine Tätigkeit nur gegen Auslagenersatz erbringen. Im Hinblick auf das Kriterium der Nebenberuflichkeit kann auf den gewöhnlichen Geschäftsbetrieb bzw. Geschäftszweck abgestellt werden.[846] Schließlich werden für die tätigkeitesbezogenen Steuerbefreiungen die Tätigkeiten der Mitarbeiter der juristischen Person oder der Personenvereinigung diesen zugerechnet. Dem BFH liegt erkennbar ein Begriffsverständnis ehrenamtlicher Tätigkeit zugrunde, welches maßgeblich von den persönlichen Merkmalen der ehrenvollen Aufopferung für das Gemeinwohl geprägt ist. Dem BFH ist sicherlich zuzugeben, dass eine Personengesellschaft oder eine juristische Person über entsprechende persönliche Merkmale bzw. eine persönliche Motivlage nicht verfügt.

Aber auch dieses Argument ist im Ergebnis nicht überzeugend. Denn schließlich wird die ehrenamtliche Tätigkeit durch die bei der Personengesellschaft oder GmbH beschäftigte Person ausgeführt.

Der Grundsatz der Rechtsformneutralität als Ausprägung des Neutralitätsprinzips basiert allerdings auf der Konzeption, dass die mehrwertsteuerlichen Befreiungen ausschließlich die Begünstigung der Verbraucher bezwecken, aus deren Sicht es gerade keinen Unterschied macht, in welcher Rechtsform der leistende Unternehmer die Leistung erbringt.[847] Bei der hier untersuchten Umsatzsteuerbefreiung trifft dieser Gesichtspunkt im Ergebnis aber nicht zu. Nach der hier vertretenen Auffassung stellt die Steuerbefreiung der ehrenamtlichen Tätigkeit nach § 4 Nr. 26 UStG nämlich eine besondere Form der Kleinunternehmerregelung dar, da der ehrenamtlich Tätige typischerweise über keinen hinreichenden Organisationsgrad verfügt, der es unter Verhältnismäßigkeitsgesichtspunkten gerechtfertigt erscheinen lässt, ihn als Steuereinsammler für

845 Vgl. *Stadie*, in: Rau/Dürrwächter, UStG, Einf. Rn. 455 mit dem Hinweis auf § 4 Nr. 14b, § 4 Nr. 15, § 4 Nr. 16a, § 12 Abs. 2 Nr. 8 UStG die zu einer Begünstigung des nicht unternehmerischen Leistungsempfängers durch eine vergünstigte Leistungsanbietung seitens des steuerbefreiten Unternehmens führen.

846 So auch FG Niedersachsen, *Urteil* vom 25.03.1999 - V 257/97, EFG 2000, 519, 520.

847 *Stadie*, in: Rau/Dürrwächter, UStG, Einf. Rn 454.

den Staat mit zusätzlichen Pflichten zu belasten. Die Vorschrift bezweckt daher gerade nicht – auch wenn dies unter bestimmten Voraussetzungen eintritt – eine Entlastung des Endverbrauchers. Insofern bildet die Umsatzsteuerbefreiung ehrenamtlicher Tätigkeit einen Fremdkörper im System der Umsatzsteuerbefreiungen, da sie im Ergebnis die Entlastung des leistungserbringenden Unternehmers zum Ziel hat. Ob diese Zweckrichtung die Einbeziehung von juristischen Personen bzw. Personenvereinigungen in den Anwendungsbereich des § 4 Nr. 26 UStG erforderlich macht, kann mit guten Gründen bezweifelt werden, da diese ohnehin einen gewissen Organisationsgrad aufweisen. Allerdings wird man hier auf die Wertung des § 19 UStG abstellen müssen, wonach die Kleinunternehmerregelung für sämtliche Unternehmer im Sinne des § 2 UStG und damit rechtsformunabhängig auch für juristische Personen und sonstige Personenvereinigungen gilt.

Die Umsatzsteuerbefreiung des § 4 Nr. 26 UStG muss daher auch in dem Fall angewendet werden, in dem die ehrenamtliche Tätigkeit durch eine juristische Person oder durch eine sonstige Personenvereinigung ausgeübt wird.

## 2. Die ehrenamtliche Tätigkeit als ausschließlich sonstige Leistung

Weder in der Rechtsprechung noch in der Literatur und in entsprechenden Verlautbarungen der Finanzverwaltung wird die Frage problematisiert, ob ehrenamtliche Tätigkeiten nach § 4 Nr. 26 UStG sonstige Leistung i.S.d. § 3 Abs. 9 UStG sein müssen oder ob auch eine Lieferung i.S.d. § 3 Abs. 1 UStG hiernach steuerbefreit sein kann. Soweit zu dieser Frage in der Literatur eine Aussage getroffen wird, wird hierzu vertreten, dass nur eine sonstige Leistung nach § 4 Nr. 26 UStG steuerbefreit sein könne, mithin nicht Lieferungen.[848]

Dies liegt wohl daran, dass die praktische Relevanz der denkbaren Fallgestaltungen „ehrenamtlicher Lieferungen" eher gering sein dürfte. Sofern nämlich die Lieferung eines Gegenstandes im Rahmen der ehrenamtlichen Dienstleistung erfolgt und gegenüber der ehrenamtlichen sonstigen Leistung lediglich untergeordnete Bedeutung hat, wird die Lieferung regelmäßig Nebenleistung zur steuerbefreiten ehrenamtlichen Leistung und damit ebenfalls nach § 4 Nr. 26 UStG steuerbefreit sein.[849] Auch in den Fällen, in denen eine selbständige Lieferung vorliegt, kann die Steuerbefreiung des § 4 Nr. 28 UStG einschlägig sein, wonach auch Lieferungen steuerbefreit sind, wenn der Unternehmer die gelieferten

848 *Oelmaier*, in: Sölch/Ringleb, UStG, § 4 Nr. 26 Rn. 9.

849 Zum Kriterium der Einheitlichkeit der Leistung vgl. *Martin*, in: Sölch/Ringleb, UStG, § 3 Rn. 28–28b; *Nieskens*, in: Rau/Dürrwächter, § 3 Rn. 532 ff. m.w.N.

Gegenstände ausschließlich für eine nach § 4 Nr. 8 bis 27 UStG steuerfreie Tätigkeit verwendet.[850] Die Finanzverwaltung wendet zudem § 4 Nr. 28 UStG auch in Fällen einer Lieferung im Sinne von § 3 Abs. 1b S. 1 Nr. 1 UStG an,[851] sodass grundsätzlich die überwiegende Anzahl der im Zusammenhang mit einer ehrenamtlichen Tätigkeit erfolgten Lieferungen steuerbefreit sein dürfte.

Aber auch wenn die konkrete Tätigkeit keine oder nur untergeordnete Dienstleistungselemente aufweist, also eine Lieferung von Gegenständen darstellt, dürfte diese Frage keine praktische Relevanz aufweisen. Denkbar ist hier insbesondere der Fall, dass der Unternehmer eingekaufte Gegenstände zum Selbstkostenpreis an die in § 4 Nr. 26 UStG aufgeführten Einrichtungen veräußert. Die Frage der Steuerbefreiung stellt sich erst, wenn der Liefernde die Schwelle zum umsatzsteuerlichen Unternehmer überschritten hat. Da er bei einer Lieferung zum Selbstkostenpreis ohnehin zum Vorsteuerabzug berechtigt ist, entsteht weder für ihn noch für die die Lieferung empfangende Einrichtung ein Nachteil gegenüber der Konstellation, dass er den Einkaufspreis – auf Grund der steuerfreien Verwendungslieferung – im Ergebnis 1:1 an die Einrichtung weitergibt oder die Kleinunternehmerregelung in Anspruch nimmt. Bei einer Lieferung zum Selbstkostenpreis liegt – anders als in den Fällen der sonstigen Leistungen – gerade kein eigener mit Umsatzsteuer belasteter Wertschöpfungsbeitrag vor. Sofern man den – gegen Entschädigung erfolgten – Beschaffungsvorgang im Sinne einer Dienstleitung als ehrenamtliche Tätigkeit qualifizieren kann, so liegt in diesem Fall eine sonstige Leistung vor die unter den Voraussetzungen des § 4 Nr. 26 UStG steuerbefreit sein kann.

Das Gesetz verwendet in § 4 Nr. 26 UStG den weiten Begriff der Tätigkeit, der auch an verschiedenen anderen Stellen im UStG verwendet wird.[852] Insbesondere aus der Definition des Unternehmers in § 2 UStG ist ersichtlich, dass der Begriff „Tätigkeit" im UStG weit ausgelegt wird und daher grds. sowohl sonstige Leistungen als auch Lieferungen umfasst. Auch in Art. 9 MwStSystRL wird der Begriff der „wirtschaftlichen Tätigkeit" verwendet. Dieser umfasst ebenfalls Lieferungen und Dienstleistungen.[853] Durch die Verwendung des Begriffs Tätigkeit schränkt das UStG die Anwendung des § 4 Nr. 26 UStG jedenfalls nicht ausdrücklich auf sonstige Leistungen ein. Allerdings wird die steuerbefreite Tätigkeit gerade durch die einschränkende Bezeichnung als ehrenamtlich auf sonstige Leistungen – genauer: aktive Dienstleistungen – beschränkt. Hierfür spricht vor

850 Vgl. hierzu *Tehler*, in: Rau/Dürrwächter, UStG, § 4 Nr. 28 UStG Rn. 41 ff.

851 Abschn. 4.28.1 Abs. 5 UStAE.

852 Darunter § 2 Abs. 1 und 2, § 3a Abs. 4 Nr. 3, § 4 Nr. 11, 12 und 28 UStG.

853 vgl. hierzu *Langer*, in: Reiß/Kraeusel/Langer, UStG, Art. 9–13 MwStSystRL.

allem der Umstand, dass der Begriff des Ehrenamtes, sowohl nach dem deutschen, als auch nach dem allgemeinen (europäischen) Sprachgebrauch eine aktive Tätigkeit im Sinne von sonstigen Leistungen voraussetzt. Die unentgeltliche oder verbilligte Lieferung von Gegenständen – sofern sie nicht Nebenleistung zu einer aktiven (ehrenamtliche) Dienstleistung ist – wird hingegen nicht im allgemeinen Sprachgebrauch von dem Begriff der Ehrenamtlichkeit umfasst. U. U. handelt es sich hierbei um eine ertragsteuerlich begünstigte Sachspende. Dieses Ergebnis dürfte schließlich auch von denjenigen vertreten werden, die eine enge Auslegung der Mehrwertsteuerbefreiung einfordern.

Im Ergebnis wird man daran festhalten müssen, dass Lieferungen nicht von der Steuerbefreiung der ehrenamtlichen Tätigkeit umfasst sind.

### 3. Das Kriterium der Nebentätigkeit

#### a) *Ausübung der ehrenamtlichen Tätigkeit außerhalb einer haupt-/nebenberuflichen Tätigkeit*

Nach übereinstimmender Auffassung in Rechtsprechung und Literatur setzt eine ehrenamtliche Tätigkeit im Sinne des § 4 Nr. 26 UStG voraus, dass die betreffende Tätigkeit außerhalb einer ggf. ausgeübten hauptberuflichen bzw. nebenberuflichen Tätigkeit bzw. eines Dienstverhältnis ausgeführt wird.[854] Dieses Merkmal der Nebenberuflichkeit ergibt sich nach Auffassung des BFH sowohl aus dem allgemeinen Sprachgebrauch[855] als auch aus dem materiellen Begriffsinhalt der Begriffe „Ehrenamt“ und „ehrenamtliche Tätigkeit“.[856] Obgleich eine ehrenamtliche Tätigkeit nicht voraussetzt, dass überhaupt ein Hauptberuf ausgeübt wird, darf sie als sog. „Annextätigkeit“ nicht mit dem Hauptberuf durch einen unmittelbaren Zusammenhang verbunden sein.[857] In der Folge scheiden dienstliche

---

854 BFH, *Urteil* vom 27.07.1972 – V R 33/72, BFHE 106, 479, 480 = BStBl. II 1972, 844, 844; BFH, *Urteil* vom 16.12.1987 – X R 7/82, BFHE 152, 182, 184 = BStBl. II 1988, 384, 385; BFH, *Urteil* vom 04.05.1994 – XI R 86/92, BFHE 174, 573, 575 = BStBl. II 1994, 773, 774; *Kulmsee*, in: Reiß/Kraeusel/Langer, UStG, § 4 Nr. 26 Rn. 21.

855 Hierauf stellen ab BFH, *Urteil* vom 27.07.1972 – V R 33/72, BFHE 106, 479, 480 = BStBl. II 1972, 844, 844; BFH, *Urteil* vom 16.04.2008 – XI R 68/07, BFH/NV 2008, 1368, 1369; auch *Kulmsee*, in: Reiß/Kraeusel/Langer, UStG, § 4 Nr. 26 Rn. 21.

856 Hierauf stellt ab BFH, *Urteil* vom 16.12.1987 – X R 7/82, BFHE 152, 182, 184 = BStBl. II 1988, 384, 385.

857 BFH, *Urteil* vom 04.05.1994 – XI R 86/92, BFHE 174, 573, 576 = BStBl. II 1994, 773, 774; FG Nürnberg, *Urteil* vom 24.01.1989 – II 1991/82, EFG 1989, 541, 542.

Obliegenheiten im Rahmen eines (haupt-/nebenamtlichen) Dienstverhältnisses aus.[858]

Über die vorstehend wiedergegebenen Ausführungen hinaus stellen weder Rechtsprechung, Finanzverwaltung noch Literatur konkret dar, wann eine Tätigkeit außerhalb einer haupt- oder nebenberuflichen Tätigkeit ausgeübt wird. Auch hat sich die Rechtsprechung in keinem veröffentlichten Judikat dezidiert mit der Frage der Nebenberuflichkeit auseinandersezten müssen, sodass es bei den vorstehend beschriebenen, allgemein gehaltenen Umschreibungen bleibt.

Die Frage der Abgrenzung der betreffenden Tätigkeit zum Haupt- bzw. Nebenberuf ist sowohl im Hinblick auf ihre Steuerbarkeit als auch für ihre Steuerbefreiung als ehrenamtliche Tätigkeit nach § 4 Nr. 26 UStG relevant. Beide Aspekte müssen bei der Analyse der Rechtsprechung unterschieden werden.

Zunächst stellt sich die Frage, inwieweit die konkrete Tätigkeit überhaupt steuerbar ist, was erfordert, dass sie im Rahmen des Unternehmens nach § 2 UStG ausgeübt wird. Hierbei geht es mithin um die der Anwendung des § 4 Nr. 26 UStG vorgreifliche Frage der Unternehmereigenschaft des ehrenamtlich Tätigen.

Bei einer im Übrigen unselbständigen haupt- oder nebenberuflichen abhängigen Beschäftigung kann eine Person nur dann Unternehmer sein, wenn die betreffende Tätigkeit selbständig und damit gerade nicht im Rahmen der abhängigen Beschäftigung ausgeübt wird.[859] Das Merkmal der Selbständigkeit ist für den Unternehmerbegriff elementar.[860] Dieses Merkmal ist, jedenfalls bei natürlichen Personen, für die Umsatzsteuer, Einkommensteuer und Gewerbesteuer grds. nach denselben Grundsätzen zu beurteilen.[861] Unter negativer Abgrenzung bestimmt § 2 Abs. 2 Nr. 1 UStG, dass eine Tätigkeit dann nicht selbständig ausgeübt wird, wenn die Person so in ein Unternehmen eingegliedert ist, dass sie den Weisungen des Unternehmers zu folgen verpflichtet ist. Die Frage der Selbständigkeit ist nach dem Gesamtbild der Verhältnisse im Rahmen einer Gesamtbeurteilung zu bestimmen.[862] Allein die wirtschaftliche Abhängigkeit führt daher

858 *Kulmsee*, in: Reiß/Kraeusel/Langer, UStG, § 4 Nr. 26 Rn. 21.

859 Vgl. *Stadie*, in: Rau/Dürrwächter, UStG, § 2 Rn. 136.

860 *Stadie*, in: Rau/Dürrwächter, UStG, § 2 Rn. 130; vgl. dazu allg. *Obermair*, UR 2007, 921 ff.

861 BFH, *Urteil* vom 02.12.1998 – X R 83/96, BFHE 188, 101, 105 ff. = BStBl. II 1999, 534, 535 ff.; BFH, *Urteil* vom 11.10.2007 – V R 77/05, BFHE 219, 277, 281 ff. = BStBl. II 2008, 443, 445 ff.; vgl. auch Abschn. 2.2 Abs. 2 S. 1 und 2 UStAE.

862 Abschn. 2.2 Abs. 1 S. 5 und 6 UStAE.

nicht automatisch und für sich genommen zur steuerlichen Nichtselbständigkeit.[863]

Nach allgemeiner Auffassung können natürliche Personen zum Teil sowohl selbständig als auch zum Teil unselbständig sein.[864] Voraussetzung ist in diesem Fall, dass es sich um unterschiedliche abgrenzbare Tätigkeiten handelt.[865] Insbesondere im Hinblick auf eine weitere Tätigkeit gegenüber dem Arbeitgeber wird eine selbständige Beurteilung der Nebeneinkünfte dann abgelehnt, wenn die Nebentätigkeit mit der Ausübung des Hauptberufes unmittelbar zusammenhängt und den Hauptberuf zur Voraussetzung hat.[866] Im Wege der steuerlichen Parallelbeurteilung teilt in diesem Fall die Nebentätigkeit steuerlich das Schicksal der Haupttätigkeit, da sie nur deren Ausfluss ist.[867] Ein entsprechender Zusammenhang besteht schließlich auch, wenn die Nebentätigkeit unter ähnlichen organisatorischen Bedingungen wie die Haupttätigkeit ausgeübt wird oder wenn der Arbeitnehmer mit ihrer Ausübung einer faktischen oder rechtlichen Nebenpflicht aus dem Arbeitsverhältnis nachkommt.[868] Die Rechtsprechung zur ertragsteuerlichen Abgrenzung zwischen selbständiger bzw. gewerblicher und nichtselbständiger Tätigkeit wird im Umsatzsteuerrecht zur Abgrenzung von selbständiger und nichtselbständiger Tätigkeit herangezogen.[869]

Für die Frage der Umsatzsteuerbarkeit ehrenamtlicher Tätigkeit spielt die vorgenannte Abgrenzung insbesondere dann eine Rolle, wenn der ehrenamtlich Tätige in seinem Hauptberuf abhängig beschäftigt ist. In den von der Rechtsprechung zu entscheidenden Fällen ist, soweit ersichtlich, die Ehrenamtlichkeit einer im Übrigen nichtselbständig tätigen Person nicht auf Grund einer Unselbständigkeit der Tätigkeit – insbesondere nicht auf Grund des Zusammenhangs mit der abhängigen Beschäftigung – verneint worden. Man wird hier auf den jeweiligen Einzelfall abstellen müssen, wobei entscheidend ist, ob hinsichtlich der konkreten Tätigkeit ein Weisungsrecht des Dienstherrn/Arbeitgebers des Haupt-/Nebenberufes besteht.

---

863 *Stadie*, in: Rau/Dürrwächter, UStG, § 2 Rn. 135.

864 Abschn. 2.2 Abs. 4 UStAE mit Verweis auf H 19.2 LStH 2012.

865 *Stadie*, in: Rau/Dürrwächter, UStG, § 2 Rn. 136.

866 BFH, Urteil vom 24.11.1961 – VI 183/59 S, BFHE 74, 97, 99 f. = BStBl. III 1962, 37, 38 f.

867 BFH, Urteil vom 24.11.1961 – VI 183/59 S, BFHE 74, 97, 99 f. = BStBl. III 1962, 37, 38 f.

868 *Stadie*, in: Rau/Dürrwächter, UStG, § 2 Rn. 166.

869 *Stadie*, in: Rau/Dürrwächter, UStG, § 2 Rn. 166 f. m.w.N.

Bei hauptberuflich selbständigen Personen spielt die Abgrenzung zum Hauptberuf für die Frage der Umsatzsteuerbarkeit einer ehrenamtlichen Tätigkeit keine Rolle. Ob die Tätigkeit als Annex im Zusammenhang mit dem Hauptberuf steht, ist unbeachtlich, sofern sie für sich die Merkmale einer unternehmerischen Tätigkeit erfüllt, insbesondere selbstständig ausgeübt wird. Auch sofern die betreffende Tätigkeit im Zusammenhang mit dem selbständigen Hauptberuf ausgeübt wird, führt dies nur dazu, dass sie in jedem Fall selbständig ausgeübt wird. Hier ist es gerade nicht möglich, dass sie auf Grund eines Zusammenhanges mit der im Ürigen unternehmerischen Tätigkeit die Eigenschaft als unternehmerische Tätigkeit verliert.

Von der vorstehend behandelten Frage der Umsatzsteuerbarkeit der betreffenden Tätigkeit ist die Frage zu unterscheiden, ob die Tätigkeit für Zwecke der Anwendung des § 4 Nr. 26 UStG, die Voraussetzung einer ehrenamtlichen Tätigkeit erfüllend, außerhalb/neben der abhängigen oder im Übrigen selbständigen haupt-/nebenberuflichen Tätigkeit ausgeübt wird.

Der Rechtsprechung kann nicht entnommen werden, von welchen Kriterien dies abhängig gemacht werden soll und ob sich diese von den Kriterien unterscheiden, die für die Abgrenzung zu einer selbständigen und unselbständigen Tätigkeit für Zwecke der Anwendung des § 2 UStG herangezogen werden. Soweit der BFH in seiner Rechtsprechung darauf hinweist, eine ehrenamtliche Tätigkeit dürfe gerade keine „Annextätigkeit" zum Hauptberuf sein, so spricht dies zunächst dafür, dass der BFH einen unmittelbaren Zusammenhang mit dem Hauptberuf für schädlich ansieht und daher auf die vorstehend beschriebenen Kriterien zur Abgrenzung einer selbständigen von einer unselbständigen Tätigkeit rekurrieren möchte.[870] Die Tatsache allerdings, dass die Rechtsprechung das Merkmal der Abgrenzbarkeit der Tätigkeit zum Hauptberuf dezidiert zur Voraussetzung für eine ehrenamtliche Tätigkeit (und zwar auch in den Fällen, in denen die Tätigkeit durch einen hauptberuflich nichtselbständig Tätigen erfolgt) macht und insoweit vor allem auf das öffentlich-rechtliche Begriffsverständnis verweist, deutet andererseits aber darauf hin, dass sie hier andere Kriterien anwenden möchte, als sie für Zwecke der Anwendung des § 2 UStG gelten.

In der Literatur werden hingegen mitunter die gleichen Kriterien genannt, wie sie für die Abgrenzung von selbständiger und unselbständiger Tätigkeit, betreffend die Unternehmereigenschaft, entscheidend sind.[871]

870 Zur Annextätigkeit vgl. BFH, *Urteil* vom 19.03.1987 – IV R 27/86, BFHE 149, 459, 461 ff. = BStBl. II 1987, 497, 498 ff.

871 Vgl. nur *Kulmsee*, in: Reiß/Kraeusel/Langer, UStG, § 4 Nr. 26 Rn. 21 der auf die ertragsteuerliche Rechtsprechung zur Arbeitnehmereigenschaft bzgl. Nebentätigkeiten

Das Kriterium der Nebenberuflichkeit ist in der Praxis insbesondere problematisch bei Freiberuflern und Gewerbetreibenden. Im Falle eines selbständigen Rechtsanwaltes, der neben seiner selbständigen beruflichen Tätigkeit noch eine Beratungstätigkeit für eine Arbeitnehmerkammer ausübte, lies der BFH die Frage, ob – insbesondere auf Grund der Tatsache, dass die selbständige Ausübung einer rechtsberatenden Tätigkeit nicht ohne weiteres zulässig ist – ein Zusammenhang mit dem Hauptberuf gegeben war, ausdrücklich offen.[872] Die Vorinstanz hatte einen Zusammenhang noch mit dem Argument verneint, die ehrenamtliche Tätigkeit setze lediglich die Berufsqualifikation, nicht aber die tatsächliche Tätigkeit als Rechtsanwalt voraus.[873]

Dem BFH wird auf Grund seiner Ausführungen im vorzitierten Urteil von der Literatur z. T. vorgeworfen, er tendiere dazu, eine Tätigkeit eines Selbständigen als im Rahmen seiner Berufstätigkeit erbracht anzusehen und somit die Ehrenamtlichkeit am Erfordernis der Nebenberuflichkeit scheitern zu lassen.[874] In diese Richtung tendiert wohl die Finanzverwaltung, wenn sie zwischen einer nicht ehrenamtlichen Rechtsberatung für eine Arbeitnehmerkammer durch einen Rechtsanwalt und einer ehrenamtlichen Rechtsberatung bei einer Rechtsberatungstelle durch einen pensionierten Richter unterschiedet.[875] Hierin wird z.T. eine ungerechtfertigte Diskriminierung von Freiberuflern gesehen.[876]

Betrachtet man die Rechtsprechung des BFH zur Umsatzsteuerbefreiung ehrenamtlicher Tätigkeit nach § 4 Nr. 26 UStG, so lässt sich allerdings nicht feststellen, dass der BFH die nebenberufliche Tätigkeit von Selbständigen generell am Erfordernis der Nebenberuflichkeit scheitern lässt. Vielmehr hat der BFH in verschiedenen Entscheidungen eine Umsatzsteuerbefreiung von im Übrigen gewerblich bzw. selbständig freiberuflich tätigen Personen nach § 4 Nr. 26 UStG ausdrücklich bejaht.[877]

---

verweist; vgl. BFH, *Urteil* vom 24.11.1961 – VI 183/59 S. 74, 97, 99 f. = BStBl. III 1962, 37, 38 f.

872 BFH, *Urteil* vom 16.04.2008 – XI R 68/07, BFH/NV 2008, 1368, 1369.

873 FG Bremen, *Urteil* vom 07.02.2007 – 2 K 147/06 (5), EFG 2008, 83, 84.

874 *Heinrichtshofen*, in: Rau/Dürrwächter, UStG, § 4 Nr. 26 Rn. 45 unter Hinweis auf BFH, *Urteil* vom 16.04.2008 – XI R 68/07, BFH/NV 2008, 1368, 1969.

875 Vgl. Abschn. 4.26 Abs. 3 UStAE.

876 *Heinrichtshofen*, in: Rau/Dürrwächter, UStG, § 4 Nr. 26 Rn. 45.

877 So hat der BFH eine ehrenamtliche Tätigkeit von im Übrigen gewerblich/freiberuflich Tätigen ausdrücklich bejaht, vgl. nur BFH, Urteil vom 27.07.1972 – V R 33/72, BFHE 106, 479 = BStBl. II 1972, 844 (Einzelhändler); BFH, Urteil vom 04.05.1994 – XI R 86/92, BFHE 174, 573 = BStBl. II 1994, 773 (freiberuflicher Steuerberater).

Unabhängig von der terminologischen Unschärfe und der damit verbundenen erheblichen Probleme in der Anwendung des Kriteriums der Nebenberuflichkeit, ist dieses Kriterium im Ergebnis überflüssig und sollte generell aufgegeben werden.

Der Begriff der Ehrenamtlichkeit zeichnet sich dadurch aus, dass eine bestimmte Tätigkeit gerade nicht zur Bestreitung des Lebensunterhaltes – wie typischerweise bei einem Hauptberuf und einem zusätzlichen Nebenberuf –, sondern vielmehr um der „Ehre Willen", d.h. aus fremdnützigen Motiven heraus, ausgeübt wird. Entscheidend ist in diesen Zusammenhang, dass der ehrenamtlich Tätige – anders als bei seiner hauptberuflichen Tätigkeit – keine Leistungsvergütung erhält, sondern nur einen Aufwendungsersatz bzw. eine Entschädigung. Dass eine solche Tätigkeit im Zusammenhang steht mit der im Übrigen hauptberuflichen Tätigkeit ist insoweit ohne Belang, da jedenfalls eine Unentgeltlichkeit bzgl. gerade dieser Tätigkeit vorliegt.

Hierfür spricht auch, dass es aus verbrauchsteuerteleologischen Gründen keinen Unterschied macht, ob der leistende Unternehmer die betreffende Tätigkeit im Zusammenhang mit seiner hauptberuflichen Tätigkeit durchführt oder nicht. Ebenfalls unerheblich ist es in diesem Zusammenhang, aus welchen konkreten Motiven die Tätigkeit erfolgt. Selbst wenn die betreffende Tätigkeit zu dem Zweck erfolgt, in der Öffentlichkeit Bekanntschaft zu erlangen und hierdurch einen Vorteil für den Hauptberuf zu erzielen, wird die Tätigkeit ohne eine echte Leistungsvergütung durchgeführt. Eine ehrenamtliche Betätigung wird aus einer Vielzahl von Motiven heraus ausgeübt. Auch insofern ist die Ehre ein Verdienst und ein Vorteil des ehrenamtlich Tätigen, den dieser hierdurch gewinnt.

Unbeachtlich ist insoweit, wenn im Gegensatz hierzu im öffentlichen Recht für das Vorliegen einer ehrenamtlichen Tätigkeit verlangt wird, dass diese außerhalb des Haupt-/Nebenberufes erfolgt. Wie bereits dargestellt, verfügt das UStG über eine eigenständige Terminologie was ausschließt, dass in den übrigen Rechtsordnungen geltende Begriffsverständnisse einfach auf das Umsatzsteuerrecht übertragen werden. Im vorliegenden Fall sprechen die hier dargestellten Gründe vielmehr dafür, dass § 4 Nr. 26 UStG ein gegenüber dem öffentlichen Recht eigenständiges und abweichendes Begriffsverständnis einer ehrenamtlichen Tätigkeit aufweist.

Da eine ehrenamtliche Tätigkeit nach § 4 Nr. 26 UStG überhaupt steuerbar ausgeübt werden muss, spielt die Abgrenzung der betreffenden Tätigkeit vom in unselbständiger Beschäftigung ausgeübten Hauptberuf nach wie vor eine Rolle bei der Frage der Steuerbarkeit.

Als Zwischenergebnis kann daher festgehalten werden, dass das Kriterium der Abgrenzbarkeit der betreffenden Tätigkeit für Zwecke der Anwendung des § 4 Nr. 26 UStG über die Frage der Umsatzsteuerbarkeit der Tätigkeit hinaus keine selbständige Bedeutung hat und daher hierauf zu verzichten ist. Entscheidend ist vielmehr das Kriterium der Leistungsvergütung. Soweit die Person für ihre Tätigkeit keine solche Leistungsvergütung erhält, erfolgt die Tätigkeit ehrenamtlich, ohne dass es noch darauf ankommt, inwieweit die Tätigkeit einen Zusammenhang mit der im Übrigen selbständigen Tätigkeit aufweist.

### *b) Begrenzter zeitlicher Umfang der ehrenamtlichen Tätigkeit*

Im Zusammenhang mit dem Kriterium der Nebenberuflichkeit wird zudem für die Qualifizierung einer Tätigkeit als ehrenamtlich gefordert, dass diese hinsichtlich ihres zeitlichen Umfangs einer Vollzeitbeschäftigung nicht entspricht.[878] Dabei ist nicht maßgeblich, in welchem Verhältnis der Zeitaufwand der hauptberuflichen Tätigkeit zu der in Frage stehenden Nebentätigkeit steht. Denn ansonsten würde eine ehrenamtliche Tätigkeit immer dann ausscheiden müssen, wenn eine hauptberufliche Tätigkeit nicht oder nur in sehr geringem Umfang ausgeübt wird. Dies soll aber nach Auffassung des BFH gerade nicht der Fall sein, wonach das Merkmal der Nebenberuflichkeit nicht erfordert, dass überhaupt ein Hauptberuf ausgeübt wird.[879] Der BFH stellt erkennbar allein darauf ab, ob die Tätigkeit in einem zeitlichen Umfang ausgeübt wird, wie bei einer hauptberuflichen Tätigkeit.[880]

Die Auffassung des BFH vom Erfordernis einer zeitlichen Begrenzung der ehrenamtlichen Tätigkeit ist weder überzeugend noch von der Teleologie der Vorschrift her geboten. Das Kriterium des begrenzten zeitlichen Umfanges einer ehrenamtlichen Tätigkeit entspricht dem herkömmlichen allgemeinen Sprachgebrauch und dem materiellen Begriffsinhalt, d.h. dem Verständnis im öffentlichen Recht und im Sozialversicherungsrecht. Demnach wird die ehrenamtliche Tätigkeit regelmäßig nur neben der eigentlichen beruflichen Tätigkeit ausgeübt und kann daher schon rein faktisch nur einen begrenzten zeitlichen Umfang neben dem in Vollzeit ausgeübten Hauptberuf einnehmen. Darüber hinaus ist auch zu berücksichtigen, dass das Ehrenamt in der Praxis des Dritten

878 *Kulmsee*, in: Reiß/Kraeusel/Langer, UStG, § 4 Nr. 26 Rn. 21.

879 BFH, *Urteil* vom 16.12.1987 - X R 7/82, BFHE 152, 182, 187 = BStBl. 1988, 384, 386; *Ehrt*, in: Beck-OK, UStG, § 4 Nr. 26 Rn. 21.1.

880 Vgl. BFH, *Urteil* vom 14.05.2008 - XI R 70/07, BFHE 221, 517, 523 f. = BStBl. II 2008, 912, 915.

Sektors eine unterstützende Funktion hat. Einrichtungen, vornehmlich im karitativen und kirchlichen Bereich, bedienen sich häufig Ehrenamtlicher neben den bei ihnen hauptberuflich angestellten Kräften. Die Ehrenamtlichen werden daher regelmäßig in einem deutlich geringeren Umfang als die angestellten Mitarbeiter tätig. Diese Differenzierung hinsichtlich der Modalitäten der Tätigkeiten erfolgt nicht zuletzt auch vor dem Hintergrund der Gefahr der Begründung eines sozialversicherungsrechtlichen und arbeitsrechtlich relevanten Beschäftigungsverhältnisses.[881]

Die Einschränkung über das Kriterium der Nebenberuflichkeit für Zwecke des § 4 Nr. 26 UStG ist angelehnt an die Einschränkung nach §§ 81 ff. VwVfG. Dort ist ebenfalls erforderlich, dass die Tätigkeit nur in einem Umfang ausgeübt wird, der zeitlich begrenzt ist und nicht einer entsprechenden Vollzeitbeschäftigung entspricht. Dies lässt sich jedoch auf die Frage der Umsatzsteuerbefreiung nach § 4 Nr. 26 UStG nicht übertragen. Denn die Vorstellung nach §§ 81 ff. VwVfG beruhte letztlich auf der historischen Vorstellung einer honorigen Nebenbeschäftigung des emanzipierten Bürgers der Stadt. Dieses Kriterium macht aber für die Anwendung des § 4 Nr. 26 UStG unter keinem Gesichtspunkt Sinn.

Im Ansatzpunkt ist es zutreffend, dass der BFH für die Annahme einer ehrenamtlichen Tätigkeit nach § 4 Nr. 26 UStG keinen Hauptberuf voraussetzt. In der Tat ist es unter rechtlichen Gesichtspunkten in Gänze irrelevant, in welchem Umfang eine Tätigkeit ausgeübt wird. Diese einschränkende Auslegung des Merkmals der Ehrenamtlichkeit ist nicht zwingend vom Wortlaut her gerechtfertigt. Zwar wird eine ehrenamtliche Tätigkeit oftmals nur in einem begrenzten Umfang ausgeübt. Insbesondere bei einer besonders hohen Einsatzbereitschaft oder genügend zeitlichen Kapazitäten ist es hingegen durchaus möglich, dass eine entsprechende Tätigkeit einen gewissen hohen zeitlichen Umfang einnimmt, der dem einer Haupttätigkeit entspricht. Aus Sicht des Endverbrauchers macht es aber keinen Unterschied, in welchem zeitlichen Umfang die ehrenamtliche Tätigkeit ausgeübt wird. Zudem ist nach der hier vertretenen Auffassung die Entlastung der ehrenamtlich Tätigen von der Steuerschuldnerschaft Zweckrichtung, für die es gerade nicht erheblich ist, ob und in welchem zeitlichen Umfang eine Tätigkeit ausgeübt wird.

Auch wenn man in der Vorschrift des § 4 Nr. 26 UStG eine Begünstigung der ehrenamtlichen Tätigkeit als förderungswürdig sehen möchte, ist es widersprüchlich, wenn der BFH eine Umsatzsteuerbefreiung dann versagen will, wenn

881 Vgl. zu dieser Problematik BAG, *Urteil* vom 29.08.2012 - 10 AZR 499/11, NZA 2012, 1433.

die an sich förderungswürdige Tätigkeit in einem besonders großen zeitlichen Ausmaß ausgeübt wird. Umgekehrt müsste die Steuerbefreiung gerade dann eingreifen, wenn die ehrenamtliche Tätigkeit in einem sehr zeitintensiven Umfang ausgeübt wird.

Schließlich ist das entscheidende Merkmal der ehrenamtlichen Tätigkeit, dass diese ohne eine echte Leistungsvergütung, d.h. nicht wie eine hauptberufliche Tätigkeit vergütet wird. Es ist erkennbar, dass mit dem Kriterium des begrenzten zeitlichen Umfangs verhindert werden soll, dass über einen an einer dem zeitlichen Umfang eines Hauptberufes bemessenen Verdienstausfallentschädigung und Auslagenersatz de facto eine Alimentierung – wie im Rahmen eines Hauptberufes – des Ehrenamtlichen erfolgt.[882] Methodisch ist allerdings die Vorgehensweise des BFH verfehlt. Statt auf den zeitlichen Umfang abzustellen, ist das entscheidende Korrektiv die betragsmäßige Begrenzung der Aufwands-/ Verdienstausfallentschädigungen. Richtigerweise ist hier die Vergütung zu beschränken, nicht jedoch die Tätigkeit. Selbst wenn daher ein Steuerpflichtiger über einen gewissen Zeitraum wie bei einer Vollzeitstelle arbeitet, hierfür aber ein Entgelt erhält, das sich noch als Auslagenersatz oder Entschädigung im Sinne von § 4 Nr. 26 UStG qualifizieren lässt, d.h. keiner Alimentation vergleichbar einer Vollzeitstelle entspricht, so spricht nichts gegen die Anwendung der Steuerbefreiung. Entscheidend ist vielmehr allein die Höhe der Vergütung.

Damit bleibt an dieser Stelle festzuhalten, dass es für die Frage der ehrenamtlichen Tätigkeit entgegen der Auffassung des BFH weder erforderlich ist, dass die Tätigkeit keine Annextätigkeit darstellt, noch, dass sie nicht im Umfang einer Vollzeitstelle ausgeübt wird.

### *c) Einschränkende Auslegung des § 4 Nr. 26 UStG – Nichtanwendung für im Übrigen bereits Steuerpflichtige*

Dessen ungeachtet legt der Zweck der Vorschrift es nahe, § 4 Nr. 26 UStG dahingehend einschränkend auszulegen, dass die Vorschrift dann nicht angewendet wird, wenn die ehrenamtliche Tätigkeit durch einen im Übrigen bereits Steuerpflichtigen Nicht-Kleinunternehmer ausgeübt wird. Wie bereits an anderer Stelle ausgeführt, kann der Sinn des § 4 Nr. 26 UStG nur darin gesehen werden, an sich Steuerpflichtige in Bagatellfällen von der Umsatzbesteuerung auszunehmen, da sie ansonsten mit den unter Verhältnismäßigkeitsge-sichtspunkten problematischen Pflichten des Steuereinsammlers belastet wären. Wenn nun ein im Übrigen

882 Vgl. den Fall bei BFH, *Urteil* vom 14.05.2008 – XI R 70/07 BFHE 221, 517, 523 f. = BStBl. II 2008, 912, 915.

steuerbar und steuerpflichtig tätiger Unternehmer Umsätze ausführt, die für sich betrachtet unter die Steuerbefreiung des § 4 Nr. 26 UStG fallen, so ist er bereits aufgrund seiner im Übrigen unternehmerischen und steuerpflichtigen Tätigkeit zur Erfüllung entsprechender Pflichten als Steuergehilfe des Staates verpflichtet. Der Begünstigungszweck des § 4 Nr. 26 UStG kann in diesem Fall gerade nicht eingreifen. Vielmehr kann sich die Steuerbefreiung gerade nachteilig dadurch auswirken, dass der Unternehmer insoweit nicht zum Vorsteuerabzug berechtigt ist und unter Umständen eine Vorsteueraufteilung vorzunehmen hat. Unter teleologischen Gesichtspunkten sollte die Vorschrift des § 4 Nr. 26 UStG daher nicht auf im Übrigen Selbstständige angewendet werden. Letztlich handelt es sich bei dieser Vorgehensweise um eine teleologische Reduktion der Vorschrift. Eine solche ist im Steuerrecht zulässig und verstößt nicht gegen das Analogieverbot.[883]

Gegen die Nichtanwendung des § 4 Nr. 26 UStG in diesen Fällen kann auch nicht eingewendet werden, dass diese Differenzierung nach der Art der Ausübung des Hauptberufes eine gleichheitswidrige Benachteiligung von im Übrigen selbständigen Steuerpflichtigen wäre. Die Frage der Benachteiligung Selbständiger würde sich nämlich erst dann stellen, wenn die Vorschrift des § 4 Nr. 26 UStG überhaupt den Zweck hätte, ehrenamtlich Tätige generell zu entlasten, und zwar unabhängig davon, ob sie bereits eine umsatzsteuerbare und umsatzsteuerpflichtige Tätigkeit ausüben. Dies ist jedoch gerade nicht der Fall, da nur solche Steuerpflichtige von § 4 Nr. 26 UStG durch eine Ausnahme von der Umsatzbesteuerung entlastet werden sollen, die typischerweise nicht über einen hinreichenden Organisationsgrad verfügen wie ansonsten unternehmerisch Tätige.

Diese Lösung wäre schließlich auch keine Verletzung des Neutralitätsprinzips. Zwar ist es nach dem Neutralitätsprinzips grds. unerheblich, durch welche Rechtsform und nach welchem Organisationsmodell eine Leistung bewirkt wirkt.[884] (Objektive) Steuerbefreiungen stellen daher regelmäßig keine Verletzung des Neutralitätsprinzips dar, da sie auch von den übrigen Unternehmern, die gleichartige Umsätze ausführen, unter den entsprechenden Voraussetzungen in Anspruch genommen werden können.[885] Im vorliegenden Fall ist die

883 Vgl. *Englisch*, in: Tipke/Lang, Steuerrecht, § 5 Rn. 81–86; *Tipke*, Steuerrechtsordnung, Bd. 1, S. 197 ff.

884 Vgl. EuGH, *Urteil* vom 21.06.2007 – C-453/05 (Volker Ludwig) Slg. I 2007, 5083 Rn. 35; *Stadie*, in: Rau/Dürrwächter, UStG, Einf. Rn. 602 ff.

885 *Stadie*, in: Rau/Dürrwächter, UStG, Vor §§ 4–9 Rn. 98; vgl. aber *Seer*, DStJG 32 (2009), S. 497, 502 f.

Differenzierung jedoch insofern berechtigt, als die Vorschrift lediglich einen besonderen Fall der Kleinunternehmerregelung darstellt. Auch bei der Kleinunternehmerregelung stellt sich das Problem, inwieweit diese Regelung gegen das Neutratlitätsprinzp verstößt, soweit sie den netto fakturierenden Kleinunternehmern einen Wettbewerbsvorteil verschafft.[886] Insoweit gilt es auch in diesem Fall einen angemessenen Ausgleich zwischen Praktikabilitäts- bzw. Verhältnismäßigkeitsgesichtspunkten und dem Prinzip der Mehrwertsteuer als allgemeiner Verbrauchsteuer zu finden.

Auch aus rein praktischen Gesichtspunkten besteht ganz überwiegend keine Veranlassung, die Tätigkeit Selbständiger im ehrenamtlichen Bereich von der Umsatzbesteuerung zu entlasten. Dies gilt vor allem für Auslagen. Soweit nämlich die betreffende Tätigkeit eines im Übrigen unternehmerisch handelnden Steuerpflichtigen nach § 4 Nr. 26 UStG steuerbefreit sein sollte, gibt er die auf dem Vorumsatz lastende und infolge der Steuerfreiheit des Verwendungsumsatzes nicht abziehbare Umsatzsteuer in gleicher Höhe an die leistungsempfangende Einrichtung weiter. Soweit nun der ehrenamtlich Tätige selbständig ist und der § 4 Nr. 26 UStG auf die betreffende Tätigkeit (nach der hier vertretenen Auffassung) keine Anwendung findet, ist er hinsichtlich der Auslagen zum vollen Vorsteuerabzug berechtigt und wird die Auslagen dann netto mit Umsatzsteuer an die leistungsempfangende Einrichtung weiterbelasten. Zu einer höheren Belastung der leistungsempfangenden Einrichtung kann es allerdings dann kommen, wenn die Auslagen bei Bezug durch den Ehrenamtlichen steuerbefreit sind oder dem ermäßigten Steuersatz unterfallen und der Verwendungsumsatz des ehrenamtlich Tätigen gegenüber der leistungsempfangenden Einrichtung dem Regelsteuersatz unterfällt.

Mitunter erhebliche Auswirkungen hat die hier vorgeschlagene Differenzierung beim eigenen Wertschöpfungsbeitrag des ehrenamtlich Tätigen (Entschädigung für den Verdienstausfall), der in diesem Fall mit Umsatzsteuer belastet wäre. Im Gegenzug ist aber der Steuerpflichtige infolge der steuerpflichtigen Verwendungsumsätze nunmehr zum vollen Vorsteuerabzug berechtigt und hat insbesondere keine Vorsteueraufteilung im Hinblick auf seine sonstige Tätigkeit vorzunehmen.

Nach der hier vertretenen Auffassung ist daher die Vorschrift des § 4 Nr. 26 UStG teleologisch zu reduzieren und nur dann anzuwenden, wenn der

---

886 Zu dieser Thematik insbesondere *Stadie*, Rau/Dürrwächter, UStG, § 19 Rn. 9, 21–23; zur Vereinbarkeit mit dem allgemeinen Gleichheitsatz vgl. *Tehler*, SuW 1983, 232, 237 ff.

Steuerpflichtige nicht schon aus anderen Gründen zur Umsatzversteuerung verpflichtet ist. Damit beschränkt sich die Anwendung des § 4 Nr. 26 UStG auf die Fälle hauptberuflich abhängig Beschäftigter. In der Konsequenz sind ehrenamtliche Umsätze in diesen Fällen entgegen § 19 Abs. 3 S. 1 Nr. 1 UStG bei der Bemessung der Kleinunternehmergrenze zu berücksichtigen.

### 4. Fehlen eines eigennützigen Erwerbsstrebens und Unentgeltlichkeit der ehrenamtlichen Tätigkeit

#### *a) Das Fehlen eines eigennützigen Erwerbsstrebens als kardinale Voraussetzung einer ehrenamtlichen Tätigkeit*

Entscheidendes Merkmal einer ehrenamtlichen Tätigkeit i. S. d. § 4 Nr. 26 UStG ist sowohl nach dem allgemeinen Sprachgebrauch als auch nach dem materiellen Begriffsinhalt das Fehlen eines eigennützigen Erwerbsstrebens, welches sich insbesondere daran zeigt, dass an den Steuerpflichtigen kein echtes Leistungsentgelt gezahlt wird, er vielmehr nur eine Entschädigung besonderer Art erhält.[887] Das Fehlen einer echten Leistungsvergütung und mithin eines eigennützigen Erwerbsstrebens wird damit begründet, dass die ehrenamtliche Tätigkeit um der Ehre Willen und damit gerade unbezahlt bzw. unentgeltlich ausgeübt wird.[888]

Die Entschädigung darf nicht den Charakter einer echten Leistungsvergütung im Sinne einer offenen oder verdeckten Alimentation bzw. Besoldung haben, sondern muss vielmehr auf einen Nachteilsausgleich für die Mühewaltung des ehrenamtlich Tätigen beschränkt sein, der gerade einen angemessenen Ausgleich zwischen den öffentlichen und beruflich-privaten Interessen des Steuerpflichtigen schaffen soll.[889]

Nach Auffassung des BFH sind weder der zeitliche Umfang der Tätigkeit noch die Vergütungshöhe alleine maßgeblich für das Vorliegen einer ehrenamtlichen

---

887 BFH, *Urteil* vom 16.10.1987 - X R 7/280, BFHE 152, 182, 187 = BStBl. II 1988, 384, 386, unter Hinweis auf *Korte*, in: von Beckerath, Handwörterbuch der Sozialwissenschaften, Band III, 1961, Stichwort „Ehrenamt"; BSG, *Urteil* vom 19.08.1975 - VIII RU 234/74, BSGE 40, 139, 141; *Kulmsee*, in: Reiß/Langer, UStG § 4 Nr. 26 Rn. 22; Abschn. 4.26.1 Abs. 1 S. 1 UStAE; *Heinrichshofen*, in: Rau/Dürrwächter, UStG, § 4 Nr. 26 Rn. 92.

888 *Kulmsee*, in: Reiß/Kraeusel/Langer, UStG, § 4 Nr. 26 Rn. 22.

889 BFH, *Urteil* vom 16.10.1987 - X R 7/280, BFHE 152, 182, 187 = BStBl. II 1988, 384, 386; *Kulmsee*, in: Reiß/Kraeusel/Langer, UStG § 4 Nr. 26 Rn. 22; *Schmidt*, UR 1968, 259, 260.

Tätigkeit.[890] Hieraus ist der Schluss zu ziehen, dass der BFH auch die Frage eines eigennützigen Erwerbsstrebens anhand der Umstände des Einzelfalles auf Grund einer Gesamtwürdigung vornehmen möchte.[891] An einem eigennützigen Erwerbsstreben mangelt es nicht bereits, wenn für die Ausübung alternativer Tätigkeiten höhere Vergütungen hätten erzielt werden können.[892] Erfolgt hingegen eine Bezahlung des Steuerpflichtigen, die sich an der Qualifikation des Tätigen und an seiner Leistung orientiert, so liegt nach allgemeiner Auffassung kein auf einen Schadensersatz für Zeitversäumnis oder Verdienstausfall begrenztes Entgelt vor, sodass von einem eigennützigen Erwerbsstreben auszugehen ist.[893] Ein weiteres Indiz für eine Entgeltlichkeit ist zudem, wenn die Höhe der gezahlten Entschädigung erheblich über den für ehrenamtliche Tätigkeiten üblichen Ersatz von Auslagen und die Gewährung von Aufwandsentschädigungen hinausgeht.[894] Der BFH stellt in diesem Zusammenhang auf eine mehrjährige Betrachtungsweise und die über einen längeren Zeitraum vereinnahmten Zahlungen ab.[895]

In dem Fall, in dem ein eigennütziges Erwerbsstreben vorliegt, soll auch der Einsatz für eine fremdnützig bestimmte Einrichtung, unabhängig von der Höhe der Entschädigung, keine ehrenamtliche Tätigkeit darstellen.[896]

Soweit der BFH ein eigennütziges Erwerbsstreben bereits deshalb annimmt, weil der Zeitaufwand der Tätigkeit auf eine hauptberufliche Teilzeit- oder sogar Vollzeitbeschäftigung hindeutet,[897] so wurde bereits an anderer Stelle dargelegt, warum dies kein geeignetes Kriterium zur Qualifikation einer Tätigkeit als ehrenamtlich oder nicht darstellt. Entscheidend ist nach der hier vertretenen Auffassung, in welcher Höhe tatsächlich Zahlungen an den Steuerpflichtigen erfolgen. Hierauf stellen auch der BFH und die Finanzverwaltung maßgeblich ab, freilich allerdings als Indiz für das Vorliegen eines eigennützigen Erwerbsstrebens.

---

890 BFH, *Beschluss* vom 10.11.2011 - V B 6/11, BFH/NV 2012, 459.

891 Vgl. auch BFH, *Urteil* vom 16.04.2008 - XI R 68/07, BFH/NV 2008, 1368, 1369; BFH, *Urteil* vom 19.04.2012 - V R 31/11, BFH/NV 2012, 1831, 1833.

892 BFH, *Urteil* vom 14.05.2008 - XI R 70/07, BFHE 221, 517, 524 = BStBl. II 2008, 912, 915; *Heinrichshofen*, in: Rau/Dürrwächter, UStG, § 4 Nr. 26 Rn. 92.

893 FG Bremen, *Urteil* vom 06.06.2007 - 2 K 147/06 (5), EFG 2008, 83, 84; Abschn. 26.1.1 Abs. 1 S. 8.

894 FG Bremen, *Urteil* vom 06.06.2007 - 2 K 147/06 (5), EFG 2008, 83, 84.

895 BFH, *Urteil* vom 16.04.2008 - XI R 68/07, BFH/NV 2008, 1368, 1670.

896 Abschn. 4.26.1 Abs. 1 S. 6 UStAE.

897 Abschn. 4.26.1 Abs. 1 S. 7 UStAE.

### b) *Notwendigkeit der einheitlichen Auslegung des Merkmals der ehrenamtlichen Tätigkeit und des eigennützigen Erwerbsstrebens in beiden Alternativen des § 4 Nr. 26 UStG*

Nicht gänzlich geklärt ist hingegen die Frage, in welchem Verhältnis die allgemeine Definition der Ehrenamtlichkeit zu den zusätzlichen Anforderungen des § 4 Nr. 26 UStG steht.

Obgleich dem Begriff der Ehrenamtlichkeit das Merkmal des Fehlens eines eigennützigen Erwerbsstrebens im Sinne einer Unentgeltlichkeit der Tätigkeit immanent und hierfür die Höhe der an den Steuerpflichtigen gezahlte Beträge relevant ist, soll nach einer älteren Rechtsprechung des BFH und einem Teil der Literatur danach zu differenzieren sein, ob die Tätigkeit gegenüber den Leistungsempfängern des Buchstaben a oder des Buchstaben b des § 4 Nr. 26 UStG erfolgt. So vertritt der BFH die Auffassung, dass eine Tätigkeit nach § 4 Nr. 26 Buchst. a UStG, d.h. für eine juristische Person des öffentlichen Rechts, ohne Rücksicht auf die Höhe des Entgeltes steuerfrei ist.[898] Zwar bezieht sich der BFH in seiner Entscheidung ausdrücklich auf die Höhe des (umsatzsteuerlichen) Entgelts und nicht auf die Höhe der Entschädigung. Das Urteil kann aber nicht so verstanden werden, dass die Höhe des umsatzsteuerlichen Entgeltes für die Qualifizierung einer Tätigkeit gegenüber einer Körperschaft des öffentlichen Rechtes gänzlich unmaßgeblich sein soll.[899]

Jedenfalls hat der BFH zwischenzeitlich klargestellt, dass er in einem ersten Schritt prüfen möchte – und zwar in beiden Alternativen des § 4 Nr. 26 UStG –, ob eine Tätigkeit überhaupt ehrenamtlich erfolgt.[900] Dies ist nach dem allgemeinen Sprachgebrauch und dem materiellen Begriffsinhalt nur im Falle eines mangelnden eigennützigen Erwerbsstrebens der Fall, was wiederum das Fehlen einer echten Leistungsvergütung voraussetzt. Liegt mithin eine echte Leistungsvergütung vor, scheidet eine ehrenamtliche Tätigkeit aus, ohne dass es auf die weiteren Voraussetzungen der beiden Alternativen des § 4 Nr. 26 UStG ankommt.[901]

Eine andere Auffassung widerspräche der hier vertretenen Auffassung von der Teleologie des § 4 Nr. 26 UStG. Ihr Zweck liegt in der Förderung des ehrenamtlich Tätigen, indem dieser von den umsatzsteuerlichen Pflichten entlastet wird, weil er typischerweise nur geringe Ausgangsumsätze tätigt. Dieser sich auch aus

---

898 BFH, *Urteil* vom 04.04.1974 – V R 70/73, BFHE 112, 425, 428 = BStBl. II 1974, 528, 529.

899 So aber wohl *Heinrichshofen*, in: Rau/Dürrwächter, UStG, § 4 Nr. 26 Rn. 203.

900 Vgl. BFH, *Urteil* vom 16.04.2008 – XI R 68/07, BFH/NV 2008, 1368, 1369 f.

901 So auch *Meurer*, UStB 2012, 322, 326.

der Protokollerklärung zu Art. 4 der 6. MwSt-RL ergebende Zweck würde gerade unterlaufen, wenn die Umsatzsteuerbefreiung ehrenamtlicher Tätigkeit unabhängig vom Entgelt gewährt wird. Darüber hinaus ist zu berücksichtigen, dass die Unentgeltlichkeit ein elementares Merkmal der Ehrenamtlichkeit darstellt, die sowohl in den Fällen des Buchst. a und b des § 4 Nr. 26 UStG gegeben sein muss. Insofern wird man auch in den Fällen des Buchst. a eine Unentgeltlichkeit der Tätigkeit im Sinne eines fehlenden eigennützigen Erwerbsstrebens fordern müssen.[902] Hiermit ist es nicht zu vereinbaren, wollte man eine ehrenamtliche Tätigkeit ungeachtet der Höhe des gezahlten Entgeltes annehmen.

Von der grundsätzlichen Frage des Vorliegens einer ehrenamtlichen Tätigkeit und damit dem Fehlen einer echten Leistungsvergütung soll nach der Rechtsprechung und wohl auch h. M. in der Literatur die Frage der Angemessenheit der Vergütung, welche nur nach § 4 Nr. 26 Buchst. b UStG eine Rolle spielt, zu unterscheiden sein. Diese unterschiedliche Behandlung der ehrenamtlichen Tätigkeiten, die gegenüber den in Buchst. a und b genannten Einrichtungen ausgeübt werden, verstößt nach Auffassung des BFH nicht gegen Art. 3 Abs. 1 GG, da sie nicht willkürlich sei.[903] Der BFH führt insoweit zur Begründung an, dass bereits aus der Tatsache, dass die Tätigkeit im öffentlichen Bereich ausgeübt werde und damit öffentliche Ehrenämter angesprochen seien, die Gewährung der Steuerfreiheit unabhängig von der konkreten Höhe des umsatzsteuerlichen Entgeltes gerechtfertigt sei.[904]

Diese Auffassung ist weder widerspruchsfrei noch praktikabel. Der BFH muss nämlich nach seiner aktuellen Rechtsprechung bei der Anwendung des § 4 Nr. 26 Buchst. a UStG danach differenzieren, ob eine echte Leistungsvergütung vorliegt, mit der Folge, dass keine ehrenamtliche Tätigkeit gegeben ist, oder ob nur eine unangemessene Entschädigung für Verdienstausfall gezahlt wird, mit der Folge, dass eine ehrenamtliche Tätigkeit vorliegt. Der BFH scheint in seiner neueren Rechtsprechung damit nach dem Vorliegen einer grds. ehrenamtlichen Tätigkeit und der konkreten Ausübung bzw. Vergütung differenzieren zu wollen. Diese Auffassung des BFH ist weder praktikabel noch dogmatisch stringend. Die mangelnde Praktikabilität des Ansatzes des BFH, zwischen einer echten Leistungsvergütung und einer unangemessenen Entschädigung zu differenzieren, liegt

902 So auch *Heinrichshofen*, in: Rau/Dürrwächter, UStG, § 4 Nr. 26 Rn. 45; *Schmidt*, UR 1968, 259, 260.

903 BFH, *Urteil* vom 04.04.1974 - V R 70/73, BFHE 112, 425, 428 = BStBl. II 1974, 528, 529.

904 BFH, *Urteil* vom 04.04.1974 - V R 70/73, BFHE 112, 425, 428 = BStBl. II 1974, 528, 529.

daran, dass sich in beiden Fällen die Kriterien gleichen. Zudem kann in jeder überhöhten, d.h. unangemessenen Entschädigung zugleich eine Leistungsvergütung gesehen werden et vice versa. Insbesondere sind die vom BFH zur Abgrenzung angeführten Kriterien der Leistungsabhängigkeit bzw. der Abhängigkeit von der Qualifikation unbrauchbar. Die Entschädigungen für ehrenamtliche Tätigkeiten sind je nach Branche unterschiedlich. Daher ist die Entschädigung stets qualifikations-abhängig. Sie ist auch leistungsbezogen, da sie sich an dem konkret aufgewendeten zeitlichen Umfang der Tätigkeit und damit an der Leistung orientiert. Logisch konsequent wäre es hingegen, wenn der BFH die historische Auffassung des nationalen Gesetzgebers bei der Auslegung des § 4 Nr. 26 Buchst. a UStG unberücksichtigt lassen würde und von einer ehrenamtlichen Tätigkeit nur dann ausgeht, wenn nur eine angemessene Entschädigung für Zeitversäumnis und eine Aufwandsentschädigung gezahlt wird.

Bereits an anderer Stelle dieser Arbeit wurde zudem darauf hingewiesen, dass der BFH eine ehrenamtliche Tätigkeit i. S. d. § 4 Nr. 26 UStG bereits dann annimmt, wenn eine Tätigkeit in einem anderen Gesetz ausdrücklich als ehrenamtlich bezeichnet wird. Diese Auffassung des BFH wurde bereits aus verschiedenen Gründen abgelehnt. Im Zusammenhang mit der Frage der Höhe der Entschädigung zeigt sich zugleich, dass es der Gesetzgeber durch eine bindende gesetzliche Definition in der Hand hätte, beliebige Tätigkeiten von der Umsatzbesteuerung, gerade unabhängig von der konkreten Höhe des Entgeltes, auszunehmen. Mit seiner Auffassung von der Maßgeblichkeit einer gesetzlichen Definition der Ehrenamtlichkeit einer Tätigkeit widerspricht sich der BFH im Ergebnis selbst.

Hinzu kommt, dass die Differenzierung zwischen Buchst. a und Buchst. b zwar tatsächlich durch den historischen Gesetzgeber intendiert war. Hier ging es dem historischen Gesetzgeber darum, eine Tätigkeit von Mandatsträgern in der kommunalen Verwaltung nicht mit Umsatzsteuer zu belasten. Insofern entsprach es tatsächlich dem historischen Willen des Gesetzgebers, Tätigkeiten, insbesondere diejenigen, die in einem Gesetz als ehrenamtlich bezeichnet wurden, unabhängig von ihrer Höhe von der Umsatzbesteuerung auszunehmen. Dies allein vermag jedoch nicht zu rechtfertigen, in gleichheitswidriger und im Ergebnis auch gegen die MwStSystRL verstoßender Weise eine von ihrer objektiven Teleologie auf Kleinunternehmer zugeschnittene Steuerbefreiung extensiv auszulegen und anzuwenden. Auch die in der Literatur teilweise vorgebrachte Argumentation, wonach öffentlich-rechtliche Körperschaften i. d. R. nur angemessene

Vergütungen zahlen,[905] kann im Ergebnis nicht überzeugen. Ob eine Tätigkeit im Ergebnis umsatzsteuerbefreit ist oder nicht, steht insbesondere nicht zur Disposition einer Gebietskörperschaft, sondern unterliegt allein der Gesetzgebungskompetenz des Bundes bzw. der Europäischen Union als Richtliniengeber. Gerade wenn der Fall vorliegt, dass eine Tätigkeit nicht angemessen vergütet wird, muss eine Einschränkung des Anwendungsbereiches im Rahmen einer teleologischen Reduktion erfolgen und damit klargestellt werden, dass nur in einer gegen angemessene Entschädigung und Erstattung von Auslagenersatz – wie es § 4 Nr. 26 Buchst. b UStG damit lediglich deklaratorisch nochmals aufführt – erbrachten Tätigkeit, eine ehrenamtliche Tätigkeit gesehen werden kann.

Die Auffassung der Rechtsprechung von der Unbeachtlichkeit der konkreten Höhe der Entschädigung im Fall des § 4 Nr. 26 Buchst. a UStG zwingt die Rechtsprechung an anderer Stelle zu einer restriktiven Auslegung des Merkmals der Ehrenamtlichkeit. Damit im Ergebnis nicht jede Tätigkeit gegenüber einer juristischen Person des öffentlichen Rechtes nach § 4 Nr. 26 Buchst. a UStG steuerbefreit wird, vertritt der BFH die Auffassung, dass die ehrenamtliche Tätigkeit nebenberuflich ausgeübt werden müsse. Auf Grund der Tatsache, dass sich eine Entschädigung für Zeitversäumnis regelmäßig anhand der konkret aufgewendeten Zeitstunden bemisst, kann der BFH hiermit zumindest teilweise einen gewissen Gleichlauf in der Anwendung der beiden Alternativen erreichen. Der Zeitaufwand wird nämlich regelmäßig – aber eben nicht zwingend – mit der Höhe der Entschädigung korrespondieren, sodass bei einer hohen Entschädigungszahlung die Tätigkeit regelmäßig einen tatsächlichen Zeitaufwand ausmacht, der ihre Qualifikation als zumindest nicht mehr nebenberuflich erlauben dürfte. Dennoch vermag das Kriterium der Nebenberuflichkeit nicht einen vollständigen Gleichlauf zwischen den beiden Alternativen des § 4 Nr. 26 UStG herzustellen. Dies gilt insbesondere dann, wenn für eine im zeitlichen Umfang sehr begrenzte Tätigkeit sehr hohe Stundensätze oder Pauschalen gewährt werden. Die Vermutung, ein solcher Fall komme wegen der Haushaltsdisziplin öffentlicher Einrichtungen praktisch nicht vor, ist kein Gegenargument. Letztlich kann in einem solchen Fall ein eigennütziges Erwerbsstreben nur unter Rückgriff auf die Höhe der Vergütung abgelehnt werden, die daher auch in den Fällen des § 4 Nr. 26 Buchst. a UStG herangezogen werden muss. Wie bereits an anderer Stelle ausgeführt, ist diese Auffassung des BFH mit der Teleologie des § 4 Nr. 26 UStG nicht zu vereinbaren. Richtigerweise hätte der BFH die Kriterien des § 4 Nr. 26

905 *Heinrichshofen*, in: Rau/Dürrwächter, UStG, § 4 Nr. 26 Rn. 103; so wohl auch *Huschens*, in: Vogel/Schwarz, UStG, § 4 Nr. 26 Rn. 25.

Buchst. b UStG, d.h. die Beschränkung des Entgeltes auf einen Aufwendungsersatz und eine angemessene Entschädigung für Zeitversäumnis, auch zum Zwecke der Anwendung des § 4 Nr. 26 Buchst. a UStG heranziehen müssen.

Im Ergebnis entspricht die hier vertretene Auffassung auch dem Begriffsverständnis des EuGH von einer ehrenamtlichen Tätigkeit, der gerade darauf abstellt, dass dem Steuerpflichtigen ein mittelbares oder unmittelbares finanzielles Eigeninteresse fehlt.[906] Eine Differenzierung nach dem Leistungsempfänger verbietet sich, da lediglich eine Förderung bzw. Entlastung des Steuerpflichtigen bezweckt ist, für die etwaige Eigenschaften des Leistungsempfängers unerheblich sind. Die vormalige historische Auffassung des Gesetzgebers ist mit Erlass der 6. MwSt-RL obsolet geworden.

Da die Vorschrift des § 4 Nr. 26 UStG bezweckt, bestimmte Steuerpflichtige durch die Entlastung von der Steuerschuldnerschaft zu begünstigen, verbietet es sich nach der hier vertretenen Auffassung, eine Differenzierung nach dem Leistungsempfänger vorzunehmen. Das Vorliegen einer ehrenamtlichen Tätigkeit und der Steuerfreiheit der hierfür bezogenen Vergütung muss daher in den Fällen des § 4 Nr. 26 UStG einheitlich erfolgen.

### *c) Höhe des umsatzsteuerlichen Entgeltes*

Problematisch ist jedoch, wann ein fehlendes mittelbares oder unmittelbares Eigeninteresse bzw. eine Unentgeltlichkeit der Tätigkeit konkret angenommen werden kann. Die Problematik entzündet sich aufgrund der Rechtsprechung des BFH in den Fällen des § 4 Nr. 26 Buchst. b UStG, ist nach der hier vertretenen Auffassung jedoch ebenso für die Fälle des § 4 Nr. 26 Buchst. a UStG relevant.

Nach § 4 Nr. 26 UStG ist eine ehrenamtliche Tätigkeit nur dann umsatzsteuerbefreit, wenn das umsatzsteuerliche Entgelt allein in Auslagenersatz und einer angemessen Entschädigung für Zeitversäumnis besteht. Diese Regelung ist insbesondere auf Grund der Verwendung unbestimmter Rechtsbegriffe unklar und führt zu erheblichen Anwendungsproblemen in der Praxis.

#### *aa) Auslagenersatz*

Die Finanzverwaltung unterscheidet zwischen echtem Auslagenersatz und einer Verdienstausfallentschädigung. Ein (echter) Auslagenersatz, also der Ersatz der tatsächlich entstandenen und nachgewiesenen Aufwendungen, ist vollumfänglich

906 EuGH, *Urteil* vom 22.03.2002 - C-267/00 (Zoological Society of London) Slg. I 2002, 3353 Rn. 26.

von der Umsatzsteuerbefreiung des § 4 Nr. 26 Buchst. b UStG erfasst.[907] Beispiele für einen echten Auslagenersatz sind z. B. der Ersatz von Fahrtkosten, Reisekosten, Übernachtungskosten etc.[908] Nach Auffassung der Finanzverwaltung soll es dabei unschädlich sein, wenn z. B. der Fahrtkostenersatz nach den pauschalen Kilometersätzen oder auch Verpflegungsaufwendungen gezahlt werden, sofern letztere lohnsteuerlich ihrer Höhe nach als Reisekosten angesetzt werden könnten.[909] Der Auslagenersatz soll stets umsatzsteuerbefreit sein, ohne dass es auf dessen konkrete Höhe ankommt.

Trotz der unscharfen Gesetzesformulierung ist es unerheblich, ob nur ein Auslagenersatz oder nur eine angemessene Entschädigung für Zeitversäumnis gezahlt wird.[910]

Die Auffassung der Finanzverwaltung überzeugt generell für eine ehrenamtliche Tätigkeit. Sofern nämlich der Steuerpflichtige lediglich einen Auslagenersatz bekommt, ist er zwar nach der herrschenden Meinung und der Rechtsprechung Steuerpflichtiger im Sinne von Art. 13 MwStSystRL und § 2 UStG; er erzielt aber aus seiner Tätigkeit keinen wirtschaftlichen Gewinn, sondern erhält lediglich eine Nachteilskompensation. Dies entspricht auch der Zwecksetzung der Protokollerklärungen zu Art. 4 der 6. MwSt-RL, die für die Auslegung des § 4 Nr. 26 UStG nach der hier vertretenen Auffassung maßgeblich sind. Denn soweit ein Steuerpflichtiger im sog. Dritten Sektor fremdnützig Leistungen erbringt und hierfür lediglich einen Auslagenersatz erhält, wird dieser typischerweise nur im sehr begrenzten Umfang gewährt werden. Eine Heranziehung zu umsatzsteuerlichen Pflichten ist in diesem Fall unverhältnismäßig.

### *bb) Entschädigung für Verdienstausfall*

Das eigentliche Problem liegt in der Praxis darin, nach welchen Kriterien eine angemessene Entschädigung für Zeitversäumnis rechtssicher bestimmt werden kann.[911] Die Finanzverwaltung vertritt mittlerweile einen sehr pragmatischen Ansatz und orientiert sich im Ergebnis an der Kleinunternehmerregelung des § 19 UStG. Zwar ist sie der Auffassung, dass die Frage der Angemessenheit der Entschädigung für Zeitversäumnis nach den jeweiligen Verhältnissen des Einzelfalles zu beurteilen ist, sieht jedoch im Sinne von Nichtbeanstandungsregelungen

907 Abschn. 4.26.1 Abs. 4 S. 4 UStAE.

908 Vgl. *Hünnekens*, in: Küffner/Stöcker/Zugmaier, UStG, § 4 Nr. 26 Rn. 25.

909 Abschn. 4.26.1 Abs. 4 S. 5 UStAE. mit Verweis auf R 9.4 Abs. 1 LStR.

910 *Huschens*, in: Vogel/Schwarz, UStG, § 4 Nr. 26 Rn. 32.

911 *Heinrichshofen*, in: Rau /Dürrwächter UStG § 4 Nr. 26 Rn. 115.

bestimmte Betragsgrenzen vor.[912] Von einer Angemessenheit der Entschädigung für Zeitversäumnis ist nach Auffassung der Finanzverwaltung auszugehen, wenn die Höhe der Entschädigung für Zeitversäumnis 50,- € je Tätigkeitstunde nicht übersteigt und zugleich die Vergütung für die gesamte ehrenamtliche Tätigkeit (i. S. d. § 4 Nr. 26 Buchst. b UStG) den Betrag von 17.500,- € im Jahr nicht übersteigt, wobei der vorgenannte echte Auslagenersatz bei der Berechnung der Umsatzgrenze nicht zu berücksichtigen ist.[913] Die Einführung fester Beträge soll der Rechtsicherheit dienen und zugleich die bisherige Möglichkeit der Einzelfallprüfung weiterhin gewährleisten.[914] Damit hat die Finanzverwaltung auf die Kritik seitens der Praxis reagiert und ihre vormalige Rechtsauffassung, wonach für die Frage der Angemessenheit der Entschädigung eine umfassende Einzelfallwürdigung, insbesondere unter Beachtung der beruflichen Stellung des ehrenamtlich Tätigen und dessen Verdienstausfall, anzustellen sei, zwar nicht aufgegeben, jedenfalls aber durch praxisgerechte Betragsregelungen ergänzt.

Von besonderer praktischer Bedeutung sind die Zahlungen von Pauschalvergütungen, wie sie im Bereich des Dritten Sektors üblich sind. Eine solche, vom tatsächlichen Zeitaufwand unabhängige Vergütung sowie ein gesondert gezahltes Urlaubs-, Weihnachts- bzw. Krankheitsgeld, steht nach Auffassung der Finanzverwaltung der Angemessenheit der Entschädigung entgegen und führt zur Nichtanwendbarkeit des § 4 Nr. 26 UStG.[915] Eine pauschal gezahlte Aufwandsvergütung soll jedoch im Sinne einer Nichtbeanstandungsregelung dann unerheblich sein, wenn eine solche Pauschale durch Vertrag, Satzung oder Beschluss vorgesehen ist, eine bestimmte durchschnittliche Anzahl von Stunden festgelegt ist und zugleich die allgemeinen Betragsgrenzen nach Abschn. 4.26.1 Abs. 4 UStAE nicht überschritten werden.[916] Aus Vereinfachungsgründen soll darüber hinaus die Steuerbefreiung ohne weitere Prüfung gewährt werden, wenn der Jahresgesamtbetrag der Entschädigungen den Freibetrag nach § 3 Nr. 26 EStG, d.h. 2.600,00 €, nicht übersteigt.[917]

Die Finanzverwaltung setzt damit im Wesentlichen die Forderungen seitens der Praxis und verschiedener Interessenverbände nach einer praktikablen

912 Abschn. 4.26.1 Abs. 4 UStAE; vgl. hierzu *Heinrichshofen*, in: Rau/Dürrwächter UStG § 4 Nr. 26 Rn. 116 ff.; *Meurer*, UStB 2012, 322, 324 ff.

913 Abschn. 4.26.1 Abs. 4 S. 2–4 UStAE.

914 *Heinrichshofen*, in: Rau /Dürrwächter UStG § 4 Nr. 26 Rn. 116.

915 Abschn. 4.26.1 Abs. 5 S. 1 UStAE.

916 Abschn. 4.26.1 Abs. 5 S. 2 UStAE.

917 Abschn. 4.26.1 Abs. 5 S. 4 UStAE.

Lösung um.[918] Vor dem Hintergrund der Reduzierung des administrativen Aufwandes ist es nämlich in der Praxis üblich, dass ehrenamtliche Tätigkeiten durch Pauschalen vergütet werden. Daher hat sich die Praxis insbesondere gegen die vom BMF ursprünglich vorgesehenen umfangreichen Dokumentationspflichten zum Nachweis der Angemessenheit einer ehrenamtlichen Tätigkeit gewendet.[919] Aufgrund der festgelegten Betragsgrenzen ist die Anwendung des § 4 Nr. 26 UStG zumindest in den Grenzen der Vereinfachungsregelungen bzw. Nichtbeanstandungsregelungen des Abschn. 4.26.1 As. 4 u 5 UStAE in der Praxis ohne größere Probleme möglich.

Dessen ungeachtet offenbaren gerade die Verwaltungsanweisungen der Finanzverwaltung die grundsätzliche Problematik, die sich bei der Bestimmung der Angemessenheit einer Entschädigung zeigt. Die Finanzverwaltung musste letztlich allein aus Praktikabilitätsgründen auf die Kleinunternehmerregelung rekurrieren. Indem sie dies tut, wird die Regelung des § 4 Nr. 26 letztlich vollends überflüssig. In den Fällen, in denen der ehrenamtlich Tätige in seinem Hauptberuf unselbstständig beschäftigt ist, wird er auf der Grundlage des § 19 UStG sowieso nicht der Umsatzbesteuerung unterworfen. In diesem Fall wird § 4 Nr. 26 UStG sogar für ihn nachteilig sein, weil er die Möglichkeit der Option zur Umsatzsteuerpflicht und damit die Möglichkeit zum Vorsteuerabzug verliert. Sofern der ehrenamtlich Tätige darüber hinaus in seinem Hauptberuf selbstständig tätig ist, führt die Anwendung des § 4 Nr. 26 UStG dazu, dass er darüber hinaus steuerfreie Ausgangsumsätze hat, die bei der Anwendung der Kleinunternehmerregelung nach § 19 UStG nicht berücksichtigt werden. Dies führt aber nur dazu, dass ein ohnehin unternehmerisch Tätiger, der darüber hinaus weitergehende Umsätze tätigt und mithin über eine Struktur bzw. unternehmerische Organisation verfügt, die seine Heranziehung zur Steuerschuldnerschaft rechtfertigen, von gerade dieser ausgenommen wird. Dies entspricht nach der hier vertretenen Auffassung aber gerade nicht der objektiv verstandenen Zielrichtung des § 4 Nr. 26 UStG unter Berücksichtigung der Vorgaben der Protokollerklärung zu Art. 4 der 6. MwSt-RL. Nach der hier vertretenen Auffassung ist daher § 4 Nr. 26 UStG ohnehin nur auf im Hauptberuf unselbstständig Tätige anzuwenden, sodass die Anwendung des § 4 Nr. 26 UStG letztlich auf eine Kleinunternehmerregelung parallel zu § 19 UStG reduziert wird.

---

918 *Heinrichshofen*, in: Rau /Dürrwächter UStG § 4 Nr. 26 Rn. 118.

919 Vgl. nur das *Schreiben* des Deutscher Steuerberater Verband e.V. an den Bundesminister der Finanzen Dr. Wolfgang Schäuble vom 15.02.2012.

Unterschiede zur Kleinunternehmerregelung können sich allerdings insoweit ergeben, als die betragsmäßige Grenze des § 19 UStG überschritten wird, da insoweit – zumindest nach Auffassung der Finanzverwaltung – der echte Auslagenersatz bei der Umsatzgrenze für die Verdienstausfallentschädigung nicht mitberücksichtigt wird.[920]

### d) *Rechtsfolgen eines über einen Auslagenersatz oder eine angemessene Entschädigung für Zeitversäumnis hinausgehenden Entgeltes*

Problematisch bei der Anwendung der Vorschrift ist zudem, welche Rechtsfolgen sich daraus ergeben, wenn eine unangemessene Entschädigung für Zeitversäumnis gezahlt wird. Nach dem Wortlaut der Vorschrift („wenn") ist die Steuerbefreiung insgesamt zu versagen, wenn eine unangemessene Entschädigung an den Steuerpflichtigen gezahlt wird.[921] Dies ist auch nach der hier vertretenen Auffassung von der Wirkungsweise des § 4 Nr. 26 UStG sachgerecht, denn der Steuerpflichtige tätigt Ausgangsumsätze in einem Umfang, die eine typischerweise kleinunternehmerische Tätigkeit übersteigen. Dies muss nach dem hier vertretenen Verständnis für beide Alternativen des § 4 Nr. 26 UStG gelten.

Zu § 4 Nr. 26 UStG noch nicht richterlich entschieden ist die Frage, ob im Falle einer unangemessenen Entschädigung für Zeitversäumnis auch ein zugleich gezahlter Auslagenersatz nicht steuerbefreit ist.[922] Zu § 50d UStDB hat das FG Hamburg die Auffassung vertreten, dass trotz einer unangemessenen Entschädigung für Zeitversäumnis der Auslagenersatz weiterhin steuerbefreit sei.[923] Diese Auffassung ist jedenfalls auf § 4 Nr. 26 UStG nicht übertragbar, da die Vorschrift an die Steuerbefreiung die kumulative Voraussetzung eines Auslagenersatzes und einer angemessenen Entschädigung für Zeitversäumnis stellt.[924] Umsatzsteuerlich stellt der Auslagenersatz Entgelt dar,[925] sodass auch nach der hier vertretenen Auffassung von der Wirkungsweise des § 4 Nr. 26 UStG eine Anwendung der Vorschrift im vorliegenden Fall nicht gerechtfertigt ist.

---

920 Abschn. 4.26.1 Abs. 4 S. 4 UStAE.

921 So auch Abschn. 4.26.1 Abs. 4 S. 1 UStAE.

922 Hierzu verhält sich insbesondere auch nicht die Finanzverwaltung in Abschn. 4.26.1 Abs. 4 S. 1 UStAE.

923 FG Hamburg, *Urteil* vom 15.04.1970 – I 234 – 236/67 (VI), EFG 1970, 666, 667.

924 So auch *Heinrichshofen*, in: Rau/Dürrwächter, UStG, § 4 Nr. 26 Rn. 117.

925 So auch *Heinrichshofen*, in: Rau/Dürrwächter, UStG, § 4 Nr. 26 Rn. 117.

## 5. Der Bestellungsakt in ein Ehrenamt

Für die Anwendung des § 4 Nr. 26 Buchst. a UStG ist ferner erforderlich, dass der ehrenamtlich Tätige mittels Bestellung durch den Träger der öffentlichen Gewalt in das Ehrenamt berufen wurde.[926] Auch hier zeigt sich die Anlehnung des BFH an das öffentlich-rechtliche Begriffsverständnis der ehrenamtlichen Tätigkeit.

Beachtlich ist in diesem Zusammenhang, dass eine ehrenamtliche Tätigkeit nach Auffassung des BFH wohl nicht freiwillig ausgeübt werden muss. Dies ergibt sich aus dem Umstand, dass teilweise die Gesetzte vorsehen, dass eine Pflicht zur Übernahme und Ausübung eines Ehrenamtes besteht. So sehen einige Kommunalgesetze bzw. Landesverfassungen vor, dass Bürger auch zur Übernahme von Ehrenämtern verpflichtet werden können. Sofern der BFH die gesetzliche Definition für maßgeblich hält und auch im Übrigen das öffentlich-rechtliche Begriffsverständnis zur Definition einer ehrenamtlichen Tätigkeit heranzieht, so ist hieraus ersichtlich, dass die Freiwilligkeit der Übernahme einer ehrenamtlichen Tätigkeit nicht vorausgesetzt wird.

Es ist mithin festzuhalten, dass nach der am öffentlich-rechtlichen Begriffsverständnis angelehnten Auffassung des BFH von einer ehrenamtlichen Tätigkeit diese auch unfreiwillig, d.h. auf Grundlage einer gesetzlichen Verpflichtung ausgeübt werden kann. Eine Auslegung der verschiedenen Sprachfassungen der Protokollerklärung ist diesbezüglich nicht aufschlussreich. Lediglich die niederländische Sprachfassung legt den Schluss auf eine Freiwilligkeit nahe. Aus den verschiedenen Sprachfassungen lässt sich nicht mit hinreichender Eindeutigkeit erkennen, ob diese für das Vorliegen einer ehrenamtlichen Tätigkeit die freiwillige Übernahme der Tätigkeit durch den Steuerpflichtigen zur Vorrausetzung machen. Auch der EuGH hatte bisher keinen Anlass, sich mit dieser Fragestellung zu beschäftigen und hierzu zu judizieren.

Die Frage der Freiwilligkeit einer Tätigkeit ist im Hinblick auf die Anwendung des § 4 Nr. 26 UStG insoweit vorgreiflich, als ein steuerbarer Umsatz nach § 1 Abs. 1 Nr. 1 UStG nach allgemeiner Auffassung einen Leistungswillen erfordert.[927] Hiervon enthält § 1 Abs. 1 Nr. 1 S. 2 UStG eine Ausnahme. Hiernach entfällt die Steuerbarkeit nicht, wenn ein Umsatz aufgrund gesetzlicher oder behördlicher Anordnung ausgeführt wird oder nach einer gesetzlichen Vorschrift als ausgeführt gilt. Die Vorschrift entspricht Art. 14 Abs. 2 Buchst. a MwStSystRL

---

926 BFH, *Urteil* vom 04.05.1994 – XI R 86/92, BFHE 174, 573, 574 = BStBl. II 1994, 773, 775; *Kulmsee*, in: Reiß/Kaeusel/Langer, UStG, § 4 Nr. 26 Rn. 20.

927 BFH, *Urteil* vom 08.10.2008 – XI R 66/07, BFH/NV 2009, 616, 617; *Nieskens*, in: Rau/Dürrwächter, UStG, § 1 Rn. 430; *Stadie*, UStG, § 1 Rn. 44.

und Art. 25c MwStSystRL. Nach letzterer Vorschrift ist eine steuerbare Dienstleistung auch dann anzunehmen, wenn die Ausführung des Dienstes aufgrund einer behördlichen Anordnung oder kraft Gesetzes erfolgt.[928] Eine steuerbare Leistung anzunehmen, obgleich der Umsatz nicht freiwillig ausgeführt wird, entspricht der verbrauchsteuerteleologischen Umsetzung des Mehrwertsteuerrechtes. Unter dem Gesichtspunkt der Endverbrauchsbesteuerung macht es nämlich keinen Unterschied, ob die Leistung freiwillig oder unfreiwillig erfolgt, da in beiden Fällen dem Leistungsempfänger entgeltlich ein verbrauchsfähiger Vorteil zugewendet wird.[929] Für die hier untersuchte ehrenamtliche Tätigkeit stellt mithin § 1 Abs. 1 Nr. 1 S. 2 UStG klar, dass in den Fällen, in denen die Übernahme der ehrenamtlichen Tätigkeit aufgrund einer gesetzlichen Verpflichtung (insbesondere durch kommunale Satzungen) erfolgt, eine Steuerbarkeit des entsprechenden Umsatzes nicht an der mangelnden Freiwilligkeit und mithin an einem fehlenden Leistungswillen scheitert.

Entsprechend den vorstehend genannten Grundsätzen ist es auch für die Anwendung des § 4 Nr. 26 UStG und damit für das Vorliegen einer ehrenamtlichen Tätigkeit unter verbrauchsteuerteleologischen Gesichtspunkten irrelevant, ob die Leistungen gegenüber den Leistungsempfängern freiwillig oder unfreiwillig erfolgen. Da die Vorschrift des § 4 Nr. 26 UStG nach der hier vertretenen Auffassung die Funktion hat, den Steuerpflichtigen/Unternehmer durch die Behandlung als Nicht-Steuerpflichtigen/-Unternehmer von umsatzsteuerlichen Pflichten im Sinne einer Kleinunternehmerregelung zu entlasten, ist es auch insoweit unerheblich, ob die ehrenamtliche Tätigkeit freiwillig oder unfreiwillig erfolgt. In beiden Fällen würden durch die Nichtanwendung des § 4 Nr. 26 UStG (sofern § 19 UStG nicht anwendbar wäre) weitergehende als die bisherigen steuerlichen Pflichten des Ehrenamtlichen bestehen, die durch die Anwendung der Steuerbefreiung gerade vermieden werden sollen.

Hinsichtlich der Berufung/Bestellung in ein Ehrenamt differenziert der BFH zwischen den beiden Alternativen des § 4 Nr. 26 UStG. Da in den Fällen des § 4 Nr. 26 Buchst. b UStG eine behördliche Bestellung nicht möglich ist, soll der materielle Begriffsinhalt der Ehrenamtlichkeit insoweit modifiziert sein, als die Leistungen aufgrund einer Bestellung durch ein Privatrechtssubjekt aufgrund eines Arbeits- oder Dienstvertrages erfolgt.[930]

---

928 Vgl. hierzu *Stadie*, UStG, § 1 Rn. 45.

929 *Stadie*, UStG, § 1 Rn. 47.

930 BFH, *Urteil* vom 14.05.2008 – XI R 70/07, BFHE 221, 517, 523 f. = BStBl. II 2008, 912, 915; BFH, *Urteil* vom 04.05.1994, XI R 86/92, BFHE 174, 573, 574 = BStBl. II 1994, 773, 775; *Kulmsee*, in: Reiß/Kraeusel/Langer, UStG, § 4 Nr. 26 Rn. 27.

Diese Feststellung des BFH ist in umsatzsteuerrechtlicher Hinsicht ohne Bedeutung, da es für Zwecke der Umsatzbesteuerung grds. keinen Unterschied macht, auf welcher – privatrechtlichen oder öffentlich-rechtlichen – Rechtsgrundlage die Leistungserbringung erfolgt.

## 6. Differenzierung nach Leistungsempfängern

Weiteres Merkmal einer ehrenamtlichen Tätigkeit ist, dass diese einen Gemeinwohlbezug aufweist. Dementsprechend stellt sie nach der Rechtsprechung des BFH nach dem materiellen Begriffsinhalt (nach der hier vertretenen Auffassung damit auch nach dem allgemeinen Wortlautverständnis) entweder – wie im Falle des § 4 Nr. 26 Buchst. a UStG – eine Mitwirkung an der Erfüllung einer öffentlich-rechtlichen Aufgabe[931] oder – wie bei § 4 Nr. 26 Buchst. b UStG – einen Einsatz für eine fremdnützig bestimmte Einrichtung dar.[932]

§ 4 Nr. 26 UStG weist insoweit eine Besonderheit auf, als er als zusätzliche Voraussetzung bestimmt, dass der Leistungsempfänger der ehrenamtlichen Tätigkeit eine juristische Person des öffentlichen Rechts oder eine bestimmte Einrichtung des Privatrechts ist. Im UStG knüpfen die Umsatzsteuerbefreiungen regelmäßig nur an besondere Merkmale des Leistenden bzw. an die erbrachte Tätigkeit an und nur vereinzelt an besondere Eigenschaften des Leistungsempfängers.[933]

### *a) Leistungen gegenüber einer juristischen Person des öffentlichen Rechts nach § 4 Nr. 26 Buchst. a UStG*

Nach § 4 Nr. 26 Buchst. a UStG setzt die Steuerbefreiung einer ehrenamtlichen Tätigkeit voraus, dass sie gegenüber einer juristischen Person des öffentlichen Rechts ausgeübt wird.

#### *aa) Juristische Personen des öffentlichen Rechts*

Unter den Begriff der juristische Personen des öffentlichen Rechts nach § 4 Nr. 26 Buchst. a UStG und gleichbedeutend mit § 2 Abs. 3 S. 1 UStG fallen die Gebietskörperschaften, Personalkörperschaften, Berufskammern, öffentlichen

---

931 BFH, *Urteil* vom 16.04.2008 – XI R 68/07, BFH/NV 2008, 1368, 1369.

932 BFH, *Urteil* vom 14.05.2008 – XI R 70/07, BStBl. II 2008, 912; BFH, *Urteil* vom 04.05.1994 – XI R 86/92, BFHE 174, 573, 574 = BStBl. II 1994, 773, 775.

933 Neben § 4 Nr. 26 Buchst. a UStG ist hier vor allem § 4 Nr. 7 UStG zu nennen, vgl. hierzu *Schüler-Täsch*, in: Sölch/Ringleb, UStG, § 4 Nr. 7 Rn. 2.

Anstalten oder Stiftungen des öffentlichen Rechts sowie öffentlich-rechtliche Religionsgemeinschaften (insbesondere kirchliche Einrichtungen).[934]

Nach allgemeiner Auffassung ist die ehrenamtliche Tätigkeit nur dann nach § 4 Nr. 26 Buchst. a UStG umsatzsteuerbefreit, wenn sie für den hoheitlichen, d.h. nichtunternehmerischen öffentlich-rechtlichen Bereich der juristischen Person ausgeübt wird.[935] Wird die ehrenamtliche Tätigkeit hingegen für den unternehmerischen Bereich der juristischen Person des öffentlichen Rechts, d.h. für einen Betrieb gewerblicher Art, ausgeübt, so kommt lediglich eine Umsatzsteuerbefreiung nach § 4 Nr. 26 Buchst. b UStG in Betracht.[936]

Diese systematische Betrachtungsweise des Verhältnisses zwischen Buchst. a und Buchst. b des § 4 Nr. 26 UStG ergibt sich aus dem Neutralitätsgebot der MwStSystRL sowie Art. 3 Abs. 1 GG.[937] Soweit die juristische Person unternehmerisch tätig wird und mit Unternehmern des Privatrechts in Wettbewerb tritt, soll sie durch die Anwendung der Steuerbefreiung des § 4 Nr. 26 Buchst. a UStG keinen Wettbewerbsvorteil erhalten, was im Ergebnis dadurch sichergestellt werden soll, dass die Leistungserbringung gegenüber dem nicht hoheitlichen Bereich einheitlich nach Maßgabe des § 4 Nr. 26 Buchst. b UStG steuerbefreit sein kann.[938]

Nach der hier vertretenen Auffassung, wonach das Merkmal der ehrenamtlichen Tätigkeit in beiden Alternativen des § 4 Nr. 26 UStG einheitlich auszulegen ist und mithin der Begrenzung des umsatzsteuerlichen Entgeltes nach § 4 Nr. 26 UStG lediglich ein deklaratorischer Charakter zukommt, ist die vorstehend beschriebene Unterscheidung der Rechtsprechung und h. M. für die Frage der Höhe des umsatzsteuerlichen Entgeltes nicht von Bedeutung. Die Differenzierung muss dennoch aufrechterhalten werden, da nicht jede Tätigkeit gegenüber einer juristischen Person umsatzsteuerbefreit sein kann, da ansonsten der

---

934 *Huschens*, in: Vogel/Schwarz, UStG, § 4 Nr. 26 Rn. 26–29 mit weiteren Beispielen für konkrete ehrenamtliche Tätigkeiten.

935 BFH, *Urteil* vom 04.04.1974 – V R 70/73, BFHE 112, 425, 426 = BStBl. II 1974, 528, 529; *Heinrichshofen*, in: Rau/Dürrwächter, UStG, § 4 Nr. 26 Rn. 102; Abschn. 4.26.1 Abs. 2 Satz 1 UStAE; a.A. jedoch *Ehrt*, in: Beck-OK, UStG, § 4 Nr. 26 Rn. 21.1 wonach die ehrenamtliche Tätigkeit für eine jruistische Person des öffentlichen Rechts, unabhängig davon, ob sie gegenüber ihrem unternehmerischen oder nichtunternehmerischen Berich erbracht wird, stets steuerbefreit sei.

936 BFH, *Urteil* vom 04.04.1974 – V R 70/73, BFHE 112, 425, 426 = BStBl. II 1974, 528, 529; Abschn. 4.26.1 Abs. 2 Satz 3 UStAE.

937 *Oelmair* in: Sölch/Ringleb, UStG, § 4 Nr. 26 Rn. 14; BFH, *Urteil* vom 04.04.1974 – V R 70/73, BFHE 112, 425, 426 = BStBl. II 1974, 528, 529.

938 *Heinrichshofen*, in: Rau/Dürrwächter, UStG, § 4 Nr. 26 Rn. 102.

erforderliche Gemeinwohlbezug, etwa bei einer rein erwerbswirtschaftlichen Betätigung einer kommunalen Gebietskörperschaft, nicht hergestellt werden kann. Insoweit sind, sofern eine Tätigkeit keine nichtunternehmerische hoheitliche Tätigkeit darstellt, jedenfalls die Voraussetzungen des § 4 Nr. 26 Buchst. b UStG zu erfüllen. Sofern daher eine Tätigkeit nicht gegenüber dem nichtunternehmerischen Bereich einer juristischen Person des öffentlichen Rechts ausgeübt wird und damit die Erfüllung einer öffentlich-rechtlichen Aufgabe darstellt, setzt die Steuerbefreiung mithin den Einsatz für eine fremdnützig bestimmte Einrichtung nach § 4 Nr. 26 Buchst. b UStG voraus.

Wann eine nichtunternehmerische und damit hoheitliche Tätigkeit der juristischen Person des öffentlichen Rechts vorliegt, bestimmt sich für Zwecke der Anwendung des § 4 Nr. 26 UStG nach den gleichen Kriterien wie nach § 2 Abs. 3 UStG, sodass die in diesem Rahmen bestehenden Kontroversen zur Unternehmereigenschaft der juristischen Person des öffentlichen Rechts auch für die Frage der Anwendung der Steuerbefreiung ehrenamtlicher Tätigkeiten relevant sind. Im Nachfolgenden soll daher nur die grundsätzliche Differenzierung im Hinblick auf den nichtwirtschaftlichen (hoheitlichen Bereich) und den unternehmerischen Teil einer juristischen Person des öffentlichen Rechts insoweit dargestellt werden, als es für die Frage der Anwendung des § 4 Nr. 26 Buchst. a UStG unbedingt erforderlich ist. Auf die in diesem Zusammenhang höchst strittigen - auch aktuellen - Reformbestrebungen zur Umsatzbesteuerung der öffentlichen Hand kann aber nicht im Detail eingegangen werden.[939]

Die in Art. 13 Abs. 1 Unterabschn. 1 MwStSystRL bezeichneten Einrichtungen (Staaten, Länder und sonstige Einrichtungen des öffentlichen Rechts) gelten als Nichtsteuerpflichtige, „soweit sie Tätigkeiten ausüben oder Umsätze bewirken", die ihnen im Rahmen der öffentlichen Gewalt obliegen. Dabei meint Art. 13 Abs. 1 Unterabschn. 1 MwStSystRL mit Tätigkeiten bzw. Umsätzen wirtschaftliche Tätigkeiten im Sinne von Art. 9 Abs. 1 MwStSystRL, sodass nach der MwStSystRL – insoweit übereinstimmend mit dem deutschen UStG – eine Umsatzbesteuerung der juristischen Person des öffentlichen Rechts nur dann erfolgt, wenn diese überhaupt nach allgemeinen Grundsätzen eine wirtschaftliche Tätigkeit ausübt und damit – in der Terminologie des UStG – Unternehmerin ist.[940]

---

939 Vgl. hierzu nur: *Becker*, BB 2012, 2154; *Desens/Hummel*, StuW 2012, 225; *Schmitz/Erdbrügger/Liegmann*, DStR 2011, 1157; zu der Problematik aus einer internationalen Perspektive: *KPMG*, Vat In The Public Sector And Exemptions In The Public Interest, S. 36 ff.

940 *Stadie*, in: Rau/Dürrwächter, § 2 Rn. 1101.

Aber auch wenn eine wirtschaftliche Tätigkeit einer juristischen Person des öffentlichen Rechts vorliegt, scheidet eine Steuerpflicht nach § 13 Abs. 1 Unterabschn. 1 MwStSystRL grds. aus, wenn die Tätigkeit „im Rahmen der öffentlichen Gewalt" ausgeübt wird. Nach ständiger Rechtsprechung des EuGH ist dies nur dann der Fall, wenn die öffentliche Einrichtung nach den eigenen für sie geltenden Regeln des öffentlichen Rechts und nicht nach den für private Wirtschaftsteilnehmer geltenden Vorschriften des Zivilrechts Leistungen bewirkt.[941] Werden die Tätigkeiten der juristischen Person des öffentlichen Rechts auf privatrechtlicher Grundlage erbracht und wird hierfür ein Entgelt erhoben, ist die Betätigung wirtschaftlich. Wird hingegen die Tätigkeit bzw. die Entgeltvereinnahmung auf öffentlich-rechtlicher Grundlage getätigt, so ist die Betätigung der juristischen Person des öffentlichen Rechts grundsätzlich ihrem nichtunternehmerischen Bereich zuzuordnen.[942]

Liegt eine wirtschaftliche Tätigkeit einer juristischen Person des öffentlichen Rechtes vor und wird diese nicht im Rahmen der öffentlichen Gewalt ausgeübt, ist für die Behandlung als Nichtsteuerpflichtiger schließlich erforderlich, dass eine Zuordnung zum nichtunternehmerischen Bereich „zu größeren Wettbewerbsverzerrungen führen würde" (Art. 13 Abs. 1 Unterabschn. 2 MwStSystRL) oder es sich um die im Anhang I der RL aufgeführten Tätigkeiten handelt, sofern der Umfang dieser Tätigkeiten nicht unbedeutend ist (Art. 13 Abs. 1 Unterabschnitt 3 MwStSystRL).[943] Der Begriff der größeren Wettbewerbsverzerrungen ist nach der ständigen Rechtsprechung des EuGH weit auszulegen und erfasst alle mehr als unbedeutenden Wettbewerbsverzerrungen. Dabei ist sogar nach der Rechtsprechung des EuGH unerheblich, ob ein realer Wettbewerb besteht. Ausreichend ist vielmehr, dass ein lediglich potentieller Wettbewerber durch den Besteuerungsvorteil der öffentlichen Hand von einem möglichen Eintritt in den Markt abgehalten werden könnte, wobei es auf den „lokalen Markt" nicht ankomme.[944]

Die voranstehend aufgeführten europarechtlichen Vorgaben zur Umsatzbesteuerung der öffentlichen Hand sind im deutschen UStG teilweise abweichend geregelt und geben Anlass zu kritischer Betrachtung und weitreichenden

---

941 EuGH, *Urteil* vom 14.12.2000 - C-446/98 (Fazenda Publica) Slg. I 2000, 11435 Rn. 15 ff. m.w.N.; *Lippross*, Umsatzsteuer, S. 424.

942 *Stadie*, in: Rau/Dürrwächter, UStG, § 2 Rn. 1275 ff.; *Lippross*, Umsatzsteuer, S. 427.

943 Vgl. hierzu *Lippross*, Umsatzsteuer, S. 425 m.w.N.

944 EuGH, *Urteil* v. 16.09.2008 - C-288/07 (Isle of Wight Council*)* Slg. I 2008, 7203 Rn. 40 ff.; *Lippross*, Umsatzsteuer, S. 428.

Reformüberlegungen.[945] Nach § 2 Abs. 3 Satz 1 UStG sind juristische Person des öffentlichen Rechts nur im Rahmen ihrer Betriebe gewerblicher Art nach § 1 Abs. 1 Nr. 6, § 4 KStG und ihrer land- oder forstwirtschaftlichen Betriebe unternehmerisch – und damit nicht hoheitlich – tätig. § 2 Abs. 3 Satz 2 UStG enthält schließlich einen Katalog von Tätigkeiten, die ohne Rücksicht auf das Vorliegen eines Betriebes gewerblicher Art oder eines land- und forstwirtschaftlichen Betriebes die Unternehmereigenschaft der juristischen Person des öffentlichen Rechts verneinen. Betriebe gewerblicher Art sind nach § 4 Abs. 1 KStG solche Einrichtungen, die einer nachhaltigen wirtschaftlichen Tätigkeit zur Erzielung von Einnahmen außerhalb der Land- und Forstwirtschaft dienen und die sich innerhalb der Gesamtbetätigung der juristischen Person des öffentlichen Rechts wirtschaftlich herausheben. Die Beschränkung der Unternehmereigenschaft der juristischen Personen des öffentlichen Rechtes auf ihre Betriebe gewerblicher Art ist auch nach der Rechtsprechung des BFH mit dem Unionsrecht nicht vereinbar.[946] Der BFH vertritt zu Recht die Auffassung, dass der Begriff des Betriebes gewerblicher Art im Umsatzsteuerrecht abweichend vom KStG – und zwar richtlinienkonform anhand der entsprechenden Vorgaben der Art. 9 und 13 MwStSystRL – auszulegen ist. Dementsprechend ist auch die Vermögensverwaltung umfasst, die jedoch nach dem KStG aus dem Anwendungsbereich des § 4 KStG ausgenommen ist. Dies ist eine reine körperschaftsteuerliche Beschränkung, die nicht für Zwecke des UStG gilt.[947] Auch das Merkmal der aus der Tätigkeit der juristischen Person des öffentlichen Rechts herausgehobenen Einrichtung i.S.d. § 4 Abs. 1 Satz 1 KStG sei für Zwecke der Umsatzsteuer unbeachtlich.[948] Die Finanzverwaltung hat sich der neueren Rechtsprechung des BFH teilweise angeschlossen, was im Ergebnis zu einem faktischen Wahlrecht der juristischen Person des öffentlichen Rechts bzgl. ihrer Umsatzbesteuerung hinausläuft.[949]

---

945 Vgl. *Ismer/Keyser*, UR 2011, 81; *Desens/Hummel*, StuW 2012, 225.

946 BFH, *Urteil* vom 15.04.2010 – V R 10/09, BFHE 229, 416, 420 f.; vgl. zu den Abweichungen des nationalen Gesetzgebers von den Vorgaben der MwStSystRL *Weymüller*, in: Beck-OK, UStG, § 2 Rn. 509 ff.

947 BFH, *Urteil* vom 15.04.2010 – V R 10/09, BFHE 229, 416, 420 f.

948 BFH, *Urteil* vom 17.03.2010 – XI R 17/08 –, BFHE 230, 466, 468 ff.

949 Wegen der Einzelheiten hierzu *Lippross*, Umsatzsteuer, S. 438 ff.

### *bb) Keine Beschränkung auf inländische juristische Personen des öffentlichen Rechts*

Auch ausländische juristischen Person des öffentlichen Rechts sind von § 2 Abs. 3 UStG erfasst.[950] Gleiches muss an dieser Stelle auch für die Anwendung des § 4 Nr. 26 Buchst. a UStG gelten, sodass auch ausländische juristische Personen des öffentlichen Rechts von dieser Vorschrift erfasst sind. § 4 Nr. 26 UStG ist in diesen Fällen aber nur dann anwendbar, wenn der Leistungsort nach § 45 MwStSystRL (entspricht § 3a Abs. 1 UStG) im Inland liegt. Dies ist bei einer Leistungserbringung gegenüber einer ausländischen juristischen Person des öffentlichen Rechts nur dann der Fall, wenn dieser keine USt-IdNr. erteilt worden ist.[951]

### *cc) Ausübung „für" eine juristische Personen des öffentlichen Rechts*

Die Vorschrift des § 4 Nr. 26 Buchst. a UStG verlangt, dass die ehrenamtliche Tätigkeit „für" eine juristische Person des öffentlichen Rechts ausgeübt wird. Dies erfordert, dass die ehrenamtliche Tätigkeit „bei" der juristischen Person des öffentlichen Rechtes, also in ihrem öffentlich-rechtlichen Aufgabenbereich, ausgeübt wird.[952] Dies spiegelt letztlich auch das herkömmliche Verständnis vom Ehrenamt wider, wonach die ehrenamtliche Tätigkeit regelmäßig im Rahmen einer gewissen organisatorischen Verbundenheit bzw. Eingliederung in die Abläufe der fremdnützigen oder öffentlich-rechtlichen Einrichtung ausgeübt wird.

Mit der Formulierung „für" wird jedoch auch klargestellt, dass die Leistung gerade gegenüber der juristischen Person des öffentlichen Rechts als Leistungsempfängerin ausgeübt werden muss. Nicht ausreichend ist, wenn die Leistung – auch wenn dies im allgemeinen Interesse der juristischen Person des öffentlichen Rechts liegt – unmittelbar an den privaten Endverbraucher erbracht wird.

## *b) Leistungen gegenüber sonstigen fremdnützigen Einrichtungen nach § 4 Nr. 26 Buchst. b UStG*

### *aa) Bestimmung einer fremdnützigen Einrichtung nach § 4 Nr. 26 Buchst. b UStG*

Nach § 4 Nr. 26 Buchst. b UStG kann – nach dem hier vertretenen Verständnis der Vorschrift – eine Tätigkeit auch dann steuerbefreit sein, wenn sie ehrenamtlich gegenüber einer anderen als einer juristischen Person des öffentlichen Rechts

---

950 *Weymüller*, in: Beck-OK, UStG, § 2 Rn. 502.

951 Abschn. 3a.2 Abs. 1 UStAE; vgl. hierzu *Weimann*, UStB 2012, 58, 59.

952 *Handzik*, in: Offenhaus/Söhn/Lange, UStG, § 4 Nr. 26 Rn. 25; *Hartmann/ Metzenmacher*, UStG, § 4 Nr. 26 Rn. 10.

ausgeübt wird. Wie bereits dargestellt ist der Hinweis der Vorschrift auf eine angemessene Entschädigung für Zeitversäumnis lediglich deklaratorisch, sodass einzige Voraussetzung im Falle des § 4 Nr. 26 Buchst. b UStG ist, dass die Tätigkeit ehrenamtlich erfolgt.

Um den Anwendungsbereich nicht auf jede unentgeltliche oder nur gegen Nachteilsausgleich ausgeübte Tätigkeit zu ertsrecken ist für eine ehrenamtliche Tätigkeit nach insoweit zutreffender Rechtsprechung des BFH erforderlich, dass sie einen Gemeinwohlbezug aufweist, der im Falle des § 4 Nr. 26 Buchst. b UStG durch die Erbringung der Tätigkeit gegenüber einer fremdnützig bestimmten Einrichtung indiziert wird.[953]

Im Rahmen der Anwendung des § 4 Nr. 26 Buchst. b UStG lag der hauptsächliche Problemschwerpunkt in der Praxis darin zu bestimmen, ob die konkret vereinnahmte Vergütung noch als angemessen beurteilt werden konnte. Nach der hier vertretenen Auffassung ist das Merkmal der Ehrenamtlichkeit einheitlich für beide Fälle des § 4 Nr. 26 UStG auszulegen, sodass die von der Finanzverwaltung vorgegebenen Umsatzgrenzen – im Sinne von Nichtbeanstandungsregelungen – in beiden Fällen anzuwenden sind. Im Rahmen der Anwendung des § 4 Nr. 26 Buchst. b UStG stellt sich mithin nur noch die besondere Frage, wann eine Einrichtung als fremdnützig bestimmt zu qualifizieren ist. Hierzu gibt es eine umfangreiche Judikatur und eine Vielzahl von Verfügungen seitens der Finanzverwaltung.

Als fremdnützige Einrichtungen im Sinne des § 4 Nr. 26 Buchst. b UStG kommen in Abgrenzung zu § 4 Nr. 26 Buchst. a UStG rechtsformunabhängig sowohl juristische Personen als auch nichtrechtsfähige Personenvereinigungen des Privatrechts sowie juristische Personen des öffentlichen Rechts mit ihren Betrieben gewerblicher Art in Betracht.[954]

Maßgeblich ist für die Anwendung des § 4 Nr. 26 Buchst. b UStG mithin, wann eine Einrichtung als fremdnützig bestimmt einzustufen ist. Entscheidend ist in diesem Fall die Art der Tätigkeit der Einrichtung, deren Rechtsform hingegen unerheblich ist.[955] Erfasst sind von dieser Alternative Tätigkeiten, die mit ehrenamtlichen Tätigkeiten nach § 4 Nr. 26 Buchst. a UStG vergleichbar sind.[956] Dabei ist es jedoch nicht erforderlich, dass die Einrichtung gemeinnützige

---

953 BFH, *Urteil* vom 14.05.2008 –XI R 70/07, BFHE 221, 517, 523 f. = BStBl. II 2008, 912, 915; BFH, *Urteil* vom 04.05.1994 – XI R 86/92, BFHE 174, 573, 575 = BStBl. II 1994, 773, 775.

954 *Huschens*, in: Vogel/Schwarz, UStG, § 4 Nr. 26 Rn. 30.

955 *Kulmsee*, in: Reiß/Kraeusel/Langer, UStG, § 4 Rn. Nr. 26 Rn. 27.

956 *Oelmaier*, in: Sölch/Ringleb, UStG, § 4 Nr. 26 Rn. 18.

Zwecke i. S. d. § 52 AO verfolgt.[957] Dies ist auch zutreffend, da die diesbezüglichen Vorgaben der AO nicht mit dem europäischen Mehrwertsteuerrecht abgeglichen sind. Allgemein wird gefordert, dass durch die Tätigkeit gegenüber der konkreten Einrichtung gerade Belange von öffentlichem Interesse der Allgemeinheit wahrgenommen bzw. soziale Zwecke verfolgt werden oder zumindest einer großen Anzahl von Bürgern oder Einrichtungen gedient wird.[958] Umfasst sind daher fremdnützige Tätigkeiten, z.B. für Selbsthilfeeinrichtungen oder für die öffentliche Daseinsvorsorge.[959]

Die Einordnung einer Einrichtung und mithin ihrer Tätigkeit ist, ungeachtet der seit der Entstehung der Vorschrift eingetretenen Harmonisierung des Mehrwertsteuerrechtes und der Steuerbefreiungen im Besonderen, losgelöst vom Verständnis des europäischen Mehrwertsteuerrechtes von der Gemeinwohlorientiertheit einer Tätigkeit erfolgt. Nach der hier vertretenen Auffassung, wonach der Begriff der Ehrenamtlichkeit gemeinschaftsautonom auszulegen ist, muss auch das Merkmal der Fremdnützigkeit einer Einrichtung – als Bestandteil der Definition einer ehrenamtlichen Tätigkeit – in Übereinstimmung mit dem Verständnis der MwStSystRL ausgelegt werden. Dies ist insoweit problematisch, als der EuGH mangels einer europarechtlichen Vorgabe zur Besteuerung ehrenamtlicher Tätigkeit keine dezidierte Stellung nehmen musste. Insoweit wird man den Begriff der fremdnützigen Tätigkeit in Anlehnung an die in Art. 132 MwStSystRL als dem Gemeinwohl dienende Umsätze bestimmen können. Zudem hat der EuGH im Zusammenhang mit der Bestimmung der ehrenamtlichen Tätigkeit nach Art. 133 MwStSystRL festgehalten, dass die Vergünstigungen Einrichtungen vorbehalten sein sollen, die „keine kommerziellen Ziele haben" und deren Leitung „kein finanzielles Eigeninteresse auf Grund einer Vergütung, einer Gewinnverteilung oder irgendeines anderen, auch nur mittelbaren finanziellen Interesses an der Einrichtung" hat.[960]

Mit diesen recht vagen Vorgaben des EuGH ist die Definition der „ehrenamtlichen Tätigkeit" nach § 4 Nr. 26 UStG durch die Rechtsprechung und das deutschsprachige Schrifttum vereinbar. Damit sind als fremdnützig bestimmte Einrichtungen vor allem gemeinnützige Einrichtungen und Selbsthilfeeinrichtungen

957 BFH, *Urteil* vom 04.05.1994 – XI R 86/92, BFHE 174, 573, 575 = BStBl. II 1994, 773, 775; *Oelmaier*, in: Sölch/Ringleb, UStG, § 4 Nr. 26 Rn. 18.

958 *Heinrichshofen*, in: Rau/Dürrwächter, UStG, § 4 Rn. 26 Rn. 112.

959 *Kulmsee*, in: Reiß/Kraeusel/Langer, UStG, § 4 Rn. Nr. 26 Rn. 27.

960 EuGH, *Urteil* vom 21.03.2002 – C-267/00 (Zoological Society of London) Slg. I 3366 Rn. 18.

zu qualifizieren, nicht hingegen reine Erwerbsgesellschaften.[961] Wie schon hinsichtlich der Anwendung des § 4 Nr. 26 Buchst. a UStG erläutert, spielt es auch im Hinblick auf die Anwendung des § 4 Nr. 26 Buchst. b UStG keine Rolle, ob die betreffende Einrichtung eine inländische oder ausländische ist.[962]

### *bb) Einzelfälle ehrenamtlicher Tätigkeit nach § 4 Nr. 26 Buchst. b UStG*

Die Anwendung der vorstehend genannten Grundsätze wird auch in der Mehrzahl der praktischen Fälle zu handhabbaren Ergebnissen führen.

Regelmäßig wird eine Vorstandstätigkeit gegenüber einem gemeinnützigen Verein unter die Steuerbefreiung nach § 4 Nr. 26 UStG fallen.[963] Voraussetzung hierfür ist allerdings, dass über den Aufwendungsersatz hinaus nur ein angemessener Nachteilsausgleich gezahlt wird, der betragsmäßig der Kleinunternehmerregelung entspricht.[964] Das Vorliegen der Voraussetzungen der Gemeinnützigkeit nach den §§ 53 ff. AO qualifiziert eine Einrichtung/Personenvereinigung zugleich als fremdnützig im Sinne des § 4 Nr. 26 UStG. Voraussetzung ist aber in diesem Fall, dass die Leistungen „für" den ideellen Bereich der Einrichtung erbracht werden. Ausgeschlossen sind damit Leistungen für den wirtschaftlichen Geschäftsbetrieb des gemeinnützigen Vereins, da insoweit der Verein grds. unternehmerisch tätig ist und damit in unmittelbarem Wettbewerb mit den sonstigen Marktteilnehmern steht. Hinsichtlich der Leistungserbringung bietet sich eine Anknüpfung an die Regelung des § 12 Abs. 2 Nr. 8 Buchst a S. 3 UStG an. Demnach sollte grds. auch dann eine ehrenamtliche Tätigkeit vorliegen, wenn die Tätigkeit für den Zweckbetrieb der Einrichtung erfolgt, solange diese nicht in unmittelbaren Wettbewerb zu regelbesteuerten Unternehmen

---

961 BFH, *Urteil* vom 04.05.1994 – XI R 86/92, BFHE 174, 573, 575 = BStBl. II 1994, 773, 775; *Huschens*, in: Vogel/Schwarz, UStG § 4 Nr. 26 Rn. 21.

962 Vorausgesetzt ist allerdings auch hier, dass die entsprechende Leistung im Inland (etwa nach § 3a Abs. 1 UStG) steuerbar ist.

963 Vgl. *Kulmsee*, in: Reiß/Kraeusel/Langer, UStG, § 4 Nr. 26 Rn. 57; *Meyer*, EFG 2006, 1023.

964 Abgelehnt wurde durch den BFH hingegen die Steuerfreiheit – allerdings zu Unrecht unter dem Gesichtspunkt der mangelnden Nebenberuflichkeit – wenn der Präsident eines Industrieverbandes wöchentlich ca. 40 Stunden für den Verband arbeitet und neben der Aufwandsentschädigung noch eine monatliche Vergütung in Höhe von 9.000,00 DM erhält, BFH, *Urteil* vom 14.05.2008 – XI R 70/07, BFHE 221, 517, 523 f. = BStBl. II 2008, 912, 915. Richtigerweise hätte der BFH lediglich auf die Höhe der Vergütung abstellen und deren Höhe mit einer ehrenamtlichen Tätigkeit nicht für vereinbar qualifizieren müssen. Hier ist der BFH zu Unrecht den Umweg über die fehlende Nebenberuflichkeit gegangen.

tritt. Die Fremdnützigkeit der Einrichtung wird in diesem Fall gewahrt, da der Zweckbetrieb nach § 65 AO in seiner gesamten Ausrichtung, über die bloße Mittelbeschaffung hinaus, auf die Verwirklichung der gerade steuerbegünstigten satzungsmäßigen Zwecke ausgerichtet sein muss, sodass der Zweckbetrieb mit der steuerbegünstigten Tätigkeit eine Einheit bildet.[965]

Nicht als ehrenamtlich qualifiziert hat der BFH nunmehr zu Recht die Tätigkeit im Aufsichtsrat einer Volksbank.[966] Der BFH hat in dieser Hinsicht seine Rechtsprechung gewandelt und nunmehr zutreffend ausgeführt, dass auch Genossenschaftsbanken zwischenzeitlich im Wettbewerb mit anderen Kreditinstituten stehen und mithin nicht als fremdnützige Einrichtungen qualifiziert werden können.[967] Entsprechendes gilt auch für Verwaltungsratsmitglieder einer Sparkasse.[968]

Da weder bei rechtsfähigen noch bei nichtrechtsfähigen Vereinen für die Fremdnützigkeit i. S. d. § 4 Nr. 26 UStG die Gemeinnützigkeit erforderlich ist, fällt unter § 4 Nr. 26 Buchst. b UStG insbesondere die Tätigkeit für politische Parteien.[969] Hierfür spricht im Hinblick auf das Mehrwertsteuerrecht – neben dem staatsrechtlichen Verständnis der politischen Parteien und ihrer faktischen

965 Vgl. zu den Vorassetzungen der Qualifizierung eines wirtschaftlichen Geschäftsbetriebes als Zweckbetrieb nach § 65 AO *Koenig*, in: Koenig, AO, § 65 Rn. 5.

966 BFH, *Urteil* vom 20.08.2009 – V R 32/08, BFHE 227, 207, 211 f. = BStBl. II 2010, 88, 90.

967 Anders noch: BFH, *Urteil* vom 27.07.1972 – 1972 – V R 33/72, BFHE 106, 479, 480 = BStBl. II 1972, 844; vgl. hierzu: *Heinrichshofen*, in: Rau/Dürrwächter, UStG, § 4 Nr. 26 Rn. 171 Stichwort: „Aufsichtsratsvergütung".

968 Das BMF vertrat zunächst die Auffassung, dass die Verwaltungsratsmitgleider von Sparkassen eine steuerfreie ehrenamtliche Tätigkeit ausüben, vgl. BMF, *Schreiben* vom 02.04.1969 – IV A/2 – S 7185 – 1/69, UR 1969, 140. Noch vor der Rechtsprechungsänderung durch den BFH hatte das BMF das Schreiben aufgehoben, BMF/FinVerw der Länder, *Koordinierter Ländererlass* vom 21.05.1975 – S 7185 – 1/74, BStBl. 1975, 684. Im Ergebnis nunmehr ausdrücklich ablehnend: LFD *Thüringen*, Verfügung vom 09.05.2012 – S 7185 A – 04 – A 5.17, DStR 2012, 2340; BayLfSt, *Verfügung* vom 17.01.2013 – S-7185 1.1–2/4 S. 33, UR 2013, 283; siehe auch FinMin. Schleswig-Holstein, *Kurzinformation* vom 14.06.2013, VI 358-S 7185–033, MwStR 2013, 564. Die Finanzverwaltung vertritt die Auffassung, dass die Bezeichnung einer Tätigkeit als ehrenamtlich durch eine Satzung einer juristischen Person des öffentlichen Rechts im Bereich der Selbstverwaltung nicht zu einer Ehrenamtlichkeit kraft gesetzlicher Regelung führe und beruft sich dabei auf eine angeblich ausdrückliche Rechtsprechung des BFH, die allerdings so nicht vorliegt.

969 *Huschens*, in: Vogel/Schwarz, UStG, § 4 Nr. 26 Rn. 30.

gesellschaftlichen und politischen Bedeutung[970] – insbesondere auch der Umstand, dass diese in Art. 132 Abs. 1 Buchst. l MwStSystRL ausdrücklich als dem Gemeinwohl dienende Einrichtungen (ohne Gewinnstreben) aufgeführt sind.

Hoch umstritten und bis zur Änderung der §§ 4 Nr. 16 und Nr. 25 UStG[971] auch von erheblicher Praxisrelevanz war die Frage, ob Betreuungsleistungen ehrenamtlich ausgeübt werden können. Hierzu wird man auf den jeweiligen Einzelfall und die Modalitäten der Ausübung abstellen müssen.[972] Den Themenkomplex der Betreuungsleistungen und Vormundschaften betreffend hat der BFH entschieden, dass wenn ein Vormund mehr als zehn Vormundschaften führt oder die für die Führung der Vormundschaften erforderliche Zeit voraussichtlich 20 Wochenstunden überschreitet, von einer beruflichen Tätigkeit auszugehen und mithin auch ein eigennütziges Erwerbsstreben anzunehmen ist.[973] Nach Einführung der § 4 Nr. 16 S. 1 Buchst. k UStG und § 4 Nr. 25 S. 3 Buchst. c UStG ist nunmehr für rechtliche Betreuungsleistungen eine Umsatzsteuerbefreiung in das UStG eingeführt worden.[974] Nach diesen Änderungen kann eine Betreuungsleistung dann ehrenamtlich erbracht werden, wenn sie durch einen nicht berufsmäßig tätigen Einzelbetreuer durchgeführt wird, der lediglich eine Aufwandsentschädigung erhält.[975]

---

970 Vgl. hierzu *Klein*, in: Maunz/Dürig, GG, Art. 21 Rn. 150 ff.

971 Vgl. hierzu: BMF, *Schreiben* vom 22.11.2013 IV D 3 – S 7172/1310001, DStR 2013, 2703; *Pfefferle/Renz*, NWB 2013, 4119 ff.

972 *Heinrichshofen*, in: Rau/Dürrwächter, § 4 Nr. 26 Rn. 171, Stichwort: „Betreuer".

973 BFH, *Urteil* vom 19.04.2012 – V R 31/11, BFH/NV 2012, 1831, 1833. Richtigerweise hätte der BFH im zu entscheidenden Fall nicht auf den Umfang der Tätigkeit sondern einfach auf die Höhe der Vergütung abstellen brauchen, die im vorliegenden Fall die nach der hier vertretenen Auffassung maßgeblichen Kleinunternehmergrenze bei weitem überschritt.

974 Vgl. zur Anwendung BMF, *Schreiben* vom 22.11.2013 IV D 3 – S 7172/ 1310001, DStR 2013, 2703 ff.

975 Vgl. *Pfefferle/Renz*, NWB 2013, 4119, 4123.

# D. Zusammenfassung der wesentlichen Ergebnisse und abschließender Reformvorschlag

Als Ergebnis dieser Untersuchung ist zunächst festzuhalten, dass § 4 Nr. 26 UStG gegen die zwingenden Vorgaben der MwStSystRL verstößt. Die MwStSystRL enthält keine ausdrücklichen Aussagen zur Mehrwertbesteuerung ehrenamtlicher Tätigkeiten, insbesondere keine Steuerbefreiung.

Auch die Protokollerklärung zu Art. 4 der 6. MwSt-RL stellt keine wirksame Ermächtigungsgrundlage für die einzelnen Mitgliedstaaten dar, die ehrenamtliche Tätigkeit als nichtwirtschaftliche Tätigkeit zu behandeln oder von der Umsatzsteuer zu befreien. Es wurde herausgearbeitet, dass Protokollerklärungen zu mehrwertsteuerlichen Sekundärrechtsakten in der Praxis eine ganz erhebliche Rolle spielen, überwiegend vom Rat und der Kommission abgeben werden und vielfach die Auslegung mehrwertsteuerlicher Bestimmungen zum Gegenstand haben. Als Begleitdokumente zu überwiegend mehrwertsteuerlichen Richtlinien sind sie selbst richtlinienkonform auszulegen und können als Auslegungshilfen im Rahmen einer – im Mehrwertsteuerrecht allerdings nur begrenzt nutzbringenden – historischen Auslegung zum besseren Verständnis des Sekundärrechtsaktes herangezogen werden. Sie enthalten keine autoritative Interpretation der Richtlinienbestimmungen und können keine Ermächtigung an die Mitgliedstaaten beinhalten, von zwingenden Vorgaben des mehrwertsteuerlichen Sekundärrechtsaktes abzuweichen.

Die Auslegung der Protokollerklärung zu Art. 4 der 6. MwSt-RL hat ergeben, dass diese den Regelungshalt aufweist, die Mitgliedstaaten der EU zu ermächtigen, ehrenamtliche Tätigkeiten als nichtwirtschaftliche Tätigkeiten zu behandeln. Der von der Protokollerklärung verwendete Begriff der ehrenamtlichen Tätigkeit entspricht vom Bedeutungsgehalt her dem, der in Art. 133 Buchst. b MwStSystRL verwendet wird.

Unter Berücksichtigung des allgemeinen mitgliedstaatlichen Sprachgebrauchs zeichnet sich demnach eine ehrenamtliche Tätigkeit durch das Fehlen eines mittelbaren oder unmittelbar eigennützigen Erwerbstrebens und der grds. freiwilligen und unentgeltlichen Ausübung aus, wobei ein Auslagen-/Kostenersatz und eine darüber hinausgehende Vergütung symbolischer Natur unschädlich sind. Art. 133 Buchst. b MwStSystRL, die Protokollerklärung zu Art. 4 der 6. MwSt-RL und § 4 Nr. 26 UStG enthalten einen vom Bedeutungsgehalt her im Wesentlichen übereinstimmenden Begriff der ehrenamtlichen Tätigkeit.

Eine zumindest mit der Absicht der Erzielung von Aufwendungs-/Kostenersatz vorgenommene ehrenamtliche Tätigkeit ist nach den zwingenden Vorgaben der MwStSystRL eine wirtschaftliche Tätigkeit. Insoweit widerspricht die Protokollerklärung den Vorgaben der MwStSystRL. Selbst wenn man in der Protokollerklärung zu Art. 4 der 6. MwSt-RL eine noch zulässige Auslegung von Art. 9 MwStSystRL sehen würde, stellt die Steuerbefreiung des § 4 Nr. 26 UStG dessen ungeachtet einen Verstoß gegen die MwStSystRL dar, da es dem nationalen Gesetzgeber nicht freisteht, eine Ermächtigung zur Behandlung eines Umsatzes als nichtsteuerbar in der nationalen Rechtsordnung von der Umsatzsteuer zu befreien. Hierin liegt keine ordnungsgemäße Umsetzung einer mehrwertsteuerlichen Richtlinie.

Auch die Protokollerklärung zu Art. 4 der 6. MwSt-RL hindert weder die Kommission noch den Rat, ein Vertragsverletzungsverfahren gegen Deutschland wegen Verstoßes gegen die MwStSystRL einzuleiten. Die Protokollerklärung entfaltet auf Grund ihres Verstoßes gegen die MwStSystRL keine Selbstbindung des Rates und der Kommission im Hinblick auf die Nichteinleitung eines Vertragsverletzungsverfahrens.

Die Steuerbefreiung ehrenamtlicher Tätigkeit nach § 4 Nr. 26 UStG stellt zwar eine Beihilfe im Sinne von Art. 107 AEUV dar, die jedoch als De-minimis-Beihilfe keine wettbewerbsverzerrende Wirkung entfaltet und somit erlaubt ist.

Die Folge des Verstoßes des § 4 Nr. 26 UStG gegen die Vorgaben der MwStSystRL ist, dass sich der Steuerpflichtige auf die mangelnde Steuerbefreiung seines Umsatzes nach den Vorgaben der MwStSystRL berufen kann. Dies hat neben der Umsatzsteuerpflicht seiner Ausgangsumsätze auch die Berechtigung zum Vorsteuerabzug hinsichtlich der Vorumsätze zur Folge. Die unmittelbare Wirkung der Richtlinie darf jedoch nicht zu einer ungerechtfertigten Bereicherung des Steuerpflichtigen führen.

Ungeachtet der mangelnden Rechtsgrundlage des § 4 Nr. 26 UStG in der MwStSystRL muss die Vorschrift richtlinienkonform ausgelegt werden.

Ihr Zweck kann nur darin liegen, ehrenamtlich Tätige aus Verhältnismäßigkeitsgründen von der Umsatzbesteuerung auszunehmen, um sie angesichts der geringen Umsätze und Organisationsstruktur nicht mit den erheblichen Pflichten eines Steuereinsammlers zu belasten. Insoweit verfolgt die Steuerbefreiung des § 4 Nr. 26 UStG den gleichen Zweck wie § 19 UStG. Die nach der gegenwärtigen Rechtslage unterschiedliche Behandlung ehrenamtlich Tätiger gegenüber sonstigen Kleinunternehmern stellt eine Verletzung des Neutralitätsprinzips dar.

Vor dem Hintergrund ihrer Zweckrichtung ist die Vorschrift teleologisch zu reduzieren und nur in den Fällen anzuwenden, in denen die ehrenamtlich Tätigen nicht im Übrigen steuerbare und steuerpflichtige Ausgangsumsätze tätigen und keine Kleinunternehmer sind, da andernfalls eine Entlastung auf Grund der bereits bestehenden Eigenschaft als Steuereinsammler ohnehin nicht erreicht werden kann.

Im Rahmen der Qualifikation einer Tätigkeit als ehrenamtlich im Sinne des § 4 Nr. 26 UStG geht der BFH zu Unrecht von der Maßgeblichkeit einer Definition in einem anderen Gesetz als dem UStG aus. Insoweit verkennt der BFH das Gebot der richtlinienkonformen Auslegung, die Eigenständigkeit des Umsatzsteuerrechtes und die grundgesetzlich festgelegten Gesetzgebungskompetenzen für die Umsatzsteuer. Auch die vom BFH vertretene Differenzierung zwischen einem allgemeinen Sprachgebrauch und einem materiellen Begriffsinhalt der Ehrenamtlichkeit ist ohne Mehrwert für die Auslegung des § 4 Nr. 26 UStG. Gleichwohl hat der BFH das Merkmal der ehrenamtlichen Tätigkeit unter deutlichem Rückgriff auf das öffentliche Recht und das Sozialversicherungsrecht ausgelegt.

Eine Differenzierung zwischen Buchst. a und b des § 4 Nr. 26 UStG ist nicht möglich. Eine ehrenamtliche Tätigkeit zeichnet sich nach dem Ergebnis der richtlinienkonformen Auslegung gerade durch eine Beschränkung auf den Auslagen-/Kostenersatz und eine nur symbolische Vergütung aus. Insoweit sind die Voraussetzungen für die Steuerbefreiung einer ehrenamtlichen Tätigkeit einheitlich zu bestimmen.

Zusammenfassend ist festzustellen, dass § 4 Nr. 26 UStG im Ergebnis eine Steuerbefreiung für Bagatellfälle darstellt, wie sie bereits in § 19 UStG enthalten ist. Die Vorschrift ist in Ermangelung eines praktischen Bedürfnisses und der Verletzung des Neutralitätsprinzips zu streichen. Diejenigen Steuerpflichtigen, die nach dem Sinn und Zweck des § 4 Nr. 26 UStG nicht als Steuergehilfen des Staates mit zusätzlichen Pflichten belastet werden sollen, werden systemkonform durch § 19 UStG entlastet.